rowohlt

Jochen Köhler

Helmuth James von Moltke

Geschichte einer Kindheit und Jugend

Mit einem Nachwort von
Gabriella Sarges-Köhler

Rowohlt

1. Auflage August 2008

Lektorat Teresa Löwe-Bahners und Stephan Speicher
Satz Sabon PostScript (InDesign)
bei KCS GmbH, Buchholz bei Hamburg
Druck und Bindung CPI – Clausen & Bosse, Leck
Printed in Germany
ISBN 978 3 498 06388 7

Inhalt

An die Leser

Das Buch, das Sie vor sich haben, ist ein Fragment. Diejenigen von Ihnen, die mit den Gewohnheiten des Verlagswesens besser vertraut sind, werden wissen, daß es damit eine Seltenheit darstellt. Verlage publizieren Fragmente von Romanen, Gedichtzyklen oder Theaterstücken, von philosophischen oder wissenschaftlichen Arbeiten, vorausgesetzt, sie stammen von namhaften Autoren, häufig im Zusammenhang mit einer Werkausgabe; warum aber eine Biographie, die unfertig geblieben ist? Und warum von einem Unbekannten?

Dafür gibt es drei Gründe. Sie sind verknüpft, und der erste ist: Jochen Köhler hat eine respektgebietend lange Zeit an seinem Buch gearbeitet – über 20 Jahre lang. Als er Mitte der achtziger Jahre damit begann, gab es kaum Publikationen über Helmuth James von Moltke, keine jedenfalls von jener biographischen Umfänglichkeit, die Moltke verdient, ja verlangt und die Köhler sich von Anfang an vorgenommen hatte. Er las, was er fand, Gesamtdarstellungen wie Peter Hoffmanns «Widerstand, Staatsstreich, Attentat» und eine Reihe von Einzeluntersuchungen; gleichzeitig bahnte er Beziehungen zu den Moltkes an, schrieb und erhielt Briefe, lernte die Familie kennen und protokollierte Hunderte von Gesprächen mit Angehörigen und Bekannten von Helmuth James – vor allem mit Freya von Moltke –, deren Ergebnisse später in sein Manuskript eingingen. Hierin also liegt der erste Grund: Die Geschichte der Familie, wie deren einzelne, inzwischen zum Teil verstorbene Mitglieder sie erzählt haben, ist in Köhlers Text enthalten und bliebe verschlossen, wenn diese Biographie nicht erschiene. Der zweite: Von den letzten Kapiteln abgesehen, ist Köhlers Werk, als Beschreibung einer Kindheit und Jugend, abgeschlossen und ohne Lücken. Es ist ein *Buch*, gerundet, vollständig, und soll gelesen werden. Der dritte: Köhler war ein Schriftsteller von außerordentlicher Begabung. Nicht weniger als politische und dokumentarische Gesichtspunkte haben ihn formale Probleme des Schreibens von Geschichte beschäftigt, wobei «formal», so wie Köhler das Wort verstand, nicht nur Fragen der Komposition, der Perspektive und Wortwahl bezeichnet, sondern ebensosehr die Entschlüsselung des Geschehens durch die Imagination, die in jeder geschichtlichen Erzählung offen oder verdeckt eine Rolle spielt. Daß die Wissenschaft es sich, wie er meinte, zur Gewohnheit gemacht hatte, diese Probleme zu ignorieren, hat ihn manchmal aufgebracht. In solchen Momenten konnte sein Urteil schneidend sein. Er wollte anders schreiben. Und so war es: Er schrieb wie niemand sonst, und wenn es die beiden anderen Gründe nicht gäbe, dann bliebe, deutlich sichtbar auf jeder Seite, immer noch dieser eine, sein unvergleichliches Talent.

Wer war er, den kaum jemand kennt? Jochen Köhler, 1944 in Thüringen geboren, ist im hessischen Alsfeld aufgewachsen. Als Kind erkrankte er an Rheuma, und das Rheuma ruinierte ihm sein Herz, schon mit 17 hätte er, wenn ihm nicht eine künstliche Herzklappe eingesetzt worden wäre, nicht weiterleben können. Die Herzschwäche blieb, aber niemand hätte sie ihm, der ständig redete und rauchte und über die Lebenskraft gleich mehrerer Personen zu verfügen schien, angemerkt. Er war klein, fast zierlich, mit auffallend feinen Händen und dunklem, wuscheligem Haar. Er füllte jeden Raum durch seine Energie und sprach bestimmt, fast fordernd, immer aber bezwingend wegen seiner Lebendigkeit. Seine Lehrer förderten ihn. Er wurde ein guter und, dem Ideal der Zeit entsprechend, aufsässiger Schüler. Mit zwanzig ging er nach Gießen, um Deutsch und Philosophie zu studieren, dann erfaßte ihn, von Berlin herkommend, ein neues Lebensgefühl, ausgedrückt in einem einzigen Wort, einem verpflichtenden, verschwörerischen Namen: «Genosse». 1968 zog er nach Berlin. Im Herbst, nach den Geschehnissen in der Tschechoslowakei, schlug er sich auf die Seite der «Maoisten». Er wurde Flugblattschreiber und «Aktivist» und stritt sich einige Jahre mit «Revisionisten», «Spontaneisten» und anderen Gegenspielern herum, die im Schutz gleißnerischer Selbstbezeichnungen ihren jeweils eigenen inneren Totalitarismus entwickelten. (Wie er selber auch, sagte er mir in einem unserer Gespräche.) 1970 brach er das Studium ab, um «den Kindern des Volkes Lesen und Schreiben beizubringen». Von 1972 an ist er Hauptschullehrer in Berlin-Kreuzberg gewesen. 1977 erhielt er ein Berufsverbot. Wieder erkrankte er am Herzen. Sein Leben geriet in eine Krise, intellektuell und auch physisch, und während er, sich gedanklich allmählich befreiend, das Verfahren über sein Berufsverbot voranzubringen versuchte – es sollte 1981 ergebnislos enden –, schrieb er sein erstes und zu Lebzeiten einziges Buch, «Klettern in der Großstadt», das 1979 erschien und Lebensberichte gewöhnlicher Leute aus dem Berlin der dreißiger und vierziger Jahre versammelte. Der Untertitel nennt es «volkstümliche Geschichten vom Überleben», was richtig ist, aber den formalen Ehrgeiz des Buchs eher verbirgt. Denn die Geschichten sind nicht durchgehend, sondern in Bruchstücken wiedergegeben, so daß man von einer Montage sprechen kann, einer Zusammenfügung zufälliger Stimmen, einem durch Ungestimmtheit bloß eindringlicher wirkenden Chor. In Deutschland war es eines der ersten Werke, die das Aufkommen der «oral history» bezeugten, und deshalb und auch, weil Köhler die schriftstellerischen Möglichkeiten der mündlichen Form sofort erkannt und genutzt hatte, brachte es ihm Anerkennung und einen gewissen Erfolg.

Im Leben Köhlers stand «Klettern», wie er selber das Buch meistens nannte, für einen Schnitt. Er hatte begonnen, sich wieder für die individuelle Person zu interessieren; später meinte er, das Buch habe sich der historischen Wahrheit der zwölf Nazijahre nur nähern, sie nicht kennen oder finden wollen: «aus Rücksicht auf die Einzelstimme». Das wäre für ihn kurz zuvor, in der von moralischen «Enthüllungen» und hegelianischen Geschichtsgesetzen erfüllten Berliner Szenerie, noch undenkbar gewesen. Jetzt erwähnte er im Nachwort, in einer noch ungenauen, aber bereits hervorgehobenen Weise, erstmals die Namen der bürgerlichen und adeligen Widerstandskämpfer.

Drei oder vier Jahre später begann er mit der Moltke-Biographie. Sie sollte sein Lebenswerk werden: in dem Sinn, daß sie es ihm erlaubte, im fremden Leben die eigenen politischen Erfahrungen noch einmal zu erfassen und zu korrigieren. Trotzdem hat er sich immer gescheut, Moltke ein Vorbild zu nennen, und nie hat er von einem Generationenbuch gesprochen, obwohl er sich dieser Möglichkeit vermutlich bewußt war. Jedenfalls war der Umstand, daß er von dem, was sich für ihn mit den Versprechungen von 1968 verbunden hatte, inzwischen abgerückt war und während der Arbeit weiter davon abrückte, zur Bedingung seines Schreibens geworden. Für ihn war das einfach Lernen, ein wesentlicher Vorgang, er sah jetzt etwas Neues. Wie von selbst, so erzählte er, folgte daraus, daß er andere Zeitungen und Bücher las, mit anderen Leuten sprach, anders dachte. Ich nehme an, das allein war für ihn entscheidend: Er mußte, was er teilnehmend erlebt hatte, nicht hassen, um sich auf diese Weise zu verändern. Kurz vor seinem Tod, schon zu schwach, um die Wohnung zu verlassen, aber immer noch arbeitend, beschrieb er mir seine Schreibnot am Telephon einmal als Lernmangel und verglich sich ohne jeden Anflug von Witz mit einem Tintenfisch: «Ansaugen und abstoßen, so bin ich immer vorangekommen.» Jetzt fehle ihm die Kraft dazu. Das war im Frühjahr 2007. Ein paar Wochen später, im Juni, als er sich gerade für eine weitere große Operation bereitmachte, versagte sein Herz endgültig.

Davor lagen die drei Begegnungen, die uns zueinander- und zweimal auch wieder auseinanderbrachten. Drei Anläufe, um zu ein und demselben Ziel zu gelangen; drei Versuche, ein Buch herauszubringen. Im November 1991, als ich Köhler kennenlernte, war ich seit einigen Monaten Lektor im Siedler Verlag in Berlin, und ich erinnere mich, wie Wolf Jobst Siedler eines Tages in mein Büro kam, mir mit dem leisen, doch einprägsamen Knall, den nur ein Stoß Papier auf einer Tischplatte hervorrufen kann, ein Manuskript auf den Schreibtisch legte und mit den Worten: «Hier, eine Moltke-Biographie ... Sie werden sehen, dieser Köhler ist ein Genie, bloß scheint sein Buch ein bißchen lang zu werden», wieder aus dem Zimmer ging. Das Manuskript hatte ungefähr vierhundert Seiten. Als ich Seite vierhundert umblätterte, war Helmuth James von Moltke noch keine zehn Jahre alt.

Einige Wochen später fuhr ich nach Ganzer, einem Dorf in Brandenburg, in dem Köhler mit seiner Familie ein altes Pfarrhaus bewohnte. Sein Arbeitszimmer war kalt, groß und leer. Nur ein Schreibtisch stand da, darauf ein urtümlicher, monströser Computer. Alles wirkte sehr klar. Mehrere Stunden sprachen wir dort über sein Buch, und er begründete mir, als hätte er, der kein ausgebildeter Historiker war, eine Art Beweislast abzutragen, seine Abneigung gegen das Historisch-Allgemeine, die epochale Paraphrase, das Abstraktum als Mittel der Geschichtserzählung oder Biographie. In seinem Buch, sagte er, werde das nicht vorkommen. Er wisse nichts von einer «Mentalität», einem «Geist der Zeit» und wolle nur Konkretes beschreiben, unzählige einzelne «Empfindungsfäden», die sich im Leser von selbst zu einem Gesamtbild bündeln sollten. Die Materialarbeit sei deshalb fast unüberschaubar. Er müsse sich in den Kopf Moltkes hineintasten und dessen Assoziationen folgen lernen, weswegen Kleinigkeiten aus der Kreisauer Kindheit für ihn genauso wichtig seien wie, beispielsweise, die Studienzeit in England oder die Gespräche, die Moltke mit Lionel Curtis und Rosenstock-Huessy geführt habe. Dann redete er davon, wie sich die Charaktere seines Buchs, wenn man ihre Spiegelung in den historischen Zeugnissen lange genug fixiere, immer mehr verdeutlichten, er starre sie praktisch ins Leben zurück. «Ins-Leben-Starren», sagte er, das sei seine biographische Methode.

So fand er die schönsten Formeln für das fast Unmögliche, das er sich vorgenommen hatte. Sein Manuskript wuchs dabei, bis es kaum noch zu überblicken war; wir stritten über den Umfang. Ganz ruhig stritten wir in der Kälte des Pfarrhauses über seine Methode, über die zahllosen «Empfindungsfäden», die er zu einem Ganzen verweben wollte, und weil ich ein junger Lektor war und unerfahren im Umgang mit einem Autor wie ihm, sagte ich irgendwann, er komme mir vor wie jemand, der aus Nägeln eine Wand bauen wolle. Er antwortete nicht, stand bloß auf, öffnete das Fenster und ließ die noch kältere Winterluft in das kalte Zimmer.

Wir verabschiedeten uns freundlich. Wir blieben in Verbindung, aber zu einem Vertrag kam es nicht.

Fünf oder sechs Jahre später, inzwischen leitete ich einen kleinen Verlag in Berlin, sahen wir uns wieder. Die Biographie hatte große Fortschritte gemacht, und Köhler glaubte, sie in zwei Jahren abschließen zu können; wir handelten einen Vertrag aus, und ich las das Manuskript, das mittlerweile auf zweitausend Seiten angewachsen war, ein zweites Mal. Ich erfuhr, wie Helmuth James erwachsen wurde, wie er sich als junger Mann Mitte der zwanziger Jahre in den diplomatischen Kreisen Berlins mit der Welt vertraut zu machen suchte, in der er politischen Einfluß gewinnen wollte. Soweit die Lektüre bis Seite zweitausend – ein berückender Text. Als ich Köhler allerdings irgendwann sagte, daß ich tatsächlich noch immer Mühe hätte, mir eine Sechstausendseitenbiographie über Moltke vorzustellen, *real*, als *Buch*, zerstritten wir uns wieder, diesmal heftiger und wortreicher, und für einige Jahre verloren wir uns aus den Augen.

Ich glaube, es war Mitte 2004, als ich das nächste Mal von ihm hörte. Ein Freund, der von unserer Verbindung wußte, gab mir einen Artikel, den Köhler im Jahr zuvor in der «Berliner

Zeitung» anläßlich des sechzigsten Jahrestags der Kapitulation von Stalingrad veröffentlicht hatte, und ich rief ihn an. Es war kaum zu glauben: Jahrelang störrisch, war er inzwischen zu grundlegenden Änderungen bereit. Wir vereinbarten, daß die Biographie zum hundertsten Geburtstag Moltkes im März 2007 erscheinen und 600 Seiten haben sollte, so daß die Schreibarbeit nun erst einmal Kürzungsarbeit sein würde. Dann schlossen wir zum zweiten Mal einen Vertrag.

Anfangs kam Köhler gut voran. Er arbeitete fieberhaft, schickte Kapitel, strich, schrieb um. Weil ich mittlerweile in Hamburg lebte, sah ich ihn damals seltener, aber am Telephon spürte ich seine Hochstimmung. Er sprach über den Aufbau, über Archivarbeit, einzelne Formulierungen, mehrmals über Termine und mit der Zeit, in der sich verengenden Phase der Arbeit, zunehmend auch über seine Gesundheit. Denn es ging ihm nicht gut. Er war abgemagert. Einmal, als ich ihn in einem Lokal zu einer Besprechung traf, wirkte er durchsichtig, wie ohne Gewicht. Er bewegte sich schleppend. Er bestellte eine Vorspeise, ein paar Stangen überbackenen Spargel, und mußte beim Essen dreimal innehalten, um sich eine Zigarette zu drehen. Keine Energie, kein noch so kurzer Höhenflug mehr ohne Zigarette.

Die Fristen für die Abgabe des Manuskripts, ohnehin wieder und wieder verschoben, verstrichen. Der Erscheinungstermin zum hundertsten Geburtstag Moltkes im März 2007 ließ sich nicht halten. Trotzdem arbeitete Köhler weiter, gegen die schwindenden Körperkräfte. Wenn ich mit ihm telephonierte, kam zusammen mit seiner Stimme, die noch immer jugendlich klang, Papierrascheln durch den Hörer: Er saß am Schreibtisch. Er schrieb, und wie fünfundzwanzig Jahre zuvor, beim Beginn der Arbeit, gelangen ihm noch kurz vor seinem Tod Seiten, die gleichsam taufrisch waren, von einer gefangennehmenden Plastizität.

Sie, die Sie sein Buch jetzt in der Hand halten, werden sehen, daß so viel Eindringlichkeit nicht zu haben ist ohne subjektiven Einschlag. Sie werden auch bemerken, daß Köhler die Freiheit, mit der er erzählte, gern überdeutlich machte – etwa indem er die Mitglieder der Moltke-Familie beim Vornamen nennt, wie gute Bekannte – und daß er ebenso bereit war, Überraschendes aufzugreifen, wie er das Abgeklärte und Neutrale mied, weil er darin jenes Gift der Abstraktionen, der scheinbaren geschichtlichen Gewißheiten vermutete, gegen das er anschrieb. Er sprach in solchen Fällen von «historischem Schummeln» – der Glättung, Fälschung einer menschlichen Entwicklung durch spätere Kenntnisse. Wie jemand wuchs und reifte, weiterging, *lernte*, also das Leben ernst nahm, sollte aus dessen eigenen Voraussetzungen beschrieben werden: nur aus diesen. Im Fall Moltkes, sagte er, marschiere man sonst an dem vorbei, was ihn gerade ausgezeichnet habe, seine Neigung, sich zu bedenken, sein Mut, seine Offenheit in Kreisau und seine Standfestigkeit vor dem Volksgerichtshof. Darum wählte er eine Erzählweise, die ihn Moltkes frühe Geschichte auch von innen erfassen ließ: mit Blick auf den, der Moltke werden sollte. Vielleicht wird man einwenden, daß ein solches Maß an Veranschaulichung und Einfühlung einem historischen Buch nicht erlaubt sei. Aber Köhler zahlte diesen Preis und nahm es in Kauf, daß die Kontur seines Protagonisten, als Folge davon, nicht ausschließlich begrifflicher Art sein würde. Um das Begriffliche nämlich ging es ihm nicht; er wollte ein Weltwach- und Erwachsenwerden so beschreiben, daß beides deutlich wurde, das jeweils erstaunlich Reife wie das Noch-nicht-Fertige, um auf diese Weise zu einem Bild der inneren Struktur, der Gradlinigkeit und gleichzeitigen Wandelbarkeit dieses in der Tat keineswegs gewöhnlichen, vielmehr in jeder Hinsicht außergewöhnlichen jungen Helmuth James von Moltke zu kommen.

Wenige Bücher habe ich mir als Verleger so hartnäckig gewünscht wie dieses. Siebzehn Jahre hat es gedauert, bis ich es herausbringen konnte. Es ist nicht fertig geworden, aber was davon vorliegt, ist doch so, wie Köhler es wollte: ins Leben gestarrt, und man kann sagen: Das Leben Moltkes und seiner Zeit – herangerückt, uns vor Augen gehalten – starrt auf uns zurück.

Reinbek, im Juni 2008
Alexander Fest

1. Die Eltern – der *Young Teuton* und Dorothy

Festgehalten im Keller der Gestapo, 1944 in der Berliner Prinz-Albrecht-Straße, hat der Held dieses Buches eine kleine, anekdotenreiche Geschichte seiner Verwandtschaft und der Erstbegegnung seiner Eltern aufgeschrieben. Sie ist offenbar in Verhörpausen entstanden, mit Bleistift geschrieben und an seine Kinder gerichtet. Sie war ihm aber auch selber wichtig, weil die Beziehung junger Liebender zu den Innenseiten ihrer späteren Kinder gehört, also auch sein, Helmuth James', eigentlich Biographisches begründete. Immer ist es eine spannende Geschichte, wie junge Ehepaare den Tisch der Alten im jugendlichen Schwung neu decken und die bis dahin gültigen Voraussetzungen der Ahnen in Frage stellen, durchbrechen und gelegentlich dann doch übernehmen. Im Falle von Helmuth James' Eltern war es ein einigermaßen umständlicher Weg, bis man bei der Eheschließung ankam. Geographische, sprachliche und auch familiär bedingte Barrieren mußten überwunden werden.

1902 bestiegen Jessie Innes und ihre achtzehnjährige Tochter Dorothy in Südafrika ein Schiff, das sie nach Kontinentaleuropa bringen sollte. Der Zeitpunkt erschien günstig. Südafrika hatte gerade die sogenannten Burenkriege und damit viel Blutvergießen und Verheerung hinter sich gebracht, nach dem erfolgreichen Friedensschluß zwischen Briten und Buren sollte eine dauerhaft friedliche Existenz Südafrikas aber erst noch herbeigeführt werden. Beteiligt daran war der Vater von Dorothy und Ehemann Jessies, James Rose Innes, ein gewichtiger Politiker in Südafrika und nun auch noch ein bedeutender Richter des Landes. Die Aufgabe nahm ihn in diesen prekären Zeiten zunächst voll und ganz in Anspruch – zu Südafrika und James Rose Innes später an geeigneter Stelle mehr. Aber natürlich ging es bei der Reise auch um Tochter Dorothy: Mit 18 mußte man sehen, was aus ihr mal werden könnte, Südafrika war klein, gespalten, nicht das beste Bildungsumfeld. So wollte man sich in aller Ruhe in Europa nach Möglichkeiten für die junge Frau umsehen – nach Bildungsmöglichkeiten wohlgemerkt; daß dabei eine Ehemöglichkeit herauskam, war nicht geplant. Jedenfalls reisten die beiden nach Rom, Florenz, Wien, Paris, sahen sich um, besichtigten. Auch nach Dresden kamen sie, logierten im «Weißen Hirsch», schön über der Stadt gelegen. Von Deutschland wollten sie offensichtlich noch mehr kennenlernen. Jedenfalls konnte Jessie nicht widerstehen, als sie in einer Zeitung eine kleine Anzeige las: Ein «schlesischer Landhaushalt» suchte bridgespielende *paying guests*. Der Urlaub wurde gebucht, und in diesem Augenblick war Dorothy, ohne davon eine Ahnung zu haben, ihrem späteren Ehemann schon sehr nah.

Er hieß Helmuth von Moltke, damals 27 Jahre alt. Der «schlesische Landhaushalt» war das Gut der Familie Moltke: Kreisau. Der 1891 gestorbene siegreiche preußische Generalfeldmarschall hatte es für die Familie erworben, nach seinem Tod fiel es an seinen Neffen, Helmuths Vater, Wilhelm von Moltke, ab da: Wilhelm Graf von Moltke. Helmuth, genannt auch Muthi, war wegen ständiger Krankheiten als Kind beinahe ganz mit sich allein beschäftigt. An Diphtherie erkrankt, woran damals so viele Kinder erstickten, hat ihn sein Vater, mit der Reitpeitsche über seinem Bett stehend, gezwungen, die Medikamente zu schlucken. Danach kam Schlimmeres, die Tuberkulose. Präzise Auskünfte gibt es nicht, doch Helmuths Jugend muß furchtbar gewesen sein, seine Tuberkulose galt als unheilbar.

Dieses Drama hat zu der Zeit stattgefunden, als Virchow in Berlin ein erstes exemplarisches Abwassersystem mit Pumpstationen und neue hygienische Schlachthöfe durchsetzte. Cholera, Typhus, Tuberkulose, Syphilis, Diphtherie, nicht zuletzt das gefährliche Kindbettfieber: Die Moderne, die technische Wunder zustande brachte, hatte gerade erst den Kampf aufgenommen gegen Krankheit und Fieberschauer; ein Durchfall, ein Hüsteln – alles konnten Vorboten des Todes sein. Medizinische Themen waren *en vogue*, Vortragssäle, Zeitschriften gefüllt, man begegnete ebenso vielen Scharlatanen wie Pionieren der Heilkunde. Der kranke Körper prägte den Jargon der Zeit. Tiefbauunternehmer sprachen von «Schlagadern» des Verkehrs, Volksschulstrategen von «Bildungs-Hypertrophie», es gab das «Fieber» der Spekulationen, den finanziellen «Aderlaß», die «Reinhaltung» oder die «verstopften Poren des Volkskörpers», kurz und gut, die «Geburtswehen» einer neuen Epoche, dazu heftige Geschwüre und Eiterbeulen. Ella Gräfin von Moltke, eine geborene Bethusy-Huc und die Mutter Helmuths, also Dorothys künftige Schwiegermutter, war angesichts des Elends ihres ältesten Sohnes nicht verzweifelt und hatte nicht die Hoffnung aufgegeben. Die medizinische Wissenschaft, die ihr Kind retten sollte, war für sie auch unter spiritistischen Gesichtspunkten interessant. Ihr ganzes Leben war sie mit Tischerücken und geheimnisvollen Séancen beschäftigt, da hat sie natürlich interessiert, wie 1895 Röntgen mit X-Strahlen schattenhafte Abbilder des Körperinneren herstellte. Gleichzeitig betrieb ein gewisser Sigmund Freud in Wien Traumstudien, untersuchte Versprecher, entdeckte Wirkungen des sogenannten Unbewußten – und dies an Frauen, die im Halbschlaf auf seiner Couch lagen! Ein russischer Professor Pawlow reiste durch halb Europa und präsentierte in öffentlichen Vortragssälen Hunde, die auf ein Klingelzeichen Sekrete absonderten. Man hörte es – sonst fiel ja kein Wörtchen im Saal – klingeln, und dann sah man, wie es dem Hund aus einer Magenfistel ins Reagenzglas tröpfelte. Ach! Nachrichten aber auch von Pasteur, Koch, Ehrlich und Behring, sie züchteten Krankheitserreger auf gekochten Kartoffeln, in Fleischbrühe oder in Blutserum. Auch in Kuhembryonen, Mäusen, Ratten, Schweinen, Kälbern, sogar Meerschweinchen, damit sich massenwirksame sogenannte Impfstoffe gegen die Geißeln Gottes, so hieß es, würden gewinnen lassen.

Aber wann? Das war die Frage Helmuths – später vielleicht, die Antwort. Also hatte er keine konkreten Aussichten, wohl auch keine Freunde, er wandte sich der Musik zu. Anstelle einer Berufsausbildung nahm er Gesangsunterricht, das brachte ihn in der Welt der Kunst mit klavierspielenden Frauen in Kontakt. Daß ein Adliger mit öffentlicher Zurschaustellung seiner Kunst Geld zu verdienen trachtete, das galt den Eltern wie allen Standesgenossen als ausgeschlossen. Doch auch noch gerade dieser hier ... Wie lange würde der denn überhaupt auftreten? Man schloß die Augen. Er sang sehr schön. Man öffnete die Ohren. Schubert hat er gern gesungen, hören wir also rasch «Der Einsame», Lied für Männerstimme und Klavier (Schubert op. 41, Text von Carl Lappe), es wird uns Helmuth etwas deutlicher machen. 1. Strophe:

Wenn meine Grillen schwirren
Bei Nacht beim spät erwärmten Herd
Dann sitz ich mit vergnügtem Sinn
Vertraulich zu der Flamme hin
So leicht, so unbeschwert.

Das Ganze in G-Dur, mäßig, ruhig, Vierviertel. Am Klavier hüpfende Achtel, gleichmäßige Dreiklänge durch das ganze Lied, in den Bässen akzentuierte Quinten: G-D, G-D, G-D – das ist lautmalerisch die hinaufschlagende Lohe oder ihr Flackern im Kamin, vielleicht auch die Beinarbeit der Grillen, oder sogar die Näherungsweise von Stechmücken, denn es gibt in der G-D-Folge ein Viersechzehntelmotiv plus Vorschlag vor dem ersten Sechzehntel, vom Komponisten in Sekunden gleichsam über und unter den Grundton geraspelt – ein Motiv, das sich durch alle Lagen sequenziert. Die zweite Textstrophe fällt in die Subdominante C-Dur hinunter. Nun ist alles ziemlich rot, weil ziemlich warm:

Ein trautes stilles Stündchen
Bleibt man noch gern am Feuer wach.

Man schürt, in C-Dur, hin und her mit einer G-Dominantseptime beschäftigt,

Wenn sich die Lohe senkt
Die Funken auf und sinnt

in a-Moll,

Und denkt

– weiter a-Moll, als hinge einem der Schürhaken noch warm in der Hand:

Nun abermal ein Tag!

Was denn für einer? Und dann: Wie wird denn nun die kommende Nacht verlaufen? Dazu wird vorerst nichts gesagt. Auf «abermal» vom Klavier her ein b, das in eine weitere Subdominante führt. «Tag» auf a, dazu F-Dur in der rechten Hand: Es handelt sich, wie erwartet, um eine harmonische Folge, die sich auf das vorhergegangene C-Dur bezieht und, was die Nacht betrifft, keine Sorgen an die Wand malt. Aber nun die Pointe: Kaum sind wir in der Subdominante (rot, wärmer, angenehmer) angekommen, stellt sie sich als Trugschluß heraus, wie bei Schubert nicht selten. Die Gesangsstimme macht nach dem A eine Pause von drei Vierteln. Und während die linke Hand noch einmal die Sechzehntelfigur einspielt, klingt auf einmal Fis auf. Fis? Ja, Fis! Wir haben uns geirrt, und bis zur folgenden Strophe

Was Liebes oder Leides
Sein Lauf für uns daher gebracht
Es geht noch einmal durch den Sinn
Allein das Böse wirft man hin
Es störe nicht die Nacht

ist wieder alles in G-Dur eingerichtet. Während es sich also anfühlte, als schritten wir abermals eine Subdominante ins noch Wärmere ‹hinunter›, gingen wir von Schubert geführt in die Tonart der doppelten Dominante ‹hinauf›, um schlicht zurückzukehren, von wo wir ausgegangen waren. Die Richtungen und Erwartungen gehen flüssig ineinander über. Es bleibt nichts bestehen, nur die behauptende Stimme. Romantischer Gesang ist eine Musik, schrieb Roland Barthes, in der «sich jeder die beruhigende Einheit seines Körpers einbilden kann», eine Musik, «die nur dann einen Sinn hat, wenn ich sie stets in mir selbst mit meinem Körper singen kann [...]. Denn *singen*, im romantischen Sinn, heißt dies: phantasmatisch meinen geeinten Körper genießen».[1]

Dann muß plötzlich ein riesiger Schutzengel Helmuth zu den ersten Begegnungen mit amerikanischen Missionarinnen der Christlichen Wissenschaft geführt haben. Wie es dazu kam, ist nirgendwo beschrieben, man kann sich allenfalls denken, welche Rolle hier Helmuths Mutter gespielt haben mag. Scientisten traten mit absolut nichts in der Hand in Erscheinung und heilten Menschen. Ohne Thermometer, Operationen, Spritzen und Umschläge vollbrachten sie Wunder. Als ob sie in der Lage wären, göttliche Liebe wie eine Arznei zu verabreichen, denn um Gott und die Heilkräfte des Gottessohnes ging es ihnen. Es sei klar, schrieb Mary Baker Eddy, die von ihren Schülerinnen die «Entdeckerin» der Christlichen Wissenschaft genannt wurde, es sei klar, «daß Gott nicht Arzneien anwendet»[2], aber es sprach sich herum, daß das amerikanische Mittel gegen alle nur erdenklichen Krankheiten helfe. Den Kranken war gleich-

Lady Innes und ihre Tochter Dorothy, um 1903

gültig, was dahintersteckte. Wenn sie sich in ihren Betten aufbäumten, wenn es auf sie wie mit Messern einstach oder unerträglich brannte, wenn es sie aus dem blauen Himmel heraus wie mit der Axt in den Rücken getroffen und zu Boden geworfen hatte, das Blut in den Kopf gepresst, die Luft aus der Lunge gesogen, die Gelenke wie Eisen, Butter oder Sand, haben sie, vielfach beschrieben, von Christlichen Wissenschaftlern Hilfe erfahren. Es kam ihnen wie eine Verwandlung auch des Geistes vor. Oft trat an der Schmerzstelle ein Gefühl der Erlösung ein, und in Dankbarkeit traten Geheilte selber als Heilende auf, verstanden sich dabei gleichzeitig als Kirchengründer, als «Ausüber ihres Glaubens», während sie neidisch oder geringschätzig die «Gesundbeter» genannt wurden. So traf Helmuth auf seine künftige Frau in einem seltenen Zustand äußerster Frische, voll der Zuversicht und des Glaubens.

Die Anzeige, die die beiden Südafrikanerinnen im «Weißen Hirsch» gelesen hatten, war eine Falle gewesen. In der Gestapozelle hat es Helmuth James, der Protagonist unserer Biographie, so ausgedrückt: «Muttel», so wurde Helmuth James' Großmutter Ella genannt, «Muttel hatte aus irgendeinem Spleen die Anzeige aufgegeben, sie war rasend abergläubisch, und eine ihrer Spiritistinnen hatte gesagt, es wird ein Mädchen mit einer blauen Kette um den Hals ins Haus kommen, und die wird großes Glück bringen.»[3] In seiner Erzählung ist die achtzehnjährige Südafrikanerin bereits mit der blauen Kette um den Hals auf dem Kreisauer Gutshof angekommen. In der Variante, die ihre Tochter, Frau Asta Henssel, geborene von Moltke, 1988 mit 73 Jahren in einem Gespräch äußerte, kündigte auch noch eine Zigeunerin das Ereignis vorher an. Ihre Großmutter habe sich von der Zigeunerin im Souterrain des Schlosses lange zuvor immer heimlich aus der Hand lesen lassen. Und mit Spiritismus habe die ganze Sache überhaupt nichts zu tun. Dann habe sich außerdem die achtzehnjährige Weltreisende erst einmal für das erste Essen umgezogen. Sie ging also von der Halle die leichtschrittige Treppe des Herrenhauses hoch, wo sie in ihrem Zimmer verschwand, und kam dann «in weißem Kleid und blauer Kette die Treppe hinunter». Ahnungslos, aber eine atemberaubende Erfüllung für alle, welche sie von der Halle aus herunterschlendern sahen und an einem Zeichen erkannten, von dem sie nicht das geringste wußte.

Alles Weitere ist blitzschnell erzählt. In der hochschaukelnden Wirkung natürlicher Ausstrahlung der Achtzehnjährigen bei allerhöchster Empfangsbereitschaft des Siebenundzwanzigjährigen wurde ein wenig hin und her gegangen und das Haus in Spannung versetzt. Gegessen, das erste Bridge gespielt, und dann, denn Dorothy und Helmuth konnten sich weder in Englisch noch in Deutsch verständigen, machte Helmuth den Vorschlag, ob man nicht – «Ach, wissen Sie, wollen wir es nicht versuchen?» – ein wenig musizieren könne? Zu Dorothys Klavierbegleitung nun der Bariton des praktizierenden Gesundbeters, dem schon manche seiner Klavierbegleiterinnen erlegen war:

Zu einem frohen Traume
Bereitet man gemach sich zu
Wann sorgelos ein holdes Bild
Mit sanfter Lust die Seele füllt
Ergibt man sich der Ruh

Oh, wie ich mir gefalle
In meiner stillen Ländlichkeit!
Was in dem Schwarm der lauten Welt
Das irre Herz gefesselt hält
Gibt nicht Zufriedenheit.

Und dann, kurz vor Ende des Liedes noch ein klein wenig überwältigender:

Zirpt immer, liebe Heimchen
In meiner Klause, eng und klein
Ich duld euch gern: Ihr stört mich nicht
Wenn euer Lied das Schweigen bricht
Bin ich nicht ganz allein.
Bin ich, bin ich, bin ich, bin ich nicht ganz allein!

– G-D, G-D, G-D, aufschlagende Lohe, Herzen auf, Falle zu.

Jessie ließ in den nächsten Tagen packen, flüchtete vor dem stürmischen Mann, den sie spöttisch den *Young Teuton* nannte, nach Paris. Es scheint dann zwischen den Eltern der beiden verabredet worden zu sein, daß man die Affaire einschlafen lassen, daß es keinen weiteren Kontakt geben sollte. Doch die erwiesen sich in ihren Absichten hartnäckiger als erwartet. Allerdings mußte noch eine Veränderung der Umstände in Muthis Leben eintreten, damit er und die junge Südafrikanerin ihren Willen durchsetzen konnten.

Eine seltsame Geschichte: Es geschah Ende 1904 oder in den ersten Januartagen 1905. Der Hannoversche Garnisonskommandeur Wilhelm Graf von Moltke und seine Frau Ella Gräfin von Moltke machten mit dem Einspänner eine Spazierfahrt in einem Park der Stadt, da scheute das Pferd und ging durch. Das Tier in seiner Panik galoppierte querfeldein. Die Räder krachten über niedrige schmiedeeiserne Wegbegrenzungen, die beiden Insassen des Wagens wurden hin- und hergeschleudert, fast hinausgeworfen, dem Mann fiel die Uniformmütze ab. Das Pferd raste durch Beete mit Hunderten winterlich zurechtgestutzten Rosenstöcken und quer über mit Tannenzweigen abgedeckte Rabatten, ein Rad wühlte sich in die regenweiche Kante des Schwanenteichs, bei einer plötzlichen Richtungsänderung schleuderte der Wagen auf die herabhängenden Äste von Rotbuchen, Birken und Eichen zu, die dem Kommandeur ins Gesicht peitschten. Irgendwann verlor er die Zügel aus den Händen. Wilhelm von Moltke konnte sich in dieser Situation

Graf Wilhelm und Gräfin Ella von Moltke mit ihren Kindern (von links nach rechts) Margarete, Peter, Monika, Leonore, Helmuth und vorn Carl Viggo, um 1902

nicht einfach dem Lauf der Dinge fügen. So beobachtete er jetzt den sich abspielenden Irrsinn, er suchte und paßte dann eine Gelegenheit ab, vom Wagen zu springen. Das gelang ihm unverletzt. Und nun soll sich folgendes abgespielt haben: Wilhelm rannte, so schnell er konnte, neben dem Fahrzeug her, deutete Ella an, ebenfalls zu springen, sie tat es, er konnte sie fassen, um dann weiter nach vorn zu rennen, um sich dem Pferd direkt ins Zaumzeug zu werfen. Mit einem harten Griff riß er heftig am Riemen hinter der Trense, daß sich das Tier aufbäumte. Für einen Augenblick stand es über ihm, mit einem Hufschlag hätte es Wilhelms Schädel zertrümmern können, doch er riß es zu Boden, und zuletzt lag der Mann quer über seinem Gegenspieler, tätschelte ihm die Nüstern und sprach ihm irgendwas ins Ohr. Da traten die Hannoveraner hinter ihren Bäumen hervor. Sie fächelten Luft, freuten sich über die Wiederherstellung der natürlichen Ordnung und machten den Kommandeur zum Helden ihres Nachmittags, indem sie seine Leistung: den Mut, die Einfühlung und seine moralische Kraft bewunderten. Eine schöne Episode, wie sie gern von militärischen Helden erzählt wird, die sich kraft ihrer seelischen Energie zu Herren über die Physis machen. Wer mit Pferden Erfahrung hat, kann sich kaum vorstellen, daß so etwas möglich ist; hier wurde die Moltkesche Familiengeschichte durch eine weitere Ruhmeserzählung in der Topik des Feldherrnlobs bereichert.

Am Abend dieses Tages, und das ist nun recht gewiß, betrat der achtjährige Carl Viggo von Moltke, Muttel Ellas und Vatel Wilhelms Nesthäkchen, das Zimmer der 14-Zimmer-Wohnung, in das sich Vatel zur Erholung zurückgezogen hatte. Carl Viggo fand ihn dort «reichlich sonderbar» vor, «in einem Sessel sitzend, schweigend, aber Grimassen schneidend». Ohne eine Erklärung erhalten zu haben, ging der Knabe wieder hinaus und erzählte, was er drinnen gesehen, da stürzte Ella hinein und erkannte: Wilhelm hatte soeben einen Schlaganfall erlitten. Daran starb er am 12. Januar 1905.

Im November 1989 erzählte Carl Viggo mir von den Todesumständen seines Vaters und anderen Merkwürdigkeiten und Begebenheiten seines Lebens. Nun war er es, der im Sessel saß. Mit flatternder Hand führte er ein gebügeltes Taschentuch zum Mund, um ihn abzutupfen; wegen seiner Schwerhörigkeit führten wir unser Gespräch durchweg in freundlichem Geschrei. Er erinnerte sich genau, wie er in der Todesnacht seines Vaters geweckt wurde und man ihn ins Sterbezimmer brachte, «wo die Familie vollständig versammelt war». Man hieß den Jüngsten, «vor Vatels Bett zu knien», damit ihm der Sterbende noch einmal über den Bubenkopf streichen konnte, «so, als wollte er mich segnen!».

Neben der Witwe die Onkel, die Tanten, die Geschwister Carl Viggos. Die älteren von Moltkes waren Onkel Fritz, preußischer Innenminister; Onkel Helmuth, der als «Moltke der Jüngere» 1903 zum Generalquartiermeister im Generalstab avanciert war; Onkel Ludwig, der Privatier und Junggeselle, Pächter des schlesischen Gutes Wernersdorf. Die Geschwister Muttels waren Onkel Heinrich Bethusy-Huc, der ein riesiges Gut in Bankau/Oberschlesien besaß; Tante Marie von Kulmiz, geborene Bethusy-Huc, in Begleitung ihres Mannes, des Bergwerkbesitzers, Porzellanfabrikanten und Eisenbahnunternehmers Eugen von Kulmiz, und Tante Hertha Bethusy-Huc, eine unverheiratete Stiftsdame. Schließlich die Kinder des Verstorbenen: Helmuth Adolph von Moltke, der älteste Sohn (unser *Young Teuton*!); Leonore (Leno) von Hülsen, dessen ältere Schwester, schon verwitwet und alleinerziehend; Margarete (Ete) von Trotha, die Frau eines Dragoner-Offiziers, sowie Peter und Monika (Mokke), zwei noch Unverheiratete. Es stand im wesentlichen die Erbengemeinschaft beisammen, aus der einer nach Wilhelms Tod den Besitz des 1891 gestorbenen Feldmarschalls Helmuth Graf von Moltke übernehmen sollte, ein beträchtliches Geld- und Aktienvermögen einschließlich Landbesitz mit Gutshof und Herrenhaus im schlesischen Kreisau. Da der Feldmarschall keine eigenen Kinder gehabt hatte, war Wilhelm, der älteste Sohn seines Bruders, 1891 als Kreisauer Majoratsherr eingesetzt worden. Jetzt würde Muthi folgen, das war schon lange klar. Doch zwischen den starken Onkeln und Helmuth taten sich enorme soziale Spannungen auf. Muthi war nicht Berufsoffizier, was doch sonst fast jeder Mann von Adel war – Diphtherie und Tuberkulose hatten ihn in der dafür entscheidenden Phase vom Militär ausgeschlossen. (Später, nach seiner Gesundung um 1900, leistete er zwar seinen Dienst ab, aber es reichte nur noch zum Reserveoffizier.) Einen anderen Beruf, wenn der denn überhaupt sich mit dem Selbstbild des Adels hätte verbinden lassen, hatte er gleichfalls nicht. Der

Das junge Paar in Südafrika, 1905

Begrüßung der neuen Gutsherrin auf Schloß Kreisau, November 1905

neue Majoratsherr stach statt dessen mit zwei Eigenschaften hervor, die kaum standestypisch waren. Er besaß eine schöne ausgebildete Stimme. Und er hatte die Passion für das Gesundbeten. Von den ersten Missionarinnen der *Christian Science*-Kirche geheilt, unter dem beglückenden Eindruck ihm rasch zuwachsender neuer Kraft und in seiner religiösen Erschütterung wollte er die neuentstehende Kirche mitbegründen und das Gesundbeten selber erlernen: gesagt, getan. Die Zeugen beziehungsweise Patienten seiner erfolgreichen Behandlungen wie seines Einsatzes als ‹Vorsänger› in Versammlungen der Sekte waren neben anderen die Familienmitglieder gewesen, und seit dieser Zeit dürfte, gerade bei den im politischen und militärischen Leben stehenden Onkeln, der Zweifel gewachsen sein, ob ihrem empfindsamen Neffen die Grafenkrone in der Nachfolge des großen Feldmarschalls, des Siegers von Königgrätz und Sedan, wirklich zukomme, ob der auf ihn wartende Sitz im Preußischen Herrenhaus von ihm angemessen besetzt sei.

Den berührte das zunächst wenig. Nach Vatels Tod fühlte sich der neue Majoratsherr wie unter Volldampf. Nun konnte er frei handeln. Es irritierte, als er die Absicht verkündete, noch im Todesjahr, das doch ein Trauerjahr sein sollte, die einundzwanzigjährige Dorothy Rose Innes zu heiraten, und auch gleich nach London reiste, bevor Mutter und Tochter wieder ins ferne Südafrika abfuhren. Mit Hilfe seiner resoluten Mutter, die die Braut «reizend» fand, setzte er sich durch, auch beim Vater des Mädchens, James Rose Innes, der sein einziges, innig geliebtes Kind zunächst nicht ins mindestens vier Wochen Seereise entfernte Deutschland abgeben wollte. Am 18. Oktober 1905 wurde in Pretoria die Ehe zwischen Helmuth und Dorothy geschlossen.

Es irritierte dann aber noch mehr. Befremdlich wird es die Familienmehrheit gefunden haben, daß das neue Ehepaar als Wohnsitz nicht Berlin, sondern das sogenannte Schloß auf dem Kreisauer Gutshof wählte: fernab im Osten gelegen, nicht gerade eine Schönheit von Haus, nur mit beträchtlichem Aufwand zu bewohnen. Doch kaum noch nachzuvollziehen war dann dies: Helmuth wollte als erster Moltke überhaupt mit seiner geplanten eigenen Familie nicht nur im Sommer, nicht nur zum Vergnügen, wie es bisher gehandhabt wurde, sondern als tätiger Landwirt das ganze Jahr über in Schlesien leben, ja, er wollte sogar seinen Haushalt (einen Grafenhaushalt!) allein aus den Erträgen des Gutes bestreiten! Und das war mit 400 Hektar nicht besonders groß. In der allgemeinen Verblüffung wird das Diktum seiner Schwester Ete aufgekommen sein, das in zwei Fassungen überliefert ist: a) «Er hatte ja eigentlich Sänger werden wollen.» Und b) «Er hätte doch besser Sänger werden sollen.» Doch zunächst ging alles sehr gut. Dorothy erwartete gleich ein Kind. Die Liebe des Paares, das, wie Carl Viggo sich erinnert, «sich weder in deutsch noch in englisch richtig unterhalten konnte», riß beide wohl zu einer gewissen Kühnheit im Experimentieren mit ungewohnten Verhaltensformen; das entzückte besonders Muttel. Sie hielt sich gern und oft im neuen Kreisau auf. Sie setzte sich auch für das Image der beiden ein, im Gegenzug beanspruchte sie aber ungefragt die Rolle der Kreisauer Zeremonienmeisterin.

Von dem Unglück, das die Jungverheirateten im Frühsommer 1906 traf, geben die Quellen nichts Genaues her – jedenfalls spielten Pferde dabei wieder eine zentrale Rolle. Das glückliche Paar veranstaltete eine Spazierfahrt in einem von Muthi gelenkten Vierspänner. Die vier Rappen waren vermutlich aus Rücksicht gegenüber der Schwangeren dem schweren, gemütlich gepolsterten Landauer vorgespannt. Da scheute ein Pferd, und gleich gingen alle vier durch. Der Wagen stürzte um, Dorothy fiel unglücklich hinaus und verlor ihr Kind. Es wäre ein Junge gewesen. Auf ihn bezog sich der im Jahr darauf geborene erste Sohn Dorothys, als er zwei Jahrzehnte später gegenüber einer Freundin sagte: «Mein älterer Bruder hat es klugerweise vorgezogen, auf dieser Welt gar nicht erst zu erscheinen.» Dieser Mensch mit der sarkastischen Zunge, Helmuth James von Moltke, geboren am 11. März 1907 und hingerichtet am 23. Januar 1945, ist der Protagonist unserer folgenden biographischen Erzählung.

2. *The boy* – die ersten Jahre

Helmuth James von Moltke hat zuerst einmal komisch ausgesehen. Bei und nach seiner Geburt soll er «über und über behaart»[4] gewesen sein, was war denn das nun? Um peinliche Überraschungen beim Herzeigen des affenartigen Kindes vorwegnehmend zu dämpfen, nannten ihn seine Eltern gleich einmal «the black boy», aber wie sich seine Erscheinung in zufriedenstellender Weise glättete, blieb von «the black boy» nur «the boy» übrig – der Kosename Dorothys für ihren Erstgeborenen, auch nach der Geburt ihrer anderen Söhne, jedenfalls in ihren Briefen an die Eltern in Südafrika. Nur drei Monate nach der Geburt, am 4. Juni 1907, kann die Mutter schon schreiben, er sehe nun aus wie ein «Bild der Gesundheit», habe eine «helle weiche Haut» und ein «süßes Gesicht. Er kuschelt sich sehr, sehr süß an die *nurse* oder mich, hebt nun seinen Kopf sehr lieb ohne Unterstützung, sitzt einem schon stolz auf dem Arm, hält sich an Dingen fest und ist in jeder Hinsicht sehr geschickt und köstlich» – Gott sei Dank, alles in Ordnung.

Sie trugen ihn in seinem ersten Sommer in eine Umgebung hinein, die ihr Eigenleben hatte. Das Ensemble von Phänomenen der Natur (und solchen, die als natürlich empfunden wurden) Umwelt zu nennen, war noch niemandem eingefallen, die Natur war vielgesichtig, die Landwirtschaft hart und ihr sehr nah, die Formen der Arbeit entsprachen dem Leistungsvermögen von Ochs, Pferd, Esel. Auf dem Hof lagerte viel herum. Roggen, Klee, Heu, Raps, Flachs, Hopfen, Kartoffeln, Rüben. Mit Karren und Leiterwagen wurden das Brennholz, die Feldfrüchte und der ungedroschene Weizen auf bestimmte Plätze des Hofes gebracht, dort gesägt, gedroschen, anderswie bearbeitet, sortiert und fortgeschafft, so zur Zuckerfabrik und zur Textilfabrik in der Nähe. Dabei halfen Werkzeuge, die Stellmacher und Schmied in der Mitte des Hofes richteten, schliffen und pflegten, Hacken, Sensen, Gabeln, Schaufeln. Hufeisen im Feuer, auf dem Amboß und zischend in Wasserkübel, brenzlig riechend auf den Huf des Pferdes genagelt. Das Sensenblatt auf dem Dengeleisen ergab von April bis Oktober jeden Abend einen rhythmischen Grundton. Lehm, Fett, Teer, Sand und die Schmierseife im Zinkeimer, ständig in Handweite das ganze Jahr über. Alles hier war roh. Alles ohne Verkleidung. 1907 auf dem Kreisauer Hof gab es auch kein Silo für das süßlich riechende Mischfutter. Dinge, Tiere, Pflanzen und Menschen traten stets in großen Mengen auf, ein immenser Aufwand an Formen, Stoffen und Kräften, in denen der künftige Gutsherr aufwuchs.

Die Kuhherde, die Massen von Gras und Heu verschlang, zog an Zuckerrübenpyramiden, an Haufen mit geschnitzelten oder gehäckselten Runkelrüben oder an Kartoffelbergen vorbei, kreuzte die Scharen hoch- und niederblickender Hühner, die Gänsevölker oder Schweine und blieb wiederkäuend vor den Puten und Truthähnen stehen. Diese wiederum, in ihrer erbärmlichen Art, kollerten kurz auf, schaurig im Chor (worauf die empfindlichsten Kühe natürlich auf der Stelle es unter sich platschen ließen) – das Zeichen für Burschen und Jungen, mit Stöcken dazwischenzuspringen; sie waren Teile der Menschenmenge, die in die Herde gleichsam eingehakt war, weil es um Milch, Kälber, um Zugochsen, Zuchtbullen und Mastochsen und um die Fleischpreise ging. Burschen, Jungen, Frauen, ‹Schweizer›, Veterinäre, Händler, Metzger, der Inspektor mit Sekretärin und Gehilfen – alle wurden vom Viehzeug, vom Wetter und vom Land, auf welchem saisonweise fremde Landarbeiter in größerer Zahl arbeiteten, auf Trab gehalten. Auch der Eleve, der Lehrling, der immerzu mit dem Rotblaustift in der Hand zwischen Büro, Waage, Melkerei und Schüttboden hin- und herflitzte und manchmal, vielleicht *the boy* oder der lachenden *nurse* zuliebe, an der Pfütze die Tauben aufscheuchte. Die flatschten dann auf, zogen knapp über der Scheune hoch,

Schloß Kreisau 1906: Dorothys Wohnzimmer

in einer Kurve flatterten sie durch den Himmel, bis sie auf dem roten Ziegeldach des Pferdestalls sich niederließen, um vor den Eingängen ihrer hübschen Eigenheime weiterzugurren.

Berufe hatten wie Arten ihre festen Bezeichnungen. Die Menschenmenge in Haus und Hof war sozial gegliedert, jedem war das bewußt. Die Klassen ließen sich leicht unterscheiden: übersichtlich, von der Freitreppe aus mit einem Blick, wie sie einesteils mit gekrümmten Körpern zogen, schoben, immer in Gefahr, sich zu verletzen, anderenteils aufrecht ihren davon befreiten Berufen nachgingen – aber äußerst bewegt, Mensch und Tier, auch Frosch, Biene, Maus und Blindschleiche, jedes Exemplar mit eigner Willensenergie. All das zeigte sich Helmuth James gleich. Ob er es nun sah oder nicht: Darauf deuteten die nackten Arme des Mädchens, Lydias; das erläuterte die *nurse*, Fräulein von Horn; und Mutter und Vater zeigten stolz, was ihnen gehörte und zur Pflege und Nutzung oblag. Immerzu vernahm das Kind die verschiedenen Stimmen, die es herzten, die Umgebung benannten oder Leute anriefen, immerzu ein individuell gestimmtes «sieh doch, spür doch, riech doch», da und da, hier und dort. Auch drüben, unter, auf, mit, quer durch oder gleich daneben – «Das ist die Welt!».

Eine Welt ohne Radio. Es gab heftige Rufe auf dem Hof, Plappern, Fluchen, Schreien und Singen in deutschen und polnischen Dialekten, und im Haus den doppelten Sprachleib mit dem englischen Vokabular der Muttersprache und dem deutschen des *fatherland*. Viel Besuch kam in Kutschen, *dog-carts*, in Kremsern und Coupés angefahren, strömte herein und wieder hinaus. Es gab noch keine Wasserleitung, dafür den Brunnen, den Mühlbach, das Flüßchen Peile, die entsprechenden Toiletten und die dicken Porzellanwaschbecken auf den hochbeinigen Gestellen aus Holz oder Eisen. Es gab noch kein elektrisches Licht. Abends schimmerten die Tasten des weißen Flügels, die Treppenstufen und die Stäbe des Gitterbettchens des Jungen in allen Arten offenen Feuers, auch in Gaslicht und bengalischer Beleuchtung. «In einem kühlen Grunde», Lieder von Brahms und Schubert sowie die Leidenschaften italienischer Komponisten klangen von oben aus dem Musikzimmer in das unten gelegene Zimmer des Feldmarschalls, wo Helmuth James und das Mädchen einquartiert waren, als Tante Ete in Erwartung ihres ersten Kindes, des späteren Spielfreundes Helmuth James', Carl Didi von Trotha, gleich im ersten Sommer zu längerem Besuch kam.

Vom Park herein der Geruch der Peile (stinkend, weil sie damals schon die Abwässer der Textilfabriken in Langenbielau mit sich führte, ein Ort, der durch Hauptmanns «Weber» im ganzen Deutschen Reich bekannt war), und von vorne herein Duft von Heu und trockenem Weizen, aber auch der süß-faulige Dunst des Malzes für die kleine Brauerei und immer der Stallgeruch. Innen hat es weithin nach Lavendelwasser gerochen, Lavendelwasser gleichsam dunkelgetrübt von Petroleum, Zigarren, Saucen, Pudding, Trockenobst und Nachttöpfen. Dann die Kinder der Landarbeiter, Betrieb im Souterrain, wo Küche und Waschstube waren. Bunter Garten, grüner Park. Blaugelbe Offiziere mit silbernen Sternen, Pferde, bunt jagende Reiter. Ein Öllämpchen brannte die Nacht über. Dann kam schon der ereignisärmere Winter. Die große Stille. Die Tiere in den Ställen, scharfes Winterwetter, knisternde Holzscheite im Kamin. – So verging Helmuth James', des kleinen Grafen, erstes Jahr.

Seine Babyzeit wird in Dorothys Briefen nach Afrika ausführlich dokumentiert. Die junge Mutter schrieb Woche für Woche ihren Eltern, von denen getrennt zu sein ein Schmerz blieb, ihr wie ihnen. Die Briefe waren ein Versuch, ihr Kreisauer Glück mitzuteilen, bis in die Details der Wochen- und Feiertage, Wetterwechsel, Zimmereinrichtungen, Menschen und Denkwürdigkeiten. Im Kreisauer Haushalt waren fürs Praktische Frau Lorenz und Herr Haug, Mamsell und Diener oder *butler*, zuständig, und auch im Umgang mit dem Kind wurde Dorothy von dem befreit, was daran die Arbeit ist. Die Mutter assistierte manchmal aus Lust der *nurse* oder dem Mädchen. Dorothy hörte ihren Sohn «überall im Haus», sie sah und wußte ihn in der Nähe, es klopfte jemand an, der ihn verabredet oder einer Neuigkeit wegen brachte. Wenn sie wollte oder er nach ihr rief, ging sie zu ihm hin, aber es gab nur zwei regelmäßige Stunden zwischen Mutter und Kind. Morgens, während sie sich ankleidete, saß er auf der Marmorplatte des runden Tischs in ihrem Schlafzimmer, wo sie sich beide aneinander vergnügten – so erinnerte er sich 1944 im Gestapokeller[5] –, und dann wieder abends. «Gegen 6 habe ich ihn im allgemeinen auf meinen Knien und singe ihm etwas vor», schrieb Dorothy, «dann gehen wir zusammen die Halle auf und ab, währenddessen er selig ein bißchen auf meinem Arm sitzt.»[6]

Für das Verhältnis zwischen beiden war also von Anfang an nicht ihre körperliche Begegnung entscheidend. Überall betrachten Mütter mit besonders neugierigem Blick ihr erstgeborenes Kind, es kommt vor, daß sie es genauso verwundert ansehen wie umgekehrt diese Kinder ihre Mütter, und in der Überraschung beider, woran es zwangsläufig bei Zweit- und Spätgeborenen mangelt, kreisen sie mitunter ihr ganzes Leben umeinander. Auch bei Dorothy und Helmuth James war es so. Doch hinzu kam noch etwas anderes. In ihrer beider Fall schaut ja die Mutter nicht nur überrascht in die Augen eines ersten gesunden Kindes, sondern zugleich in eine Welt hinein, die ihr fast ebenso neu ist wie ihm! Die gemeinsame Perspektive rückt sie einander nahe, sich zurechtzufinden stellt ihre wie seine Persönlichkeit, trotz des mütterlichen Vorsprungs, vor vergleichbare Aufgaben. *The boy* und Dorothy von Moltke, geborene Rose Innes, standen nebeneinander: Vor beiden lag deutsche Strecke. Bei dem gemeinsamen Eintritt ins Deutsche Reich sind beide Kollegen. Die Erwachsene fühlt das sehr früh, das Kind wird es bald auch spüren: Das ist der Unterschied zwischen ihnen, welcher abnimmt; beide begreifen später ihre Kollegenschaft in ähnlicher Verantwortung: Das ist ihr Identisches, das heranwächst; eine außergewöhnliche Konstellation.

Sie will und muß zwischen 1906 und 1910 alles ausprobieren, was ihr im Deutschen Reich fremd und reizend ist – zur selben Zeit greift der gesunde Junge sowieso in die Welt und hat sich dann zuerst an dem ausprobiert, was sie deutsch, weil unenglisch fand: vorgewärmt durch die praktische Neugierde der Mutter. Die späteren autonomen geistigen Prozesse des Jünglings Helmuth James erscheinen daher manchmal wie Varianten frühkindlicher Ereignisfelder, wie intellektuelle Wie-

Mutter und Sohn: Dorothy von Moltke mit Helmuth James, 1908

derholungen des Geschehens rund um die von seiner Mutter angefaßten Dinge, sie richtet ihm auf dem Tablett eines frühen ‹Kreisauer Kreises› die kulturellen Stoffe an, die sie gerade für sich zurechtgelegt hatte. 1944 schrieb er rückblickend: Wer ihre Wärme im Haus «mitbekommen» habe, dem würde «nie wieder kalt ums Herz werden»[7] – da war sie schon tot, und er würde es bald sein, er konnte alles von Anfang bis fast zu seinem Ende überblicken.

In seinen beiden ersten Jahren lebte er im Kielwasser einer Mutter, welche selber suchte, statt anzubieten, nicht behauptete, sondern betastete. Nicht nur er, alle Anwesenden fühlten sich bald wohl unter ihrem Blick, das gewannen sie nun von ihrem fast bis zum Südpol geweiteten Horizont. Dorothy scheint die verschiedenen Augenblicke in anregende Gegenwart verwandelt zu haben. Nicht nur für den Ehegenossen, der familiär groß rauskam: Durch Helmuths geheimnisvolle Anziehungskraft war sie ja wie ein friedlicher Brückenkopf des *British Empire* ins schlesische Milieu gestellt. «Im Handumdrehen», so rekonstruierte Helmuth James die freundliche Attacke später, «hatte sie die Herzen aller erobert. Die damals junge Generation hing an ihr, vor allem Tante Ete, all die nachfolgenden Kinder der nächsten Generation [...] nicht weniger. Die ältere Generation, Onkel Ludwig in Wernersdorf, die Berghäusler, Onkel Eugen und Tante Marie Kulmiz, sie alle liebten sie glühend.»[8]

Und sie blickte auf Helmuth James: «Wenn ich zu ihm spreche, lacht er, und gewöhnlich spricht er mit mir, als würde er antworten, so kleine Tönchen wie ‹ray›, ‹gay›, ‹ah› bilden sein derzeitiges Vokabular» schreibt sie am 28. April 1907. Und am 4. Juni: «Es ist außergewöhnlich, wie viel Charakter dieser kleine Wurm von kaum drei Monaten zeigt [...] niemals, außer im Schlaf, einen Moment still – Augen, Kopf, Arme, Füße, alles in ständiger Bewegung [...] er lacht fast immer, wenn er angesprochen wird.» Am 10.: «Er ist immer hungrig.» So lautet der dokumentarische Niederschlag der ersten Monate. Am 15. Oktober 1907 meinte Dorothy: «Er ist die Personifizierung der Freude»; am 30. Oktober beschrieb sie, was gegliederter Überfluß dem gesunden Jungen tat: «Er bemerkt alles.»

Die Dinge ihres Mannes fand Dorothy attraktiv und geheimnisvoll, die Gutswirtschaft, die Politik und seine undurchschaubare Person. Wollte sie sich in seinem Milieu einrichten, klappte es nicht. Während ihr Sohn erfuhr, daß sich ihm Dinge widersetzten, erfuhr die Mutter, daß sie gewohntem Gebrauch widerstehen, weil Dinge, eingewickelt in anderer Leute Tradition, mehr als Dinge, in Wirklichkeit anderen Wesens sind: «Unsere Sachen schauen nun so hübsch aus!» schrieb Dorothy von ihrer Ersteinrichtung im Schloß. «Muttel Ella ist begeistert!» Es muß also furchtbar ausgesehen haben! Die Tochter entschlüsselt diskret, was es heißt, wenn Muttel «begeistert» ist: «Eines Tages wird das Haus entzückend aussehen, bestimmte Zimmer sind schon sehr schön, aber es gibt so viele häßliche Sachen, die wir nicht verschwinden lassen können, entweder kaufte sie der Feldmarschall, oder der alte Graf mochte sie besonders gern, oder sie sind zu gut, um sie in die Rumpelkammer zu stellen usw. Bei uns», und jetzt bezieht sie sich auf ihre alte Heimat, «bauen und möblieren wir die Häuser immer nach Geschmack und Vermögen, aber hier ist ein Haus voll mit Tradition, die natürlich sehr stark ist und sich leider auch auf viele sehr häßliche Möbelstücke erstreckt, die nicht weggeräumt werden dürfen.»[9] Tradition und Modernisierung, eines der Lebensthemen Helmuth James'. Im Gestapokeller schrieb er, seine Mutter habe das Haus, «keine leichte Erbschaft für Mami», rasch umgekrempelt. Mit welchen Resultaten? «Es war alles geblieben, was es gewesen war, es hatte nichts verloren» – aber etwas hatte sich im Haus doch verändert: «es atmete eine weitere, tiefere und echtere Liebe».[10]

Fast alles ist ihr neu, folglich ist fast alles, was sie tut, Ereignis. Familiengeschichtlich hat eine neue Zeit begonnen. Weswegen es auch einen Sinn hat, daß zum Beispiel die Geschichte der Erstbegegnung der Eltern noch von den altgewordenen überlebenden Kindern und anderen Zeugen immer wieder erzählt wurde, in winzigen Varianten behütet und gegen fremde Lesarten verteidigt. Rasch wurde mir deshalb von einem Teil der Überlebenden zwar erlaubt, Dorothys Briefe zu lesen. Lange hat es aber gedauert, bis mir gestattet wurde, daraus weiterzuerzählen.

Diesem deutsch-afrikanischen Briefwechsel kam große Bedeutung zu, weil er die fünfundzwanzigjährige Frau stärkte, ihre Persönlichkeit zu behaupten. Die Briefe ihrer Eltern sind alle verschollen. Aus Dorothys Texten läßt sich gelegentlich das Echo kritischer Mahnungen Daddys, ihres Vaters, heraushören. Dorothy versuchte, es ihrem Vater nachzumachen, sie wollte seine Prinzipien anwenden. Als Eugen von Kulmiz einmal ein Jubiläum feierte und aufmarschieren ließ, was Beine hatte, sah Dorothy in erster Linie das fröhliche Hin und Her: «Wir fuhren alle nach Saarau [...] und hatten Proben für die *Living Pictures*. Ich war in einem ‹die Kunst›. In dieser Nacht schliefen wir in Conradswaldau, ihrem zweiten Schloß, [...] alles wunderschön gemacht, *a stage manager*, ein Frisör, [...] mein Hochzeitskleid mit einem hohen Kragen, daran hatte ich eine Schleife à la Renaissance gesteckt.» Gäste bewunderten die *Living Pictures*, aber abends war auch draußen was los: «Es gab einen wunderbaren Fackelzug von 500 Arbeitern und Bergleuten der Kulmiz-Besitzungen und Kohlenbergwerke. Die Wirkung der Lichter auf dem Schnee war entzückend, [...] dann wieder das Essen, Reden natürlich, Tanz, alles sehr lustig, bunt und vergnügt.» Sie habe es sehr genossen und fügt rasch einen Pflichtteil hinzu: «und darüber hinaus begegnete ich den Verwandten.»[11]

Mit diesen mußte sie sich auseinandersetzen. Dabei drehte es sich immer wieder um Muttel, jetzt die alte Gräfin, die das Recht hatte, ihren gewohnten Schloßzauber früherer Jahre fortzuführen. Von einem Abend mit Jagdgästen schrieb Dorothy: «Ich war die Hausfrau, und das amüsierte Muttel Ella ungeheuer. Sie ist süß zu mir und hat ein Herz aus Gold, obwohl sie mir manchmal fast auf die Nerven geht.»[12] Ab und zu kam auch Besuch des Schwagers von Trotha, Kommandeur des Dragoner-Regiments, in welchem Helmuth seine Reserveübungen ableistete.

«Für einige Tage war Dietrich hier, und wir hatten einige Diskussionen über die Judenfrage. Er ist ein heftiger Antisemit, und ich glaube, daß er im Grunde meint, jeder Fehler im *fatherland* kommt entweder vom jüdischen oder vom englischen Einfluß! Persönlich ist er sehr nett, aber, ach, seine Meinungen! Darum erscheint Onkel Ludwig, verglichen mit meinem verehrten Herrn Schwager, fast wie ein Sozialdemokrat. Ich sitze atemlos dabei, wenn er seine Anschauungen darlegt. Ganz anders Muttel, ihr macht der Streit Spaß, und gestern hat sie ihn unsäglich schockiert (zu ihrem großen Vergnügen), indem sie sagte, daß, wenn sie von Herrn Ballin, dem Direktor der Hamburg-Amerika-Linie, einem Juden, *distinguished*, ein Freund des Kaisers, eingeladen würde, sein Schloß in Kiel zu besuchen, sie ‹mit Wonne› [im Original deutsch] dorthin gehen würde! Es ist außergewöhnlich, einen Mann zu treffen, der nichts von den Träumen weiß, den Idealen und Bemühungen der Welt, wie sie heute ist.»[13]

So funktionierte die afrikanische Korrespondenz wie eine Kartierung der neuen Landschaft. Dorothy begriff in Deutschland, was sie an ihren britischen Eltern hatte und daß es hier auf deren Ideal und ihre eigene Anstrengung, es sich geistig anzueignen, ankommen werde.

Die bürgerlichen Liberalen ihres neuen Landes traf sie nicht. So erlebte sie Kreisau und wie es in Deutschland lag: fremd, aufregend, sehr problematisch, sehr verrückt. Immer wieder jedoch schön. Deutschlands Schönheit wird von der Südafrikanerin dreißig Jahre lang beschrieben, selbst zu Zeiten, als sie das Land politisch kaum mehr ertragen konnte. Einmal eröffnete sich ihr bei Bethusy-Hucs in Turawa, einem Ort nahe der polnischen Grenze, der Blick auf Tannenwälder: «Ich kann ihre Schönheit nicht beschreiben», und sie setzt drei Gedankenstriche: «– – – meilenweit die schlanken, rosastämmigen Bäume mit dem köstlichsten Waldboden aus Moos und braunem Farnkraut, über allem ein blauer Himmel und Sonnenschein.» Sie hielt sich dort mit Helmuth auf, «der vier Hirsche schoß». Erst beim Schreiben wurde ihr deutlich, worin das Merkwürdige des Tages bestand: Es war «das Gehen oder das stundenlange Stillstehen zwischen diesen Bäumen».[14] Erstaunlich wie der stille Wald war auch ein Abend mit Blicken in ein historisches Milieu. Bei einer Visite im Haus des ehemaligen deutschen Botschafters in Rußland, des Grafen Pückler, Nachbar im nahegelegenen Weistritz, traf Dorothy die Gräfin Pückler, «eine sehr amüsante Frau, ehrlich und geradeaus, genauso wie eine russische Prinzessin im Roman immer ist! Aber diese hier war ja tatsächlich so! Sie könnte direkt aus einem der Tolstoi-Bücher herausgekommen sein – die bequeme, konventionelle Frau mit großer Mitgift, ich mußte mir immer wieder klarmachen, daß ich keinem Theaterstück zuschaue, sondern gerade in einem lebe».[15]

Schließlich faszinierte der Sport. Aufregend und modern. Europa begann zu wandern, zu radeln, das Skilaufen wurde erfunden, das Abnehmen, das Schlank- und Gesundsein, aus ästhetischen und aus moralischen Gründen. «Wir haben den Tennisplatz in Ordnung gebracht», hieß es aus Schlesien. Mittags kam Manon Schönberg, Schönchen genannt, die Gesellschafterin von Tante Luise, zu einem *match* aus dem Berghaus herunter. Es gab Tage, da rannten sie von früh bis spät dem Tennisball hinterher. Später spielten sie auch Federball.[16] Und dann ritt Dorothy so gern, daß es sich zu einer Leidenschaft entwickelte: «Es wird Euch amüsieren zu hören, daß ich die Rappen jeden Tag selber reite», schrieb sie am 4. Juni 1907. Gelegentlich bat sie die Eltern, ihre Schrift zu entschuldigen: zittrige Hände von den sportlichen Anstrengungen!

Damals war das Schloßleben purer Überfluß. Durch Wohlstand, spannungsreiche Liebe, durch die Chancen der neuen Moden, die Verdienste der Vorfahren und das von ihnen geprägte soziale Reglement und schließlich durch den Kraft-

Die Berghäusler Luise von Moltke und Manon Schönberg mit Helmuth James, um 1911

quell der Zuversicht in zwei Landessprachen gekennzeichnet. Probleme wurden abgefedert von Schichten übereinandergelagerten Komforts, wovon schon die nicht enden wollenden Geschenklisten zu Weihnachten und Geburtstagen sprechen. Damals schien alles gesichert, der Überfluß schwappte ins Spiel und ins praktische Leben.

Die Parallele zwischen der Entwicklung ihres Kindes, das neu auf der Welt, und ihrer eigenen Person, die fremd in dieser Welt ist, läßt sich aus Dorothys Briefen genau ablesen, auch deswegen, weil sie ihren Eltern gegenüber, um sie bei dieser Entfernung nicht zu verlieren, immer auch zeigen muß: Seht, die Fremde, sie ist nicht leicht, aber sie schadet mir nicht; ich gehe im Formenreichtum meiner Euch unerklärlichen Liebe zu Helmuth nicht unter. Sie bewahrt Diskretion, läßt ihre Eltern nur wissen, was sie sie wissen lassen möchte. Sie muß aber glaubhaft machen, daß es nicht Geschichten sind, die sie dahinplappert, sondern daß es sich um Lebensgeschichte handelt, der sie sich ernst unterwirft, die sie reflektiert und gestaltet. Drunter ging es nicht, das war das Anspruchsminimum gebildeter Menschen wie der Innes-*family*. Alle plauderten gern, aber noch dabei besorgten sie immerzu die Verwandlung des Alltäglichen in Themen, wodurch sich auf Dorothys Seite in allem Gehorsam und aller Treue den Eltern gegenüber eine erstaunliche Form der Emanzipation ergibt. Zusätzlich zur Ausbildung eines immer distanzierteren Blicks auf das schlesische Milieu. So wurde Dorothy frei: denjenigen gegenüber, die sie zunächst nicht nach Deutschland lassen wollten, wie ihrem Mann gegenüber, der sie herzog, ohne bieten zu können, was sie in Pretoria alles gehabt hätte. Während sie ihre Loyalität verdoppelte, nach beiden Seiten ihrer Beziehungen spendete, wurde sie selber etwas ortlos, mit anderen Worten: international, aber so krempelte sie den Ort wie ein kleines Stück internationaler Beziehungen um. Sie erschloß damit Quellen, die später der ganzen Familie zur Verfügung standen, geistigen Gewinn, Augenmaß, Zähigkeit – und so wurde sie langsam die «großartige Frau», von der noch lange sprach, wer sie je kennengelernt hatte.[17]

Vor einem Besuch ihres Vaters warnte nun sie ihn: Er werde hier «nicht so viele politisch interessierte Geister finden wie im Reform-Club» in Pretoria. «Aber das macht nichts», nahm sie ihre neue Welt in Schutz, «Du wirst trotzdem viel finden, was Dich interessiert.»[18] Die Dichter und Denker, die berühmten deutschen Wissenschaftler – in Kreisau und in Berlin fand sie diese nicht. Abgesehen von einigen «charmanten alten Herren» und den deutschen Frauen, die ihr meistens gut gefielen, teilte sie schon am 17. Oktober 1906 mit, habe sie bisher nur langweilige Männer getroffen, «der Y. T.» schrieb sie – sie übernahm die von den Eltern spöttisch gemeinte Bezeichnung *Young Teuton* – «immer ausgenommen, natürlich». Sie ziehe nun aber doch den «Typus universeller Engländer» vor: den Typus, der «voller Idealismus ist und Hoffnungen weckt», der «sauber» und «klug» ist, auch wenn er «sich selber ziemlich wichtig nimmt». Ihr Mann und das Geflecht seiner Beziehungen (von einem Freund Helmuths ist in den Briefen aus dreißig Jahren nur einmal die Rede) kann ihr diese Universalität «bis jetzt» nicht bieten. «Bis jetzt kenne ich Deutschland noch nicht. Die Klassenunterschiede sind so genau bestimmt, daß ich außer von denen, die adlig sind, und denen, die Bauern oder Dienstpersonal sind, keine kenne. [...] Von der großen Klasse, der ich angehöre [dem Bürgertum], weiß ich nichts [...], merkwürdig, nicht?» In dieser Art wird sich dann die Klassenfrage auch Helmuth James stellen. Er traf die «große Klasse», aber «seine» fand er nicht.

Dorothy spielte Tennis, ritt alle Pferde des Gutes, von Diana bis zu den 20 Zentner schweren Kaltblütern, mit denen sie auf einem abgemähten Kleefeld das Kutschieren komplizierter Gespanne übte, sie hatte auch Klavierstunden. Sie lernte mit der Lektüre deutscher Shakespeare-Übersetzungen die fremde Sprache, las deutsche Klassiker (die Helmuth schätzte) und Dramen von Ibsen, Shaw und Wildenbruch (die Muttel, Schönchen, Tante Leno und Ete eher empörten), sie abonnierte deutsche und englische Zeitungen, und es machte ihr Spaß, Kleider und Hüte zu probieren, welche in Paris, Berlin oder Breslau angefertigt wurden und die sie von Schneiderinnen oder von Schönchen zu Gelegenheiten nach der einen oder anderen Laune in Details nachändern ließ. «Es interessiert Mutter vielleicht zu erfahren, daß ich gerade einen Traum von Sommerkleid von Boulmier bekommen habe, helles Altrosa, *princessform*, aus reiner Seide und Tusson.»[19]

Beieinander sein und nicht beieinander, das waren im Umgang von Mutter und Sohn nicht mehr als verschiedene Formen von Präsenz. Das Zusammenleben dieser beiden war gewollte, ersehnte, gerichtete Unterhaltung, keine Beschäftigung zweier aus natürlichen Gründen einander zugeordneter Körper. Wie weit sie auch immer von ihrem Sohn räumlich entfernt war, sie mußte einen Abstand nicht fürchten, den sie als behütete Reichweite kannte. Die räumliche Seite der Beziehung – ob Helmuth James ihr nun auf dem Schoß saß oder nicht, was machte das? – hatte, jedenfalls für die Mutter, keine Wirkung auf das Verhältnis. «Während ich schreibend in der Halle sitze», so Dorothy am 13. Januar 1908, «kann ich hören, wie das Söhnchen die endlose Unterhaltung mit sich selbst in Gang hält.» Hier war das Mädchen mit dem Sohn befaßt, die Tochter war ihren Eltern in Afrika zugewandt, Pause im Mutter-Sohn-Verhältnis. «Das Söhnchen kommt zu mir, um seine Mama eine Stunde lang zu unterhalten»[20], war die andere Situation. Frei traf Dorothy auf Helmuth James, vortrefflich präsentierte Helmuth James sich Dorothy. Gewaschen, gepflegt, vorbereitet, gestimmt, wie seine Mutter es leiden mochte, wie es mit Fräulein von Horn und Lydia vereinbart und obendrein, bei guter Laune in den schönen Kleidern, zwischen den Frauen im Augenblick arrangiert worden war. Das irreguläre Rendezvous war noch interessanter. Mami gerade im Doppel mit Schönchen, der Ball wild hin und her, gegen Papi und Tante Leno, die Zurufe hin und her wie der Ball, das Gekreisch, dieses jedes Kind ansteckende jauchzende Gekreisch, das es ebenfalls rauskreischen macht, und sein Zentrum ein Tennisball. Oder Mami riesenhoch über Diana beim Reiten, ihre Stimme über dem Stampfen der Hufe. Oder Mami erhitzt, im Vorübergehen, rasch, laut, mit Reitstiefeln. Oder Helmuth James in einer frischbekackten Windel! Unterbrechungen waren eine Abwechslung, Körper rochen wie Gewürzlädchen, wie Stall, Tier, London/Paris/Berlin. Helmuth James von Moltke schrieb 1944: «An der Wand zur Treppe stand das riesige Bett, in dem Mami geschlafen hat und in dem ich oft kuscheln kommen durfte.»[21] Dorothy schrieb an ihrem Schreibtisch: «Sonntagmorgen kam das Söhnchen uns im Bett besuchen, und Helmuth gab ihm eine Taschenlampe zum Spielen. Das faszinierte ihn natürlich. Wir zeigten ihm zweimal, wie das Licht an- und ausgemacht wird; nachdem er das Prinzip sofort kapierte, machte er es ununterbrochen.»[22] So weicht diese frühe Kindheit von dem Kindheitsmuster ab, das von Unglücken und Zerreißproben beim Entnabeln bestimmt ist. Mutter und Sohn verband das Schicksal, das Gewöhnliche aufregend zu finden. Mit Dorothys Worten:

> «Es ist ein wunderbares Jahr für Akazien, die Bäume sind weiß von Blüten, und der Geruch überall ist überwältigend in seiner Honigsüße. Die Himbeeren sind einfach glorios – riesig und rot, saftig und in Mengen. Die Rosen stehen in voller Blüte; Ihr könnt Euch nicht vorstellen, welche Mengen wir haben. Sie verwandeln den Garten in eine richtige Rosenlaube. Auf dem Balkon zur Peile haben wir schmale Blumenkästen mit Kapuzinerkresse bepflanzt, die sehr lustig aussieht, entweder rankt sie sich die Balustrade hoch oder fällt hinunter, wie sie will. Das Baby ist so süß wie immer und gedeiht wie der Lorbeerbaum. Gestern hat ihm Tesche [ein Kutscher] einen Kanarienvogel geschenkt, war das nicht nett von ihm?»[23]

Während der Schulferien kamen Carl Viggo zu Muttel, Hans Carl zu Tante Leno in die Kreisauer Herrenhauswohngemeinschaft. Halbwaisen waren der jüngste Onkel und der älteste Vetter Helmuth James' beide, *greenhorns* zwischen zehn und fünfzehn Jahren, die sich in der Atmosphäre des Kaiserreichs schon einen Begriff vom im Schloß immer noch bewahrten Feldmarschallzimmer machten und auf der Bühne des Schlosses zeitgemäßen Jungenquatsch veranstalteten. Um beide bestanden noch Fragmente von Mädchen-*nurse*-Mutter-Kreisen, im ersten Stock, wo der Saal war, in der fast männerlosen Welt der Räume ihrer verwitweten Mütter. Nachdem sie im Eßzimmer mit allen gegessen hatten, tobten sie auf den Treppen rum, und mit «Aufregung und Intensität» beobachtete Helmuth James die beiden, berichtet die selbst beobachtende Mutter, «ihre kleinsten Bewegungen verfolgend. Er liebt Gesellschaft [...], selbst wenn wir nicht mit ihm spielen; bloß unter Leuten zu sein und sie zu beobachten macht ihm Freude.»[24] «Er hat eine wunderschöne Stimme, so melodiös.»[25] Helmuth James hinter dem großen Sofa in der Ecke des Saals, wo er aus der Heizung «kleine Stückchen Mörtel, eine Feder usw. herausklaubt [...] Er hat einen außerordentlichen Sinn für Humor.» Seine Mutter hatte sich nie vorstellen können, «daß ein kleines Baby so herzlich über einen Witz lachen könnte». «Seit gestern spricht er die Wörter ‹Bild› und ‹bitte›. Er mag kein Fleisch essen.» Und: «Er hat ein schnelles Ohr.»[26] – Dieses Leben war durchscheinend, türkis strahlend, wie auf den ersten kolorierten Landschaftspostkarten der Zeit. Helmuth James' *belle époque*? Seine erste Zugreise ist beschrieben. Sie führte nach Hannover. Dorothy, Schönchen und Fräulein von Horn saßen im Abteil. Weder saß er, noch lag er: Helmuth James hing in einer Hängematte, frei schaukelnd wie Kinder auf Schiffsreisen rund um Afrika. Sein Vater kaufte ihm ein luftiges «Sommerhaus». Der Junge konnte damit auf dem Rasen, rechts neben dem Schloß, auch bei Wind draußen sein. Also ein flatterndes Zelt, zum Hofgeschehen offen wie das eines jungen Paschas. Der benannte die ihn umgebenden Personen mit Namen, krabbelte herum, wurde «vom ganzen Dorf geliebt [...] Die Kinder bieten ihm oft Süßigkeiten an und geben ihm oft kleine Bildchen, was ihrerseits ein großes Opfer bedeutet».[27]

Nana und Dada (so hat er anfangs Fräulein von Horn und Lydia, das Mädchen, genannt) und weitere ungezählte Frauen kreisten in Fürsorge um das Kind. Kein Körper kam dem anderen in die Quere, aber es fehlte nie ein Busen, ein Gesicht, ein Arm, ein Bildchen. Erreichbar für alle Blicke traf sein Blick in der Verlängerung die richtige Mutter. Fräulein von Horn wurde nahegelegt, ihre Englischkenntnisse zu vertiefen, um den Sohn zweisprachig anreden zu können, und Dorothy sagte «ihm wieder die englischen Kinderreime vor, obwohl er kein Wort versteht, freut er sich sehr».[28] Wird der Haushalt von Mamsell und *butler* organisiert, hat die Mutter Zeit fürs Kind. Wird ihr auch dabei die Arbeit abgenommen, bleibt Routine erspart, ihre Sinne werden nicht vom Kind ermüdet. Das Miteinander folgt einem freien Rhythmus; wie anders als im Arbeitermilieu, wo das Kind – Käthe Kollwitz hat es für den «Simplicissimus» gezeichnet – oft wie ein Klotz am Bein seiner Mutter hing.

Das Verhältnis zwischen der Gräfin und ihrem Sohn hingegen hatte sich aus einer Bindung zu einer Berührung verwandeln können. Hier entwickelte sich Verwandtschaft nicht einfach natürlich weiter, sondern begann als Entdeckungsgeschichte wie eine Liebesgeschichte zu wachsen. Als Folge freiwilliger Wiederberührungen, eine Kuß-, Kopf-, Horch-, Fühl- und Sehliebe. Das vielfältige Ensemble der Frauen – dazu gehörten auch die Frauen aus dem Souterrain und vom Hof – wirkte auf den Jungen wie das Ensemble der Gehörknöchlein eines dritten Ohres. Milieu, das mich einhüllt, enthält immer Elemente von mir selbst; mit ihrem Druck, ihrem gewaltigen Stempel kann mich die Welt weder prägen noch erschlagen, aber ich vernehme sie, so klein ich bin, präzis.

3. Graf, Gräfin – und *Christian Science*. Am Vorabend des Krieges

Helmuth James' erste Jahre lagen noch ganz im Ruhmesglanz des Feldmarschalls, der als Nationalheld gestorben war. Dessen Neffe, Helmuth James' Vater, wurde in den preußischen Landtag berufen, keine politischen Leistungen oder Engagement waren dazu nötig, der Berufung lagen Erbrechte zugrunde. Eine Wohnung in einer Villenetage der Tiergartenstraße wurde eingerichtet, und Dorothy hatte nun die Chance, während der «Saison» neue Leute kennenzulernen. Sie kam oft zu Tante Julie nach Berlin, der klugen, freundlichen Frau des preußischen Innenministers, die mit Künstlern, Museumsdirektoren und angesehenen Wissenschaftlern befreundet war. Sie verstand viel von zeitgenössischer Malerei, sammelte und wußte darüber wunderbar zu erzählen.[29] Dorothy besuchte mit ihr Ausstellungen, ging in Konzerte, hörte wissenschaftliche Vorträge, und sie nahm auch mit ihrem Mann an Empfängen des Innenministeriums teil.

Bei diesen Aktivitäten und Empfängen handelte es sich aber nicht allein um Begegnungen zu Gesprächen und neuen Themen. Es ging auch um Repräsentation, die Erfüllung von Pflichten (und die Freude an Genüssen) eines Systems des Sich-Zeigens, das auf verschiedene Weise jede soziale Schicht von ihren Mitgliedern verlangt, um Zugehörigkeit zu bestätigen oder abzusprechen. «Wir werden in dieser Saison», schrieb Dorothy am 14. November 1909, «wahrscheinlich vorgestellt und zu den Hoffesten gehen. Ich bin nicht sehr erpicht darauf, aber wir sollten es irgendwann mal getan haben.» Doch dann machte es ihr Spaß, sie wechselte die Perspektive. Der Aufwand diente auch dazu, die junge Schwägerin Mokke in die Gesellschaft einzuführen: «Wir müssen das machen», beteuerte Dorothy – Daddy schien es zu bezweifeln –, «sonst würde Monika nicht genug Leute kennenlernen».[30] So besuchten sie Mrs. Hill, die Frau des amerikanischen Botschafters, die Potsdamer Mirbachs und das Haus des Finanzministers Rheinbaben. Dann ging das Ehepaar wieder bei Gräfin Schlippenbach in der Tiergartenstraße Tee trinken, wo sie Prinz Oskar und den jungen griechischen Kronprinzen trafen, mit dem Dorothy auch einmal tanzte. Aber sie wurden auch bei Gräfin Brockdorff eingeladen, der ersten Hofdame der Kaiserin, und bei Frau von Bethmann-Hollweg, der Gattin des Reichskanzlers! Am 20. Januar 1910 der Höhepunkt: Hofball. Im Brief an die Eltern von 30. Januar findet sich Dorothys Bericht. Sie beobachtet genau, gibt Urteile zu den Hoheiten ab (der Kaiser gefällt ihr nicht schlecht: «ganz lebendige Augen»), zuletzt flirrt ihr alles zu einem impressionistischen Gemälde zusammen: «Es machte einen wirklich fast blind in all seiner Pracht und Farbe [...] von der Galerie herunter sah der ganze Saal wie ein teurer Perserteppich aus.»

Helmuth führte sich in den Herrenhaussitzungen still und desinteressiert auf. Es saßen die Nachkommen der Männer hier, welche sich im Preußen des vergangenen Jahrhunderts einen Namen gemacht hatten; sie befaßten sich nun immerzu mit den «Gefahren, die Preußen gegenwärtig bedrohen». Meistens drohte die Sozialdemokratie. Der stetig zunehmende politische Einfluß der SPD auf die Bevölkerung bedrohte die Ordnung, besonders beunruhigte die Forderung nach einem gleichen und direkten Wahlrecht für Preußen. Und zudem griffen Sozialdemokraten an, was für ihre Gegner Kern des staatlichen Zusammenhalts war: die Militarisierung des öffentlichen Lebens, den preußischen Polizeistaat. Doch auch das naturalistische Theater drohte, überhaupt die moderne Kunst, selbst die Witzblätter standen auf der Tagungsordnung des Herrenhauses. Onkel Fritz, der preußische Innenminister, sollte immerzu darlegen, was er gegen diese Witzblätter unternehme, denn sie bedrohten mit Abbildungen nackter Körper das «sittliche Empfinden». Und dann erschwerte die zunehmende Prostitution in der Berliner Friedrichstraße das abendliche Luftschöpfen der Bevölkerung. Immerzu gab es zu klagen, zu raisonieren, zu insinuieren.

Die stenographischen Berichte der Herrenhaussitzungen verzeichnen von Helmuth keinen einzigen Beitrag. Sein Kopf war woanders. Seine Aufgabe hatte er unter den Scientisten gefunden. Diese Sekte hatte ihm religiöse Einsicht, Bindung an eine «Schule», die Chance zur Auseinandersetzung mit seiner spiritistischen Mutter und dazu den heiteren Auftrieb einer nonkonformistischen Szene gegeben. Er hatte sich vom Klatsch und Tratsch Muttels alter Kreise gelöst, und «in seiner gründlichen Art», wie Dorothy Helmuths Vorgehensweise beim Erlernen des Harmoniumspiels kennzeichnete, wühlte er sich in die Vielfalt und Probleme des Projekts *Christian Science*. Es umfaßte die Gründung einer Kirche, die Heilung von Kranken, es zielte auf die Intensivierung des Verhältnisses der Menschen zu Gott. Und dabei kam ihm Dorothy noch hilfreich entgegen. Ihren Eltern schrieb sie: «Um elf setzte ich mich an meine tägliche Übersetzung, die ich immer für Helmuth mache, ein Stück *Christian Science*-Arbeit.»[31] Von Berlin aus teilte sie am 10. März 1909 mit, Helmuth mache seine Arbeit «sehr gut, sein kleiner verkrüppelter Junge, der seit einigen Jahren nicht gestanden hatte, kann jetzt für eine Weile stehen und seine Beine bewegen [...], einige Fälle sind schon ganz und gar geheilt.» Sir James Rose Innes versuchte, den Höhenflug etwas zu bremsen, aber seine Tochter antwortete in großer Begeisterung: «Ich habe die rationale Antwort auf alle meine Fragen gefunden, und ich bin nur eine unter vielen tausend; ich habe gefunden: den schönsten Frieden, das Mittel gegen jede Furcht und den größten Antrieb nicht nur zu einem reinen und richtigen Leben, sondern auch zu einem reinen und richtigen Denken.»[32]

In Kreisau gehörten bald zu den Scientisten: Tante Ete, Schönchen, dann auch Muttel, der Kutscher Herrmann, insgesamt achtzehn Personen, dazu die Patienten. In der Familie wurden

Carl Viggo und Peter geheilt, Peter von einer Furunkulose.[33] Ellie Herford, damals Dorothys Ankleidehilfe, erzählte aus ihrer Kindheit, daß auch ihr Vater, der Stellmachermeister des Gutes, «mit den Gesundbetern irgend etwas zu tun» gehabt habe. Ihre Erinnerungen waren verblaßt, vielleicht hielt sie sich aber nur ebenso bedeckt wie all die anderen, die ich dazu fragte:

> «So genau weiß man es nicht mehr.»
> «An was erinnern Sie sich?»
> «Mein Vater hatte immer sehr schlimme Nierenkoliken. Einmal ist er vor Schmerzen fast an die Decke gesprungen, da hat meine Mutter, die im Schloß arbeitete, dem Grafen Bescheid sagen lassen.»
> «Was geschah dann?»
> «Der kam gleich.»
> «Und dann?»
> «Er ging in das Zimmer, wo mein Vater lag, und wir mußten alle raus. Es dauerte nicht lang, da kam der Graf wieder raus.»
> «Und? Was war?»
> «Danach hat mein Vater nie wieder was mit den Nieren gehabt.»
> «Haben Sie sonst noch was von der Sache gehört?»
> «Ja. In der Kutscherwohnung. Die lag überm Pferdestall. Da haben sie alle gesungen.»

Hat Helmuth James die schmerzlösende Wahrheit genießen können? Hat er das Wunder am eigenen Leib erfahren? Auf diese Fragen konnte mir niemand eine Antwort geben. Merkwürdig, daß Helmuth James in seinen späteren Aufzeichnungen zur Kindheit kein Wort über *Christian Science* geschrieben hat. Er sparte das Thema aus. Jowo, Joachim Wolfgang von Moltke, sein im September 1909 geborener erster Bruder, übte in einem Gespräch 1990 ebenfalls Zurückhaltung – aber nicht wegen des religiösen Aspekts. Nicht *Christian Science* selbst war ein Problem, sondern daß sie mit einem schwerwiegenden Problem gekoppelt war. Jowo sagte, *Christian Science* sei die «ethische Basis der Ehe der Eltern gewesen». Also nicht die persönliche Liebe, die sterbliche, sondern Gottes Liebe, die unsterbliche?! Die Ehe der Eltern sei, meinte Jowo, «wesentlich durch *Christian Science* zusammengehalten worden». Aber was stellte denn diese Ehe in Frage? Jowo verwies auf seinen Vater: «Erst eine schwierige Jugend, krank, kein Beruf, und dann auf einmal alles zugleich: Erbe Kreisaus, Mann dieser großartigen Frau und Mitglied des Herrenhauses!» War das zuviel des Guten? Der Vater habe es jedenfalls nicht «verkraftet».

Er sei «ein Egoist» gewesen, behauptete Helmuth James in seinen Aufzeichnungen im Gestapokeller von seinem fünf Jahre zuvor gestorbenen Vater, «dabei weich, gutmütig und voller freundlicher Gedanken. Aber er hatte eben nur dann freundliche Gedanken, wenn es ihm paßte. Außerdem war er manchmal plötzlich cholerisch, verfolgte irgendein ihm gerade wichtig erscheinendes Ziel mit aller Kraft, ohne rechts und links zu sehen und ohne auf seine Mitmenschen zu achten, auch nicht auf seine Frau».[34] Das weist nun auf die Problematik hin, die nicht nur die Ehe der Eltern gefährdete, sondern auch die Kindheit des kleinen Kollegen Dorothys belud. Freundlich war Helmuth, gutmütig, aber *seinem* Regelwerk, *seinem* Eigen-Sinn untergeordnet. Seine Eigenschaften, angenehme wie unangenehme, waren ungebunden. In all seiner Kraft war dieser Mann ‹frei›: zur Selbstverwirklichung, wie wir heute sagen, zum Egoismus, wie sich Helmuth James ausdrückte. Schlesische Flüchtlinge, heute in der Gegend zwischen Bremen, Oldenburg und Nordenham wohnend, die früher als Bauernkinder in Kreisau gelebt hatten, berichten, sie hätten gehört, «der alte Graf» habe «es mit Frauen gehabt».

«War Ihr Bruder ein Weiberheld?» fragte ich Carl Viggo, Muthis Bruder. – «Ja, wissen Sie», sagte Carl Viggo im August

1988 bedächtig, «Helmuth war natürlich kein Fleischverächter.» Dorothy habe darunter «immer gelitten», wie sie der Familie anvertraut habe. Da seien Gegenmaßnahmen beraten worden. «Nun mach ihn doch mal eifersüchtig», habe ihr die Schwiegermutter gesagt. Einmal sei sogar ein Familienfreund zu Handlungen ausgeguckt worden, von denen man annahm, einerseits: sie würden sich ergeben, andererseits: sie erzeugten die gewünschten Wirkungen. «Aber Dorothy», rief Carl Viggo traurig – er liebte seine Schwägerin, sie liebte ihn –, «aber Dorothy war nun einmal nicht dazu zu kriegen. Das lag ihr einfach nicht.» Helmuth James fand 1944 in der Zelle den schönen Satz, der die Dimensionen des betreffenden Geschehens angibt: «Der Mann, den sie liebte, der war nie mit ihr allein.»[35] Er hat das einzigartige Alleinsein gemeint, das Mann und Frau miteinander haben. Kein Fleischverächter, sagte Carl Viggo, nie allein, sagte Helmuth James. Der *Young Teuton* zeigte sich nicht in der Lage, die tollen und ganz stolzen Spiele zu spielen, zu denen seine unabhängige, «unter der klaren, unvergifteten Luft des Südpols» aufgewachsene Frau Lust hatte. «Nie mit ihr allein»: eine unvorstellbare Kränkung der Tochter von Jessie und James Rose Innes und ein Ehedrama der schmerzlichsten Art.

Jowo kam in Entspannung der Mutter zur Welt. Sie hatte 1909 ihre Hoffnung in *Christian Science* gesetzt, die «ein lebendiges Feuer in den Herzen vieler»[36] entzünden könne. Fräulein Bruno, eine Berliner Kirchenmitgründerin, und eine andere Scientistin, Dorothys Kollegin vom Englischunterricht, Fräulein Schultz, die spätere Ulla Oldenbourg, haben ihm und ihr dabei geholfen. Ulla verstand sich auf die tätige Liebe. Das sterbliche Gemüt der Gebärenden wurde von Irrtümern über die tote Materie befreit, somit war Dorothy mit schmerzlösender Wahrheit vorbereitet. Danach schilderte sie Jowos Geburt tabulos. Ihr Stolz wurde sichtbar, der ihre Freiheit belegt, ja, feiert. Sie mutete den Eltern wie der Kreisauer Familie, also ihren beiden Welthälften, freundlich und bestimmt diejenige zu, die sie geworden war:

> «Um 1 *lunch*, um 2 war der Junge geboren, Helmuth wusste es erst 20 Minuten vorher, Muttel erst, als das Kind schrie; ich hatte nicht einmal Zeit, mich auszuziehn, so schnell kam es. Schultzchen las mir den 91. Psalm vor [‹Wer unter dem Schirm des Höchsten sitzet, und unter dem Schatten des Allmächtigen bleibet, der spricht zu dem Herrn: Meine Zuversicht und meine Burg, mein Gott, auf den ich hoffe.›], dann ging ich im Zimmer auf und ab und sagte laut das *Scientific Statement of Being*, und dann, nach 2 Wehen, die zwar weh taten, aber nicht stark genug waren, um mich zu unterbrechen, fühlte ich plötzlich den Druck. Es war nicht einmal Zeit, alle Kleider auszuziehen, und als ich zum Bett ging, hatte ich Schuhe und Socken an, während mir Kleid, Unterröcke und Korsett noch um die Beine hingen, und mit einer Hand hielt ich schon den Kopf des Babys. Weder Schmerz noch Unruhe irgendwelcher Art (außer, daß ich nicht ganz ausgezogen war), kaum war ich im Bett, war das Kind geboren.»[37]

Nun verlieren Dorothys Briefe, die bisher gestochen scharfe Überlieferungen von *the boy* brachten, ein wenig von ihrer biographischen Qualität. Unsere Quelle sprudelt nicht mehr so klar. Auf Helmuth James ruht nicht mehr dieser pure Glücksblick. Vielleicht wird Helmuth James' zweite Kindheit auch deshalb nicht mehr so genau ausgeleuchtet, weil *the boy* befangen betrachtet wird – immerhin trifft sein Sinn «fürs Zusammenpassen von Dingen» auf Menschen und Umstände, die zunehmend schlechter zusammenpassen. Und weil er reflektiert, ist der Blick auf ihn beeinträchtigt.

Aber Dorothy muß ja auch auf gesellschaftliche Ereignisse achten: die schon erwähnte Januarnacht 1910, der Hofball zur kaiserlichen Geburtstagsfeier im Berliner Schloß Bellevue. Dorothys schwarzes Haar ist mit einem Diadem geschmückt. Der Witz daran: Helmuth hatte die Edelsteine des Halbkrönleins «den Orden des Feldmarschalls entnommen». Die Fünfundzwanzigjährige sah damit aber dermaßen schön aus, daß die ausgeschlachteten historischen Orden in «Vergessenheit» gerieten, es war nicht mehr so klar, ob die Steine dort eigentlich nur entliehen oder entwendet, ob sie «wieder da dran gemacht werden sollten oder Imitationen an ihrer Stelle».[38] «Mir wird ganz sonderbar, wenn ich daran denke, daß ich etwas so Königliches trage», schrieb Dorothy in Gedanken an die nun auch ihr bekannten familiengeschichtlichen Ereignisse. «Wir haben uns ja nicht träumen lassen, daß aus den Steinen der Orden etwas so Schönes gemacht werden könnte.»[39] Anläßlich eines Opernabends zwei Jahre später erwähnte sie das Diadem noch einmal. Ihr Haarschmuck, in dem als Zeichen der übermütigen Verehrung Helmuths ein paar Symbole der Verdienste seines Großonkels funkelten, hat also die Jahre überdauert, während in den Vitrinen des Feldmarschallzimmers, auf Samt gebettet, nur Glas glitzerte.

Die Berliner Wohnung war noch vor der Saison groß ausgelegt worden, so daß es nun «Räume für 4 Diener»[40] und einen sensationellen Telefonanschluß gab. Kutscher Herrmann führte in einer Expedition, die neun Tage dauerte, Kreisauer Reitpferde nach Berlin, mit denen Helmuth und Dorothy im Tiergarten ausreiten konnten. Der Hermelinumhang, Ballkleider und andere teure Garderobe in den Schränken, nachmittagelang Anreden in der dritten Person, abends Verrenkungen bei *cotillon* und Hofknicks – danach die Ernüchterung wie eine kalte Dusche.

Ende Februar, als zur Feier von Dorothys Geburtstag der Saal eines Hotels gemietet, in den weiß-gelben schlesischen Landesfarben geschmückt und fünfzehn Tische für je acht Personen gedeckt wurden, blieben am Abend die wichtigsten Plätze

Gräfin Dorothy und Graf Helmuth von Moltke vor Schloß Kreisau, 1912

leer – «die vielen eingeladenen Prinzen kamen nicht». Der Versuch des Grafen, sich in Berlin mit Familien höchsten Ranges zu verbinden, war damit gescheitert, öffentlich und unwiederholbar. Am Ende der Saison lagen die minderen Resultate des kostspieligen Aufwands auf der Hand. Die Zahl der Patienten Helmuths war auf zwanzig, die der Englisch-Klassen Dorothys auf drei angestiegen. Die junge Mokke, Schwester Monika, war jetzt zwar eingeführt, aber auch sie blieb draußen. In den Ballnächten hatte sie sich ausgerechnet in Oskar verliebt, einen

Prinzen – nach Dorothys Urteil eine «Geschichte, aus der nichts werden kann»[41].

Pech auch in Kreisau. Der Feldmarschall, durch schlechte Erfahrungen gewitzt, hatte seine Millionenerbschaft und sein Gut durch die Errichtung eines Fideikommisses gegen Aufteilung und Verschleuderung geschützt. Das so geschützte Gut konnte nicht geteilt, nicht verkauft, aber auch nicht beliehen werden, das Rechtsinstitut zeigte das Selbstverständnis des Standes, der die Ahnen wie die Nachkommen hochhält. Allerdings war damit der Kreisauer Betrieb gezwungen, sein erforderliches Kapital stets selbst aufzubringen, da ein grundbuchlich gesicherter Kredit ausgeschlossen war. Infolgedessen war es prekär, daß die Installation einer Wasserleitung im Schloß – nach monatelangen Umbauten gab es 1910 WCs statt Plumpsklos und Bäder mit heißem Wasser, auch eines für Dienstboten – viel mehr kostete als erwartet. Zugleich zeigte ein Blick in die früher nur oberflächlich betrachteten Geschäftsbücher für das letzte Jahr einen Reingewinn des Gutes von 1750 Pfund, kein schlechtes Ergebnis. «Aber seit wir verheiratet sind, hat es schon mal 3000 Pfund eingebracht»[42], fällt Dorothy auf. Mithin war ihr Einkommen in vier oder fünf Jahren um mehr als 40 Prozent gesunken. Von unseren billigen Plätzen aus würden wir Graf und Gräfin raten, sich in der heißen Badewanne zu freuen und sonst zu sparen, doch sie badeten nur. Sparen hätte einer anderen Lebenskonstruktion bedurft. Die Sorge ums Geschäft hatte der Graf dem Gutsinspektor übertragen, um sich dem eigentlichen Leben zu widmen – weit und breit verfuhren die Gutsherren ebenso. Praktisch hätte ihn niemand daran gehindert, an der Seite des Inspektors ein tätiger Bauer zu sein, aber dazu hatte er keine Zeit. So begann er, am Reglement des Adels, das ihn fesselte, rumzuknobeln. Er fühlte sich gefangen, doch Sparen war auch keine moralische Größe, nichts wert über das hinaus, was es eintrug: Fontane hatte in «Irrungen, Wirrungen» schon zwanzig Jahre zuvor das Problem aufgezeigt, daß der in finanzielle Bedrängnis geratene Adel Geld brauchte und doch unfähig war, es zusammenzuhalten oder zu erwirtschaften.

Im Januar also noch vom Kaiser empfangen, im Februar von den Prinzen geschnitten. Ohne militärischen Rang, ohne die berühmten Eigenschaften seines Großonkels, aber als dessen Erbe spürte Helmuth keine Neigung, dem durchsichtigen Ehrenstandpunkt des Adels zu entsprechen oder über Höflichkeit nachzudenken. Dem scientistischen Vorsänger haben die im Grafenkrönlein inbegriffenen Vorrechte und Erwartungen nicht einmal so gut gestanden wie dem betrügerischen Schuster von Köpenick die Hauptmannsuniform. Die verflixte Situation, niemand möchte mit Helmuth tauschen, charakterisierte seine Frau am 3. Mai 1910 mit der schlimmen Feststellung: «Helmuth ist in seiner Klasse und im Herrenhaus isoliert. Er entwickelt sehr liberale Meinungen, bei denen man auf ihn, wie auf einen Narr oder einen Paria, herabsieht.»

Narr oder Paria! Dorothy behauptete, es mache ihm natürlich nichts aus, sie kaschierte die Verletzung. Irgendeiner, schrieb sie, müsse doch «die Mauern der Traditionen und Vorurteile zerbrechen und die Luft der Freiheit hereinlassen, aber manchmal ist das keine sehr erfreuliche Arbeit».[43] Aber hat Helmuth denn jemals gegen die Mauern der Traditionen gearbeitet? «Würde ich doch nur Meyer heißen»[44] – das sagte er so dahin. Aber er vergegenwärtigte sich dabei nicht, daß er es auch als «Meyer» kaum leichter gehabt hätte – mit seinem «ungeheuer intensivierten Verhältnis zu Gott», das auch die Dorfbewohner zu Spott reizte; daß er mit seiner erregenden Baritonstimme, die an Sommerabenden nicht nur Besucher des Schlosses verzauberte, sondern aus den Schloßfenstern hinaus weit bis an die Hänge des nahen Eulengebirges zu hören war, ein bekannter Gesundbeter und doch «kein Fleischverächter», eine rundum sonderbare Figur abgab.

Der Junge pendelte zwischen Kreisau und Berlin. Die Eltern waren so mit ihrer Suche nach einem neuen Weg beschäftigt, daß er aber auch tagelang in Hannover, der eigentlichen Hauptwohnung Muttels, in Bankau, Konradswaldau oder im stillen Wernersdorf bei Onkel Ludwig lebte. Die Sphären der Orte, die Menschenzirkel der verschiedenen Generationen, viele unterschiedliche Verhältnisse bauten sich vor ihm auf, sobald er anreiste. Und wenn er sich darin auskannte, mußte er wieder weg, sie zerfielen. Kehrte er dann zurück, erkannte er sie wieder, oder Erwachsene erklärten sie aufs neue. Die Strecke Kreisau-Berlin und ein Gefühl für diese Distanz dürften ihm bald geläufig geworden sein. Bis Schweidnitz fuhr der Kreisauer Pferdewagen, am Schweidnitzer Bahnhof bestieg man den Personenzug nach Liegnitz, dort stieg man in den Schnellzug aus Breslau um: Berlin, fertig. Manchmal, wenn Helmuth James nach Kreisau zurückkam, wollte er nicht mehr über den Hof gehen: Der war so schmutzig! Aber dann fand er Staub und Dreck wieder natürlich, er ließ sich von «Spaziergängen über die Felder zu dritt vor dem Frühstück, Lerchen im blauen Himmel»[45] begeistern. «Jeden Morgen», schrieb Dorothy an einem glücklichen Tag, «fährt er mit Papi über die Felder, um die Arbeit zu inspizieren.»[46] In Berlin aber war er dann wieder auf Schokoladen-Kinderfesten bei Tante Julie oder im Eispalast zu Gast und fragte nach den Schweineställen. Das viele jetzt weit verstreut. Die Welt sonderte sich in Teile.

Aber sie blieb für dieses Kind noch lange die eine Welt der großen Familie. Zu diesem Eindruck verhalfen gerade die südafrikanischen Großeltern. Unerreichbar weit weg wurden sie unbeschreiblich geliebt. Sie bedeuteten vielleicht so etwas wie den Mittelpunkt des Familienlebens überhaupt, dem ständig besondere Gelegenheiten, Situationen, Ereignisse, Briefe, Erzählungen und besondere Stimmungen entsprossen, ein Geflecht aus Trieben und Ranken, bald nicht nur für die Mutter, sondern auch für den Jungen. Für Mami, das wird ihr anzusehen gewesen sein, sobald die Rede auf Daddy und Granny kam, schmeckte das wie Erwartung/Kuß/Abschied, «Entsagung». Als Bildmotiv können wir Heutigen Entsagung noch in den Bildern von Klimt, Beardsley, Munch und Hodler betrachten, doch fraglich ist, ob wir sie nachfühlen können. Über Entsagung wurde nicht gesprochen. Als entsagende junge Frau bemühte man sich um ihren Ausdruck mit einer Haltung wie Anmut, welche auch in Bild und Layout der Zeitschrift «Jugend» propagiert wurde und die Betrachter ansprach. Die feine Linie war nicht bloß Mode, sondern auch Lebensstil, innerliche Anordnung, die sich in manchen Situationen spontan nach außen kehrte, ob auf der Bühne bei Ibsen, wenn Max Reinhardt inszenierte, oder zu Hause. Wie bei Dorothy: «Ich kann es kaum glauben, daß es erst gestern war, daß ich Euch beiden Liebsten auf Wiedersehen gesagt habe. Es war hart, und als der Zug aus dem Bahnhof gefahren war und ich wußte, ich hatte Daddys liebende Augen für viele Monate zum letzten Mal gesehen, fing ich an zu weinen; ich sagte zu dem Y. T.: ‹Schnell die Zeitung› und begann den *Daily Telegraph* zu lesen, so schnell, wie ich konnte.»[47] Dies schrieb sie ihren Eltern, gleich nachdem diese nach ihrem ersten langen Besuch in Deutschland von Herbst 1908 bis Februar 1909 abgereist waren, von Dorothy und Helmuth in Southampton am Schiff verabschiedet, dann mit dem Zug wieder zurück. Am nächsten Tag ein nächster Brief, an Daddy: «Es scheint mir so seltsam und traurig, daß ich so weit weg von Dir und Mutter und Afrika lebe, und doch – ich *bin* glücklich, und ich fühle, daß meine Arbeit und mein Platz hier ist.»[48]

Helmuth James saß dabei im Zug aus England. Er freute sich über das Mitbringsel, ein englisches Kinderbuch, betrachtete es genau und spürte die Erregung im Abteil. Er versuchte, das Wort England englisch auszusprechen – zur Freude seiner Mutter, die das sofort in ihrem Brief erwähnte. Helmuth James bekam mit, daß sie Daddy schrieb, und spürte, wie ihr ums Herz war. Er begann nun auch, «einen Brief zu schreiben» – was sie gleich ihren Eltern mitteilte. Mit der Trennung von den Eltern begann schon die Erwartung auf ein neues Wiedersehen. Das ganze Zeitalter war eines von ungeheurer Empfindlichkeit und Empfindungsfähigkeit.

Von da an spielte Helmuth James oft und intensiv Briefe-Schreiben und Briefe-Bekommen. Er murmelte Anreden und Briefanfänge vor sich hin, seine Badewannenschiffchen gingen alle nach Afrika.[49] Er sprach häufiger englisch, «englische und deutsche Wörter», stellte die Mutter fest, «erscheinen zusammen in der freundlichsten und verquersten Weise».[50] Abwesende begannen seinen Kopf zu bevölkern. Sie drängten ihn, sich über Angelegenheiten, die Mami und Papi sich von ihnen erzählten, im Nu konkrete Vorstellungen zu machen. Als Onkel Ludwig in Wernersdorf sagte: «Ich habe wirklich Sehnsucht nach dem kleinen Kerl»[51], entwickelte der gleich selber welche, wollte jetzt den gemütlichen dicken Onkel öfter besuchen als nur zur Kirschenzeit, was zur Folge gehabt haben mag, daß er sich schon damals mit dem gleichaltrigen Wernersdorfer Kutscher-Sohn befreundete. Fest steht, daß er irgendwann entdeckt haben muß, wie nun Phantasie und die Sprache überhaupt Verbindungen herstellten. So wie Abwesende oder Abreisende bei ihm blieben, behielt er ihre Namen.

«Neulich gingen wir ins Feldmarschallzimmer, um auf das Barometer zu schauen», schreibt Dorothy im Juli 1909, «und da sagte er plötzlich zu mir: ‹Mami, wie heißt das Zimmer?› – ‹Opapas Zimmer›, antwortete ich. – ‹Wo ist denn der Opapa?› war die nächste Frage. Dann erzählte ich ihm ein bißchen was von dem Feldmarschall, daß er ein großer Mann und ein großer Soldat war [...] All das interessierte den kleinen Kerl ungeheuer, aber er fand, daß ich seinen ‹Papi› nicht genug geehrt hätte. Deshalb unterbrach er mich mittendrin: ‹Papi ist *auch* Soldat und *auch* groß›, er war ganz sicher, sein Papi sei so groß wie jener ‹Opapa›!»

Gestorbene und lebend Abwesende sind imaginationsweise gleich vorhanden. Da der Feldmarschall hier sogar noch ein Zimmer hat, besteht keine Veranlassung, ihn denen gegenüber, die gleich hereintreten können, ungleich zu behandeln. Der schweigende Opapa aus Stein, wie er lässig angelehnt auf dem neuen Denkmal in der Siegesallee erschien, wird nicht nur tot gewesen sein.

Dorothy hütete sich, sein Vorstellungsvermögen mit religiösen Inhalten füllen zu wollen. Auf einmal ist dann von alleine geschehen, worauf Dorothy wartete:

> «Ich habe mich schon oft gefragt, ob *Little Helmuth* alt genug wäre, um beten zu lernen. Aber bis jetzt schien er mir so wenig Verständnis für irgend etwas dieser Art zu haben, daß ich alles ließ, allein schon, weil es so schade ist, wenn Kinder wie Papageien nachzuplappern lernen, denn dann ist der innere Sinn ganz verloren und kommt oft nicht mehr wieder, so als würde man beten, wie man Zähne putzt. [...] Miss Chalmers und ich hatten ihm jedoch schon mehrere Male ein kleines Gebet vorgesagt, ohne daß er die kleinste Notiz davon genommen hätte. Gestern nach dem Essen, als Miss Chalmers in das Kinderzimmer ging, traf sie ihn bei dem Versuch an, sich dieses Gebet selber vorzusagen: ‹Father-Mother-God [...] loving me, guard me, when I sleep, guide my little feet, up to Thee.› Er konnte sich nur an ein paar der Wörter erinnern, [...] am Schluß sagte er ganz aus eigenem Willen ‹ganz bis oben›, und danach, ‹das muß ich immer sagen, wenn es ganz dunkel ist. Ganz leise muß ich es sagen›.»[52]

Ihm waren nur die Namen genannt und der Ton vorgesprochen worden. Er hat dann selbst bemerkt, wie gerade das Beten als Anrede mit fester Form das große Rätsel der größten Trennung entschärft.

Die weitere Entwicklung von Vorstellungen stand dem Dreijährigen nun als Zusatztank der Lebensfreude zur Verfügung. Das abwechslungsreiche Kreisauer Alltagsleben fegte ihn jetzt regelrecht herum. An allem nahm er teil, ob im Mittelpunkt oder am Rand des Geschehens stehend; jeden Abend ging er schon früh sehr müde ins Bett. – Im Berghaus, jenseits der Peile-Brücke auf dem steilen Hügel, wo man auf der einen Seite zum spitzen Basaltberg Zobten, auf der anderen über gewellte Wiesen hinweg bis zum Eulengebirge sah, lebte die alte Tante Luise; jetzt wurde ihr Geburtstag mit dreißig Partygästen gefeiert, von denen ein Teil im Schloß übernachtete und zum Frühstück am großen Tisch des Eßzimmers saß. Zur selben Zeit traf im Schloß ein: der holländische Herr Anton Sistermanns, «einer der gesuchtesten und beliebtesten Konzertsänger», der mit seiner «schönen, weichen, umfangreichen Baß-Bariton-Stimme»[53] Papi teuren Unterricht erteilte, zusammen mit seiner Frau aus Java, beide zusammen spielten die «Kindersymphonie». Im Garten wuchsen merkwürdige, nie gekannte Blumen aus südafrikanischen Samen. Zu Beginn der Erntesaison wurden die Eltern plötzlich von Schnittern «überfallen» und «nach alter Sitte gefesselt». Die Mühle des Herrn Schmolke war in Betrieb, die Bäckerei auf der Dorfstraße duftete jeden Morgen. Ein kleines Unglück: In Helmuth James' Zimmer brannte plötzlich die Öllampe lichterloh. Ein kleines Wunder: Die afrikanische Melone trug erstmals Früchte. Ganz fremde Leute: Reiche Amerikaner aus Paris besichtigten eines Tages das Feldmarschallzimmer. Der 25. Jahrestag des Kreisauer Kriegervereins wurde vor dem Mausoleum auf dem Kapellenberg begangen; auch ein Fotograf war dabei, der festhielt, wie sich Helmuth James in kurzen Hosen und Sonnenhut vor einer Phalanx hochbusiger Damen befindet. Helmuth James «betrachtet immer die Sprache seiner Mama wie einen riesigen Spaß. [...] Er ist braun wie eine Nuß», schrieb Dorothy.[54]

Und dann immer wieder Familienbesuch: die junge Tante

Helmuth James hoch zu Roß, um 1911

Mokke, Tante Ete mit Helmuth James' Vettern Carl Dietrich und Thilo von Trotha, Miss Flower, Muttel und das Personal, das die Gäste mitbrachten. Im Berghaus versammelt: Schönchen, ihr Bruder, Tante Luise und ihre Besucher aus dem vorigen Jahrhundert, Gäste aus Berlin, aus Saarau, Balfanz, Bankau, Hannover, die Moltkes und die Bethusy-Hucs. Gelegentlich Offiziere zum Tee. Helmuth James fand auch Interesse an der Familie des Gutsinspektors im Torhaus, an Landarbeiterfamilien und ihren Kindern, an den neugeborenen Kälbern der Herde im riesigen Kuhstall – und nun war ja auch Jowo angekommen! Gleich aber wieder ein Konkurrenzunternehmen zum Brüderchen: die erste Jagd des Herbstes. *The boy* dauernd bei den Pferden. Er freut sich an seinem Bruder, hat vergessen, daß er sich eigentlich eine Schwester wünschte, rennt aber «alle fünf Minuten in die Ställe». Er will plötzlich wissen, was «Schlips» auf englisch heißt. Er klettert auf der gefährlichen Treppe zum Eiskeller herum. Und dann auch noch die Herbstmanöver: Helmuth James reitet mit Papi auf Diana an den Kavalleristen vorbei und fragt dauernd, ob der Kaiser nicht da sei.[55] – Dorothy hatte schon in früheren Elternbriefen auf sich herausbildende Eigenschaften ihres Sohnes verwiesen. Zuallererst hieß es: «Er bemerkt alles!» – das heißt, er hat ein von allen Sinnen gutgespeistes Wahrnehmungsvermögen. Danach stellte sie fest: «Er hat ein schnelles Ohr!» – das heißt, auf alles, was zu hören ist, reagiert er mit diesem Vermögen besonders, er hört besser als andere überallhin. Nun faßt sie ihre Erfahrungen mit ihm zu einer dritten Eigenschaft zusammen, mit den schönen Worten: Er hat ein «aktives und furchtloses Gemüt».[56] Das deutsche «Gemüt» ist nicht deckungsgleich mit ihrem englischen *mind*. Aber das Wichtigste daran ist wohl, daß es sich bei diesem Begriff um die Zentralkategorie der Mary-Baker-Eddyschen Lehre der Heilbehandlungen der Christlichen Wissenschaftler handelt. Sie hält damit als um Präzision bemühte Zeugin von Helmuth James' Entfaltung fest, daß seine überwältigende Aktivität dem Innersten seiner Persönlichkeit entspringt und daß dort keine Furcht existiert.

Im Rhythmus der Jahreszeiten, des Schloßhaushalts und in der imaginären Anwesenheit von Wesen wie Kaiser, Gott, Opapa, Christus, Daddy, Granny verbrachte Helmuth James seine ersten Jahre. Nichts ging verloren, vieles kam hinzu, alles und alle hatten hier wie auf einem Karussellteller Platz, es war

Die Kollegen: Helmuth James und Dorothy von Moltke, 1912

die *belle époque* der Familie. Als Mitte 1911 Willo, der zweite Bruder Wilhelm Viggo, zur Welt kam, hatten sich die Beziehungen in der Familie bereits verändert, die Verhältnisse fingen an zu tanzen. Das war nicht nur lustig. Mami habe oft geweint, Papi habe sie nicht verstanden: So deutete Helmuth James die Stimmung der Erwachsenen und den Zustand der Ehe im späteren Rückblick an. Er entwickelte «einen ausgezeichneten Sinn für das Zusammenpassen von Sachen»[57], meldet die Mutter, er schafft «eine eigene Spielwelt», in der er verschiedene Personen in Ensembles gruppiert. «Ein guter kleiner Gastgeber» sei er gewesen, der anderen Kindern was abgab, aber auch übergab und zuteilte: «Da hast du, Mädel!»[58] Der Sinn fürs Ensemble ging in viele Richtungen. Eine zielte auf Form, äußerte sich als besondere Höflichkeit oder auch in der Lust, mit Umgangsformen zu spielen. Wie hast du geschlafen, wird er gefragt – *«Thank you, very good»,* antwortete er.[59] Und 1911 wäscht er sich vor dem Essen – die Füße allerdings.[60]

Helmuth James beobachtend, wie er mit dem «Zusammenpassen von Sachen» beschäftigt war, kam Dorothy allmählich nicht mehr umhin anzuerkennen, daß manche Sachen auch nicht zusammenpaßten, beispiels- und bedrückenderweise sie selbst und Helmuth in ihrer Ehe. Doch mit Vitalität begann das Paar, Kompromisse zu suchen. Sollte man in Kreisau nur noch Pferde züchten? Mehr Fischteiche anlegen? Es ergab sich ein anderes Vorhaben. Am 31. März 1910 schrieb Mary Baker Eddy ihrem Verleger: «Bitte, unternehmen Sie sofort Schritte, um SCIENCE AND HEALTH in die deutsche Sprache übersetzen zu lassen. [...] Die Übersetzung soll von einem Komitee gemacht werden, das aus mindestens drei Mitgliedern besteht, die gründliche Kenner der englischen und deutschen Sprache und gute Christliche Wissenschaftler sind.»[61] Dafür kam Helmuth in Frage! Er hörte davon, und augenblicklich, in eineinhalbjähriger hektischer Anspannung, wurde das fremde Feld bestellt.

Am 5. August 1911 verließ die «George Washington» Bremerhaven, um Kurs auf Boston zu nehmen. An Bord Graf und Gräfin Moltke, er mit dem *Christian Science*-Übersetzungsauftrag für «Science and Health – With Key to the Scriptures» in der Tasche; sie eigentlich mit dem Plan, am 2. August – ohne Mann, mit den Kindern! – nach Südafrika zu Granny und Daddy in See zu stechen, alles war vorbereitet, doch Helmuth setzte sich durch. Er habe sie aber nicht «zum Mitkommen verführt», es habe sich um eine Rolle, um «die Aufgabe einer Ehefrau gehandelt»: «In Wirklichkeit war er ganz krank bei dem Gedanken an die Trennung, und ich weiß ganz gut, daß, wenn es ihm so geht, er zu nichts nutze ist.»[62] Die Wahrheit war auf dem Tisch: Ihr Mann war in ihren Augen kein *Young Teuton*, kein der Aufgabe gewachsener Kirchengründer, nicht einmal ein Übersetzungsspezialist. Was war er denn? Schon im März 1911 hatte sie ihren Eltern geschrieben: «Zur Zeit hat Helmuth die Arbeit für den C.S.-Direktor in Boston und ist daher voll beschäftigt, es schaudert mich, wenn ich daran denke, was ich mit ihm anfangen sollte, wenn das nicht der Fall wäre!»[63] Äußerst wacklig also: Nun zeigte er sich auch in seinem ersten beruflichen Vorhaben ohne seine Frau unfähig, ein Nichtsnutz im Berufsleben – dennoch *ihr* Mann, *ihr* Problem, wie Dorothy sich entschied. Also Amerika. Also *Christian Science*.

Dorothy nannte ihre Mitarbeit an der Übersetzung zwar ein «Privileg», in Deutschland, in Rußland, der Schweiz «hungere» man nach dem Buch, «persönliche Pläne und Bedürfnisse sind nichts» gegen dieses Werk. Aber das Leben in dem engen Appartement in Boston war nicht einfach. Ohne Kinder sei es hier «schrecklich», und sie schrieb an Granny auch: «Wir haben unsere kleinen Kämpfe zu führen.»[64] – «Es wird der Himmel auf Erden sein», wenn sie ihre Kinder wiederhabe, denn es sei «keine leichte Sache, froh und glücklich zu sein, wenn einen jeder Herzschlag zu Euch und den Kindern zerrt.»[65]

«Diese Woche habe ich wirklich nichts zu erzählen, da wir

nichts getan haben außer arbeiten, essen, schlafen und Luft holen», berichtete sie.[66] Hinzu kam ein neues Problem: Granny hatte sie gemahnt, das eigene Aussehen nicht zu vernachlässigen: «Ich war damit nicht vorsichtig genug. [...] Ich werde ziemlich dick», ruft sie kläglich. «Es ist wirklich ganz tragisch», schreibt die Tochter des vorzeige-nüchternen James Rose Innes. – Doch es gibt Mittel: «Ich mache jetzt Übungen.» Sie kauft ein Seil und hüpft im Hotelzimmer, um «geschmeidig bleiben» zu können. Und dann passiert das: Auch ihr Mann wirft einen Blick in den Spiegel – und fängt ebenfalls zu hüpfen an. Eine neue Erfahrung pragmatischer Alltagserleichterung im Rhythmus des auf den Teppich schlagenden Seils, die das Paar miteinander teilte. Bei Dorothy kam dazu eine neue Geisteshaltung, eine neue Einstellung, entdeckt von ihr bei – Nietzsche: Der schreibt von der «optischen Vergrößerung der eigenen Unwichtigkeit bis ins Unsinnige» beim modernen Menschen. Lauter «unsinnig wichtige Seelen», so zitiert sie Nietzsche, drehten sich «mit entsetzlicher Angst um sich selbst» – und da sie sich selbst in dieser dummen Rotation erkannte, betrachtete und ertrug sie sich nun ironisch. «Ich mag mich gelegentlich in seine Bücher vertiefen und bewundere das Feuerwerk, das er losläßt, wenn er vom sterblichen Menschen spricht.» Mit Mary Baker Eddy war sie nun offenbar nur übersetzungstechnisch befaßt. Doch diese Wandlung, dieses neue Realitätskonzept mit dem Kern, daß es Wichtigeres gebe als die Seele, ging bei ihr nur auf Kosten grundsätzlicher Entwertungen: Nietzsche lasse einen «die Nichtigkeit jedes Menschenlebens gegenüber der Größe des Universums spüren».[67]

Mit den letzten Arbeiten am Text, hüpfend, schwitzend, lachend betraten Helmuth James' Eltern die moderne Welt. Zum ersten Mal hatten sie durch eigene Arbeit Geld verdient. Als schließlich eine erstklassige Übersetzung des «Schlüssels zur Heiligen Schrift» auf dem Tisch lag, waren die zurückliegenden Qualen auf die Formel «anstrengende Eintönigkeit» zu brin-

Der Großvater Sir James Rose Innes, um 1914

gen. Keiner, schrieb Dorothy, sei es vorher «gewohnt gewesen, in dieser Art so viel zu arbeiten».[68] Im witzelnden Ton der Entwertung war zum Schluß sogar noch ein Mittel zur Verbesserung des Appetits aufgetaucht, auch die bislang an Servants und amerikanische Küche gekoppelte Essensfrage entspannte sich: «Heute abend kochten wir uns unser Essen selbst, und nie schmeckte uns etwas so gut», jubelte die Gräfin am Tag der Buchung der Rückreise. «Wir hatten eingelegte Sardinen und gebratene Eier, Toast, Marmelade, Tee und Grapefruits, wir kochten alles auf unserem elektrischen Ofen und freuten uns dabei sehr.»[69]

Im Herbst 1913 kam es dann endlich zu einem Wiedersehen Dorothys mit ihren Eltern, Jessie und James Rose Innes reisten nach Kreisau. Nach dem Weltkrieg, als er seine Autobiographie begann, war Daddy alles gegenwärtig – es wurden schmerzhafte, gestochen scharfe Erinnerungen.

> «Unser letzter Deutschlandbesuch vor dem Kriege war 1913, im letzten Jahr eines Jahrhunderts der Errungenschaften. Preußen, ein Königreich von nur 5 Millionen Einwohnern, dessen Armee in Jena zerschlagen worden war, hatte sich im Zorn wiedererhoben, seine Ressourcen mobilisiert und war zu einem der entschlossensten Gegner Napoleons geworden. [...] Von Jena nach Sedan war ein beachtlicher Marsch. Aber noch beachtlicher war der industrielle, kommerzielle und ökonomische Fortschritt der vierzig Jahre, die folgten. 1913 war die Hegemonie über Europa für den deutschen Kaiser in Griffweite. Ein weiteres Jahrzehnt geordneten und friedlichen Fortschritts würden sie gesichert haben.»[70]

Statt dessen wurden in Europa inzwischen sehr geordnet, aber wenig friedlich Kriegsvorbereitungen größten Stils getroffen. Einer der wichtigsten Antreiber dabei: Onkel Helmuth, Generalstabschef des Kaisers in Berlin. Er schickte seine Kartographen, als Radwanderer und Landschaftsmaler verkleidet, nach Belgien und Nordfrankreich, damit sie Hügel, Senken, Brücken, Wälder, Feldwegkreuzungen topographisch aufnahmen. Auf seine Veranlassung erhielten winzige Dörfer der Eifel Bahnhöfe mit kilometerlangen Bahnsteigen. Kleinere deutsche Flüsse (die Eder bei Kassel, die Weistritz im Eulengebirge) wurden mit Staumauern versehen, zur Verhinderung von Frühjahrsüberschwemmungen, aber vor allem zur Stromerzeugung – zwei Fliegen mit einer Klappe. Messung und Planung, Vorratswirtschaft, Industrieerfahrung, Energie und Willen: Eine Nation bereitete sich auf die destruktivste Kraftentfaltung vor, die man bisher gesehen hatte.

Moltke der Jüngere veranlasste Pferdekäufe in ungeheurem

Ausmaß, Neueinstellungen, Etaterhöhungen, auch die Beförderung nichtadeliger Spezialisten in wichtige Führungspositionen. Er inspizierte Schiffe und Luftschiffe, behielt alles im Auge, von der Fliegerfotografie bis zur Produktion von Suppenwürfeln (der Weiterentwicklung der deutschen Erbswurst, die der alte Feldmarschall als Soldatenspeise gefördert hatte). Der Generalstabschef aktualisierte vor allem den Kriegsplan des Grafen Schlieffen, der im Kriegsfall Frankreich in einem gewaltigen Kreisbogen von Nordwesten her durch Belgien Richtung Paris angreifen wollte; die belgische Neutralität spielte in diesen Planungen keine große Rolle. Onkel Helmuths Leistung vor 1914 bestand im wesentlichen darin, daß er als ein zivilisierter, verhältnismäßig ruhiger Mensch und als ein Schlachtenlenker für die wieder und wieder geprüfte Durchführbarkeit der bis zum Wahnsinn anspruchsvollen Kriegspläne einstand. Tausendmal nach den Mitteln zur Durchsetzung dieses Plans gefragt, hätte er sich tausendmal auf die Seite der Vernunft schlagen können. Aber er antwortete nicht wie ein besonnener Militär: «Es ist höchst unwahrscheinlich, daß wir einen Zweifrontenkrieg gewinnen; wir sind daher, solange Frieden ist, gezwungen, politische Kompromisse zu suchen, eventuell einige Jahre klein beizugeben.» Sondern er sagte in allen Variationen: «Wir werden es schon schaffen!» Jeden Zweifel an der Strategie, für die er zuallererst zuständig war, hat er zurückgewiesen – einer der wirksamsten deutschen Kriegstreiber.

Aber dann seine andere Seite. Er und seine Frau Eliza, («Tante Eliza […] nett wie immer»[71]) waren enge Freunde von Rudolf Steiner. An des Anthroposophen glühende Augen konnte sich auch Carl Viggo noch erinnern, die Beziehung war familiär. Aus Onkel Helmuths Aufzeichnungen, die Tante Eliza 1921 herausgab, um ihren Mann posthum zu rehabilitieren, ergibt sich, daß er damals tiefgreifende Erörterungen mit Steiner führte. Denn er war ein empfindsamer, gebildeter Mensch, kein Barbar! Er hatte ein gutes Vorstellungsvermögen. Er strebte

Kaisermanöver: Kaiser Wilhelm II. ist zweiter von links, dritter ist Generalstabschef Helmuth von Moltke (mit Pickelhaube)

nicht das Böse, sondern das Gute an, er interessierte sich für das Leben der Organismen von Staat, Wirtschaft, Gesellschaft, Natur, für die Signale und Bedeutungen der Formen von Pflanzen, Tieren, der Musik, der Steine und der Kristalle. Er hielt es für möglich, daß alles auf alles einwirke. Daß es Dinge gebe, die wir nicht erkennen, und solche, die wir falsch betrachten. – Aber für Wilhelm II. bereitete er stur den Weltkrieg vor.

James Rose Innes, Helmuth James' Großvater, schildert den Eindruck einer starken Nation, wie er dem Gast aus Südafrika nicht entgehen konnte. Es sei 1913 unmöglich gewesen, nicht von «der Begeisterung beeindruckt zu sein, die in den nationalen

Adern pulsierte». Daddy besichtigte die «Jahrhundertausstellung» in Breslau («Jahrhundert» meinte die Centenarfeier der Befreiungskriege), wo er «die großen Männer und Taten der Vergangenheit wieder zurückgerufen» fand. Bei der eineinhalbstündigen Breslauer Militärparade war er mit den Moltkes dabei. Da standen Mitglieder von Veteranenverbänden in Reihen hinter den am Straßenrand sitzenden Zuschauern – «durch ihre Präsenz die Stärke des vorherrschenden militärischen Geistes betonend». Im Zentrum der Parade: der deutsche Kaiser, aus Fleisch und Blut und doch ein Bild. Als sich die Infanteristen Wilhelm näherten, sah der Brite, wie die Soldaten, ein jeder mit einer kleinen Kirchturmspitze auf dem Kopf, in ein manieriertes Kunstgehen fielen, den preußischen Stechschritt! Das fand er nun verrückt: «dem uneingeweihten Auge erschien es als übertriebene und unpraktische Geste.»[72]

Während der Kaisermanöver genossen die Innes den Umstand, «innerhalb des Operationsgebietes» zu wohnen. Ums Schloß herum «schwärmte es» von Truppen. «Einquartierungen wurden reichlich vorgenommen und froh ertragen; alle Klassen waren zu persönlichen Unannehmlichkeiten bereit, um den Soldaten gefällig zu sein.» Sogar das Schloß fand zu Manöverzwecken Verwendung: Im Souterrain installierte sich die Post- und Telefonstelle, in den Gästezimmern waren die diensthabenden Offiziere untergebracht. «Zuschauern war ohne weiteres erlaubt, das simulierte Kriegsgeschehen zu beobachten.» Zu diesem Zweck war die gesamte Kreisauer Familie mit den Südafrikanern schon «am ersten Tag ausgefahren und erreichte zufällig eine offenbar strategische Position, denn kaum hatten wir gehalten, galoppierte eine Geschützmannschaft mit der Batterie herbei. Ich war neugierig». Seiner Neugier wegen zog Sir James Rose Innes aus Pretoria seine Taschenuhr. Seiner Erzähllust und seines Schmerzes um die untergegangene Epoche wegen ist es möglich, sich den ersten *Chief Justice* der südafrikanischen Union vorzustellen, wie er mit Gräfin Ella von

Moltke und Lady Innes herumspaziert und, erstaunt über die militärische Leistung, die Zeit stoppt zwischen dem Abprotzen der Kanonen und ihrem ersten Schuß.

Auch Helmuth James erinnerte sich an das Manöver. Er erzählte später vom «schönsten Tagesausritt» seiner Kindheit. «Mami konnte nicht mit, denn sie nährte Carl Bernd noch, Muttel [...] fuhr mit den älteren Gästen in 2 Wagen, einem offenen grünen Landauer und einem Jagdwagen. Wir anderen» – vermutlich Carl Viggo, Hans Carl von Hülsen, Carl Dietrich von Trotha und andere Cousins, aber auch Georg Rüster, Max, der Kutschersohn, und die ganze Korona der Kreisauer und Wernersdorfer Hofkinder – «ritten um 5 Uhr los, kreuz und quer über das Manöverfeld, und kamen dann schließlich an den Feldherrenhügel [...] zwischen den beiden Chausseen Ludwigsdorf-Essdorf und Ludwigsdorf-Weistritz». In Ludwigsdorf lebten die von Websky und in Weistritz die von Pückler, bekannte Leute im Landkreis, Freunde der Eltern Helmuth James', so daß die von-Websky- und von-Pückler-Jungen und deren Kutschersöhnefreunde und Hofkindergefährten auf ihren Pferden und Ponys zu dem großen berittenen Wernersdorfer und Kreisauer Kreis hinzugestoßen sein werden. Vom Poppelberg aus konnten sie das Kriegsspiel einsehen. Dutzende Feldzeichen waren zu unterscheiden, Nationalgeschichte, modernes Kriegsgerät, Regimentsfahnen, Feldküchen; und schließlich stürzten Tausende Tiere mit schreienden, lanzen- und säbelschwingenden Menschen auf den Tierrücken in zwei riesigen Linien in die Attacke. Eine am Himmel scheinbar befestigte Gummiwurst war aber für Helmuth James die Zentralsensation: «Über dem Hügel stand ein Fesselballon», schrieb er. «Ich fand das alles rasend aufregend und war entsprechend todmüde, als wir am Nachmittag nach Hause kamen.»[73]

Dieser Bericht des sich in die Kindheit zurückversetzenden Helmuth James sei um James Rose Innes' Rapport ergänzt, der Schicht für Schicht der historischen Gegenstände in seiner Autobiographie festhält: «Am nächsten Tag saßen meine Frau und ich auf dem Rasen, als eine Gruppe von Offizieren herbeiritt; einer von ihnen [...] fragte, ob es gestattet sei, die Räume des Feldmarschalls zu besichtigen. Da die ganze Familie zu den Manövern gegangen war, mußte ich einspringen. Mein Deutsch war dürftig und ungenau; ich mußte die Hände zu Hilfe nehmen. Glücklicherweise sprachen viele der ausgestellten Sachen für sich selbst.» Die Perücke und der porzellanene Perückenständer sprachen für sich selbst; die Totenmaske und der Händegipsabdruck des Feldmarschalls sprachen für sich selbst, auch die Bilder von Lenbach und Menzel, das Feldzeichen des Mahdi, die Ehrenbürgerurkunden, glitzernde Orden, braune Schnörkel, auch die Ahnentafel sprach, sogar Bett und Schrank. Ein wenig später erfuhr Daddy, daß er soeben Österreich-Ungarns Generalstabschef Conrad von Hötzendorf samt Gefolge hier herumgeführt hatte; Jahre danach hielt er das für einen historischen Witz. Am selben Tag sei zudem ein Vertreter des italienischen Generalstabs nach Kreisau gekommen, der aber nur den Kapellenberg besichtigte, ein «ganz knappes Entkommen»[74], heißt es beim südafrikanischen Chronisten.

Im abendlichen Gespräch dann die deutschen Offiziere. Alle in schwerer Sorge! Die mit Deutschland konkurrierenden Großmächte gäben mehr Geld für Rüstung aus als das Reich. Das Vaterland liege «zwischen Hammer und Amboß», es sei «umzingelt», früher oder später stehe ein Zweifrontenkrieg bevor. Offenbar stellten die deutschen Militärs dem britischen Gast den Schlieffen-Plan vor. Deutschland müsse, hörte Daddy sie reden, «falls der Krieg nicht zu verhindern sei, den ersten Schlag führen. Sie würden Rußland aufhalten und währenddessen Frankreich plattstampfen.»[75]

Angenommen, sie rauchten in der Bibliothek. Sie rauchten ihre Zigarren zum Cognac vor ledergebundenen Ausgaben berühmter Bücher («Rembrandt als Erzieher. Von einem Deutschen», «Wissenschaft, Industrie und Kunst. Vorschläge zur

Nachmittagstee im Schloßpark: Helmuth James, Wilhelm Viggo, eine Unbekannte und Joachim Wolfgang, um 1913

Anregung nationalen Kunstgefühles. Von Gottfried Semper, ehem. Direktor der Bauschule zu Dresden»). In den Vasen der Halle steckten wahrscheinlich Rosen, Chrysanthemen, Astern, aber auch die neumodischen Dahlien in verschiedenen Züchtungen oder der alte Phlox. Die Blumen kamen frisch aus dem

Schloßgarten oder den beiden Gewächshäusern. Neben den Treppenaufgängen schimmerten bläulich die Kriegsfresken, Jena bis Lübeck, die an 1806 und an Sedan bis Paris 1870/71 erinnerten. In allen Kaminen knisterte Feuer, vom Personal wortlos versorgt. In der Tiefe des Hauses zuppelte Carl Bernd an Dorothys Brust, und irgendwo schlief Helmuth James, der künftige Erbe, der wieder satt und zufrieden gewesen sein durfte und schon früh eingeschlafen war.

Draußen die Ställe voll von Pferden. Die langwachsende Kapuzinerkresse hing von den Blumenkästen der Schloßfenster hinunter. Ihre Blätter feucht von Tau, ihre Blüten pflegen in der Dämmerung hellrot zu leuchten. Nachts schimmerte es hinter den Fenstern: Das Schloß hatte noch immer kein elektrisches Licht. Der Schein war zuletzt im dritten Stock zu sehen, wo sich irgendein Offizier schlafen legte. Wer hier oben einquartiert war, mußte das Wasser aus dem schweren Porzellankrug in die Schüssel gießen und sich so das Gesicht kühlen: Hierher reichten Geld und Wasserleitung nie. Von der Eichenallee beim Park gelegentlich das Geräusch eines Reiters, eines Wagens. Auf dem Hof mal die Wache etwas laut oder ein Paar ganz leise. Schwarz oder silbern, je nachdem, ob in dieser Nacht der Mond schien oder nicht, stand die Moltke-Linde am Hoftor beim Kuhstall.

4. Kriegsjahre, Schuljahre – Verlust, Gewinn

Am 1. August 1914 löste sich die Juli-Krise, und die Vorbereitungen des Generalstabschefs Moltke mußten sich in der Wirklichkeit beweisen. Einen ganzen Monat lang, seit dem Attentat von Sarajevo am 27. Juni, hatten Europas Regierungen mit der Kriegsgefahr hantiert. Nun erklärte das Deutsche Reich Rußland den Krieg. Die Frage nach der Kriegsschuld ist seither nicht verstummt. Onkel Helmuth gehört jedenfalls zu denen, die das Feuer noch angefacht haben. Die Reichsverfassung von 1871 hatte das Verhältnis von politischer und militärischer Führung im unklaren gelassen, es mußte die Aufgabe des Kaisers sein, beide Gewalten zu koordinieren. Wilhelm II. gelang das nicht, und während der Reichskanzler Bethmann-Hollweg noch die österreichische Regierung zur Mäßigung ihrer Forderungen überreden wollte, riet Moltke seinem Wiener Kollegen Conrad von Hötzendorf zur Härte. Deutschland werde hinter seinem Bundesgenossen stehen. Der Zweifrontenkrieg schien jetzt unvermeidbar, da sollte wenigstens die habsburgische Armee im Osten zur Stelle sein.

So kam der Moment des Schlieffen-Plans. Deutsche Truppen drangen nach Belgien ein, Lüttich, Brüssel wurden eingenommen. Zugleich wurde das an der Atlantikküste gelandete und sich zur Verteidigung Belgiens ausbreitende englische Expeditionscorps von deutschen Truppen abgeriegelt und bis nach Ypern zurückgedrängt, so daß ab dem 24. August 1914 der rechte deutsche Flügel – fast in der vorgesehenen Zeit – beinahe vollständig entfaltet war, bis auf die von den britischen Truppen zäh verteidigte flandrische Westhoek. Orte wie Langemark, Poelkapelle, Zonnebeke, Ypern, Roeselare und Kemmel blieben jahrelang Schlachtstätten, und am Kriegsende waren sie in einer von Granattrichtern mehrfach umgepflügten Schlammwüste ohne Baum und Strauch verschwunden. An diesem

24. August 1914 überschritten die deutschen Armeespitzen überall die belgisch-französische Grenze und fraßen sich «wie eine Sense»[76] nach Frankreich hinein. Der tägliche Heeresbericht lobte die Tapferkeit der Soldaten. Kommandeure erläuterten sachlich das Uhrwerk des planmäßigen Aufmarschs. Die Völker der Mittelmächte, also Deutschlands und Österreich-Ungarns, gingen davon aus, der Krieg sei «spätestens Weihnachten» gewonnen und vorbei. Die mit dem Kriegseintritt Englands in letzter Minute eingetretene Katastrophe nahm die Öffentlichkeit in diesen Ländern nicht zur Kenntnis.

Im Koblenzer Armeehauptquartier stand derweil Onkel Helmuth zunehmend nervös über den Landkarten. Obwohl der in Koblenz reichlich deplazierte Kaiser immer irgendeine Gelegenheit fand, die Sektkorken knallen zu lassen – er erwies sich als völlig ungeeignet zur Kriegsführung –, machte man sich im Generalstab verhältnismäßig geringe Illusionen. Die leitenden Offiziere erkannten, daß die bereits ungeheure Kampfleistung einzelner Verbände jetzt noch gesteigert werden müßte, bevor nämlich die Alliierten ihre Übermacht voll zur Wirkung gebracht haben würden. Der Zeitplan des deutschen Gesamtkriegswerks sah den Sieg gegen Frankeich zwischen dem 36. und dem 40. Mobilmachungstag vor, das heißt Mitte September. Man hätte jetzt also bald den Eiffelturm sehen müssen. Und nun auf einmal hatte Moltke Phantasie genug, sich vorzustellen, was passieren würde, wenn irgendeine Kleinigkeit nicht klappte, wenn es, wie Clausewitz dieses unberechenbare Wesenselement von Kriegen genannt hatte, zu einer «Friktion» käme. Warum zum Beispiel machten die deutschen Armeen so wenig französische Gefangene? Er stellte beim Feind «einen verdächtigen Mangel an den üblichen Anzeichen einer Flucht oder eines Rückzuges in voller Auflösung fest»[77], das heißt, er mußte zur Kenntnis nehmen, daß die Franzosen mit ihrem *cran* und *élan* und dazu im Bewußtsein, das Vaterland zu verteidigen, mit der gleichen Leidenschaft kämpften wie die Deutschen.

Da ahnte Onkel Helmuth schon Schlimmes, und in dieser Qual rief er Rudolf Steiner zu sich, seinen langjährigen Freund, von dem zwar kein militärischer Rat, aber seelischer Beistand zu erwarten war. Das vertrauliche Gespräch zwischen dem Meister der Anthroposophenbewegung und dem Koordinator von Millionen deutschen Soldaten, das am 27. August im Koblenzer Hauptquartier stattfand, wurde später zum Anlaß spöttischer Gerüchte, obwohl nie jemand etwas von seinem Inhalt erfahren hat. Fest steht nur folgendes: Onkel Helmuth fühlte sich, noch während alles lief, bereits so erbärmlich, daß er wie ein verzweifelter Roulettespieler auf die rollende Kugel starrte.

Moltke dem Jüngeren wird es vorgekommen sein, als breche der Boden unter ihm ein. Jahrelange Arbeit, öffentliches Vertrauen, die Sicherheit der wilhelminischen Gesellschaft – alles dahin. Wenn er gelegentlich seinem berühmten Onkel beziehungsweise dessen Stellvertreter, nämlich seinem eigenen inneren «Schlachtendenker und Schlachtenlenker» begegnete, konfrontierte der ihn nicht mit der Frage, ob der Kriegsplan realistisch war? Ob er überhaupt jemals einen gehabt habe? Und es trieb ihn weiter und tiefer hinein: Basierte dieser Krieg, den er auch so energisch anzuzetteln geholfen hatte, damit er «bald» eintrete – «bevor ich zu alt bin», wie er Dorothy einmal gesagt hatte[78] –, etwa auf einer Militärphantasie? Von da an muß Schreckliches in ihm vorgegangen sein. Im August 1914 äußerte er, kritisch-mitleidig, über Wilhelm II.: «Herzzerreißend, wie ahnungslos der hohe Herr über den Ernst der Lage ist.»[79] Der «hohe Herr» ahnungslos? Nach allen Maßstäben wäre es gerade seine Pflicht als kaiserlicher Vertrauensmann gewesen, den Kaiser über die wirkliche Lage offen zu informieren. In diesem Fall hätte es möglicherweise nicht allzu fern gelegen, ein Waffenstillstandsangebot an die Alliierten zu erwägen. Doch Onkel Helmuth hat «den Zeitpunkt» – ein Phänomen des Lebens, das im nächsten Weltkrieg Helmuth James den Schlaf raubte – verpaßt.

In diesen Tagen brachten die Franzosen alle verfügbaren Reserven an die Marne. Und als die Deutschen wieder stürmen wollten, krachten sie auf feste feindliche Linien und mußten sich eingraben. Vom 5. September an entwickelte sich eine Schlacht, die den deutschen Kriegsplan definitiv außer Kraft setzte, das «Wunder an der Marne». Am 7. September schreibt Moltke seiner Frau: «Mich überkommt oft ein Grauen, wenn ich daran denke, und mir ist zu Mute, als müßte ich dieses Entsetzliche verantworten, und doch konnte ich nicht anders handeln, als geschehen ist.» Einen Tag später: «Ich kann es schwer [!] sagen, mit welcher namenlosen Schwere [!] die Last der Verantwortung die letzten Tage auf mir gelastet hat und noch lastet. [...] es wäre furchtbar, wenn all dieses Blut vergossen sein sollte, ohne einen durchschlagenden Erfolg. [...] es sieht aus, als ob es die Aufgabe aller übrigen Nationen wäre, Deutschland endgültig zu vernichten.» Und am 9. September: «Es geht schlecht. [...] Der so hoffnungsvoll begonnene Anfang des Krieges wird in das Gegenteil umschlagen. [...] Wir müssen ersticken in dem Kampf gegen Ost und West. [...] Und wie werden wir zu zahlen haben für alles, was zerstört ist. [...] unser Volk in seinem Siegestaumel wird das Unglück kaum ertragen können. Wie schwer mir wird, kann niemand besser ermessen als Du, die Du ganz in meiner Seele lebst.»[80]

Am 11. September verlor die Schlacht an Kraft. Am 12. hörte sie auf. Am 14. wurde Onkel Helmuth nach Hause geschickt, «krankheitshalber», sagte die Propaganda, aber er war wirklich krank. Seinen Posten übernahm der preußische Kriegsminister Erich von Falkenhayn. General Joffre, der französische Oberbefehlshaber, durfte die Ereignisse als Sieg verstehen, denn Paris wurde erfolgreich verteidigt. Aber auch seine Truppen waren ja mit Eroberungsplänen in den Krieg gezogen, und so ist bemerkenswert, was der französische Generalstabschef Joseph Joffre als ein Dogmatiker des Sturmangriffs wie Moltke nach der Schlacht sagte: daß «die Erfolge der französischen

Armee nunmehr nicht nach zehn, ja nicht einmal nach einzelnen Kilometern bemessen werden dürfen, sondern im ganzen nur nach Metern».[81] Es begann der Stellungskrieg. Sieg oder Niederlage, das würde sich in einem langwierigen Krieg, einem zur Vernichtung der Ressourcen des Gegners, herausschälen. In einer schier endlosen Folge von mörderischen-selbstmörderischen Militäraktionen schob sich ein neues Militärdogma auf den Plan, das auf ganze Völker und Volkswirtschaften zielte. Neue Strategie wurde, den Feind «auszubluten» oder «weiß zu bluten», «die Blutpumpe» anzusetzen, das heißt, alle eigenen Möglichkeiten aufs Spiel zu setzen im Glauben, die menschlichen Reserven des Feindes seien eher erschöpft als die eigenen. Deshalb war eben der berühmte Ausspruch des englischen Außenministers, Sir Edward Grey, im August 1914 so hellsichtig: «In Europa gehen nun die Lichter aus, wir werden sie zu unseren Lebzeiten nie wieder angehen sehen.»

Onkel Helmuth wurde für das Debakel verantwortlich gemacht. Zunächst machte man ihm den Vorwurf, Schlieffens rechten Flügel vorschriftswidrig geschwächt zu haben. Dann wurde er zum «Zauderer» gestempelt, der sein Soll an Rigorismus nicht erfüllt habe. Bald darauf nannte man ihn «schlapp». So ging der Sündenbock langsam in die Knie. Als er im Juni 1916 in Berlin für General von der Goltz eine Totenrede auf dessen angebliche Verdienste in Belgien und in der Türkei hielt, brach er am Pult zusammen und starb.

Eine Kleinigkeit zu Onkel Helmuth ist noch nachzutragen. Eine Begebenheit, die 1914 Helmuth James zum Nachdenken brachte und von der er 1944 berichtete:

> «Der Krieg [...] war für mich nur teilweise eine begeisternde, zum Opfermut anfeuernde Angelegenheit, denn ich hatte im Ganzen genommen das Gefühl, wir würden den Krieg verlieren. Dazu war es so gekommen. Ziemlich bald nach Kriegsbeginn waren wir zu einer Herrenhaus-

sitzung in Berlin und gingen zu Onkel Helmuth [...] und Tante Liza zum Essen in den Generalstab, das große rote Gebäude in der Nähe des Reichstages, in dem auch der Feldmarschall gewohnt hatte. Onkel Helmuth verspätete sich etwas, und als er reinkam, lief ich ihm entgegen und sagte: ‹Nun, Onkel Helmuth, wann gewinnen wir den Krieg.› Was er mir geantwortet hat, weiß ich nicht, aber ich erinnere das Gefühl der Betroffenheit, das mich überfiel: Ich fühlte plötzlich, daß man ja Kriege auch verlieren kann und daß wir diesen verlieren würden. Das Gefühl hat mich dann bei aller Begeisterung über Siege und bei aller Lektüre der Bücher über Heldentaten nie verlassen.»[82]

Wie so viele fürchtete Papi, der bei einer Versorgungseinheit zuerst in der Schweidnitzer Garnison, dann in Südpolen eingesetzt war, es könnten russische Armeen nach ihren rasanten Geländegewinnen in Galizien auch nach Schlesien vorstoßen. Er hielt es für das beste, seine Familie erst einmal zu evakuieren. Es gab keine langen Debatten, er kam mit ein paar Autos vorgefahren und ließ einpacken. Als aber abgefahren werden sollte, wollte sein ältester Sohn nicht mit. Helmuth James wollte – wieder mal – partout nicht von Kreisau fort. Der Vater wollte alle in Sicherheit bringen, der Siebenjährige dagegen, im letzten Jahr etwas kompliziert geworden, fühlte sich nur hier sicher – oder er war bockig und klammerte sich an Kreisau fest. Ob der Vater in der Weigerung seines Sohnes aufblitzende Gutsherreninstinkte sah oder cholerisch das berühmte Exempel statuieren wollte – er packte jedenfalls den willigen Familienteil ins Auto, um ihn nach Ziethen zu bringen, und Helmuth James ließ er stehen. Dieser scheint ohne Reue zugesehen zu haben, wie Papi, Mami, Jowo, Willo und der inzwischen hinzugekommene Carl Bernd, dazu vier Trotha-Vettern mit Tante Ete vom Hof knatterten. Als alles wieder still war, stand er auf einmal beim Wort

Familienfoto 1913: Dorothy mit Wilhelm Viggo, Joachim Wolfgang, Helmuth James und Helmuth von Moltke

genommen da. In der Obhut allein der neuen Hauslehrerin, Fräulein Krome, zurückgelassen. Es war ein großer Moment. Der kleine Junge wird im ersten Augenblick eine Riesenchance zu aufregenden Abenteuern gesehen haben, vielleicht à la Tom Sawyer und Huckleberry Finn am Mississippi. Es ist aber bekannt, daß ihm Fräulein Krome mit Schiller-Texten zu denken gab. Daß er zum Beispiel die siebenundzwanzig Strophen des Gedichts «Der Taucher» auswendig lernen mußte. Möglicherweise hat ihm dieser Schillersche Jüngling, der sich vor versammelter Menge auszieht, um sich der blanken Ehre wegen von einem Felsen in die Brandung zu stürzen, beim Verstehen seiner Situation geholfen.

Unter dem Gesichtspunkt der Erbfolge betrachtet, war er im Augenblick zum Hüter von Haus und Hof Kreisau avanciert – illusorisch natürlich mit sieben Jahren. Die Innenseite dieser Aufgabe war aber ein stichelnder Imperativ, der wird ein paar riesige Gedankensprünge zur Folge gehabt haben. Und wenn er die tat, dann bot sich ihm nicht mehr nur das vertraute Kreisau dar, sondern ein unbegrenztes und unbeschriebenes Denkfeld. Das väterliche Nachgeben gegenüber Helmuth James' Eigensinn verwandelte auch seine Beziehungen im Ort, denn in den Augen der Kreisauer, die zurückblieben, weil sie zurückbleiben mußten, gewann er doch, als sich herumsprach, daß er zurückbleiben wollte, an Bedeutung. Gleichaltrige, die ihm früher Bibel- oder Schokoladentafelbildchen abgaben, warfen ihm interessierte Blicke zu. Sie tasteten ihn nach Eigenschaften ab, und all das prägte er sich ein. Dreißig Jahre später erinnerte er die Situation und benannte sie mit dem begeisterten Jünglingsausdruck: «Ich blieb mit Fräulein Krome allein zurück, riesig stolz über diese Ehre.»[83] Fräulein Krome und er waren nicht allein, doch in den Kreisauern sah das Kind damals eben nicht sie, sondern sich: den künftigen Grafen, einen mutigen Jüngling. Die Russen kamen nicht, die Familie kehrte bald zurück. Blitzartig jedoch wurde Helmuth James' Gemüt einmal von seinem Stolz erleuchtet, und es gefiel ihm wohl, immer wieder von der Sache zu erzählen oder erzählen zu hören.

Seine Persönlichkeit erprobte sich anschließend in den Denkfeldern, die der Krieg bis ins Unendliche eröffnete, die aber Fräulein Krome wiederum wie ein strenges Gegenprogramm in ihrem Unterricht absteckte. Als Schloßlehrerin war sie alleinherrschend – nicht einmal Dorothy, scheint es, hatte pädagogische Ambitionen. Fräulein Krome kam aus Berlin nach Kreisau, nachdem Helmuth James seinen ersten Unterricht in Lesen, Schreiben und Rechnen bei Herrn Hoffmann, dem Dorflehrer, ohne Begeisterung absolviert hatte. Sie sollte offenbar etwas für die geistige Grundausbildung des Einzelschülers tun, bevor er das Gymnasium in Schweidnitz besuchen würde, und sie betrieb das allem Anschein nach ernst und gründlich.

Fräulein Krome konnte ausnutzen, daß sie mit ihrem Schüler zusammen wohnte, keine Bequemlichkeit, sondern immer wiederkehrender Anlaß, bei Tisch, bei Spaziergängen, Todesfällen, Sonnenuntergängen, Kriegsereignissen, dem Stibitzen von Butter und Zucker aus der Speisekammer das Leben zu interpretieren. Das einzige aber, was von Fräulein Krome überliefert ist: ein ausgezeichnetes, wenn auch beschränktes Schulbuch. Im Verlaufe ihres Wirkens bis 1916 lernte Helmuth James nach eigenem Bekunden «den halben Echtermeyer»[84] auswendig: Es handelt sich um eine Gedichtsammlung, die selbst halbiert sehr umfangreich ist. Das Positive daran: Er entwickelte im Alter zwischen sieben und neun Jahren ein Verständnis für Literatur, wenigstens erfaßte er viele schöne Wörter in kunstvoll gedichteten Versen, womit sich sein Wortschatz und seine Vorstellungswelt enorm vergrößerten. Nebenbei wurde ihm dadurch für die Beobachtung eigener Gefühle ein ganzer Katalog von Lebensweisheiten in die Hand gegeben. Und auch wenn viele Verse hier im vorpsychologischen Zeitalter entstanden waren, so hatte das Bildungsbürgertum die Gewohnheit ausgebildet, Gedichte nicht nur aus Freude am ästhetischen Spiel zu schätzen, sondern sie auch als Formulierungshilfe für vielerlei seelische Vorgänge zu gebrauchen.

Zunächst freilich machte der Echtermeyer seine Gegenstände verlockend mit dem Firnis des Wunders. Goethe zum Beispiel. Er zeigte, wie es einem im Walde gehen kann, wenn die Vögel schweigen. Es ist dann so still, daß man kaum einen Hauch mehr spürt. Aber doch noch ist Unruhe, ja, eine in der Waldesstille langsam abnehmende Unruhe im Wanderer selbst, bis er spürt, «balde» selbst zu ruhn. Hat das der Wald gemacht? – Oder es kommt ein Sturzbach den Berg heruntergedonnert. Er schäumt, macht alles naß. Kurvt dann als Bach, bald als Fluß von einer Richtung in die andere, und seine Strömung reißt sogar, wie das Hochwasser der Peile jedes Frühjahr, die Böschungen ab. Aber dieses dynamische Chaos mündet dann in einen See, wo ein und dasselbe Wasser, keiner hat was weggenommen oder hinzugetan, plötzlich unbeweglich vor unseren Augen liegt! Wie ist denn das nun gekommen? – Da geht der Mond von Matthias Claudius auf, überm schwarzen Wald und im Nebel «nur halb zu sehen». Und doch ist er rund? Moment – wie geht das? Nun ja, «gar manche Sachen» sehen wir nicht, trotzdem existieren sie, und manchmal nur erscheinen sie uns, wie sie sind. Und dort, «das Ideal»: Es schwebt im schattenlosen Olymp! Und auf einmal geht's aber los! Überall Nackte, Götter, Erhabene, Erleuchtete, Anmutige, Scheiternde und daneben ein Gewimmel schuftender Handwerker. Viele von denen liegen verschimmelt im Grab, einem anderen ist ein «großer Wurf» gelungen, eine ganze Gruppe beim Betreten eines «Heiligtums» wird von einem «Götterfunken» entzündet, Honig wird gereicht. Vor einer Menschenmenge wird Gutes, Wahres und Schönes geschworen. Und wie geht das alles? Wie hängt das im Grunde zusammen? Was mag da eigentlich vorgegangen sein?

> Ewigklar und spiegelrein und eben
> Fließt das zephyrleichte Leben
> Im Olymp den Seligen dahin.
> Monde wechseln, und Geschlechter fliehen;
> Ihrer Götterjugend Rosen blühen
> Wandellos im ewigen Ruin.[85]

So geht es in einem Jungenleben nicht gerade zu. Das Auswendiglernen verlangte einen Einblick in die Reime und Rhythmen, der oft ebenso schwer zu gewinnen war wie Einsicht in die Bedeutungen einzelner Wörter. Aber das waren dieselben Verse, die auch Mami und Papi gelesen hatten. Und mindestens ähnliche kannten Granny und Daddy. Auch Onkel Helmuth, Tante

Liza, Onkel Fritz, Tante Julie, Onkel Ludwig und Tante Luise kannten solche Gedichte und schlugen sie in dramatischen Augenblicken in schön gebundenen Ausgaben nach. Und natürlich hatten auch Carl Viggo und Hans Carl, Tante Lenos Sohn, auswendig gelernt, konnten aufsagen beziehungsweise runterleiern:

> Zwischen Sinnenglück und Seelenfrieden
> Bleibt dem Menschen nur die bange Wahl;
> Auf der Stirn des hohen Uraniden
> Leuchtet ihr vermählter Strahl.[86]

Lernte Helmuth James den halben Echtermeyer auswendig, erreichte er das gesellschaftliche Niveau, das – von ihm aus gesehen – die vorletzte der letzten Generation vermittelt hatte, und jetzt war er dran. Der alte Feldmarschall, Zeitgenosse vieler dieser Dichter, hatte ihre Verse in seinen eigenen Briefen zitiert – im Archivzimmer ließ sich in solchen Briefen gelegentlich blättern. Im Verlauf seines langen Lebens hatte er sich die Gesamtausgaben der Dichter angeschafft, sie füllten drüben die Bibliothek. Jedermann kannte solche Gedichte in mindestens einigen Strophen, alle zitierten sie, Bebel, Kautsky, Rosa Luxemburg, Liebig, Virchow und Mary Baker Eddy, Wilhelm I., Wilhelm II. und Zar Nikolaus, Kaiser Franz Joseph, der in Sarajevo erschossene Franz Ferdinand und seine mit ihm erschossene Frau – alle, an die zu denken war, hatten Schiller und Goethe gelesen. Man befand sich in der Geistesgegenwart einer Drei-Generationen-Gemeinschaft, was auch manche witzigen Züge gehabt haben mag, und die vierte stand zu erwarten.

Vielleicht war es gerade Schiller mit seiner Gedankenlyrik, der zum ersten Mal Helmuth James' Denken exakter auf Helden, Ideale und Imperative lenkte – mit der Verführung durch Rätsel wie der «Spiegelreinheit» oder der «zephyrhaften Leichtigkeit» und «ewiger Klarheit» – und ihn vorbereitete auf die vielen «Bücher über Heldentaten», die im Krieg produziert wurden. Sein eigener Himmel, unter dem Einfluß der Eltern bisher nur vom Gott der Liebe und dem Gekreuzigten, seinem Sohn, bewohnt, mag nun auch mit den Schillerschen blitzenden, allegorischen Göttern bevölkert worden sein. Er erinnerte sich, daß er «rasend viel» auswendig gelernt habe, doch er behauptete auch, Fräulein Krome sei «sehr nett»[87] gewesen – ihr Unterricht war keine Qual. Warum aber auch? Sie hatte ein heiteres menschliches Angebot mitten im Krieg zu machen. Sie betrieb prickelnde Unterhaltung in einem familiengeschützten Unterrichtszimmer, fernab der wilhelminischen Schulzucht, die Helmuth James noch bevorstand.

Die Generationengemeinschaft dieser so Denkenden war noch aktiv. Von Papi wurde berichtet, daß er sich nach einer ihn völlig kaltlassenden Sitzung des Herrenhauses Kants Schriften kaufte – «und ähnlich leichte Werke», lästerte Dorothy, die lieber Shaw, Hauptmann, Ibsen, Strindberg las, sich also lieber vom modernen Verlagsprogramm Samuel Fischers anregen ließ. Doch in Denkvereinigungen wie Kant-Schiller-Papi oder Echtermeyer-Fräulein Krome-Helmuth James wurden ohne große Angeberei Höhenflüge unternommen, die heutigen Lehrern als abgehoben erscheinen. Helmuth James brachte für diese Art des Nachdenkens gute Voraussetzungen mit. Sein «schnelles Ohr», sein «Sinn für das Zusammenpassen von Sachen» (der einen Sinn für Widersprüche einschließt), sein «aktives und furchtloses Gemüt» – all dies funktionierte als Antenne. Seine Eigenschaften waren in derselben Schloßgemeinschaft gewachsen, zu der jetzt seine Lehrerin gehörte. Es gab keine Fachräume und Fachlehrer, dafür aber eine in Lebensalter und Generationen gegliederte, Tag und Nacht geöffnete Ausstellung des Lebens, darin wimmelte es von Merkzeichen, Sicht- und Denkverstärkern.

Insbesondere aber der Schloßgeist im Feldmarschallzimmer mit seinen materiellen Spuren regte an. Offensichtlich waren diese damals noch bis dato wenig beachtet im ganzen Haus verstreut. Mami hatte in einem alten Schreibtisch auf dem Dachboden ein Manuskript des alten Kriegschefs mit dem Titel «Trostgedanken» gefunden, worin er sich mit der Frage beschäftigte, in welcher Form die Seele nach dem Hinscheiden weiterlebe. Oder das silberne Zigarettenkästchen, in dem Marie, seine damals noch junge Frau, ihre Haarnadeln aufbewahrt hatte. Im Schloß ging aber auch Muttel ein und aus, eine vitale Großmutter, die zusammen mit anderen Spiritisten Tische verrückte. Die Eltern und manche Gäste bemühten sich um ein «intensives Verhältnis zu Gott», das nicht nur als Glaube gepflegt, sondern auch in der Heilung von Lahmen, Ängstlichen, Aussätzigen usw. ausgestellt wurde. Mithin war Helmuth James den Umgang mit Wundern gewohnt. Vielleicht hat hier deshalb nichts abgehoben erscheinen können, da ohnehin so viel schwebte, weil viele abheben wollten oder sollten. Vielleicht war die bange Wahl «zwischen Sinnenglück und Seelenfrieden» hier lediglich ein alltäglicher Kampf um Realitätstüchtigkeit, zumal den «Olymp» zu erreichen für Helmuth James' Eltern auch eine Lebensaufgabe war: die Kirchengründung.

Dem Feldmarschall kam in dieser phantastischen Lebensausstellung gerade nach dem Scheitern Onkel Helmuths der Platz eines besonders nüchternen Gegenbildes zu. Bei allen Moltke-Kindern spielte er in den Lernprozessen eine besondere Rolle, «wandellos im ewigen Ruin». Der historische Urgroßonkel stellte aber insbesondere Helmuth James und später seine nach Carl Bernd 1915 geborene kleine Schwester Asta vor spezielle Denkaufgaben, insofern ähnelte er einem Gedicht. Warum standen fremde Besucher im Feldmarschallzimmer herum? Doch nicht der Perücke wegen! Sie versuchten, keine zehn Schritte vom Eßzimmer der Familie entfernt, diesen berühmten Unsterblichen zu erfassen. Dorothy hat Helmuth James all diese Dinge gewiß mehrfach erläutert. Nun half die Lehrerin. Mit ihren Erzählungen machte sie ihn damit vertraut, daß sich dem

Menschen mit seinem «Gemüt» in der Kontemplation eine unsichtbare Realität eröffnet. Mami führte Helmuth James in der phantasietreibenden Stimme einer erzählenden Scientistin vor, daß sich zwischen dem Träger allen Daseins, dem «lebendigen Geist», und dem erkennenden Subjekt, dem «Gemüt», keine unüberwindliche Schranke befinde, sondern eine, oft leider durch «materialistischen Irrtum» getrübte, metaphysische Gemeinsamkeit, deren Existenz durch das erfolgreiche Gesundbeten deutlich werde. In diesem Rahmen hat der Urgroßonkel zum glaubensunabhängigen Hinweis dafür werden können, daß Objekte dem Subjekt geheimnisvolle Zeichen geben. 1990 hat Jowo von Moltke den Sachverhalt folgendermaßen ausgedrückt: «Der Feldmarschall war in Kreisau immer gegenwärtig, er war gewissermaßen die Bestätigung, daß Vergangenheit, Gegenwart und Zukunft eine Einheit bilden.»[88]

Und über den Feldmarschall konnte man auch von den Dorfbewohnern viel hören. Das war nun ein lustiges Hörensagen, eine wild sprudelnde, keine «ewigklare» Quelle. Wenn also Helmuth James zum Beispiel nach so einer Erinnerungstour durchs Dorf wieder zu Fräulein Krome kam, die ihn den Echtermeyer aufzuschlagen hieß, da er abermals nicht fehlerfrei aufsagen konnte; wenn sie also den Zeigefinger hob, ihn fixierte und sagte oder rief:

Wollt ihr hoch auf ihren Flügeln schweben,
Werft die Angst des Irdischen von euch!
Fliehet aus dem engen, dumpfen Leben,
In des Idealen Reich![89]

– dann wird höchstens ihre Inbrunst einmal komisch, das Abfragen peinlich gewesen sein, aber die Sache selbst, das Erlebnis des Schwebens über der Erde und die Verheißung, daß das Leben nicht nur aus Enge, Dumpfheit, Angst und Härte besteht – die war für Helmuth James persönlich verlockend.

In den Kriegsjahren, die seine ersten Schuljahre ja auch waren, sagte *the boy*, wenn er nach der Herkunft seiner Mutter gefragt wurde, um dem Eindruck vorzubeugen, er halte zu den Briten: «Meine Mami ist Afrikanerin.»[90] Tatsächlich glich die sich in den ersten Kriegswochen dem nationalen Rausch der Deutschen ohne jeden inneren Abstand so an, daß es ihr hinterher peinlich war; sie hat sich dem Strudel der nationalen Begeisterung ergeben, wie allenorts gesungen wurde: «Ich hab' mich ergeben mit Herz und mit Hand», dem Vaterland. Carl Zuckmayer beschrieb die Gefühle später: «Ja, wir zogen in diesen Krieg wie junge Liebende».[91] Dorothy, die sich ja auch den britisch empfindenden Eltern verständlich machen wollte, schwärmte über die Begeisterung – die allerdings das Privileg der Oberschicht und der Städter blieb – mit der bewundernden, nur scheinbar sachlichen Feststellung: «Mobilmachung *gänzlichst* ohne Alkohol!»[92] Sie selbst ergab sich geradezu hemmungslos dem nationalen Rausch, den tollsten Illusionen: «Ich bin sicher, daß Gott uns beschützt», schrieb sie am 31. Juli, in den letzten Friedensaugenblicken, ihren Eltern. Sie fühle sich «kein bißchen ängstlich». Es gab für sie jetzt plötzlich «haufenweise Arbeit, wir haben Mengen von Nahrungsmitteln gekauft». Zwar mußte auf die besten Pferde, den gerade noch angeschafften Familien-Mercedes und viele Angestellte verzichtet werden, aber Dorothy glich die Verluste mit «Zuversicht» aus. Ihre Urteilskraft war wie lahmgelegt. Zu großen künftigen Veränderungen schon lange bereit, spürte sie jetzt die Umrisse einer neuen sozialen Rolle auf sich zukommen. Doch wenn nun dieser Krieg, «was Gott verhüten möge, bis nach Weihnachten dauern sollte, könntet Ihr dann vielleicht [...] eine Direktüberweisung über die Standard Bank in London arrangieren?»

Sie dachte, wie alle, der Krieg werde spätestens zu Ende sein, wenn die Staatskassen leer sind, so daß es um Weihnachten auch privat mit dem Geld etwas knapp werden könnte. Stellte man die noch verbleibenden Unwägbarkeiten Gott anheim, ließen sich die Nachteile des Krieges – «die schöne junge Leben, die geopfert werden. Es ist entsetzlich» – im überwältigenden Gefühl, daß das Leben spannend wurde, relativieren. «Von Helmuth höre ich fast täglich», schrieb sie auf deutsch, «da man eigentlich keine fremde Sprache jetzt in Briefen schreiben soll.» Er verrichtete noch Garnisonsdienste in Schweidnitz. Und wie sah er das alles? Er sei «sehr vergnügt und, wie alle, zuversichtlich trotz der riesigen Übermacht gegen uns». Dorothy hielt sich für tapfer. «Natürlich», schrieb sie in ungewohnter Kälte, «natürlich bringt jede Verlust Liste viel Trauer und Sorge, aber die Zeit ist so gross [...].» Dorothys Abschiedsworte waren: «Lass es Euch gut gehen, und bitte schreibt alles nieder, dass ich es nachher lesen kann.»[93] Sie glaubte an Wunder wie bei Dornröschen. An derselben Stelle wie zuvor würden sich – nach einer kleinen Kriegszeit – die jetzt unterbrochenen Beschäftigungen wieder aufnehmen lassen.

Als sich aber die Armeen in Frankreich eingruben und der Schlieffen-Plan zusammenbrach, stürzte Dorothy aus allen Wolken auf die Erde zurück. Noch schrieb sie: «Die beste Seite von jedermann kommt zum Vorschein», doch nicht ohne zu fragen: «Wie lange wird es dauern?» – um selbst zu antworten: «Ich fürchte sehr, länger, das ist das Schlimmste.» Zu diesem Tag der Desillusionierung trug auch Südafrika bei. «Meine Geliebten», begann Dorothy ihren Brief, «ich bin ganz weg vor Freude, eben habe ich Eure lieben, lieben Briefe bekommen.» Der Eindruck der um einige Wochen verspäteten, vielleicht noch in Friedenstagen verfaßten Briefe der Eltern war gewaltig. «Ich habe schrecklich geweint.» Sie telefonierte in Herrgottsfrühe ins Berghaus. Gleich, quer über die steile, vom Tau feuchte Wiese oder den Pfad zwischen den Holunderbüschen herunter, kamen Ete, Luise und Schönchen ins Schloß. Sie sahen die vermißten südafrikanischen Briefe auf dem Tisch. Da lagen die Umschläge mit den vertrauten Briefmarken, Vermerken der Zensurstellen, der Anschrift in vertrauter Handschrift. Und daneben stand Dorothy, dreißig Jahre alt, tränennaß.

Dorothy fühlte sich von nun an eingeschlossen. Im November wurde sie noch einmal schwanger. Das Regiment ihres Mannes gehörte zu den Versorgungseinheiten der 9. Schlesischen Armee, deren Divisionen durch Polen zogen. Muthi selbst aber hatte einen «Druckposten», er saß sicher in Czenstochau, von Kriegseinwirkungen verschont. Die erste Kriegsweihnacht verbrachte die Familie zusammen. Vier gesunde Jungen, Geschenke unterm Tannenbaum, Dorothy in einer Erwartung, die die Zeit übersichtlich macht, und Helmuth war unverwundet. Die Welt mörderisch, die Weihnachtslieder friedlich.

Die Zeit zwischen Kriegsbeginn und Weihnachten 1914 war eine Zeit der ehelichen Stabilität, doch als die Geburt des fünften Kindes näher rückte und die räumliche Trennung wie der Krieg selbst zur Gewohnheit wurden, tauchten die Eheprobleme wieder auf. Die Aufgaben in Czenstochau erfüllten Muthi nicht. Ihm oblag die Aufsicht über landwirtschaftliche Betriebe des deutschen Heeres, und im Winter füllte die Arbeit nicht einmal die Dienstzeit aus. So organisierte er «Singstunden», um seine Männer (und sich) beschäftigt zu halten, besuchte regelmäßig die Berliner Herrenhaussitzungen, schaute in Kreisau herein, las viel, spielte Klavier, rauchte und sang. Zu Pferde inspizierte er seine Leute auf den Feldern, «als wäre er zu Hause – doch was für ein Unterschied!».[94] Dorothy meinte den Krieg, der den Unterschied ausmache, doch in Czenstochau mußte man sich geradezu anstrengen, ihn nicht zu vergessen. Bald kriegte Dorothy mit, daß er wieder mit einer anderen Frau zusammen war.

Ihre Briefe an die Eltern brechen Anfang März 1915 ab und setzen erst fünf Monate später wieder ein. Was in der Zwischenzeit geschah, darüber gibt es nur eine Bemerkung von Tochter Asta, die mir im Gespräch 1987 ein Drama andeutete, aber kaum etwas davon ausführte. Sie war das fünfte Kind, das Dorothy am 9. August 1915 zur Welt brachte. Asta Maria Ella von Moltke, das langersehnte Mädchen, hat erlebt, später erfahren, im Alter noch einmal hinterfragt und neu verarbeitet, sagte sie mir, was damals geschah. Aber was denn? Keine Antwort. Auf meine Frage, wie sie zu ihrem schönen Namen Asta gekommen sei, antwortete sie immerhin dies: Ihre Mutter habe sich erst in letzter Minute dazu entschlossen, sie Asta zu nennen; während sie nach der Entbindung «bis zum Tag meiner Taufe darauf bestanden hatte, das neugeborene Kind mit dem Namen von Papis damaliger Freundin zu bezeichnen».[95]

Dorothys Lage ist vorstellbar. Der Krieg verlangte unentwegt von allen Menschen Treue, «Burgfrieden» und Kameradschaft, das System war auf Loyalität angewiesen. Dorothy mußte nun aber noch auf der ehelichen Treue Helmuths bestehen: Davon hing ihre Existenz zwischen den Fronten ab. Wie schmerzhaft wird es gewesen sein – als Britin, schwanger, klaren Auges! –, die Eskalation des Krieges zusammen mit dem Abfallen ihres Mannes zu beobachten. Im März 1915 schrieb sie noch: «Wirkliche Freundlichkeit und Liebe sind der größte Trost und die größte Hilfe in dieser Zeit.»[96] Es war nichts mehr mit Flausen wie «große Zeit». Daß ihr Mann sie im Stich ließ, das traf sie ins Herz. Daran muß ein gewisser Machtwechsel im Hause geknüpft worden sein. Dorothy hat wahrscheinlich dieses Mal vor aller Familienaugen ihren treulosen Mann geschulmeistert. Jedenfalls erschien der *Young Teuton* von da an immer als schwach, seine Frau scheint ihm nicht mehr erlaubt zu haben, sich in ihrem Licht zu sonnen. In ihrer neuen Unantastbarkeit (nun kamen auch keine weiteren Kinder mehr) tat er gut daran, sich kleinzumachen. Winzige Anmerkungen in ihren Briefen deuten an, daß sie ihm die konventionellen Männerfreiheiten ohne jeden Widerspruch ließ, daß er aber familiär im Eckchen saß, wenn sie ihm nicht dann und wann einen Auftritt ermöglichte. Das war nun der Zusammenbruch der «türkisfarbenen» Atmosphäre bis 1910, der wunderbaren Wachstumsbedingungen, die Helmuth James als einziges der Moltke-Kinder genossen hatte. Er entwickelte sich von da an zum unerbittlichen Verteidiger der Würde Mamis gegen Papis «Egoismus». Bald nach Dorothys Tod 1935 stieß er den Vater von Bord des Familienschiffes.

Helmuth James kam mit der neuen Erbärmlichkeit des Kreisauer Alltags schwer zurecht. Er machte einen teilweise verwirrten Eindruck. Dorothy hielt ihn nicht völlig in Unkenntnis über die Eheprobleme, doch sie resignierte: «Er ist wunderbar reif für seine gerade mal 8 Jahre, aber trotzdem ist er noch ein richtiges Baby.»[97] – Er selber schrieb später: «Mami hat mir ein Mal erzählt, daß sie in jener ersten Zeit viel geweint hat, oft verzweifelt war, und daß Papi das gar nicht verstand. Das heißt, dies letzte hat sie nicht so hart ausgedrückt, nein, absolut nicht, aber so habe ich es verstanden.»[98] – Im Herbst 1915 schreibt Dorothy: «Es ist Carl Bernhards Geburtstag, und meine Gedanken waren weit in der Vergangenheit. Heute vor zwei Jahren, erinnert Ihr Euch, Eure Ausfahrt zu den Manövern, Eure Heimfahrt [...], wie Ihr Euch an mein Bett gesetzt habt. Und dann dieser kleine rote Brocken Menschheit, der nun schon so ein sonniger, eigenwilliger kleiner Kobold ist. Die Flugzeuge und all das andere Kriegsgerät damals – damals nur ein Spiel, jetzt tödlicher Ernst.» Die Briefschreiberin hat Mühe, zu Ende zu schreiben: «Es ist so dunkel, daß wir nichts mehr sehen können.» Im Schloß wurde mit Gas, Petroleum und Kerzen gespart. Nun war es fast dunkel. «Ich sende Euch die ganze Liebe meines Herzens, für immer Euer Baby.»[99] Doch das Baby rappelte sich wieder hoch. All ihre Kinder, auch Asta, von der sie die Neuigkeiten grammweise berichtete, ließen sie die Vergangenheit, die Gegenwart und Zukunft als Einheit und Forderung erfahren.

Sie fand ihr Leben plötzlich doch wieder voll, nun ohne Illusionen und längst nicht mehr so heiter wie mit den früheren «täglichen Beschäftigungen». Sie hatte «eine ganze Menge zu lenken und zu leiten», sowohl im Dorf als auch in Haus und Hof, besonders jetzt, wo so viele Männer weg waren. Sie mußte zum Mittwochstreff der *Christian Science*-Gruppe nach Schweidnitz, und es waren auch «das Stricken sowie die Hilfe für Krankenhäuser und Truppen gleichfalls sehr wichtige Teile des gegenwärtigen Lebens»[100]. Schwer von Ernst, blickte sie traurig zurück, doch nicht zu tief, nicht zu traurig. Sie sparte mit Gefühlsausdrücken. Bald erklärte sie, sie fühle sich «wie eine Matrone» – das hatte sie 1911, in Boston, vor dem Spiegel stehend, noch beklagt. Geprellt, ausgepumpt und schwach fühlte sie sich jetzt gerade als Matrone kräftig, um «zu leiten und zu lenken», um die verbliebenen «Teile des Lebens» neu zusammenzufügen. Jetzt wollte sie nicht nur lieben, sie wollte dienen. Ihre Rolle als Gräfin, Gutsherrin und Vertreterin ihres Mannes nutzte sie zur Erneuerung des Dorflebens.

Es gab noch Reste des im August 1914 gegründeten Dorfkomitees, worin Schwester Ida, die Leiterin des aus Feldmarschallzeiten stammenden Kreisauer Kindergartens sowie der Ersten-Hilfe-Station, und andererseits Pfarrer Wild mit regelmäßigen Abschiedsgottesdiensten, Beerdigungen und «Kriegsgebetsstunden»[101] zum Zusammenhalt der Leute beitrugen. Dorothy änderte den Rhythmus ihres Tagesablaufs. Morgens wollte sie sich nicht mehr in ihrer Tätigkeit unterbrechen lassen. Spaziergänge mit den Kindern fanden jetzt nach der Nachmittagsvesper statt, um Licht zu sparen und den Kindern das Sparen beizubringen. Dorothy hatte sich zu Kriegsbeginn schon mit Buchführung beschäftigt, sie führte und überwachte jetzt den Betrieb. Es gab einen scharfen Hund an der Kette, im Schrank hingen zwei Gewehre, sie hatte schießen gelernt.

Manchmal wurden Verwundete aus Schweidnitzer Lazaretten hier heraus gebracht, die vom Tee bis zum Abendbrot blieben. Man hat also sehen können, wie ein Verwundetenvölkchen mit künstlichen Gliedern zu greifen und zu gehen versuchte. Da gab es die Amputierten, die traten selbstbewußt auf, verglichen mit jenen, die ein grotesk verunstaltetes Gesicht mit sich herumtrugen, und diese erschienen noch stark, verglichen mit jenen, denen Schrapnell-Splitter die Hoden abgerissen hatten, oder jenen am Ende der traurigen Reihe: den blassen, jungen Einzelgängern, die körperlich völlig unversehrt geblieben waren, aber nie lächelten und kein Wort sprachen. Und *the boy* mittendrin: «Helmuth James pickt sich immer den Ärmsten der Gruppe heraus und schaut nach ihm wie eine Henne nach ihrem Küken.»[102]

Kreisau also in Kriegsorganisation. Die Gräfin umgab sich mit einem Stab vertrauter, erprobter Frauen. Fräulein Krome nahm Helmuth James öfter nach Berlin zu ihren Eltern mit, er mußte sich einer Reihe komplizierter Zahnoperationen unterziehen. Bald kamen andere Frauen zur Unterstützung hinzu, wohl auch, um Unterstützung zu finden. Es entstand nach und nach, nach Art der englischen *women's patrol*, von deren Diensten sie gehört hatten, ein Frauenregiment. Nach dem lichten Kreis der Jahre vor 1910 ein zweiter ‹Kreisauer Kreis›, in dessen Zentrum die Matrone herrschte, die in ihrem Bezirk nach dem Rechten schaute. Es ging durchaus auch um Unterordnung. Aber es entstand keine Hierarchie, sondern man ordnete sich einsichtig unter ein gemeinsames Maß, das Dorothy vorgab: gegenseitige Rücksicht und Vorsicht, Toleranz. Helmuth James erinnerte sich daran: «Zweimal wöchentlich kamen die ganzen Frauen des Hofes ins Schloß, und dann wurde in dem Saal gesungen, vaterländische und geistliche Lieder. Alle tauschten die Nachrichten über ihre Männer aus, außerdem wurde gestrickt, und wir halfen dabei, indem wir Wolle wickelten und ähnliches taten.»[103] Sangen die einen: «Ich hatt' einen Kameraden, einen besseren find'st du nicht», sangen die anderen mit, ebenso, wenn Dorothy oder Schönchen zu singen begannen: «Durch des Irrtums düstre Wolken, die voll Zweifel, leer an Kraft / dringt mit wundersamem Strahle hell die Christus-Wissenschaft».[104]

Dabei wurden «Liebesgaben» hergestellt, Socken, Handschuhe etc., die den Männern, die draußen im Schlamm auf Wache standen, geschickt wurden. Erzählte eine Kriegerwitwe vom letzten Abschied ihres Mannes, weinten alle mit, alle hatten den Mann gekannt.

Papi kam zur zweiten Kriegsweihnacht unerwartet nach Hause. Dorothy meint, «dem Y. T. geht es gut, sehr fröhlich brachte er mir den Pelz von einem Fuchs mit, den er selbst geschossen hatte. Er ist ganz außer Gefahr und hat hübsch viel zu tun; obwohl er gern etwas Interessanteres hätte». Es gab «eine nette Einbescherung», und sie verbrachten das Fest «ganz still».[105] – Später schrieb Helmuth James von seinem Vater, daß er viel an seinen Schwächen gearbeitet habe,

> «aber daß er es getan hat und daß er es tun konnte, verdankte er eben seiner Frau. Alle seine Launen, allen seinen Mißmut hat sie abgefangen und gemildert und so erreicht, daß die schroffen Seiten dieses schwierigen Mannes immer von ihr verdeckt waren. [...] Als der Krieg kam und Mamis Eltern und ihre Jugendfreunde auf der feindlichen Seite waren, hat Mami keinen Augenblick gezweifelt, daß ihre Gefühle bei ihrer neuen Heimat sein mußten, sie hat den Schmerz verdaut und hat bei aller Liebe für ihre Geburtsheimat doch als Deutsche das Schicksal getragen, das uns auferlegt worden war. So ist sie den Kreisauer Frauen, denen sie als Engländerin ja auch hätte ein Stein des Anstoßes sein können, eine Stütze und eine Hilfe in den schweren Zeiten gewesen.»[106]

Zu Dorothys Geburtstag im Februar 1916 zelebrierte Fräulein Krome ihren Abschied von Kreisau mit einer kleinen «moralischen Veranstaltung». Da sollte Helmuth James einmal zeigen, daß man sich auf ihn wie auf jeden anderen Jüngling in diesem Land verlassen konnte. Ein Theaterstück wurde vorgeführt:

«Am Nachmittag führten Helmuth James und Jowo einen kleinen Dialog auf. *The boy* als Feldmarschall, Jowo als Petrus, köstlich aussehend mit einem langen weißen Bart, weißen Haaren und einem großen Schlüssel. Der Feldmarschall wollte die Erlaubnis haben, auf die Erde zurückzukehren und für das Vaterland zu kämpfen, Petrus erlaubte es ihm aber nicht, und so tröstete sich dann der alte Soldat mit den Gedanken an all die vielen kleinen Moltkes in Kreisau.»[107]

Wie Helmuth James kostümiert war, erwähnt Dorothy nicht. Daß er aber gerade im historisch authentischen Feldmarschallkostüm wohl nur kläglich die Heldenrolle ausfüllte, kommt in einem selbstverfaßten Gedicht zum Ausdruck, das an Mami gerichtet war. Eine Sprachnot wird an eine herzerweichende Liebeserklärung gekoppelt:

Ich hätt' dir viel zu sagen
Oh liebe Mami heut
Ich wüßt dir viel zu wünschen
Was dich und mich erfreut.
Ja, könnt ich es nur sagen
Wie's um das Herz mir ist
Du weißt es ja viel besser
Wie teuer du mir bist.[108]

In der Feldmarschallszene streckte er sich nach dem männlichen Vorbild hoch, im Gedicht machte er sich klein wie ein Herz und warb um die kuschelige Mami, um sich von ihr bergen zu lassen. In der Feldmarschallszene ist der Anspruch des Darstellers deutlich: Der Urgroßneffe empfing vom spiegelreinen, ewigklaren Urgroßonkel einen Auftrag, Ehrensache, Männersache. Im Gedicht dagegen sucht der zarte Jüngling (in Wirklichkeit wirkt er auf einem Foto eher dicklich, plump, verheult) beziehungsweise zarte Verfasser einen persönlichen und unmittelbaren Wert.

«Jene schöne Zeit, die mir nachträglich wie vergoldet erscheint», heißt es am Ende des Berichts, den Helmuth James 1944 an seine Kinder schrieb. Wer hat dieses Gold aufgetragen? Die Antwort war wohlüberlegt: «Ich weiß ganz genau, daß es damals auch Schmerzen gab, Trauer und Verzweiflung, aber alle diese schmerzlichen Gefühle spielten sich doch sozusagen in einem großen Rahmen des Behütetseins und der zärtlichen Fürsorge ab, und so wurden sie Teil eines schönen Bildes.» Und dann ohne «sozusagen»: «Alles, was mir mein Elternhaus [...] gegeben hat, das brauchte ich nur aufzunehmen, das verstand sich für mich von selbst.»[109]

In der nach den Osterferien 1916 beginnenden Zeit an der öffentlichen Schweidnitzer Schule verstand sich nichts mehr von selbst. Nichts brauchte man nur aufzunehmen, vielmehr mußten die Lernstoffe eingearbeitet werden. Das war die Lernschule. Sie wurde in Kreisau als neuer Schwungbringer erwartet, und groß war die Enttäuschung, als sie sich als Tretmühle herausstellte. «Ich hatte [...] nicht gelernt zu arbeiten und mich zu konzentrieren»[110], kommentierte Helmuth James, es brach nun knüppeldick über ihn herein.

Das Gymnasium vermittelte den Schülern mit dem Notabitur die Soldatenreife; Krieg, Kriegsstreß waren in diesen Jahren mithin allgegenwärtig. In insgesamt vier Schweidnitzer Schuljahren brachte Helmuth James nur schlechte Noten nach Hause. «So intelligent, wie immer gesagt wird, ist er gar nicht», habe Muttel das kommentiert – und das ist schon die ganze blamable Geschichte. In der Sexta erreichte er nur mit Mühe die Versetzung. In der Quinta dasselbe. Erst, «als ich in die Quarta kam, da war ich soweit, daß ich ruhig mitlaufen konnte»[111], schrieb er – mitlaufen: der Ausdruck des Erwachsenen für einen Jungen, der seinem ersten Hauslehrer einst mit gefalteten Händen gegenübergesessen hatte, als mache er sich auf die Wissenschaft, auf die Offenbarung gefaßt! Noch in der Untertertia waren und blieben die Zensuren schlecht, teilt er mit. Er gehörte zwar schon zur besseren Hälfte der Klasse, aber auch in diesem Jahr mußte noch einmal die Peinlichkeit überstanden werden, die insbesondere darin lag, daß sein Klassenkamerad, sein Cousin Carl Dietrich von Trotha, immerzu die allerbesten Noten bekam. Des Rätsels Lösung, wenigstens eine Wortmaske für eine Lösung, war etwas zu schnell gefunden: Fräulein Krome hatte eben «nicht annähernd genug»[112] vermittelt. Soviel stimmte daran: Ihrem Unterricht hatte es tatsächlich an Lesen, Schreiben, Rechnen gemangelt. Sie förderte seinen Individualismus ungeheuer, hinkte aber der neueren Entwicklung des Gymnasiums altmodisch nach. Unterrichtsstoffe, Situationen und Lehrer erwähnte Helmuth James gleich gar nicht: Klar, daß er auf die Pfeife turnen, auf die Glocke beten, aufs Kommando singen, aufstehen, setzen, abgehen mußte. In der Schule wurde jeder, der sich nicht fügen, der das nicht einsehen wollte, darauf hingewiesen, daß von allen Schülern dasselbe verlangt wurde – dies war die Legitimation der ganzen, im übrigen überaus erfolgreichen Einrichtung. Welcher Sorte auch immer dort seine Lehrer waren, überall galt es, die Gegenstände als abstrakte zu lernen.

Es gab damals noch das gesellschaftliche Einvernehmen, daß sich alle Schüler stramm auf den Hosenboden setzen sollten – auch des Gehorsams wegen, doch besonders um den eigenen Kopf dem logischen Zuschnitt von Theorien und Wissenschaften zu unterwerfen. Der Lernerfolg war das Ziel von Schule und Elternhaus. Die Lernschule hatte ihre Erfolge vor allem in Familien des gebildeten Bürgertums, weil die Kinder dort von früh auf zu einem Aufnehmen und Einarbeiten erzogen wurden. Die Stunden liefen wie am Schnürchen ab, aufgelockert von der einen oder anderen Gemeinheit der einen oder anderen Seite. Anfang April 1917 meinte Dorothy – im Gegensatz zu Helmuth James' eigenen Erinnerungen –, er habe etwas

Erfolg gehabt, er sei jetzt «8. von 39», alle seien nun «sehr guter Laune».[113] Doch bald war's damit wieder vorbei: «Er ist zum Lernen in der Lage, aber sehr durcheinander in seinem Gemüt, ein großer Wirrkopf.»[114]

1916/17 wurde langsam das Essen knapp. Butter gab es nur noch in rationierten Kugeln. Dorothy trug den Speisekammerschlüssel stets bei sich. Das Brot enthielt Sägemehl und manchmal Fetzen von Zeitungspapier. Zucker wurde durch Süßstoff ersetzt. Dann starben alle Hühner, weil es kein Hühnerfutter mehr gab. Das von Dorothy gebildete Kreisauer Frauenregiment hat sich in dieser Krisenzeit von seiner starken Seite gezeigt. Sie bemühte sich mit dienender Einbildungskraft, den schwer schamverletzten und verwirrten Jungen den anderen Frauen verständlich zu machen. In welch sonderbarer Verfassung er war, zeigt sich an einer Reihe ziemlich gefährlicher Unfälle, die ihm widerfuhren und die immer in seinem Gedächtnis blieben. Doch kurz darauf konnten auch noch Jowo und Willo in der Schule nicht richtig lernen, und um die Situation in den Griff zu kriegen, wurde Fräulein Dietze eingestellt, eine Hauslehrerin mit moderneren pädagogischen Mitteln und Gedanken. Willo hatte für sie «nichts übrig», Jowo liebte sie, so entbrannte zwischen Jowo und Helmuth James, der Fräulein Dietze auch «überhaupt nicht ausstehen» konnte, Streit, der bis zu Prügeleien ging. Als weitere Mitbewohnerin des Schlosses, die helfen sollte, wurde Tilla Gaffron, eine entfernte Verwandte aus Bayern, als Nachhilfelehrerin für Helmuth James hergebeten. Als sie hörte, daß man sie brauche, kam sie postwendend und blieb so lange, wie sie meinte, helfen zu können. «Tag für Tag» machte sie nun Schularbeiten mit Helmuth James.[115]

Neben Kriegsverletzten aus Schweidnitzer Lazaretten kommen nun zudem erholungsbedürftige Kinder aufs Land, ihnen half vor allem die in der Spielschule des Feldmarschalls von der Familie angestellte Schwester Ida. Eines Tages erreichen russische Kriegsgefangene den Hof. Ein Foto zeigt zehn nebeneinander, aufgenommen in einer Eichenallee, im Sommer. Sie tragen ihre Militärmützen oder Strohhüte, Uniformjacken oder ziviles Arbeitszeug, einige rauchen, alle blicken stolz in die Kamera. Wie sie habe er in den Ferien «oft mit eingefahren oder beim Heu geholfen», schreibt Helmuth James. Er wurde wie andere Schuljungen dafür bezahlt, das fand er besonders schön. Sein Taschengeld damals: eine Mark. Davon waren die Schulsachen zu kaufen: Er «ging riesig stolz am Sonnabend zum Inspektor [...], um mir meinen Lohn zu holen. Wir waren auch Häderich-Ausraufen, Distel-Stechen, Steine-Lesen. [...] In dieser Zeit habe ich auch viel in [der] Tischlerei geholfen, wo wir einen Russen, Iwan, hatten, der mit den anderen russischen Kriegsgefangenen zusammen im Gutshaus Nieder-Gräditz wohnte, aber allein in der Stellmacherei arbeitete. Iwan liebte ich sehr, ich bekam von ihm auch mehrfach russische Heiligenbilder geschenkt».[116]

Am 11. November 1918 wurde der Waffenstillstand unterschrieben, der Krieg war vorbei. Für Dorothy wie im Grunde für alle Überlebenden wurde es irgendwann einmal entscheidend, welchen Sinn der Krieg hatte. Irgendwann mußte jeder einmal den Gegenwert der Getöteten beurteilen. Von ihr war nie zu hören, die Soldaten würden als Kanonenfutter verheizt, mag sie auch unwillkürlich so empfunden haben. Sie blieb diesen jungen Männern verpflichtet, die in einem endlosen Strom – England hat ein Drittel der jungen Männer dieser Altersklasse verloren – immer wieder die leergeschossenen Regimenter auffüllten. Ohne zu zögern, gingen sie hin und opferten sich. Dorothy litt im Verlauf des Krieges international, aber weiterhin auch patriotisch mit. Sie dachte an die Westalliierten und ans *fatherland*, mithin hatte sie das Erlebnis der sich opfernden «jungen Leben» vielfältig zu betrauern. Vielleicht hat sie aber gerade deswegen den in der Perspektive ähnlichen internationalistischen Auffassungen von Pazifisten, Sozialisten und Expressionisten nicht zustimmen können, die den Krieg wie aus der

Vogelperspektive betrachteten und behaupteten, daß sich hier nur nationalistischer Haß austobe, daß die sinnlosen Kämpfe den Automatismus einer modernen Kriegsmaschine zeigten, daß der Krieg allein aus dem Egoismus herrschender Klassen entstanden war. Für Dorothy wurde zwischen den Kriegführenden etwas ausgehandelt. Worum es denen ging, war aber schwer zu sehen. Was also der Gegenwert der Opfer und der Wahrheitsgehalt des erschütternden Eindrucks war, vermochte sie nicht zu erkennen, aber daß es um etwas ging und nicht um nichts: Daran hielt sie fest. Sie dachte, bis zu dem Tag, der für sie der letzte des Krieges war, ganz ähnlich wie die beklagten jungen Männer. Jede staatliche Gemeinschaft verlangt von den Bürgern Opfer; so schwere wie diese würden nachfolgenden Generationen nie wieder abverlangt; das mindeste Resultat der Verhandlung müsse die bessere Ordnung der künftigen internationalen Beziehungen sein. Sonst hätten die Opfer doch gar keinen Sinn gehabt!

Helmuth James hat in den letzten Kriegsjahren im Bann der Glaubens- und Gefühlsanstrengungen seiner Mutter gelebt, so tropfte, was in der Schweidnitzer Kriegsschule ideologisch geschah, leicht an ihm ab. Der vaterländische Haß, die an Todesverachtung gebundene Siegeshoffnung prägte ihn nicht, obwohl auch er in Begeisterung für Schlachtereignisse geriet. Durch Dorothys Fassung kam er auch hier an einer Prägung vorbei. Mami habe vorgeführt, wie man «Ordnung im Chaos» schafft, stellte er später fest, seine und ihre milde, kraß antimaterialistische Lehre gegen die Verirrungen des Idealismus. Wenn Dorothy nach dem Sinn des Krieges fragte und keine Antwort fand, hat kein Nihilismus die leere Verstandesstelle besetzt. Ihre Fassung war im wesentlichen die geistige Disziplin, die leere Stelle leer zu halten.

5. Von Versailles bis zur Inflation – Dauerkrise mit zwei schönen Jahren

Nach der Flucht und Abdankung des Kaisers gab es zwei Übergangsregierungen. Die letzte kaiserliche des liberalen Prinzen Max von Baden und die erste republikanische des Sozialdemokraten Ebert, die sich Rat der Volksbeauftragten nannte und die SPD mit der USPD zusammenbrachte. Es gab Unruhen in größeren Städten: Noch unkoordinierte, aber bewaffnete Arbeiter- und Soldatenräte forderten regionalen oder kommunalen Einfluß bei allen möglichen Neuregelungen der Institutionen; ihnen standen paramilitärische Gruppen, sogenannte Freikorps, oder intakte, das heißt noch nicht demobilisierte Reichswehreinheiten und sogenannte Bürgerwehren entgegen. Im Streit und Straßenkampf ging es um die Macht der neuen, mehr oder weniger vom Hörensagen nach ungewissem russischem Vorbild gebildeten Räte, der deutschen ‹Sowjetmacht›, also um Inhalt und Ziel der Revolution.

Am 19. Januar 1919 fanden dann im ganzen Deutschen Reich Wahlen statt, unter den Wählern erstmals Frauen, die Wählermehrheit stimmte sozialdemokratisch. Vorher war es in Berlin zu teilweise heftigen Straßenkämpfen gekommen. Sie wurden als Umsturzversuch initiiert von Mitgliedern des Spartakusbunds, einer linksradikalen Abzweigung der Sozialdemokratie unter Rosa Luxemburg und Karl Liebknecht, die sich in einigen Häusern und Straßen verschanzten und auf Zulauf von Massen hofften, die ebenfalls keine kapitalistische Republik wollten. Doch die Aufständischen blieben unter sich, wurden von schwerbewaffneten Reichswehrtruppen niedergeschossen, Luxemburg und Liebknecht gefangengenommen und ermordet. Aus Sicherheitsgründen traten nun die gewählten Volksvertreter nicht im Berliner Reichstag, sondern – am 6. Februar 1919 – im Theater Weimars als republikanische Nationalversammlung zusammen. Philipp Scheidemann wurde zum Reichskanzler gewählt. Sein Kabinett bestand aus Mitgliedern der Deutschen Demokratischen Partei (der ehemaligen Fortschrittspartei), des Zentrums und der sogenannten MSPD, der Mehrheits-SPD, von der sich schon 1917 am linken Flügel die Unabhängige SPD (USPD) abgespalten hatte. Friedrich Ebert wurde zum «vorläufigen Reichspräsidenten» gewählt. Sofort danach begann die Nationalversammlung mit Beratungen über den Entwurf einer Verfassung. Von komplizierten sachlichen Fragen immer wieder belastet und von äußerst dramatischen Debatten über aktuelle Vorkommnisse in der weiter unruhigen jungen Republik immer wieder unterbrochen, zogen sich diese Beratungen über Monate hin. Wie sich bald zeigte, war für die Gründung der ersten deutschen Republik mitentscheidend, daß die Truppen des Generals Groener sich demonstrativ auf die Seite Eberts, des neuen Staates also, stellten.

Zur Zeit des Kriegsendes las Dorothy von Moltke mit Helmuth James zusammen nicht nur die letzten Heeresberichte, sondern auch Wilsons «14 Punkte». Das Projekt muß ihr den Atem verschlagen haben. Eine Sensation? Ein Traum? Etwa ein Trick? Oder nur den vielen «jungen Leben, die geopfert wurden», angemessen? Im November 1918 sprach sie von einem «enormen vulkanischen Ausbruch. Ich erwarte, daß die Veränderungen für uns später kommen werden, wenn der Frieden unterzeichnet ist und jemand bezahlen muß; dieser ‹jemand› werden wahrscheinlich wir sein. Aber das macht nichts, wenn wir nur einmal den Zustand einer lebendigen Welt erreichen, in der Frieden und Ordnung herrschen.»[117]

Woodrow Wilson, der amerikanische Präsident und frühere Professor für Philosophie und Geschichte an der Harvard-Universität, hatte das Kunststück fertiggebracht, die von ihren Problemen gebeutelten und vom Eindruck der russischen Oktoberrevolution abgelenkten Westeuropäer auf eine neue Kriegsstrategie zu bringen: mit der Proklamation demokratischer Prinzipien, die Kriegs- und Friedensziel für die künftige moderne Welt sein sollten, eben den «14 Punkten». Alle im Augenblick darin nicht zu klärenden, also drängend offen bleibenden Fragen eines grundsätzlichen Neuanfangs der Weltpolitik wurden einer schnell zu gründenden *League of Nations* zugewiesen: Ein Völkerbund, gestützt auf ein modernes Völkerrecht, würde als Ergebnis des grausamen Krieges einen Menschheitstraum erfüllen. Im übrigen sollte dem Selbstbestimmungsrecht der Völker Geltung verschafft werden (was das Ende der Habsburger-Monarchie und des Osmanischen Reichs bedeuten mußte), zu solcher Selbstbestimmung sollte auch gehören, daß die neuen Staaten sämtlich demokratisch regiert würden. Die «14 Punkte» klangen für die Mittelmächte günstig, der Geist der Gleichberechtigung und Versöhnung mußte ihnen als den Verlierern des Krieges entgegenkommen.

Doch wurden die Verhandlungen in Versailles und den anderen Vororten von Paris zu einer Enttäuschung. Jahre später, heißt es, habe Wilson über diese Konferenz gesagt: «Im Augenblick, da wir wußten, daß der Waffenstillstand unterzeichnet war, streiften wir das Zaumzeug ab.» Die Premierminister Englands und Frankreichs, Lloyd George und Clemenceau, erklärten in einem der zahllosen Konferenzmemoranden: Die Sieger des Krieges seien «berechtigt, solideren Lohn zu verlangen als die theoretischen, im leeren Raum arbeitenden Landkartenmacher sich auf Grund abstrakter Prinzipien geneigt fühlen, ihnen zuzubilligen». Wilson entgegnete ihnen in einer seiner vielen Stellungnahmen: «Wir müssen uns vereinen auf Grundlage der neuen Ordnung, auf Grund jener festgelegten und angenommenen Prinzipien, die den Völkerbund als Eckstein des Friedens anerkennen.» Darauf erwiderte Clemenceau immer wieder und in allen Formen: «Zuerst muß Frankreich gesichert werden!»[118] – und um die Dringlichkeit seiner Forderung zu unterstreichen, brauchte er ja bloß auf sein durch die deutschen Invasionstruppen für Jahrzehnte verwüstetes Land zu verweisen. Der Wilson nahestehende Leiter des amerikanischen Konferenz-Pressebüros in Paris, Baker (dessen dreibändige Dokumentensammlung 1924 übersetzt im Leipziger List-Verlag erschien), sagte einmal: «Niemand, der nicht in Paris war, vermag voll zu begreifen, wie verzweifelt die Lage erschien.»[119]

Unter den Siegern war nicht nur Streit um die Beute ausgebrochen, sondern auch Streit um die Berechtigung der Wut der Sieger, um die Gefühle auch der ausgebluteten Völker der Siegermächte, die nach dem Kampf ihre Verluste in endlosen Listen bezifferten. Sie standen nun gewissermaßen «zu Millionen im Kreis»[120] um diese Konferenz herum, wie Churchill später in seinem Buch über den Fortsetzungs-, also den Zweiten Weltkrieg schrieb, und verlangten, was man ihnen vier Jahre lang versprochen hatte: daß die Besiegten die Kosten des Krieges bezahlten – ein schwerer Irrtum der Völker, «die nicht begriffen, daß keine besiegte Nation oder Gemeinschaft die Kosten des modernen Krieges ersetzen kann».[121] Wilson konnte sich mit der zuerst zündenden Idee einer neuen Weltordnung schließlich nicht mehr durchsetzen. Zum Konferenzende machte er eine Sicherheitszusage der USA an Lloyd George und Clemenceau, die der amerikanische Kongreß schon nicht mehr ratifizierte. Die USA unterschrieben weder den Friedensvertrag, noch traten sie dem Völkerbund bei; Präsident Wilson erlitt einen Schlaganfall, siechte hin und starb.

Für den 7. Mai 1919 war die deutsche Friedensdelegation nach Versailles bestellt, wo die speziell deutschen Fragen behandelt wurden. Ihre Mitglieder wurden wie Feinde behandelt, die Quartiere waren mit Stacheldraht gesichert, ihnen wurde in empörender Form demonstriert, daß sie allein hier seien, die «Friedensbedingungen» abzuholen, Diskussionen über einzelne Paragraphen oder das Gesamt-Vertragswerk wurden ausdrücklich ausgeschlossen. Die deutsche Öffentlichkeit reagierte auf den Versailler Vertrag mit einem fast einhelligen Aufschrei der Empörung, denn die Friedensbedingungen lasen sich, wie der Historiker Heinrich August Winkler schrieb, «auf den ersten Blick so, als habe nicht der amerikanische Präsident, sondern der Geist der ‹Erbfeindschaft› den siegreichen Mächten die Feder geführt».[122] Elsaß-Lothringen mußte an Frankreich, große Gebiete an Polen abgegeben werden, das nun zum ersten Mal seit zweihundert Jahren wieder seine Unabhängigkeit und sein altes Staatsgebiet zurückerhielt – beide Fälle bedeuteten schwerwiegende Verluste an Stahl- und Kohlevorkommen, die das im modernen Weltkrieg erfolgreich «weißgeblutete» Deutsche Reich schwächen würden – und zur künftigen Kriegsprophylaxe auch sollten. Ostpreußen wurde durch einen sogenannten Korridor vom übrigen Deutschen Reich getrennt, um einen polnischen Zugang zur Ostsee zu schaffen. Danzig wurde zur «freien Stadt» unter Kontrolle des Völkerbunds; für das Saarland war, um französischen Sicherheitsbedürfnissen nachzukommen, eine ähnliche Konstruktion vorgesehen. Den alten Vielvölkerstaat der österreichisch-ungarischen Monarchie teilten die Alliierten nach ethnischen Gesichtspunkten in verschiedene Republiken auf. Galizien gehörte nun, wie vor zweihundert Jahren, zu Polen, das ungarische Staatsgebiet wurde vergrößert, selbständige Republiken entstanden und auch das Königreich der Serben, Kroaten und Slowenen, später Königreich Jugoslawien genannt. Ein Anschluß des ziemlich klein gewordenen Österreichs an Deutschland war verboten. Die deutschen Kolonien in Afrika und Asien wurden unter den Siegermächten verteilt. Deutschland mußte sogar seine Ozeantelegraphiekabel den Siegern überlassen, auch 90 Prozent seiner Handelsflotte, 11 Prozent seines Rinderbestands und – als Vorleistung auf die noch offene Reparationsrechnung – jährlich 40 Millionen Tonnen Kohle. Das deutsche Auslandseigentum wurde konfisziert, den Alliierten Vorrechte auf deutschen Flüssen, Kanälen und in Häfen eingeräumt, zur französischen Sicherheit war sogar die Besetzung von rechtsrheinischen Brückenköpfen in der Diskussion, das heißt im Ruhrgebiet. Besonders skandalös fanden die Deutschen am vierhundertvierzig Artikel umfassenden Vertragswerk den Artikel 231: Er begründete die Wiedergutmachungsleistungen mit der deutschen Alleinschuld am Krieg und verlangte die Auslieferung von Kriegsverbrechern zur Aburteilung vor einem alliierten Kriegsgericht. Im übrigen sollte das deutsche Heer auf eine hunderttausendköpfige Berufsarmee reduziert sowie der große Generalstab aufgelöst werden. Die Zahl der Offiziere wurde auf ein Zehntel des früheren Bestands vermindert, und wenn in den folgenden Jahren die Reichsarmee Manöver abhielt, tat sie das mit Panzern und Flugzeugen aus Pappe.

An den Tag, als die Versailler Bedingungen dem Parlament vorgelegt wurden, erinnerte sich der spätere Reichstagspräsident Paul Löbe (SPD): «Am 12. Mai 1919 wurde die Nationalversammlung zu einer Sondersitzung in die Aula der Berliner Universität einberufen. In erregten Reden wandten sich Regierung und Parteien, Abgeordnete der abzutretenden Gebiete, Frauen und Pazifisten gegen die Annahme der erdrückenden Bestimmungen, die ein ganzes Buch füllten.»[123] Von einer Sitzung der SPD-Fraktion am selben Tag berichtete August Winnig, 1919 Reichstagsmitglied und ostpreußischer Oberpräsident: Die Fraktion «harrte in einem Hörsaal der Universität der Meldungen aus dem Auswärtigen Amt. Das Stimmengewirr beruhigte sich, als Hermann Müller mit dem ersten Teil der Bedingungen erschien. Er las sie vor. Die Gesichter wurden blaß und starr. Bald kam der zweite Teil und schließlich der Rest. Man sah das Ganze. Als Müller fertig gelesen hatte, schrie eine Frau auf, andere Frauen schrien ihr nach. Man verstand den Schrei nicht, es war wohl kein Wort, nur ein Aufschreien. Das Schreien hielt an, und die Leute sprangen auf».[124]

Am 13. Mai erschien ein Aufruf der «Kommunistischen Internationale» mit der Überschrift: «Nieder mit dem Frieden von Versailles! Es lebe die kommunistische Revolution!» Deutsche Unternehmerverbände bezeichneten in einer gemeinsamen

Erklärung mit den Gewerkschaften den Vertrag als ein «Todesurteil für das deutsche Wirtschafts- und Volksleben». In nationalistischen Propagandawellen wurde herausgestellt, Deutschland sei «im Felde unbesiegt», das «Friedensdiktat schändet die nationale Ehre». In die Einheitsfront der Ablehnung kam nach dem 16. Juni 1919 Bewegung, als die Alliierten versicherten, die Staatszugehörigkeit von Teilen Ostpreußens und Oberschlesiens durch Volksabstimmungen entscheiden lassen zu wollen. Damit verbanden sie allerdings das Ultimatum, den Friedensvertrag innerhalb einer Woche anzunehmen, sonst drohte die militärische Besetzung ganz Deutschlands. Bei einer Probeabstimmung im Reichstag am 19. Juni 1919 stimmte eine Mehrheit für die Unterzeichnung. Darauf trat die Regierung Scheidemann zurück, denn der Reichskanzler hatte sich schon vor der Abstimmung festgelegt: «Welche Hand müßte nicht verdorren, die sich und uns in diese Fessel legt?»[125] Der neue Reichskanzler Gustav Bauer (auch SPD) drängte dagegen die Parlamentarier zur Unterschrift. Es gebe keine Alternative, denn: «Die ganze Welt muß sehen, hier wird ein besiegtes Volk an Leib und Seele vergewaltigt.»[126]

Von diesem Zeitpunkt an mußte sich die Regierung mit dem Vorwurf herumschlagen, sie betreibe «Erfüllungspolitik». Dieses Wort wurde zum politischen Kampfbegriff, der alle Weimarer Regierungen belastete. Dazu kam die «Dolchstoßlegende», die vom ehemaligen obersten Heeresleiter Hindenburg vor dem Untersuchungsausschuß der Nationalversammlung über die Ursachen des Zusammenbruchs formulierte Lüge, das deutsche Heer sei nicht «im Feld», sondern erst durch einen «Dolchstoß von hinten» (aus der «Heimatfront») bezwungen worden. Für zwei Politiker wurde der Vorwurf, «Erfüllungspolitiker» zu sein, zum Todesurteil: Matthias Erzberger, der 1918 den Waffenstillstandsvertrag für Deutschland unterzeichnet hatte und 1919/20 Finanzminister gewesen war, wurde am 26. August 1921 erschossen; am 24. Juni 1922 ermordeten drei

Offiziere, die der rechtsradikalen «Organisation Consul» angehörten, den Außenminister Walther Rathenau.

Diese militärischen und politischen Spannungen, die erbitterten Verhandlungen und erhitzten Debatten wurden begleitet von einem materiellen Alltag, der überall in Deutschland die Menschen drückte. Ende Oktober 1919 setzten so heftige Schneefälle ein, daß selbst die ältesten Bewohner Kreisaus sich nicht an dergleichen erinnern konnten und Dorothy den Jammer nach Südafrika mitteilte:

> «Das Unglück, das dieses Wetter für Tausende bedeutet, überwältigt einen. Die Städte haben keine Kartoffeln, der größte Teil der Rüben ist noch unter der Erde, und 3 Wochen lang beträgt nun schon die Durchschnittstemperatur 22 Grad Fahrenheit, das reicht, um das bißchen Energie und die Kraft, sich zu erholen, aus Mitteleuropa auszupressen. Wenn Ihr bedenkt, daß wir mit einer monatlichen Zuckerration von eineinhalb Pfund pro Kopf durchkommen müssen, könnt Ihr realisieren, daß wir nicht in Delikatessen schwelgen. Wenn nun aber der Frost die Rüben vernichtet, werden wir alle überhaupt keinen Zucker mehr haben, und, was das Schlimmste ist, kein Viehfutter, das heißt keine Butter und keine Milch. Es stehen einem die Haare zu Berge. Aber irgendwie – indem man ‹den Tatsachen ins Auge schaut›, wie es der Pessimist zu tun meint – denke ich, daß wir die Rüben noch retten werden, weil sie ja ganz unter dem Schnee liegen. An diesen Kleinigkeiten seht Ihr, daß man allen Muts und aller Kraft bedarf, weiterzumachen. [...] Ohne Katastrophen durch diesen Winter zu kommen, das ist für Deutschland die Hauptsache.»[127]

Im Dezember wurde es wärmer. Es regnete, die Züge fuhren wieder, die Städter hatten wieder Kartoffeln. Aber in Kreisau standen nun Park und Äcker unter Wasser, die verbliebenen Rüben verfaulten, das Dorf versank im Schlamm.

Helmuth von Moltke hatte im Gutsbetrieb einiges veranlaßt. Zwei Vorwerke wurden verpachtet, vier kleinere Landstücke verkauft. Jahre danach entstanden aus diesen Verkäufen, die dem Fideikommiß widersprachen, große Probleme, doch 1919 zerbrach sich darüber niemand den Kopf. Außer finanziellen Gründen hatte die Verkleinerung auch politische. Die Machtverhältnisse waren unberechenbar, es schien geraten, sich in seiner Adelsexistenz so klein wie möglich zu machen. Die KPD stellte ihr erstes Agrarprogramm auf, das den gesamten Großgrundbesitz enteignen und zum «Gemeineigentum der sozialistischen Gesellschaft» machen wollte.[128] 1919 gingen Großgrundbesitzer in ganz Schlesien davon aus, daß sie mindestens ihr Land teilen oder etwas davon abgeben müßten; Dorothy meinte sogar, daß es künftig «keinem Landbesitzer» erlaubt sein würde, «mehr als 400 Morgen für den Eigengebrauch zu nutzen».[129]

Das Moltkesche Einkommen im Jahr 1919 betrug 14000 Mark – ein Drittel der Vorkriegsjahre.[130] Die einzige Investition dieses Jahres war die Anschaffung eines Bestands von Jungpferden. Da sie für die Feldarbeit noch nicht tauglich waren, hatte man Glück, als die Verordnung herauskam, daß alle Ackergäule bis zum Jahresende als Vorweg-Reparationsleistung abzugeben seien: Die Jungpferde konnten sie behalten. Und es gab Ersparnisse. Denn mit der Beschäftigung von Frauen und russischen Kriegsgefangenen waren in den Kriegsjahren die Lohnkosten niedrig gewesen. Da außer in die Elektrifizierung nichts investiert worden war, konnte Helmuth seine Bezüge als Rittmeister, insgesamt etwa 30000 Mark, aufs Konto legen. In derselben Zeit wuchsen Dorothys Rücklagen auf der Londoner Bank bis zur Summe von 3000 Pfund, das waren nun etwa 60000 Mark. Mit diesem Geld hatte sie aber Pech. Sie hatte mit Daddys Hilfe das Geld von London auf eine Bank

Holland 1919: Dorothy von Moltke mit ihren Eltern und ihren Kindern Helmuth James, Joachim Wolfgang, Wilhelm Viggo, Carl Bernhard und Asta Maria

in Rotterdam überweisen lassen, diese transferierte den Betrag sofort aufs Breslauer Konto, und so wurde das gesamte Geld aus Südafrika zur Fütterung der Herde und des Schlachtviehs verwendet. Was für ein Ärger aber, als ein halbes Jahr später das Englische Pfund bereits dreimal soviel wert war – Dorothy schrieb bloß: «Reizend, nicht?»[131] Und auch das Barvermögen, das der Feldmarschall erspart hatte, verfiel. Sämtliche Versuche, an dieses Kapital heranzukommen, mißlangen. Aus den Mitteln der Familienstiftung, die der Feldmarschall gegründet hatte, hätte etwas in den Betrieb investiert werden müssen, aber das

Stiftungskuratorium in Berlin (Vorsitzender: Dr. Walter Simons, späterer Außenminister und Reichsgerichtspräsident in Leipzig) war aus Rechtsgründen nicht in der Lage, wirtschaftliche Erfordernisse zu berücksichtigen.

Nach allem Vorausgegangenen schien Dorothy aber ein Geldopfer gering: «Gerade jetzt fühlt jeder instinktiv die niederdrückende Welt, und so kultiviert man das Glück und die Einheit des Hauses in viel höherem Grad als jemals zuvor. Weltliche oder Auswärtsvergnügungen haben wir heutzutage keine. [...] Also versuchen wir alle, ins häusliche Leben so viel Sonnenschein wie möglich zu bringen.»[132] Nach den tiefen Ehekrisen war ihr *Young Teuton* jetzt wieder wenigstens «zufriedenstellend», manchmal sogar «höchst zufriedenstellend». Helmuth arbeitete ohne Inspektor, und sie schrieb, er entwikkele «überraschend viel Fleiß und Sorgfalt», und «mit Ausnahme eines kurzen Besuchs im Harz» habe er ein ganzes Jahr lang «nicht mehr außer Haus geschlafen».[133] In der Erntezeit 1920 war er von früh bis spät auf den Beinen – für Dorothy ein lebendiger Beweis dafür, daß «nichts so befriedigt wie Arbeit. [...] Die nächsten drei oder vier Jahre wird es ein Segen für ihn sein».[134] Auch zur Erneuerung und Verschönerung des Hauses und Anwesens wurden Kleinigkeiten mit eigenen Händen getan oder sonstwie veranlaßt. Alles war abgeschrubbt, verbraucht oder – wie die Niedergräditzer Felder – «verkommen». Überall wurde nun ein wenig gestrichen, repariert, aufgepolstert und umgestellt. Im Haus und ums Haus herum. Nach einem bißchen Grammophon-Hören mit dem Ehemann warf sie sich schon früh in die Federn. Von Südafrika kamen die in der Familiengeschichte gerühmten Pakete mit Nahrungsmitteln, Kleidern und Gebrauchsgütern an. Kurzer Blick auf die Kreisauer Weihnachtswunschliste 1919: «Kaffee, Kakao, Trockenobst, Mandeln, Käse, Biskuit, Pfefferkörner, Artischockenpaste, eingelegter Lachs, Makkaroni, Tapioca, Mazina – alles ist uns eine Freude.»[135]

Die Jahre 1919 und 1920, so stellte Helmuth James in einem Rückblick von 1926 fest, waren «eine Zeit mit großer politischer Wirkung auf uns». Gleich nach dem Krieg nämlich hatte der erste politische Streit in der Familie stattgefunden, in dem es um die Frage «Pro und Contra Wilson» ging. «Meine Eltern vertraten im wesentlichen den Standpunkt pro Wilson, ihrer allgemeinen Einstellung und ihrer Freundschaft mit Colonel House folgend» – House war Wilsons Privatsekretär und ein maßgeblicher Organisator der Pariser Konferenz. Danach «kam für uns die Zeit der großen Parteikämpfe, in denen jeder den andern beschimpfte und seine eigene Lehre für die einzig seligmachende hielt. Diese Zeit hat auf mich eine große Wirkung gehabt, indem sie mich von der Falschheit aller überzeugte, und zwar dadurch, daß ich jede einmal vertrat. Ich glaube es gibt keine Partei, für die ich nicht einmal gekämpft hätte».[136]

In Dorothys Briefen jedoch findet man nichts von Streit, Geschimpfe, schon gar nichts von familiären Parteikämpfen. Sie betonte die immer wieder erneuerte Nestwärme, denn dafür arbeitete sie. Daher konnte ihr das Hausgeschehen noch als intaktes Milieu erscheinen, während Helmuth James schon gespürt und dann konkret erfahren hat, daß eben auch im Haus die Zeit wirkte. Zunächst ist als Veränderung evident, daß zu den alten Eigenschaften des Schlosses 1919 eine neue hinzutrat: das Türengeklapper. Ohne die frühere Eleganz gingen die Türen bei einer erhöhten Anzahl von Bewohnern klappernd auf und zu. Der von Helmuth James gegründete Spielklub zum Beispiel, «die *Kreisau boys* der besseren Klasse»[137], strolchte hier rum. Und auch nachts diese Geräusche: Im dritten Stock lebten Dauergäste. Die Untermieter wie Baron von Kittlitz, die militärische «Einquartierung» (General von der Goltz und seine Männer) und dann die Unbestimmten, die Lustigen und Hungrigen wie Carl Viggo, der «immer in der 13» schlief, aber auch sonst viel erleben wollte. Im zweiten Stock lebte Tante Leno dauerhaft mit ihrem Sohn Hans Carl, Helmuth James' ältestem Cousin, der so alt war wie Carl Viggo, Helmuth James' jüngster Onkel; offiziell studierten beide nach dem Kriegsdienst in Breslau. Die alte Hauseigentümlichkeit, daß es nur einen großen Eßtisch gab, wurde aber beibehalten, auch, daß der Gong zum Essen ertönte, freilich nicht mehr so feierlich, sondern schneller, öfter, gleichsam hungriger.

An der Stirnseite des Tisches: Papi, 1920 46 Jahre alt. Klein, stark, glatzköpfig, mit dem Rücken zur Tür der Anrichte, von wo die frischen Kartoffeln – im Speisefahrstuhl aus dem Souterrain nach oben gezogen – aufgetragen wurden. Früher als «Narr oder Paria» verschrien, wollte er jetzt seine soziale Isolation durchbrechen; er wurde Mitglied in vielen Zirkeln und Vereinigungen, so im «Schlesischen Ritterschaftlichen Kränzchen», gegründet während der Franzosenbesetzung 1806. Ein Männerverein, Hauptziel: Pflege deutsch-französischer Erbfeindschaft. Carl Viggo berichtete, er und sein Neffe Helmuth James seien im Kreisauer Weinkeller, vor dem Weinregal, dabeigewesen, als ein ‹Ritter› mit einem Zeremonienstab auf eine Flasche französischer Herkunft zeigte. Diese mußte herausgenommen und ausgegossen werden, eine Zeremonie, die die beiden nicht ohne loszuprusten überstanden – so Carl Viggo.[138] Dann waren da die Jagdgesellschaften: Jagd-Dinners, Informationen und Unterhaltungen auf Standesniveau um Vieh und Felder, Futterpreise, Einkünfte und günstige Hochzeiten. Bürgerlich war der Stammtisch in der Schweidnitzer «Krone»: Hier gab es vor allem Bier aus drei Schweidnitzer Brauereien, es trafen sich städtische Beamte, Richter, Schulrektoren, der Besitzer der «Schlesischen Zeitung», und neben dem Informationsaustausch sorgten Bridge-Partien für Unterhaltung. Im übrigen war Papi Kreisauer Amtsvorsteher geworden. Ihm oblag als Patron die Ausübung der dörflichen Polizeigewalt. Das nutzte der Sicherheit des Betriebs und schuf eine offizielle Beziehung zum Breslauer Oberpräsidenten. Und zuletzt wurde Papi Mitglied der Deutschen Volkspartei. Dorothy sagte, die DVP sei

Der Vater Helmuth von Moltke, um 1920

«ein großer Segen», weil sie «zur Rechten» gehöre, aber «für Demokraten liberal genug» sei. Helmuth James hat also schon ab 1920 den Namen Stresemann mit einer gewissen Anschauung verbinden können. Anfangs wollte sich die DVP an keiner SPD-Regierung beteiligen, und als sie sich dann doch geneigt zeigte, begann ein zäher innerer Partei-Umschwung. Für Zeitgenossen ein skandalöses Phänomen, denn innerer Umschwung roch nach Verrat – besonders in Schlesien, schrieb Dorothy, «der Heimat der Junker», galt die DVP als so dermaßen links, daß ihr lieber *Young Teuton* «der einzige seiner Klasse ist», der ihr hier beitrat. Mit anderen Worten: sofort wieder neue Isolation Papis.[139]

Generell ging es in allen Lagern um Spaltung und die Verhinderung von Spaltung. Vor diesem Problem schützten weder Klassen- noch Standesbewußtsein. Im linken Lager ging man sofort über die Hauptfrage des Ziels der Menschheit auseinander, die von den Kommunisten aufgeworfen wurde, aber diese selbst spalteten sich darüber in USPD, KPD und KAPD. Rechts fehlte noch eine Zentrierung auf eine Menschheitsfrage. Vorerst hielten mörderische Absichtserklärungen und der Ekel vorm «roten Abschaum» zusammen, beides galt als charakterfest. Zur Rechten gehörte die «Thule-Gesellschaft», die sich nun bildende NSDAP Hitlers, die «Nationale Vereinigung», wo der ehemalige Generalquartiermeister des Heeres, von Ludendorff, zusammen mit einem Hauptmann Pabst und einem Marineoffizier namens Canaris den Terrorismus praktizierten; hier befand sich die Koordinationsstelle des Mordes an Rosa Luxemburg und Karl Liebknecht und der Fluchthilfe für die Täter. Die Deutsch-Nationale Volkspartei (DNVP) stellte sich dar als rechte Rednerabteilung mit alten Personennamen. Man müsse, so Alexander Freiherr von Freytagh-Loringhoven, Breslauer Hochschullehrer, dem Volk erst einmal zeigen, «daß nicht charakterlose Anpassung, sondern einzig und allein bewußte Pflege des nationalen und monarchischen Gedankens unser Vaterland aus der Schmach und dem Elend hinausführen kann, in die uns das Verbrechen des 9. November [1918 – die Revolution] gestürzt hat».[140]

Dies war Papis Partei, der DVP Stresemanns, zu wenig. In Versailles hatten doch keine Privatleute unterschrieben! Die SPD saß doch nicht wegen einer Revolution, sondern von einer

Wählermehrheit legitimiert in der Regierung! Die DVP wollte natürlich die SPD stürzen und selbst regieren, aber weil das infolge der Kriegsniederlage nur mit einer gewissen Verständigungsbereitschaft klappen würde, zog sich die damals wohl schärfste Links-rechts-Spannung durch diese Partei. Es war eine innere Zerreißprobe, die aber – nach heftigem Lavieren bis 1923 – den Gedankenspagat der Demokratie ihren Mitgliedern aufnötigte. Dies alles konnte der hauptsächlich in der Anschauung lernende Helmuth James via Papi begreifen.

Zeitweise sehr große Wirkung auf Helmuth James übten die Aktivitäten der zwei Studenten aus, Carl Viggo und Hans Carl. Sie waren zusammen zwei Spaßvögel – an allen Eßtischen willkommen. Beide studierten Jura, beide teilten eine kleine Wohnung in Breslau, sie kamen nach Kreisau hungrig mit Freunden und Freundin, «viermal in der Woche», schrieb Dorothy. Es war ein durch und durch lustiges Treiben. Jedoch wenn sie sich nicht hier aufhielten und auch nicht studierten, führten sie Krieg in den Freikorps. Das hieß: Krieg gegen die deutsche Regierung, gegen die Republik Polen, gegen die Alliierten, insbesondere die Franzosen, gegen die Juden, die «Roten» und die Verräter in den eigenen Reihen. Sie waren Terroristen, fühlten sich aber als Felsen in der Flut, als Damm gegen den Abschaum, als «Kulturträger», wie General von der Goltz sagte.

Der junge General von der Goltz, der 1919 (und eventuell auch 1920) mit Tross, Waffen und Soldaten in Kreisau logierte, hat die Freikorpskarrieren der beiden Spaßvögel mitbefördert. Rüdiger von der Goltz hatte 1917 finnische Kommunisten verfolgt: Die «Roten» von Tampere ließ er auf dem dortigen Marktplatz sammeln, in Lager bringen und dort verhungern; noch heute erinnert ein Museum in Tampere an das Schicksal dieser Menschen, denen es gelang, Kassiber aus dem Lager kommen zu lassen, worin sie in unbeschreiblicher Verzweiflung um Nahrung bettelten. Rüdiger von der Goltz gehörte 1919 zur «Nationalen Vereinigung», der bekannten Mördergrube.

Aber – dies alles gehört zu den Merkwürdigkeiten, die die Geschichte bietet – auch dieser Rüdiger von der Goltz ist ein netter, jedenfalls unterhaltsamer Mensch gewesen. Er hat sich später politisch gewandelt. In den 30er und 40er Jahren war er Anwalt, Helmuth James und Peter Yorck haben gelegentlich mit ihm, der inzwischen eine Tante Dietrich Bonhoeffers geheiratet hatte, zusammengearbeitet. In seiner rechtsradikalen Zeit hat Goltz zu denjenigen gehört, die zur Verteidigung Lettlands gegen die Rote Armee vom damaligen lettischen Ministerpräsidenten Ulmanis späteres Siedlungsrecht in Lettland versprochen bekamen. Daraus ist dann die Idee eines deutschen «Oststaates» entstanden, wo, den deutschen Ordensrittern des Mittelalters ähnlich, alle charakterfesten deutschen Weltkriegssoldaten versammelt, ausgebildet und kriegsertüchtigt werden sollten, bis sie endlich das Deutsche Reich von seinen falschen Herren befreien könnten.

Solche Geschichten waren für Helmuth James jetzt natürlich spannender als Schatzinsel und Huckleberry Finn. Auch der auf Eberts Seite stehende General Groener, ohne dessen militärische Unterstützung keine Weimarer Republik zustande gekommen wäre, erwog Zukunftsideen, die Goltz hätte unterschreiben können: «Wir hofften, durch unsere Tätigkeit einen Teil der Macht im neuen Staat an Heer und Offizierskorps zu bringen, gelang das, so war der Revolution zum Trotz das beste und stärkste Element des alten Preußentums in das neue Deutschland hinübergerettet.»[141]

Nach den Entwaffnungsbestimmungen des Versailler Vertrags mußte Deutschland die Zahl der Truppen auf 100000 Mann beschränken. Die «Nationale Vereinigung» versuchte die Flucht nach vorn. In der Nacht zum 13. März 1920 zog General von Lüttwitz mit 10000 Soldaten aus dem Truppenlager Döberitz bei Ravensbrück/Fürstenberg nach Berlin und erklärte den ostpreußischen Generallandschaftsdirektor Kapp, den keiner kannte, zum Kanzler. Der Putsch aber scheiterte innerhalb von vier Tagen – am Generalstreik der Arbeiter so gut wie an der Weigerung der Ministerialbürokratie, mit den Putschisten zu kooperieren. So saßen Goltz, Lüttwitz, Kapp und andere Getreue, darunter auch General Bernhard von Hülsen, ein Onkel Hans Carls, noch einen Moment dumm herum, bis sie am 17. März mit falschen Pässen in bereitgestellte Autos einstiegen und wegfuhren. Kapp floh nach Schweden, wo man nicht an ihn herankam. Lüttwitz hat beim Abschied erklärt, er käme bei schlesischen Getreuen unter, er wurde heftig gesucht, aber nicht gefunden. Wo versteckte er sich? In Carl Viggos und Hans Carls Breslauer Studentenwohnung! Sie tarnten ihn, sagte Carl Viggo, manchmal auch mit einem angeklebten Bart, als freundlichen Untermieter, bis er, nach Jahren, wieder auftauchen und erfolgreich seine Pension erkämpfen konnte. Die beiden Kreisauer Studenten kämpften mit, kamen aber unverletzt und unbestraft davon.[142] «[...] so kam das alles in romantischer Verkleidung zu mir», schrieb Helmuth James 1944 rückblickend, der die beiden zuweilen in Breslau besuchen durfte. Bei der schlesischen Volksabstimmung brachte er dann persönlich Essen und Trinken an jene Züge, in denen gebürtige Schlesier aus ganz Deutschland zur Abstimmung in ihre Geburtsorte gebracht wurden. Wenn er am Bahnknotenpunkt in Königszelt, heute Jaworzyna, Erfrischungen reichte, hatte er «durchaus das Gefühl, irgendwie an dem Abstimmungserfolg beteiligt gewesen zu sein».[143]

In politischen, ‹nationalen› Dingen von blutiger Entschlossenheit waren Carl Viggo und Hans Carl persönlich von großem Charme und Witz. Sie trugen wesentlich dazu bei, daß sich nach und nach ein regelrechtes Schloßtheaterleben entwickelte. Helmuth James, der sich schauspielerisch unbegabt fand, beteiligte sich mit Regie- und Bühnenbildeinfällen. Aus den Anfängen entwickelten sich bis Mitte der 20er Jahre ganze Zweige der Theaterkunst. Solotanz, Gruppenballett, dramatische Lesungen, Stegreifspiel, Tischtheater, Scharaden, spontan angesetzte Kostümfeste, Kaminlesungen. Zu Festtagen gab es die großen Inszenierungen von «Faust I», «Hamlet», «Der Tor und der Tod» und anderen Stücken. Beteiligt war hier jeder, der stehen, gehen, eine Lampe halten, ein Kostüm tragen, eine Rolle sprechen konnte. Auch Haydns «Kindersymphonie» wurde geprobt und aufgeführt. Und daneben noch die alten Liederabende Papis. Carl Viggo berichtete, es seien alle Lichter im Haus und auf der Treppe angezündet worden, weil «das mein Bruder so mochte», und der sang dann, begleitet von Tante Leno am Flügel, ein «riesiges Repertoire».[144] Asta erinnerte sich: «Es war alles, ich habe die Noten gesehen, Puccini, Schubert, Verdi, Wagner, Brahms – unglaublich aufregend. Papi hat mit dem Rücken zum Ende des Flügels gestanden, und wie bei allen Sachen, die meine Verwandten machten, habe ich immer gezittert, daß es in Ordnung kommt.»[145] Fremde kamen spontan hinzu und guckten betreten: die Spiel-Energie war offenbar wild und sonderbar überschäumend. Dosy Frantz, eine Schwester von Carl Viggos späterer Frau, erzählte 1990, was sie bei einem ihrer ersten Besuche in Kreisau erlebte. Sie traf auf eine erhebliche Menschenmenge. Diese beschäftigte sich gerade mit dem Spiel «Räuber und Prinzessin»: «Dabei sind alle, beim gegenseitigen Anschleichen, sämtliche Treppen des Hauses rauf und runter gerobbt.»

Die Familie lebte in dieser Phase nicht im Elend, aber sparsam, von der Hand in den Mund. Wo früher in einer Sahnetorte schlampampt werden konnte, war man nun froh, wenn genügend Brot im Hause war. Die Kinder ahnten schnell, daß dies von Dauer werden konnte. Sie stellten sich darauf ein, die Charaktereigenschaften der drei älteren Jungen wurden geprüft. Willo saß wie so oft vor seinen Blättern, malte beeindruckende Stilleben oder zeichnete Häuser. In seinem spröden Eigensinn, seiner Versunkenheit und seinem beharrlichen Fleiß konnte man schon fast seinen Wesenszweck, den Sinn des «Daseinsunternehmens Willo» herauskommen sehen. Jowo, der höchst bewegliche, bastelte auf dem Dachboden am wohl ersten Detektorradio Kreisaus herum und empfing auch erste musikalische Geräusche im Kopfhörer. Doch seine Talente waren vielfältig. Er gewann Nähnadeln Interesse ab. Bald schneiderte er sich geschwind ein Hemd, bald griff er für Mami zu Nadel und Faden, und als sein Kunstsinn explodierte, schuf der Zehnjährige märchenhafte Kostüme, in denen er zu Opernmusik aus dem Grammophon herumtanzte. Als 1923 Tutenchamun in Ägypten von einem englischen Archäologen ausgegraben wurde, berichteten alle Zeitungen der Welt aufgeregt und im Detail über die Sensation. Jowo war mit seinem Gemüt gänzlich dabei, er bildete mit Hilfe von Carl Bernd Phantasieszenen vom Hof der ägyptischen Pharaonen ab – so leicht, so schön, daß die Familie, die Hausangestellten und die Hauslehrerinnen Fräulein Dietze und Fräulein König beeindruckt die Luft anhielten.

Helmuth James aber kam in das Alter, das wir heute die Pubertät nennen. Von Pubertät ist auch in Helmuth James' Kindheitserinnerungen nie die Rede. Aus der Sicht von 1944 hat er vielmehr die Jahre 1920 bis 1922 «2 schöne Jahre» genannt, die seine Kindheit abschlossen.[146] In einem «Lebenslauf», den er 1926 verfaßte, hat er die beiden erst kurz zurückliegenden Jahre als eine Zeit beschrieben, in welcher die politischen Ereignisse, «die Zeit» selbst im Mittelpunkt standen. Wenn er schrieb: «Diese Zeit hat auf mich eine große Wirkung gehabt»[147], dann heißt dies: kein Wort von irgendeiner explosionsartigen Entfaltung, die wir mit unserem Pubertätsbegriff eigentlich erwarten. Gegenüber Willos «trockenem englischen Humor» wirkte Helmuth James, stellte Dorothy fest, «viel teutonischer». Teutonisch bedeutet nun aber nach der Bedeutung des Wortes in der Innes-Familie: unbeherrscht, gefühlsbetont, leidenschaftlich, etwas plump, nicht kalkulierbar, das heißt unenglisch. Dorothy erzählt 1920 kaum etwas Konkretes von Helmuth James. Es fehlen solche Dinge wie die Blätter und Stifte Willos oder Jowos Radioteile und Nähnadeln. Lediglich

Auf dem Schulweg: Helmuth James, Wilhelm Viggo und Joachim Wolfgang, um 1921

an einer Stelle zeichnet sich Helmuth James aus: Alle Kinder hatten ein Stück Garten in ihrer Obhut, vorneweg beim Umgraben immer Helmuth James! Aber das lag vor allem daran, daß er körperlich hochschoß. Als sie von ihrer Afrikareise im ersten Halbjahr 1921 zurückkehrte, war sie platt: «Helmuth James ist ein junger Mann, kein Kind mehr, mit einer tiefen Stimme, einer sehr guten, schlanken Figur und fast einen Kopf größer als sein Vater, es ist einfach unglaublich.»[148]

Aber hervorbrechende Gemüts- oder Geisteskräfte, auf die sie so wartete und die sie an Willo und Jowo so faszinierten, gab es offenbar keine. Am 30. Juli 1921 bemerkte sie plötzlich: «Obwohl er so groß ist, ist er dennoch ganz Kind.» Nur ein weiteres halbes Jahr später hat sie wiederum feststellen müssen: «Sein einziger Fehler ist jetzt der, daß er für sein Alter zu erwachsen ist!»[149] Mithin blieb es so, wie es immer war. Wie es ihr immer schon mit ihm ging. Sie blieb unsicher in der Frage, wie alt ist er denn, wie reif ist denn *the boy*, ihr steter Begleiter mit dem lieben Herzen? Und so ging es später noch anderen. Von einer inneren Veränderung etwas gesehen hat anscheinend nur Jowo, der 1990 sagte, seinem Bruder sei «schon mit 14 anzusehen gewesen, daß er alles viel schwerer nahm als wir». Er malte nicht, spielte nicht Klavier, tanzte nicht wie Jowo, bastelte nicht mal an der Dachantenne rum, sondern griff zum Spaten. Er saß nicht lang am Tisch, sondern tat, was das Allergewöhnlichste war: Er ging in den Stall, schwang sich aufs Pferd. Er ritt auf einen Berg hoch und sprengte wieder runter. Er sprang ab, disputierte mit dem Pfarrer über das Evangelium, stieg wieder auf, galoppierte von der Kirche in Gräditz nach Kreisau zurück und spielte mit Muttel «einen Bridge». Dann ritt er mit Papi und Herrn Eulig aus, war anschließend der Anführer reitender Mitspieler, verschlang Beeren und Kirschen, ritt schwitzend zurück, versorgte im Stall das Pferd, aß, betete und ging früh schlafen. Alles war einfach und schön. Es war banal, deshalb sah Dorothy nicht, was sich in seinem *mind* anbahnte. Als Scientistin trennte sie Menschen als Gestalten des Geistes gern vom Materiellen, das sie abdunkelte. Wenn das nicht so gewesen wäre, hätte sie ihn womöglich als Kentauren bezeichnet. Doch wahrscheinlich hielt sie ihn insgeheim für einen liebenden, starken Bauernjungen und hat das ein wenig bedauert. Ein Foto dieser Zeit zeigt ihn mit überaus kräftigen Backen, mächtigen Beinen, hervortretenden Kniescheiben, dazu breite Schultern, lange Arme, große Augen. Der steht wuchtig da! Seine Masse ist beinahe umwerfend. Sie hätte für zwei gereicht. Und er wuchs noch jahrelang, erst bei der Marke von 2 Metern kam das Wachstum zum Abschluß. Mit allen Muskeln, Knochen und Sinnen galoppierte er in seiner Existenz herum und sammelte auf, was es gab, so entstand, wuchs seine Heimatliebe.

Mitte Januar 1922 kam er mit Papi von der Besichtigung eines bayerischen Internats zurück, das er ab Sommer besuchen sollte. Dorothy fiel gleich auf, daß er einen anderen Anzug trug als den, den er bei der Hinreise angehabt hatte. Papi hatte ihm unterwegs einen neuen kaufen müssen: «Er war im Zug buchstäblich aus dem alten geplatzt.»[150] Warum mußte er aus Schlesien weg? Die schlimmen schulischen Mißerfolge hatte er hinter sich, seine Zensuren wurden besser, er war ein gesunder, an der neuen Welt rege teilnehmender junger Mensch: Warum mußte man ihn also aus dem geliebten Kreisau entfernen? Was ihre Motive, ihn ins Internat zu geben, betrifft, bleiben Dorothys Briefe verwirrend, jedenfalls kraß widersprüchlich. Die Haltung der Mutter mag mit einer speziell englischen Auffassung vom Internatswesen als unumgänglichem Erziehungsmittel höherer Schichten in England zusammenhängen, er aber schrieb: «Sehr ungern wollte ich Kreisau auch nur für Stunden verlassen.» So mußte er gleichzeitig gelockt und geschoben werden. In einem größeren Unternehmen wurde also das Schondorfer Landerziehungsheim mit seiner Hilfe ausgesucht. Es lag in der Nähe von Tutzing, wo Tilla Gaffron und andere Bethusy-Huc-Verwandte lebten – angeblich ein großer Vorteil! Halb Kreisau nahm mehrfach festliche Abschiede von ihm – mit Ritualen, die einen widerstrebend Weggehenden im Status eines Wiedererwarteten glänzen lassen. Die Konfirmationsfeier, das eigene Gewehr, die Jagden, alles versüßte die Trennung. Am 10. März 1922, dem Vorabend seines 15. Geburtstags, wurde Dorothy plötzlich vom Schmerz gepackt. «Morgen ist es 15 Jahre her, daß Helmuth James geboren wurde!» Für ihn, meinte sie, seien das «ganz unbewölkte Jahre» gewesen, nun «der große Schritt [...], das macht, daß ich mich ziemlich feierlich und pathetisch fühle». Und gleich anschließend schrieb sie noch einmal das uralte Lied, was keinerlei Grund ihn wegzuschicken erkennen läßt: «Er ist so ein lieber Kerl, mit allen richtigen Instinkten, die beste Art eines normalen menschlichen Wesens.» Am 30. April 1922 setzte sich aber die Mutter mit ihm in den Zug. In München ließ sie ihn noch zwei Tage in der sonnigen Stadt herumbrummen, dann lieferte sie ihn schon in Schondorf ab, und in den folgenden achtzehn Monaten hat sie sich nur ein einziges Mal zu seinen Erlebnissen geäußert: Er habe dort Heimweh.

Beim «Süddeutschen Landerziehungsheim Schondorf am Ammersee» handelte es sich um eine nagelneue Reformschule, die die Selbständigkeit von Jungen durch ihre Beteiligung an der Gestaltung des Schullebens fördern wollte. Zum Erziehungsprinzip gehörte also auch eine weitreichende Selbstverwaltung. Die Schüler lebten in Gruppen in kleinen Wohnhäusern mit sogenannten Hausvätern und Hausmüttern. «Die Jungen entscheiden die meisten Fragen untereinander», hob Dorothy hervor, «und setzen Strafen unter sich fest, Abschreiben, Trinken und Rauchen werden von den Jungen selber als schlecht bewertet, und solche Art öffentliche Meinung bewahrt sie auch davor». Der Unterricht war in vielen Dingen eine deutliche Abkehr von der gewohnten Lernschule, kreative körperliche Arbeit gehörte zum Konzept. «Jeder Junge beschäftigt sich mit einem Handwerk – mit Tischlern, Schlosserarbeiten, Töpfern, Gärtnern usw. Im Sommer verbringen sie den größten Teil der Freizeit im oder auf dem See, und dann betreiben sie Wintersport und Fußball und so weiter, ich denke, das wird genau das richtige sein für the Boy.»[151]

Die Schüler seiner Klasse wählten zwei Sprecher, die die Klasse im Schülerrat vertraten. Einer war Helmuth James. Dabei muß er sich sofort in irgendeiner Haltung oder Angelegenheit unbeliebt gemacht haben: Die anderen Mitglieder des Schülerrats ließen ihn abblitzen, 1926 hat er geschrieben, er habe sich «kreuzunglücklich» gefühlt.[152] Das wiederum muß die anderen provoziert haben, denn sie begannen, ihn mit einer Reihe feindseliger Akte einzukreisen, ihm auf den Zahn zu fühlen, ihn festzunageln, ihn nach wer weiß was für Maßstäben zu klassifizieren – jedenfalls hat ihn das alles so erschrocken, daß er allabendlich zusammenbrach. 1944 erzählte er seinen Söhnen: «Da habe ich vor Heimweh so gut wie jede Nacht, viele Monate lang, geweint. Es war aber nicht nur Heimweh, sondern auch Sehnsucht nach meiner Mutter.»[153] In Schondorf bewohnte er ein Zimmer mit Carl Deichmann, einem Bankierssohn aus Köln, etwas älter, schon ein wenig in der Welt herumgekommen, robuster als Helmuth James. Jahrzehnte später haben beide den Widerstand gegen Hitler riskiert und dabei wieder eine kleine Wohnung zusammen bewohnt. Aber damals, 1922, wußte Carl partout nicht, was davon zu halten war, daß sein Zimmergenosse mit dem behäbigen schlesischen Dialekt nachts heulte und gelegentlich Gläser unter seinem Bett hervorholte, aus denen er Marmelade aus seinem Dorf schleckte. Sie haben sich erst gegen Ende ihres Aufenthalts eröffnet, anfangs jedoch hatten sie «kaum ein Wort miteinander gesprochen», weil sie sich «gegenseitig verdächtigten, die Schule, die wir verabscheuten, zu billigen».[154]

Von irgendwoher kam dann Helmuth James ein politischer Begriff zu Hilfe. Der Begriff kam einfach angeflogen, wurde dringend gebraucht und auch sofort verwendet: «Landheimgeist». Vielleicht hat dieses Wort der einzige Lehrer, von dem Helmuth James schreibt, den habe er «wirklich geschätzt», einfach mal fallenlassen. Das Wort machte niemanden zum Sündenbock. Als politischer Begriff bot er sich aber als Packesel an für unerklärlichen Kummer und tröstete einstweilen. Als Wort stand es als Platzhalter für etwas noch Unbegriffenes, so daß die Angst vor den Gleichaltrigen in Schondorf überhaupt erst einmal in einen stabilen Gegensatz zum Heimweh nach dem Kreisauer Menschenensemble gebracht werden konnte. Und irgendwann die Frage: Muß ich mich wirklich genieren, wenn ich hier Angst habe? Habe ich nicht berechtigtes Heimweh, wenn ich Sehnsucht nach Mami habe? Vermutlich flossen in diesen Nächten aus seinem schamverzerrten, dickgequollenen Gesicht die Tränen als Preis dafür, daß sich inwendig politische Kategorien bildeten, halbleere Schachteln künftiger Begriffe.

Seinen Söhnen schreibt er dazu 1944:

> «Ich fand andere Jungen, die ich überwiegend nicht mochte. Ich fand einen sogenannten ‹Landheimgeist›, den ich verabscheute. Ich habe anfangs nicht gewußt, was ich daran verabscheute, und habe das erst viel, viel später erkannt, als es mir das dritte und vierte Mal begegnete. Wie dem auch sei, ich habe von Anfang an in einer Gegnerschaft zu der Masse der Mitschüler gestanden. Es gelang einigen Gleichgesinnten und mir, wenigstens in unserer Klasse erfolgreich gegen diesen Landheimgeist anzukämpfen, und einer meiner Freunde [Conrad von Üxküll] und ich, wir waren immer abwechselnd Vertreter unserer Klasse im Schülerrat, wo wir als ständiger Vorwurf gegen die Heuchelei und die Hohlheit des Landheimgeistes wirkten. Das konnte nicht lange gutgehen.»[155]

Im Winterzeugnis vom 20. Dezember 1922 heißt es: «Helmuth neigte zum Schwätzen im Unterricht, sonst war sein Betragen gut. Seine Aufmerksamkeit befriedigte. Sein Fleiß war nicht gleichmäßig; vor allem muß er auf eine bessere Schrift Sorgfalt verwenden.» Vom Turnen, wofür er im Sommer die Note «ungenügend» erhalten hatte, war er nun «dispensiert». Und unter der Rubrik «Urteil der Kameraden» hieß es: «blasiert und kritiksüchtig». Das Urteil der Kameraden im Jahreszeugnis vom 22. März 1923 dann: «schlapp».[156] Zum Schluß seiner Zeit am Ammersee kam es zum Zusammenprall der Naturen. Hier zeigte sich Helmuth James' Kampflinie. Er zeigte einen bewundernswerten Instinkt für die Schwachpunkte der Gegner, als sich die Schülerselbstverwaltung mit dem Recht, Strafen selber festzusetzen, ebenfalls als Etikettenschwindel entlarvte.

> «Wir beide [Conrad von Üxküll und HJvM] wurden zunächst von unseren Genossen getrennt und in das Haus

des Direktors gelegt, wo wir ein schönes Zimmer im ersten Stock bewohnten, unter uns der Direktor [...] und rechts und links von uns je ein Lehrer. Auch das half nichts. Die Schülerversammlung beschloß, mich in ‹Verschiß zu tun›, d. h. 14 Tage lang durfte keiner mit mir reden. Unsere kleine Gruppe erklärte sich mit mir solidarisch und teilte mit, daß wir 10 Jungen auf jeden weiteren Verkehr mit dem Rest der Schülerschaft verzichteten. Daraufhin wurde eine Exekution beschlossen, und die Schülerschaft erschien mehr oder minder geschlossen in unserem Zimmer, um uns zu verdreschen. Das geschah, wobei wir uns zur Enttäuschung der Beteiligten nicht wehrten. Dabei wurde mir ein Trommelfell zerschlagen, und ich bekam eine Mittelohrentzündung. Mit dieser als Erpressungsmittel habe ich dann erreicht, daß wir 10 in das Haus des einzigen von uns wirklich geschätzten Lehrers verlegt wurden, wo wir schließlich allein kochten und aßen und nur noch zu den Schulstunden mit den anderen zusammenkamen. Im Juni 1923 sind wir alle geschlossen abgezogen.»[157]

Im Austrittszeugnis ist vermerkt: «Er hat sich im Unterricht stets lobenswert geführt, gab aber durch seine Neigung zum Kritisieren gelegentlich Anlaß zu Klagen. Helmuth verläßt uns, weil er sich nicht recht eingewöhnen konnte.»

Die Kreisauer Verhältnisse hatten sich inzwischen dramatisch verschlechtert. Auch das mag ein Grund gewesen sein, daß die Mutter den Sohn nicht mehr erwähnte, der war ja in Sicherheit. Seit man sich erinnern konnte, verbrauchte die Zentralheizung im Schloß viel Koks. Während Helmuth James im Internat aufgehoben war, wurden es schließlich elf Zentner am Tag, durch die defekten Röhren verlor das System viel heißes Wasser. In dieser Zeit stiegen die Kohlenpreise. Es war weder an eine neue Heizung noch an eine Reparatur zu denken. In einem Brief vom

November 1922 schrieb Dorothy, die Preise würden nun auf «russisches Niveau» klettern – das war der Ausdruck für die denkbar schlimmste Verteuerung.[158] Reichten aber bei mildem Wetter die Kachelöfen oder die mit Holz aus dem eigenen Wald brennenden Kamine aus, pfiff häufiger als früher der Wind durch die undichten Fenster und die klapprigen Türrahmen. Dorothy fror ständig. Regnete es, näherte sich der Schlamm im Hof der Freitreppe. Die wahre Katastrophe rückte da erst noch heran, die Geldentwertung, die bald alle anderen Wertfragen relativierte. Noch glaubten die Kreisauer, als der Liter Milch 200 Mark kostete, das Pfund Butter 2000, etwas verdienen zu können, als aber am 6. November 1922 der Dollar für 8200 Mark gewechselt wurde, schwand diese Hoffnung. Die KPD erklärte, daß die Kapitalistenklasse die Arbeiterklasse schröpfe, die DNVP erklärte, die Judenrepublik sauge die Nation aus. Dorothy sah der Unterernährung der «Leute in den Städten, besonders der Kinder» klägliche Aussichten für die eigene Familie an – «solange nicht der Versailler Vertrag revidiert wird». Sie befürchtet äußerst Unangenehmes: «Noch schaffen wir es, die Dinge so zu arrangieren, daß uns das Leben trotz allem eine Menge von Annehmlichkeiten bietet.» Der Mensch sei «eine hoffnungsvolle Kreatur, zu glauben gezwungen, daß sich bald alles zum Besseren wende. Doch wie erlöst werden wir uns erst einmal fühlen, wenn wir ohne irgendeinen ernsthaften Aufruhr durch diesen Winter gekommen sind! Solange es keine Arbeitslosigkeit gibt, schlagen wir uns durch, wenn aber die Rohstoffe unerschwinglich werden, wie es jetzt anfängt der Fall zu sein, können sich doch die Leute, wenn sie leben wollen, gar nicht mehr anders helfen, als daß sie zu plündern anfangen.»[159]

Im Beisammensein der ganzen Familie wurden in Kreisau nun zwei Dinge geplant. Rechtzeitig (dieses Mal früh genug!) sollten Dorothy und die Kinder nach England flüchten, «wenn das Schlimmste zum Schlimmsten kommen sollte», das heißt, wenn es zu Krieg oder Bürgerkrieg käme. Und zweitens nahm

Papi Helmuth James, der aus Schondorf nach Hause zurückgekehrt war, zu einem ernsthaften, ausführlichen Gespräch beiseite, legte ihm eine Deutschlandkarte vor und zeigte ihm, wo sich überall Verwandte oder Freunde der Familie niedergelassen hatten und welche guten Schulen es in ihrer Nähe gab. Er ließ seinem Sohn die Freiheit, sich eine auszusuchen, wo er dann auch sein Abitur machen könnte. Der Sechzehnjährige betrachtete die Karte und tippte auf Potsdam. Gleich wurde mit Margarethe von Mirbach, Tante Julima, korrespondiert, Papis Cousine aus der Familie des Jüngeren von Moltke, die mit einem Magnus Freiherr von Mirbach, Onkel Max, Sohn des 1918 in St. Petersburg ermordeten deutschen Botschafters, verheiratet war. Die täglichen Ausgaben für Unterkunft und Verpflegung wurden errechnet, Zahlung in Naturalien vereinbart, und pünktlich nach den Sommerferien konnte der Unterprimaner packen, um ein Zimmer der Mirbach-Villa im Potsdamer Ortsteil Babelsberg zu beziehen. Auf der Reise dorthin führte er gleich die Familienpässe bei sich. Seine Aufgabe war, im britischen Konsulat Visa zu beantragen, für alle Fälle.

Rasch der weitere Verlauf der Inflation: Die Unterstützung der gegen die französische Besatzung streikenden Arbeiter im Ruhrgebiet kostete den Staat 40 Millionen Mark täglich, die Banknoten produzierte die Staatsdruckerei, so daß – ein erwünschter Nebeneffekt – deutsche Finanzkreise der Welt demonstrieren konnten: Die Franzosen zerrütten die deutsche Wirtschaft. Der Widerstand im Ruhrgebiet wurde dann – Frankreich zeigte sich unnachgiebig – auf Initiative Stresemanns abgebrochen, aber nun ließ sich die Inflation nicht mehr stoppen. Im Juli 160 000 Mark für eine Goldmark, im August schon über eine Million. Der arme *Young Teuton* wurde «überwältigt von finanziellen Schwierigkeiten». Von Sitzungen des Kuratoriums der Moltke-Stiftung kam er «erschüttert» zurück. Er schaffte es noch, die diesjährige Landsteuer von 162 000 000 000 Mark zu zahlen, war aber zunehmend verwirrt: Bei Multiplikationen ließen sich die Nullen nicht mehr fassen. Ebensowenig faßte der Geldschrank im Büro die immer dickeren Notenbündel. In Körben an der Wand gestapelt, mußten sie so rasch wie möglich ausgegeben werden. Die Dörfer und großen Höfe bewaffneten sich mit Zustimmung der Regierung, «um sich gegen herumstreunende Banden oder kommunistische Putsche zu schützen».[160] Und dann 1923 noch eine schreckliche Mißernte beim Hauptnahrungsmittel gerade der armen Leute, den Kartoffeln. «Sogar wir müssen nun versuchen, welche zu kaufen. Das unglückliche Stadtvolk aber wandert von einem Gut zum anderen, um einige Säcke für den Winter zu bekommen, und wird überall abgewiesen.» In den Lebensmittelgeschäften leerten sich die Regale. «Wenn uns nun nicht noch Plünderer unsere Futterrücklagen wegnehmen, geht es uns persönlich gut, aber wie in Rußland sind die unglücklichen Städter in einer schrecklichen Lage.»[161]

Zwei Wochen später: «Es gibt praktisch nichts zu essen mehr. Sogar Kartoffeln kriegt man keine.» Das Grafenpaar stoppelte nun auf eigenen Feldern: «Mit größter Schwierigkeit konnten wir hier einen Zentner Winterkartoffeln für Ete sichern, indem wir quer über die Felder gingen und welche zusammengesucht haben, fast bis nach Reichenbach rüber.» Grundbesitzer organisierten nun Suppenküchen. Sie erkannten, daß das Grundbesitzerdasein nun von der Lage der Stadtbevölkerung abhing. «Das Brot ist jetzt so teuer, daß viele keins kaufen können» – die Furcht vor Plünderungen wuchs. Die Verwandten Kulmiz in Gorkau erzählten schon, Arbeiter eines Steinbruchs hätten «ein Drittel ihres Getreides und die Hälfte ihrer Kartoffeln gestohlen». In Kreisau reichte noch der «gute Feldhüter» mit einem Polizeihund, doch täglich kamen schon Leute an die Schloßtür, die nach Lebensmitteln oder auch nur nach Holz fragten, «es ist sowohl herzzerreißend als auch eine Plage. [...] Die Deutschen sind sicher ein sehr diszipliniertes und ruhiges Volk», schrieb Dorothy, war aber froh, daß es die Reichswehr gab, «eine erstklassige Truppe». Man sei «vorsichtig genug gewesen, jeden Soldaten, der nur kommunistische Beziehungen hatte, auszusieben [...]. Die Truppe neigt politisch zur Rechten, das bedeutet, daß die Leute seltener Hemmung haben, auf den Mob zu schießen».[162] Noch dachten die Moltkes nicht ans Auswandern. Doch «alle Pässe haben das Visum». Papi gründete mit anderen Gutsbesitzern eine «Notgemeinschaft». «Alle Bauern spenden etwas von ihren Produkten, die abwechselnd an die Notleidendsten verteilt werden, also Milch und Zucker für die Babys, aber das reicht gar nicht aus, um die Not so vieler Unglücklicher zu beheben.»[163] Ein Wettlauf mit dem eigenen Untergang.

Am Abend des 8. November 1923 kam es zu einem Putschversuch mit einem neuen Protagonisten: «In der heutigen Zeitung lese ich, daß Hitler in Bayern eine Diktatur ausgerufen hat. Ich traue weder ihm noch den Bayern, bin aber der Überzeugung, daß sie nicht ihre Bindung zum Reich lösen werden. Doch sie haben keine Voraussicht, keinen Sinn für Politik, das ist in diesem Land wirklich die seltenste Gabe.» Dorothy fühlt sich wie im Krieg: «Die Entbehrungen sind unendlich viel größer, als sie es während der Blockadejahre waren, es ist ein Wunder, daß es überhaupt noch eine Ordnung gibt. [...] Gestern erhielt ich einen Brief, der versehentlich nicht frankiert war. Ich mußte eineinhalb Milliarden Nachporto zahlen, und niemand im Haus, nicht einmal das Büro, hatte soviel Geld zur Hand. Wenn Ihr bedenkt, daß das eineinhalb Pfennig sind, könnt Ihr sehen, wie absurd das alles ist.»[164] Am 15. November vermeldet sie, Hitlers Putsch sei zum Glück «vollkommen schiefgegangen». «Wir haben in Kreisau einen ‹Heimatschutz› aufgestellt, wie ihn die meisten anderen Dörfer und Städte schon hatten. Im Dorf patrouillieren jede Nacht zwei Männer von 9 bis 1 und zwei andere von 1 bis 4, um Diebstähle und Brandstiftungen zu verhindern. Da wir in Kreisau 40 verläßliche Leute haben, die sich freiwillig zur Arbeit zur Verfügung stellten, sind wir ganz gut beschützt [...] heute Nacht steht Hans Carl auf der Liste. Der Regen schüttet nur so runter.»[165]

Zu diesem Zeitpunkt hatte in Niederschlesien jedes Geschäftsleben aufgehört. Die Waldenburger Bergarbeiter hatten einen Streik begonnen, aber «weil die Gewerkschaft keine Streikgelder mehr bezahlen kann, haben die Arbeiter die Umgebung in Abschnitte eingeteilt, und die verschiedenen Abordnungen betteln in ihrem Abschnitt um Lebensmittel. Zehn auf einmal kommen, manchmal zu Fuß, manchmal auf Fahrrädern, gestern hatten wir insgesamt 40 hier. Wir müssen uns nun zu irgendeiner Art gemeinsamer Aktion auf diesem Gebiet durchringen, denn so kann doch niemand mehr lange bestehen.»[166] Wieder einmal war Dorothy auf dem Höhepunkt ihres auf Chaosbewältigung ausgerichteten Bewußtseins – und wieder ratlos.

Im Verlauf der nächsten Wochen geschah überhaupt nichts. Weder wuchs die Spannung, noch fiel sie, was durchaus ein wenig sonderbar war. Eine der vier inzwischen als Zahlungsmittel gültigen Währungen, die Roggen- oder Rentenmark, hatte am 21. Dezember noch denselben Wert wie vier Wochen zuvor. Eine Goldmark war immer noch 4 Billionen 210 Milliarden 500 Millionen Papiermark wert, aber bei Altpapierhändlern häuften sich auf einmal Körbe mit älteren Banknoten. Die Inflation war vorbei, ohne daß es einer gesagt hätte. Wieso das nun? Das wollten die Leute nun wohl auch noch wissen, aber gleich vergaßen sie die Frage. Die Geschäfte waren auf einmal voll, jedoch die Portemonnaies leer. Und: Auch die Bankguthaben waren weg. Am 3. Januar 1924 teilte Dorothy ihren Eltern mit: «Das ganze Kapital der Stiftung (zweieinhalb Millionen Mark) ist verschwunden. Armer, alter Feldmarschall, er hat sich so eingeschränkt, um das Geld zusammenzuhalten.»

6. Schule der Epochen in Potsdam und Berlin – und die Kollegin staunt

Inzwischen lebte sich Helmuth James bei den von Mirbachs ein, in seinem Zimmer in der Villa An den Neuen Gärten 25, bei Max und Tante Julima. Er hatte in Potsdam keine Alpen im Rücken und keinen Ammersee zu Füßen – er spazierte und radelte statt dessen bis zu seinem Abitur in einer lieblichen, wäßrigen Ebene herum, einer Urstromsenke, zwischen Havelbuchten, Kanälen und Teichen. Generationen preußischer Architekten und Hofgärtner hatten die Potsdamer Gegend in eine Kunstlandschaft verwandelt und ihr Geheimnis (daß sie Kunst ist) versteckt. Die Überraschungen, überhaupt dem Gang des Menschen und den Purzelbäumen seiner Ideen beim Gehen förderlich, waren landschaftsgärtnerisch vorausbedacht worden, so daß nach generationslangem Wachsen, Warten und ununterbrochener Pflege die Potsdamer Boden- und Wassergärten als ein fast zusammenhängendes Jagd-, Amüsier- und Denkgebiet für Könige und Königinnen, Prinzessinnen und Prinzen geschaffen waren.

Briefe Helmuth James' aus dieser Zeit an seine Mutter und umgekehrt von ihr an ihn sind nicht gefunden worden – es ist keine belegte Tatsache, es ist eine Idee: Helmuth James hier irgendwo sitzen und lesen zu sehen! Er hatte, sagte er später, «ein allgemeines Interesse für Literatur»[167] – und seine Mutter bestätigte: Er habe für sein Alter schon «so schrecklich viel gelesen».[168] Der Bildungskanon der Schule, auch des Realgymnasiums, das Helmuth James besuchte, erschien damals noch als strenger Zusammenhang. Man konnte darin eine Sammlung von Fallbeispielen sehen, die über Generationen hinweg verschiedene Lesergemeinschaften in sich wiederholende Situationen stellte, so daß 1924 Robert Musil behauptete, Bildungsideale, selbst wo sie ein «relatives Ideal ihrer Zeit» ausdrückten, folgten einander wie «Teillösungen einer Aufgabe, die im Grunde dieselbe bleibt».[169] Helmuth James' literarischer Bildungsprozeß stützte sich vor allem auf die großen Gedichte der Echtermeyer-Sammlung, die ihn Fräulein Krome auswendig zu lernen hieß, dazu kamen die Texte der gemeinsamen Vorleseabende in den Wintermonaten bis hin zu den aufwendigen Aufführungen des Kreisauer Haus- und Familientheaters. Daran schlossen sich jetzt Vertiefungen, neue Werke an. Er versetzte sich in Nathan, der in Glaubensfragen Toleranz verfocht, auch in Wilhelm Meister, den beispielhaften Trainer eigenen Verhaltens.

Seine Mutter meldete einen weiteren Favoriten unter den ihn neu interessierenden Dichtern dieser Jahre. «Ihr wißt ja», schrieb sie den Eltern, «daß er ein glühender Verehrer der Schriften Dostojewskis ist.»[170] Die Dostojewski-Leidenschaft war seit der Vorkriegszeit unter jungen Leuten verbreitet. Zu denen gehörte auch ein Klassenkamerad Helmuth James', Prinz Louis Ferdinand von Preußen, auch Lulu genannt. Der verschlang, meistens nachts, weil vom kaiserlichen Erzieher verboten, des Dichters «sämtliche Werke [...] unter Tränen».[171]

Helmuth James las aber auch viel Zeitung, den «Manchester Guardian» und «The Nation», Zeitschriften, die seine Mutter, dank Daddy in Südafrika, abonniert hatte, und vor allem die «Vossische Zeitung» und das «Berliner Tageblatt». Es beschäftigte ihn der Wahlkampf zum zweiten deutschen Reichstag im Mai 1924, und er war dabei «ein ganz großer Bewunderer Stresemanns».[172]

Und die Bibel las er. «Ich habe in meinem Leben ungefähr hundertmal die Paulus-Briefe gelesen», bemerkte er später. So hat er immer wieder nach- und neu gelesen, auswendig gewußt, neu gezweifelt, neu erforscht. Bei Paulus geht es um die Text-Herz-Übereinstimmung, die sich in Krisen als Kompaß anbietet. Die Welt ist voller Sünde, voller Habgier, Bosheit, Mord und Totschlag; nur im Herzen geschrieben steht, was das Gesetz fordert. Das ist bedeutsam, denn in meinem Willen – so wie ich von Natur aus bin – wohnt nichts Gutes, weshalb mich auch allerbeste Werke nicht zu einem Guten machen. So kann ich allein als Kind Gottes, das gemeinsam mit anderen Wesen der Schöpfung nach Erlösung lechzt, gewiß sein, «daß weder Tod noch Leben, weder Engel noch Fürstentümer, noch Gewalten, weder Gegenwärtiges noch Zukünftiges, weder Hohes noch Tiefes, noch keine andere Kreatur mag uns scheiden von der Liebe Gottes, die in Christo Jesu ist, unserm HERRN».[173] – So lautete sein Taufspruch, Römerbrief 8,38.

Auf der Potsdamer Schule ging es schon wegen der anwesenden Mädchen anders als in Schondorf zu. Keine Schlägereien, keine Kadettenanstaltsriten, keine Geheimbundatmosphäre, nichts von dem, was damals in Internaten und Heimen grassierte. Hinzu kam: Es saßen in seiner Klasse gleich zwei Prinzen, neben Lulu noch dessen älterer Bruder Wilhelm, Söhne des Kronprinzen Wilhelm, Enkel des Ex-Kaisers, der nun in Doorn lebte. Verantwortlich für die Schule war der sozialdemokratische Schulrat Hardtke, der «alle Adelsprädikate haßte»[174] und dafür sorgte, daß alle Schüler respektvoll behandelt wurden. In den regelmäßigen Wahlen zum Beispiel der Vertrauensschüler war's immer so, daß zum Obmann der Klasse Wilhelm Prinz von Preußen, der Sieger aller Sportwettkämpfe, gewählt wurde, worauf höchstens sein Bruder eifersüchtig war, doch der hatte dafür die Rolle des ersten Geigers im Schulorchester inne. Louis Ferdinand hat in seinen Memoiren mehrfach beschrieben, vor welche sonderbaren Situationen ihn seine besondere Familienstellung und sein Curriculum vitae stellte. Gelegentlich fiel er im Unterricht mit affig herausgestellten Spanischkenntnissen auf. Die Sprache hatte er sich gegen den Willen seines Hauslehrers selbst beigebracht. Zur Zeit, als Helmuth James in die Klasse kam, war daraus ein Spleen geworden, über den sich Helmuth James jedoch nicht lustig machte. Als Lulu später noch eins draufsetzte und – um sich seinem Patenonkel, dem liberalen König Alfons von Spanien, zu verpflichten und seine zarte Persönlichkeit versuchsweise in enger Gemeinschaft zu festigen – einen «Verein zur Befestigung der spanisch-deutschen Freundschaft» gründete, hat Helmuth James mitgemacht. Jedenfalls lernte er auch Spanisch, und Dorothy war entzückt.[175]

Onkel Max und Tante Julima waren immer «gut» und «liebevoll» zu ihm.[176] Er erholte sich rasch vom «Landheimgeist», von Heimweh war nie mehr die Rede. In der großen Mirbach-Villa lebte noch der alte Ernst von Mirbach, der ein Kammerherr der letzten deutschen Kaiserin gewesen war, zusammen mit den Familien zweier seiner Söhne – darunter eben Onkel Max, der Adjutant des Prinzen Eitel Friedrich, eines Onkels Lulus, gewesen war. Onkel Max ist immer Freund und Sympathisant der kaiserlichen Familie und zeitlebens Monarchist geblieben, ein exzellenter Kenner der preußischen Geschichte, so wirkte es in diesem Haus nur natürlich, daß auch die alten Gebräuche der europäischen Diplomatie gepflegt wurden. Es wurde «fast nur französisch gesprochen», Helmuth James lernte von der Sprache so viel, daß er sie bald «ohne Schwierigkeiten lesen und sich mit Schwierigkeiten verständlich machen konnte».[177]

So erlebte er nun, was vor fünfzehn Jahren seine Mutter bei ihren ersten Erkundungen im Berliner Hofmilieu erlebt hatte. Allerdings nicht mehr als eine Wirklichkeit, die Zukunft verhieß, sondern als Reminiszenz an eine gerade noch schimmernde Vergangenheit. Einst machte er an der Hand schöner Gouvernanten seine ersten Spaziergänge in Berlin. Nun schritt er zwischen Tante und Onkel einher, schon sehr hochgewachsen, ganz leicht und ein wenig nervös, «ein bißchen dünn im Gesicht», sagte Dorothy.[178] Kein Zweifel, daß er sich in Potsdam «wirklich ganz zu Hause» fühlte.[179] In diesem Gewebe von alten Gegenständen und neuen hat nun *the boy* die Rolle des Botschafters der Außenwelt für die Kreisauer, vor allem für Dorothy, eingenommen: Das ist der Beginn jener Lebensepoche zwischen Mutter und Sohn, wo beide ihre Kollegenschaft erkannten und genossen. Noch mitten in der Inflationskrise, welche Dorothy in Kreisau mit Hungerkämpfen rechnen ließ, mit Feuer auf dem Dach, Schlamm auf dem Sofa, mit dem Untergang der gesamten Adelsfamilie in einem Schlamassel wie in Rußland, setzte Helmuth James dazu an, seine Mutter zu überholen. Es handelt sich um den gleichen Vorgang, den Daddy einst an sich und seiner Tochter beobachtet hatte: «Die aufeinanderfolgenden Menschenwellen helfen der Menschheit beim Vorwärtskommen. Wenn die jungen Generationen die alten einholen, geben sie etwas von ihrer jugendlichen Kraft ab, füllen die Lücken der Mannschaft auf und nehmen, bei ihrem Zug durch die ausgedünnten Rotten hindurch, ihre Plätze in der Vorhut des großen Vormarschs ein.»[180]

Zum Wichtigsten, was Potsdam dem Jüngling bot, gehörte freilich die Nähe Berlins. Wenn er zwischen beiden Städten pendelte, geschah es wohl, daß es ihm war, als pendele er zwischen den Epochen hin und her! In dieser Gegebenheit des Jahres 1923/24, einem ständigen historischen Training mit Hilfe der S-Bahn, kann man, ebenso wie in dem guten Kontakt zu den Monarchisten von Mirbach, so etwas wie eine der Voraussetzungen sehen, die ihn in den kommenden Kriegsjahren befähigen sollten, eine Gruppe von politisch völlig verschieden denkenden Regimegegnern zusammenzubringen wie zugleich andere dem Totalitarismus abspenstig zu machen. Sein Blick hatte historische Tiefenschärfe bekommen, Fähigkeiten der individuellen Menschenkenntnis, des politischen *appeal* lagen dann nicht mehr fern.

Vorzustellen ist: In Potsdam war es damals noch so still, daß überall, wo man sich aufhielt, die Garnisonskirche zu hören war. Mit einem Glockenspiel, bestehend aus 37 Glocken, das jede halbe Stunde «Üb immer Treu und Redlichkeit» anschlug, die Melodie aus der Zauberflöte Mozarts, und jede volle Stunde «Lobet den Herren», das Lieblingslied Königin Luises.

Dann aber Berlin – ein einziger Bahnhof, schrieb Lilian Mowrer, eine Journalistin, die er bald kennenlernte, Hauptbahnhof fast auf der Hälfte der Strecke Paris-Warschau. Die Stadt war eine Riesenbühne, auf der sich rund vier Millionen Stimmen auf moderne Art äußerten, meist alle zugleich und durcheinander. Die Berliner hatten sich durch den Weltkrieg gequält, den «Dramenzyklus»[181] der ersten Republikjahre hinter sich gebracht, sie schlugen sich durch die heftigste Erschütterung der Stadt seit der Cholera in der Mitte des 19. Jahrhunderts. Die Mehrheit der Bevölkerung war erst vor ein oder zwei Generationen zugezogen. Viele mit nichts als einem Topf Schmalz in der Hand, einem verschließbaren Korbkoffer, bekleidet mit Tscherkessenröcken, gewendeten Schafspelzen, mit Knieschürzen, Pumphosen, Tagelöhnermützen. Sie hatten sich und ihre Kinder einer ungewissen Berliner Zukunft verschrieben, und in der Regel waren sie nicht betrogen worden. Helmuth James sah schon von der S-Bahn aus ihre moderne Gegenwart, die vier-, fünfstöckigen Mietskasernen in schnurgeraden kilometerlangen Straßen, die sie bewohnten. Und er sah immer wieder Demonstrationszüge vom Zug aus. Er sah die roten, schwarz-rot-goldenen und schwarz-weiß-roten Fahnen, hörte die im Schall abgerissenen Befehlsbrocken «Hoch!», «Nieder!», «Weg mit!», «Schluß mit!», «Kampf dem!». Später las er auf Litfaßsäulen die dazugehörenden Erläuterungen, Schlagworte wie Versailles, Moskau oder «Nein, mich zwingt ihr nicht!», «Los von jüdisch-sozialistischer Fron!». Hoch immer ein Kampf, eine Ehre, die leuchtende Zukunft oder die glorreiche Vergangenheit, runter immer die Gegenwart, der Feind, die Juden, die Sozialisten. Hier zogen Blasorchester der Rechten durch, und Schalmeienkapellen schmetterten Morgenlieder, «Wacht auf, Verdammte dieser Erde, die stets man noch zum Hungern zwingt» beispielsweise. Man sollte sich auch dem «Morgenrot entgegen» bewegen, auf die Sonne zugehen, Brüder, «zur Freiheit». Und deswegen stürzten dann und wann uniformierte Jünglinge aus

Polizeilastwagen, sie waren blaß, aber ohne Hemmungen, auf den «Mob» loszugehen.

In eine Berliner Arbeiterwohnung hineinzuschauen hatte Helmuth James vermutlich noch keine Gelegenheit, in die Hinterhöfe wird er aber geguckt haben, wenn er auf den Straßen zu Fuß ging. Gesehen hat er die ihm überall empfohlenen Bilder von Grosz und Dix. Er hat sie oft betrachtet, über sie reden hören, ja, er mußte übersetzen, was von ihnen gesagt wurde, denn er hatte seit neuestem einen kleinen Job bei Mr. Richardson. Den hatten ihm die Mirbachs besorgt. Richardson war ein Journalist des amerikanischen *«Christian Science Monitor»*, Untermieter im Haus eines Bruders von Tante Julima. Die Treffen von ihm und Helmuth James waren als «English conversation lessons» gedacht, dafür sollte Helmuth James dem Amerikaner Deutsch beibringen. Doch daraus entwickelte sich mehr: «Unser Verhältnis», erfuhren Daddy und Granny, «ist eigentlich freundschaftlich. Ich schreibe oft Briefe für ihn, repariere für ihn seine elektrischen Geräte, übersetze Briefe, bin Dolmetscher bei seinen Interviews – er ist Reporter für Kunstsachen – oder wenn er etwas kauft. Außerdem habe ich sehr oft – fast immer – einen Tee oder ein Essen mit ihnen. Manchmal spielen wir auch Bridge».[182]

Was diese *friendly relationship* sonst noch wert war, wußte er 1926 genauer, als er sich in die amerikanische Journalistenkolonie Berlins eingenistet hatte. Rückblickend schrieb er, sie «verbündeten» sich. Richardson habe zwar kein Deutsch gelernt, nahm ihn dafür aber zu Interviews, Ausstellungen und ins Theater mit, und so kam es, daß er häufiger in Berlin als in Potsdam weilte, ja, daß er «eigentlich nur zur Schule hinüberfuhr» und «in Potsdam am Vormittag nicht halb soviel gelernt [hat] wie am Nachmittag in Berlin».[183]

Selbst *the boy* genießend und ein wenig stolz konnte Dorothy berichten:

> «Habe ich Euch erzählt: *The boy* nimmt mit Freuden seine Tanzstunden wahr und tanzt jede Menge. Das ist so gut für ihn. Im Januar kann er, dank Eurer lieben Geschenke, auch dem Golfclub beitreten, so verbessert er sich stetig! Er ist auch sehr ‹kultiviert› [!] und geht in Berlin ständig in Ausstellungen und dann mit Freikarten mit Mädi in die Oper. Mirbachs sind schrecklich gut zu ihm, er scheint in Potsdam sehr glücklich zu sein und ist viel mit den Söhnen des Kronprinzen zusammen, da 2 von ihnen in seiner Klasse sind.»[184]

Das ist das Glück der Jugend. Seine Mutter mußte nach der Inflationskatastrophe alle Dinge am Geldwert messen – bei ihm sprossen zur selben Zeit neue Werte hoch. Während sie im Januar 1924 sagte: «Jetzt erst realisiert jeder, wie schrecklich arm wir sind», spürte er, wie reich er auf einmal geworden war. In dem einzigen Brief, der aus dieser Zeit von ihm überliefert ist, läßt der Siebzehnjährige in breiten, aber arglosen Absichtserklärungen Granny und Daddy seine weiteren Pläne einsehen. Nach dem Abitur komme das Landpraktikum dran – das schrieb Papi vor. Danach, «im April 1926», wolle er «nach Rußland fahren» – nicht als Tourist, sondern «vielleicht als Reporter, vielleicht in irgendeinem anderen Beruf». Danach würde er mit Conrad von Üxküll, dem Freund aus der Schondorfer Zeit, die Farm von dessen Vater in Südamerika besuchen und schließlich studieren. Und wo? In Südafrika. Und was? Ziemlich viel: «Landwirtschaft oder etwas Technisches, oder Physik oder Chemie oder Philosophie oder Literatur».[185] Das war nur unfreiwillig komisch. Ausgeschlossen, gegenüber den Großeltern Witze zu machen in so einer Frage! Sie beschwerten sich dann auch über den Brief bei Dorothy. Seine Darstellung sei ziemlich eingebildet. Doch hat er wohl nur erzählt, was sich in seinem Herzen gerade abspielte, Begeisterung in großen Dimensionen, vollkommen arglos erzählt.

Seine Großeltern fragten sich, wie er zwischen den unvereinbaren Studienfächern auswählen würde. Als hätte er die Frage erwartet, schrieb er, er werde studieren, «einfach das, was ich will und was sich mir anbietet». Und wie dann weiter? Für ihn damals kein Problem! Er komme gegen 1928 nach Deutschland zurück, beende sein Landwirtschaftsstudium hier – «oder zu einer Bank gehen oder Ingenieur studieren». Und dann schloß er den mächtigen Herzensaufriß mit einem Salto ab: «Bitte sagt mir auch, was ihr von mir wünscht, und ich werde meine Pläne ändern.»[186]

Trotz stark liebenden Herzens zeigte er jedoch seine Gefühle immer seltener. Man braucht in den Rinden der Bäume am Potsdamer Stadtrand keine Herzen mit seinen Initialen zu suchen: Mit Mädchen hat er in hochadliger Umgebung und in ausgezirkelten Formen tanzen gelernt, sonst nichts. Von seinem liebenden Herzen sprechen heißt also nicht, von romantischem Herzklopfen sprechen, vielmehr von einem Vermögen, einer Kompetenz, sich den Objekten seines Interesses gänzlich zu widmen, ohne sich in ihnen zu verlieren. Hier sehen wir den Beginn einer die ganzen Weimarer Jahre vorherrschenden Konzentration auf Projekte, die ihn wirklich interessierten. Es interessierten *polity, policy* und *politics*, und in den folgenden Jahren blieb es stets die Hauptfrage, unter welchem Beruf er diese Felder würde beackern können.

1923/24 spielte schon die Disziplin eine Rolle. Mit acht Mark Taschengeld im Monat genoß er «die absolute Freiheit und den Zugang zu allen Vergnügungen» Berlins, stellte seine Mutter fest, aber «er raucht nicht, trinkt nicht und hat keine erotischen Neigungen». Und Prinz Louis Ferdinand hat in der Schule, die Dorothy ja nicht überblickte, bereits eine neue Frucht disziplinierten Verhaltens an seinem Klassenkameraden beobachtet:

> «Wenn man sich für alle Schulstunden richtig vorbereiten wollte, hatte man nachmittags drei bis vier Stunden zu

Die Klasse in Potsdam: vorne rechts in der ersten Reihe Helmuth James, um 1924

tun. Die meisten verließen sich allerdings darauf, daß sie morgens vor dem Unterricht rasch abschreiben oder sich während des Unterrichts vorsagen lassen konnten. Geradezu genial war darin mein Mitschüler Graf Helmuth von Moltke. Er sprach jedoch sehr gewandt und spickte seine Antworten mit witzigen Bemerkungen, die sogar die Lehrer belustigten. Da er überaus lang war, dauerte es immer eine Weile, bis er sich aus der Bank emporgewunden hatte, wenn er aufgerufen wurde. Schon damit erzielte er einen Lacherfolg. Obwohl die Lehrer gemerkt haben mußten, daß er nichts auf sie gab, ja andeutete, daß er mehr wisse als sie, schätzten sie doch seine Klugheit, so daß er auf seine Weise durchkam.»[187]

Woher diese Klugheit plötzlich? Aus dem Urschlamm Kreisaus scheint sie nicht zu stammen.

Louis Ferdinand duzte sich mit allen Klassenkameraden, nur mit Helmuth James schien das nicht zu funktionieren; sie siezten sich sogar, wenn sie von der Schule heimradelten und sich am Eingang zu den kaiserlichen Schlössern am Ufer des Heiligen Sees trennten. «Ich hatte ihn gern», schreibt der Prinz ausdrücklich, «wegen seiner geistreichen und etwas zynischen Art, die ihn zuweilen beinahe hochmütig erscheinen ließ».[188]

Zweifellos ging es jedoch auch um die Frage, die einst Papi so bewegt hatte. Wie kann ich meine Würde standesgemäß zum Ausdruck bringen? Als Ratgeber kommt hier insbesondere Goethes «Wilhelm Meister» in Betracht. Es ging in der Theatergruppe Wilhelm Meisters um das Problem, wie der dänische Prinz Hamlet positiv dargestellt werden könne. Da rät ein älterer Schauspieler: «Der vornehme Anstand, sagte er, ist schwer nachzuahmen, weil er eigentlich negativ ist.» Wolle man Würde positiv darstellen, falle man leicht «in ein förmliches, stolzes Wesen», man müsse vermeiden, was unwürdig ist: «sich nie vergessen, immer auf sich und andere achthaben, sich nichts vergeben, andern nicht zuviel, nicht zuwenig tun, durch nichts gerührt scheinen, durch nichts bewegt werden, sich niemals übereilen, sich in jedem Momente zu fassen wissen und so ein äußeres Gleichgewicht erhalten, innerlich mag es stürmen, wie es will». Vornehm zu sein, so bringt es Wilhelm Meisters Ratgeber auf den Punkt, sei gerade so, als trage man einen sehr guten Anzug. Der Vornehme «wird sich nirgends anlehnen, und jedermann wird sich hüten, an ihn zu streichen».[189]

Tatsächlich begann Helmuth James, auf seine Kleidung zu achten. Dazu zwang ihn seine extreme Körpergröße und der peinliche Mangel an passender Garderobe aus Geldgründen, hinzu kam die Mode. Ging er ins Theater oder in die Oper (kostenlose Karten bekam er von Richardson, Lochner, dem Korrespondenten von American Associated Press, oder Mädi Leonardt, die nun Schauspielerin in Berlin war[190]), übernachtete er immer bei Ulla Oldenbourg, bei ihr machte er sich auch zurecht, als ginge er hochzeiten: «Jung-Helmuth hat sich das Käthchen von Heilbronn angesehen», schrieb sie 1923 an die Großeltern, «herausgeputzt in seinem Smoking, für die Vorbereitung des Gewands brauchte er eine Dreiviertelstunde. Aber das war es dann auch wert. *The dear boy,* er sah so schön stattlich aus. Mich amüsiert es immer so sehr, wenn Jungen in das Alter kommen, wo sie auf ihr Aussehen zu achten beginnen».[191] Im Kreis amerikanischer Journalisten war es aber auch notwendig, *handsome* zu erscheinen, und der Smoking führte nun mal auf direktem Weg dorthin. So arbeitete er auch an seinen Haaren! Carl Zuckmayer sah Anfang der 1920er Jahre noch die vielen Schieber und Hochstapler mit «schwarzer Hornbrille und sogenanntem ‹Bolschewikenschnitt›, das Haar glatt zurückgekämmt, den Nacken scharf ausrasiert und dick mit Puder bestreut».[192] Bald schon nannte man den Bolschewikenschnitt Diplomatenfrisur.

Diese Diplomaten, vor allem die amerikanischen, boten politische Lernhilfe an. Im Januar 1924 bildete der Bankier Charles G. Dawes eine Sachverständigenkommission, um Vorschläge zu erarbeiten, wie England und Frankreich die amerikanischen Kriegskredite zurückzahlen könnten. Natürlich mußte es auch darum gehen, den Kern des Problems zu lösen, die stockenden Reparationsleistungen Deutschlands an England und Frankreich, und somit kamen die Geschäftsinteressen und Wirtschaftsnöte fast der gesamten kapitalistischen Welt auf den Tisch. Allein schon mit dem Plan zum «Dawes-Plan», mit dem Auflisten der Leiden und Leidenschaften der Nachkriegszeit durch die Sachverständigen unter rein finanziellen Aspekten, veränderte sich ein wenig das politische Klima. Der neutralisierende Gesichtspunkt, die Sicht von Finanzexperten auf blutig ernste Probleme, versachlichte die Atmosphäre zwischen den Staaten. Riesige bilaterale Reparationsforderungen zu formulieren war leicht und rief immer wieder neue Feindschaften hervor. Aber die Gesamtrechnung legte Haßgründe und Kriegsmythen, für die man sich noch vor kurzem abzuschlachten bereit gewesen war, ein wenig aufs trockene. Die Position der verhandlungsbereiten Politiker in allen Ländern wurde gestärkt: auch ein Fall Neuer Sachlichkeit. Sie rottete das leidenschaftliche Brustaufreißen und Beleidigttun nicht aus, aber sie drängte es zurück. Helmuth James in seinem leidenschaftlichen Interesse für Politik hat etliches davon mitbekommen. Er dürfte sich, der Mode folgend, noch besonders angesprochen gefühlt haben, und so vermittelt sind Kleidung, Frisur und sein geschliffenes Verhalten nicht bloß goethegestützt oder richardsontreu, sondern auch von Charles G. Dawes, dem *American banker*, beeinflußt worden.

Gleich bei der Konstituierung der Sachverständigenkommission im Januar 1924 in Paris hatte Charles G. Dawes mit dem traditionellen Mut der Amerikaner ein Zeichen gesetzt. Vor der internationalen Presse fragte er, woran es denn eigentlich liege, daß nach dem Kriegsende noch immer kein Friede in Europa herrsche. Er antwortete selbst: Das habe seine ganze Ursache «in dem unerträglichen Geschrei jener widerlichen Aasgeier, der nationalistischen Demagogen aller Länder»[193], und von da an war die Position der europäischen Verständigungspolitiker gestärkt. Es war anregend, sich einmal Ludendorff (mit seinem Ziehburschen Hitler an der Seite) und Poincaré zusammen als krächzende Geier vorzustellen. Dawes durchbrach mit diesen unverblümten, amerikanisch einfachen Worten auch das zehnjährige rhetorische Ritual, sämtliche chaotischen Verhältnisse in Europa den Deutschen in die Schuhe zu schieben. Mit dem Dawes-Gutachten im April 1924 wurden zum ersten Mal in der Nachkriegsepoche die Verlierer des Krieges eingeladen, sich mit den Gewinnern zu Verhandlungen an einen Tisch zu setzen. Das Gutachten gestand Deutschland zu, mit den 1921 festgesetzten Zahlungsverpflichtungen von 132 Milliarden Mark überfordert zu sein. Die Gesamtforderung der Gläubiger müsse offenbleiben und Deutschland für einige Jahre von seinen Zahlungsverpflichtungen entbunden werden. Sei Deutschland aber bereit, den ausländischen Gläubigern Sicherheiten zu bieten, so wollten die USA eine Auslandsanleihe in Höhe von 800 Millionen Mark zusagen.

Dorothy hoffte inständig, daß das Dawes-Abkommen als «einziger Weg zu einem Neubeginn in Europa» im Verlauf des Jahres unterzeichnet würde. Die ökonomische Situation in Kreisau blieb das ganze Jahr über erbärmlich. Nirgendwo warf die Landwirtschaft Gewinne ab. Andererseits ließen sich die entsprechenden Sorgen nun wieder in faßbaren Zahlen ausdrücken: «Unsere Rentenmark hat eine unglaubliche Verwandlung gebracht: politisch, geschäftlich, sozial und moralisch»[194], stellte Dorothy fest. Der Geldwert blieb stabil. Sie bemerkte jetzt, daß sie im Inflationsmonat November '23 «geradezu paralysiert» gewesen war – jetzt konnte sie die Armut als Planungsgrundlage akzeptieren, was ihr und ihrem Mann vor kurzem noch absurd erschienen war.

Rauschte Helmuth James im Ferienrhythmus in Kreisau ein, fühlte er sich gleich wohl, und die Verwandten bemerkten das jeweils Neue und Fremde an seiner Erscheinung. Sie genossen seine Besuche. Schon in den Winterferien 1923/24 gab es viel zu spielen und zu feiern. Der Jüngling fuhr «Ski mit dem Pony» oder nahm an der Schlittenkarawane teil, die wieder einmal das «Majorats-Pony» durch den Schnee zog. Abends rauschte dann das Grammophon; er brachte der Familie den gemäßigten Foxtrott bei. Zum Jahreswechsel gab es eine Familienaufführung des Stücks «Der Tor und der Tod» von Hofmannsthal, Heiterkeit beim Bleigießen, ein Essen Schönchens im Berghaus. Kam er wieder, war er sofort zu Hause. Er paßte sich bei allen Wettern dem Landleben an. Krempelte die Ärmel hoch, als wäre er nie fort gewesen, und von Tag zu Tag steigerte sich das wechselseitige Genießen. Es entwickelten sich Gespräche zwischen der Mutter und ihrem Erstgeborenen, die von den anderen nun nicht mehr gestört werden sollten. Beide, erinnerte sich

Carl Viggo, «frühstückten immer englisch in der Bibliothek»[195] und erörterten politische und häusliche Ereignisse, einander vertrauend wie im letzten Kriegsjahr, als sie den Heeresbericht gemeinsam studierten. Wenn sie nun laufend schrieb, er sei «begierig nach Politik» oder «schrecklich begierig» oder «sehr begierig», wußten ihre Eltern, was sie meinte. Als Dorothy ein Fräulein war, hat Daddy ihr «Gespür für politische Angelegenheiten» entdeckt; in Kreisau spielte sich ab, was sich früher im Haus der Innes ereignete. Jahre zuvor hatte Dorothy einmal festgestellt, sie habe etwas von einer Orientalin an sich, «die die Dinge des Geistes zehntausendmal lebenskräftiger fand als alle, selbst die dringendsten, wichtigsten praktischen Verbesserungen der Umstände».[196] Grundsätzlich blieb das so, für sie galt weiterhin der scientistische Glaubenssatz «Die Materie ist nichts». Aber sie begann jetzt, den materiellen «Verbesserungen», dem Lebenskampf überhaupt, eine höhere Bedeutung einzuräumen. Andererseits machte sie sich nicht verrückt, wenn etwas nicht funktionierte – ihre Überzeugung vom buchstäblich wunderbaren Leben durchtränkte immer alles. Helmuth James teilte ihre scientistischen Grundsätze nicht. Wenn er aber auf das Neue, die Moderne setzte, blieb ihm immer die Grenze zwischen Sachlichkeit und Materialismus bewußt. In Kreisau stand Sachlichkeit stets in Nachbarschaft zur religiösen Verneinung des Werts des Materiellen, sie wurde hier nie zu Mode oder Jargon.

Der Ton zwischen Mutter und Sohn änderte sich. Einmal entwischte ihr die Klage, im armen Deutschland festzusitzen, statt sich's in Südafrika gutgehen zu lassen, wo Daddy weiterhin eine *outstanding figure* mit gutem Einkommen war. Da entgegnete er spitz: «Das hättest du dir früher überlegen sollen!»[197] Sie zitierte ihn, war verblüfft! Er war ihr über den Mund gefahren! Das hätte es früher nicht gegeben. Carl Viggo beschrieb mit Bewunderung die Szene, als er mit Helmuth James am Tisch in der Halle frühstückte. Beide hatten sich auf ihr Marmeladenbrötchen ein Löffelchen Sahne bugsiert. Papi kam vorüber, er sah den Luxus und nörgelte: «Wie kommt ihr denn dazu?!» Und daraufhin – «und das ist eben typisch für Helmuth James», sagte Carl Viggo 1988 – «tat er so, als sei er gar nicht angesprochen worden». Womit einmal mehr die Kunst bezeugt ist, durch Nichtstun vornehm zu sein. Wenn der feine Jüngling sprach, habe er, erinnerte sich Carl Viggo, «immer leise gesprochen: ein gutes Deutsch, mit einem sehr kleinen Anklang ans Englische, englische Ausdrücke wie *that's right* dazwischen».

Mutter und Sohn diskutierten auch über die neue Wandervogelbewegung. Sie: «Ich muß sagen, ich finde die heutige Jugend einfach wunderbar, ich bin voller Begeisterung über die Art, wie sie die Dinge anfaßt.» Sie hatte die anspruchslose Tüchtigkeit Willos, Carl Bernds, auch Carl Didis vor Augen. Die liefen altersgruppenweise mit schweren Rucksäcken ungeheure Strecken durchs Gebirge rauf und runter und zelteten und turnten mit «freiem Oberkörper». Das war auch erschwinglich. Wandervögel vergnügten sich damit, sparsam und gesund zu leben und beim Einschlafen ins Lagerfeuer oder ins «Sternenzelt» zu blinzeln. Helmuth James hatte aber etwas daran auszusetzen, irgendwas, sie verstand ihn nicht. «*The boy* und einige andere», schrieb sie, «schätzen das nicht so wie ich. Das sei nicht subtil genug, oder, mir fehlt gerade ein besseres Wort: nicht fin-de-siècle genug.»[198] Helmuth James' Meinung findet sich bei Klaus Mann, Jahrgang 1906, wieder. Der schrieb in der «Vossischen Zeitung»: Die «radikale, zunächst so prächtig hoffnungsfrohe Bewegung des Wandervogeltums [ist] letzten Endes vorbei, erledigt, mißglückt.» Er lehne die «plumpe Gesundheitsprotzerei» ab, und man dürfe nicht abweisen, was man «seit Nietzsche unter dem Schlagwort Décadence versteht», einschließlich anderer Schöpfungen des fin de siècle.[199]

Es gab in der Familie auch einige, denen Helmuth James' Verwandlung blasiert vorkam. Tante Ete gehörte dazu, die

Großeltern. Aber die Geschwister bildeten einen Verehrerkreis um ihren großen Bruder, Carl Bernd war ihm sogar «ergeben». Dorothy sah, was den jüngeren Fanclub zusammenhielt: Helmuth James sei «ein großer Unterhalter mit der Naivität eines Kindes, daher finden ihn alle Jungen höchst interessant». Auch das Verhältnis zwischen ihm und seinem Vater blühte 1924 auf. Die Mutter schrieb, er verstehe sich mit seinem Vater ausgezeichnet, er «bewundere» ihn, obwohl Helmuth James «ganz modern» sei und «intellektuell zur Jugend von heute mit europäischem outlook» gehöre.[200] Das aber muß Papi in diesem Jahr auch toll gefunden haben: Die beiden wurden «wirkliche Freunde».[201]

Im Jahr, da der Graf keinen Pfennig einnahm und die Zinslasten in die Höhe stiegen, beschäftigte er sich immerzu mit der Frage, ob man nicht etwas ganz Neues ausprobieren könnte, um die Erträge zu erhöhen. Oft war Papi während dieser Zeit mit dem Cammerauer Grafen von Keyserlingk zusammen, man sprach miteinander auch über neue Methoden der Landwirtschaft. Der Cammerauer war es, der im Juli 1924 Rudolf Steiner nach Schlesien brachte: den einst mit Onkel Helmuth, dem gescheiterten Generalstabschef von 1914, befreundeten Meister der Anthroposophie, der nun in Koberwitz, am südlichen Rand des Zobten, sein Vermächtnis für die Landwirtschaft formulierte, die berühmten oder berüchtigten Vorträge über die biologisch-dynamische Anbauweise. Folgen wir dem Überlieferten. Dorothy schrieb, Helmuth James sei Anfang Juli Zuhörer eines «siebenstündigen Gastvortrags» gewesen, der «in der Nähe» stattfand: In diesen Tagen gab es aber gerade in Koberwitz einen «Gastvortrag» Steiners. In den damaligen anthroposophischen und landwirtschaftlichen Fachzeitungen konnte er von dem Versuchsgut Serpuchow bei Moskau lesen – später verwendete er den Namen «Serpuchow» in einem anderen Zusammenhang. Dort sollen jedenfalls mit anthroposophischen Landbauweisen sensationelle Erfolge gegen die russische Hungersnot erzielt worden sein. – In diesem Kontext haben sich Vater und Sohn gemeinsam in die biologisch-dynamischen Anwendungen hineingearbeitet. Sie dachten: Warum nicht stärker auf Naturkräfte setzen, wenn alle üblichen Verfahren auf absehbare Zeit offensichtlich keine Verbesserung der Lage bringen? «Wir diskutieren immerzu neue Wege, das Einkommen zu erhöhen, besonders auch mit *the boy*, der eine Menge über moderne Landwirtschaft liest und sich eine eigene Meinung bildet», schrieb Dorothy voller Begeisterung. Im August würden 30000 Mark Schulden fällig werden: «Für den Rest des Jahres bleibt nicht mehr viel, aber wo ein Wille ist, ist ein Weg, und hier gibt es irgendwie eine Menge von Willen.»[202]

Was der Leiter der Schweidnitzer «Landbau- und Gärtnerfachschule», Oberlandwirtschaftsrat Engelmann, über die Kreisauer Grafen als Landwirte dachte, ist gerade noch zitierfähig. Herr Engelmann hatte in Kreisaus Nachbarschaft den «Versuchsring Schwengfeld» ins Leben gerufen, der mit dem in Koberwitz von Steiner persönlich gegründeten Versuchsring konkurrierte und auf die «Motorisierung der Betriebe zur Ersparung von Arbeitskräften» setzte. 1989 teilte mir sein Sohn mit: «Mein Vater hat die Wirtschaftsweise und so weiter in Kreisau stets scharf kritisiert wegen der Anwendung der biologisch-dynamischen Düngung und der Gesundbeterei. – ‹Die Moltkes sind keine Landwirte›», habe er gesagt, und wenn Kreisau einen tüchtigen Inspektor unter den Fachschulabsolventen suchte, sei es «immer schwer gewesen, einen geeigneten zu finden».[203] Papi gab

Kreisau: die Hofeinfahrt zum Gutsbetrieb, um 1920

hier den Narren. Es ging ihm ja immer und überall so, nur nicht in seiner Kirche.

Bleibt noch, die Idee praktisch zu schildern, und das geht so: Papi und Helmuth James reiben zusammen aus Kuhhörnern ein oder zwei Säcke mit Hornspänen. Sie schwenken dann (einer anthroposophischen Vorschrift folgend) Hornspäne in einer Dungbrühe in Eimern oder Tonnen, das Schwenken heißt «wirbeln», nach links, nach rechts, es hat den Zweck, das Süpplein mit kosmischen Energien aufzuladen. Eines Tages ist es soweit. Sie beladen am Abend einen kleinen Wagen mit Hornspan-Säcken, der gewirbelten Brühe und Eisenstücken (welche ebenfalls die kosmische Korrespondenzkraft der Erde entfalten sollen) und fahren sie auf ihr Versuchsfeld. Trifft hier jetzt das Mondlicht in einem bestimmten Einfallswinkel auf den Acker, bringt es seinerseits kosmische Wirkungsgesetze zum Flutschen. Sie wirbeln ein letztes Mal und bringen dann alles zusammen in frischgezogenen Furchen aus, damit später zum Beispiel Biokartoffeln loswachsen. Nach der Arbeit fahren sie nach Hause. Alles durchdiskutiert, Pferd, Männer und Wagen riechen nach Kuh, der Mond beleuchtet den kleineren rundlichen und den großen hageren Mann, das Pony klappert, und ein Käuzchen ruft.

Dorothy fühlte sich für die gesellschaftliche Seite des Lebens zuständig. Auf diesem Gebiet beherzigte sie erprobte Ursache-Wirkungs-Zusammenhänge. Sie fragte sich: Was bringt die Jungen unserer Familie in bessere Startlöcher, und experimentierte mit Hans Carl und Carl Viggo. Die beiden Terroristen von 1920/22 waren inzwischen Gerichtsreferendare und auf Werbung. Sie brachten ihre Angebeteten nach Kreisau, wo Dorothy für etwas Glanz sorgte, auch diskret auszuwählen half und Verbindungen zu wohlhabenden Familien stiftete. Helmuth James betreffend hatte sie Ideen, die sich auf Lady Solomon bezogen. Das war eine Freundin Grannys und die Witwe des alten Freundes Daddys, der im Londoner Kolonialministerium

High Commissioner gewesen war. Als die Lady im Frühjahr 1924 anfragte, ob es gelegen käme, wenn sie ihren Enkel Dick Girourard, einen Londoner Schüler in Helmuth James' Alter, für eine Zeit als *paying guest* nach Kreisau schicke, stimmte Dorothy sofort zu. Eine Beziehung Helmuth James' zu Dick wäre gleichzeitig eine zum *British Empire* und vielleicht zur übrigen Welt.

Dick wurde um Ostern herum erwartet. Für die Osterferien hatte sich auch Helmuth James mit Conrad von Üxküll als Gast angemeldet. Dorothy dachte sich für das Jünglingstreffen etwas Besonderes aus. Durch Carli von Pückler, den in Weistritz wohnenden Familienfreund, bestand ein Kontakt zum berühmten Klingler-Quartett. Weil sie wie die meisten Musiker «zwei Drittel ihres Einkommens verloren» hatten und Hunger litten, waren Wohltätigkeitskonzerte geplant, ein «musikalischer Teenachmittag» sollte in Kreisau stattfinden. Fast hundert Leute wurden erwartet. «Ich gebe Tee, Kaffee und *sandwiches*, die Gäste bringen als Eintritt Lebensmittel für die Musiker und einen kleinen Kuchen zum Tee mit.»[204] Die Sonne schien auf Haus, Garten, Tennisplatz und Hof, alles sah sehr schön aus, als das Konzert stattfand. Auf dem Hof parkten die Kutschen und Automobile von insgesamt hundertzwanzig Gästen (die nun doch 2 Mark Eintrittsgeld spendeten), und danach schrieb Dorothy glücklich: «Unser Fest am Montag war ein großer Erfolg. Etwa 120 Leute kamen. Wir hatten Tee in der Halle und im Eßzimmer, dann entzückende Musik im Saal und in meinem Zimmer. Jeder freute sich, seine Freunde zu treffen. Baldner spielte fast alles auswendig und mit geschlossenen Augen, sein Cello schluchzte geradezu – wirklich wundervoll.» Was sie besonders freute: Jowo tanzte ununterbrochen mit einem Fräulein von Tschirsky. Nach den Osterferien bedankte sich Conrad von Üxküll mit einem Briefchen, aus dem Dorothy zitierte: Er müsse «mit wehem Herzen an das herrliche Kreisau denken, das, verschönt durch eine Reihe schöner Frauen» – «er meint

Mädi und mich!», kreischte sie in ihr Zitat hinein! –, «den Neid der Götter erwecken müsse». – Dorothy ergänzt: «Ist das nicht schrecklich ulkig? Es zeigt Euch, wie glücklich sie alle waren. Nun kommt Dick morgen, und ich bat Mädi, noch hier zu bleiben und nach ihm zu schauen und ihn zu unterhalten, bis er sich eingewöhnt hat.»[205]

Als Dick sich im Berghaus einlebte, versorgt von Schönchen mit Essen, von Tante Hertha mit Deutsch-Unterricht und von Mädi mit Unterhaltung, war Helmuth James wieder in Potsdam; die Mutter hatte die Hände frei. Sie hatte aber Kopf und Herz voll, und bei ihr regte sich nun sehr heftig das Bild von *the boy*. In ihren Briefen hob ein wochenlanger Lobgesang auf Helmuth James an. Er zieht sich, keine Wiederholung vermeidend, bis zum Jahresende hin, zwischen Berichten von politischen Ereignissen und alltäglichen Dingen. Daddy stellte zwar kritische Nachfragen zu Helmuth James' vagen Studienplänen. Sie antwortete aber beschwichtigend. Das seien alles nur «Tagträume» gewesen. Es gehe nicht anders: Nach dem Abitur müsse er drei Jahre lang Landwirtschafts-Eleve sein. Deswegen hielt sie es auch für «seine einzige Schwäche», daß er seine Hosen «dauernd gebügelt wünscht, damit ihre Linie perfekt ist». Ihr Sohn sei nun «wirklich ein Mann und kein Kind» mehr. Sie begründete das mit seiner Selbstbeherrschung, seiner Form, seinem «guten Benehmen». «Obwohl er überall willkommen ist, seit er so gut aussieht, widersteht er allem, was er sich nicht leisten kann.» Er habe verdammt wenig Geld, aber verbrauche es ausschließlich «für Trinkgelder, Straßenbahnen, Briefmarken, Schuhsohlen, Papier usw.». Der Geldmangel sei «ausgezeichnet für seinen Charakter». Seit er das Geld für die Mitgliedsbeiträge im Potsdamer Tennisclub bekommen hat, was tut er? Er hat sich «mit seines Vaters Gründlichkeit und Hingabe» dem neuen Sport gewidmet, «sehr oft 5 Stunden am Tag!». Kein Luftikus – das wollte sie ihren Eltern sagen.[206]

In den Pfingstferien, wieder in Kreisau, verlief alles sehr einfach. Aufs beste für Dick und Helmuth James. Oberschüler-Ferientage mit Abwechslung, schamgehemmt und vergleichsorientiert. Helmuth James warf sich in die von Mami eingeleitete Beziehung zu Dick. Er stand um fünf Uhr morgens auf. Ritt bis sieben, spielte Tennis mit Dick von zehn bis zwölf. «Um 2 fahren beide rüber zu einem herrlichen Teich in einem Steinbruch vor Goglau, um zu baden, dann nach Hause zum Tee und Tennis bis zum Abendessen.» Zwischen Pfingst- und Sommerferien wurde ihr im vergleichenden Blick auf den Engländer bewußt, wie anders alles geworden war. Beide Jungen waren beachtliche Persönlichkeiten. Kreisauer Freunde luden Dick auf die Höfe der Umgebung ein, Carli Pückler versprach, ihn Anfang August mit nach Bayreuth zu nehmen, wo er ihn den Künstlern der Wagner-Festspiele vorstellen wollte. Dick lud Jowo nach Breslau in die Oper ein, Jowo war begeistert.[207] Und Helmuth James? «In seinem *dinner jacket*, das einmal für den Y. T. gemacht wurde, sieht er ganz absurd aus.» Dann führte sie ihre Eloge weiter fort. «*The boy* ist eine wahre Freude.» Sie fühle sich schon «ein bißchen albern – er muß doch Fehler haben!». Aber sie konnte keine finden, «außer vielleicht ein ganz kleines bißchen zu viel jugendlicher Angeberei». Tolles Verhältnis zum Vater, «mit mir ist er auch so süß», er ist klug, lebendig, verläßlich, «mit sehr guten Manieren und so nett aussehend! Ich stelle mir ja schon die Zeit vor, wenn Daddy seinem ältesten Enkel erst mal London oder Kapstadt zeigt, wenn er ihn seinen Freunden vorstellt und sich geradezu etwas stolz fühlt – jetzt lacht bloß nicht zu viel, Ihr Lieben!».[208]

«Ganz zufällig» fand sie heraus, daß Helmuth James dabei ist, «eine kleine spanische Novelle ins Deutsche zu übersetzen – bloß zum eignen Vergnügen, und daß er, ‹weil das Ding so schön ist›, einen kleinen modernen Einakter auswendig gelernt hat. Dann übt er mit Jowo Tennis, gibt Willo Reitstunden, war gestern sieben Stunden lang bei einer agronomischen Testvorlesung: so herrlich lebendig».[209] Im folgenden Brief heißt es: «Dick hat moderne Dichtung vorgelesen, Edith Sitwell und einige bezaubernde Kurzgeschichten von einem gewissen Huxley.» Dick las auch selbstgeschriebene Gedichte vor, Dorothys Reaktion: «Erst wenn man ein modernes Gedicht zehnmal gelesen hat, beginnt man, seinen Sinn zu verstehen.» Zwei seiner Gedichte widmete Dick seinen Gastgebern, aber am folgenden Tag brieten sie wieder «Kartoffeln im Freien».[210]

Dies fand statt kurz vorm 10. Jahrestag des Kriegsbeginns. An diesem Tag hörte Dorothy, wie sich die beiden Jünglinge neben ihrem Zimmer, in dem sie so gern Ruhe haben wollte, «laut in englisch» unterhielten, wobei das Grammophon «zur Begleitung» tönte. Die Glocken läuteten, die Zeitungen standen voller Gedenkartikel, ihr Kopf war durcheinander und ihr Herz erschüttert, doch sie schrieb: «Diese Tage des beginnenden August sind so beladen mit Erinnerungen von 1914, daß es einen ganz überfällt. Aber die Jugend weigert sich, niedergedrückt zu sein. Mal richtig zu lachen ist wirklich eine sehr gute Sache und spendet mehr Leben als alle Tage lange Gesichter.»[211]

Wenn Helmuth James in Potsdam und Berlin zwischen den Epochen pendelte, so pendelte er in Kreisau zwischen seinen Lebensaltern. Mamis Blick, die Haus-Bühne, der Hof, das Milieu – ein Schonraum, wo das Alte und das Neue ineinander übergehen. Unentwegt schob Kreisau Kinderstube nach! Viele seiner deutschen Generationskollegen waren, wie Peter Suhrkamp 1930 feststellte, «Söhne ohne Väter und Lehrer». Sie hatten den Krieg miterlebt, ohne als Soldaten daran teilgenommen zu haben, und sie gerieten nun, beim Erwachsenwerden, «in alle Krisenhysterien und Krisenlaster», aus denen sie erst mit einer «Philosophie der Destruktion» im Kopf wieder hervorkamen.[212] Keine Spur davon bei Helmuth James, röhrender Plattenspieler, einvernehmliches deutsch-englisches Gebrüll im Nachbarzimmer.

Als im August 1924 in Kreisau das kleine deutsch-englische Jugendtreffen seinen Höhepunkt erreichte, fand in London bereits die Konferenz über den Dawes-Plan statt. Es handelte sich um das bis dahin politisch wichtigste Ereignis der Nachkriegszeit. Teilnehmer: Belgien, Frankreich, England und Deutschland, vertreten durch Regierungschefs, Außen- und Fachminister. In England hatte die Labour-Party die letzten Wahlen gewonnen, Ramsay MacDonald, ein Pazifist, regierte, der zuvor gesagt hatte: «Die ganze Entwicklung der radikalen Verhältnisse in Deutschland [...] hat seine tiefsten Wurzeln in der Politik, die Deutschland gegenüber getrieben worden ist.»[213] – In Frankreich hatte ein sogenanntes Linkskartell die Wahlen gewonnen. Raymond Poincaré, der Initiator der Ruhrgebietsbesetzung, der immer wieder mit dem Wahlslogan: «Le boche paiera!» (Der Boche wird zahlen!) angetreten war, mußte zurücktreten, Premierminister wurde Edouard Herriot, der für den Abbruch der Ruhrbesetzung plädierte, überhaupt für die Abkehr von der Politik der Demütigung gegenüber dem alten Feind. Allerdings waren MacDonald wie Herriot in nicht gerade visionär denkenden Koalitionsregierungen gebunden. Und dann stand noch völlig offen, ob sich diese Koalitionen (aus eher linken Kräften) gegen die starken jeweiligen nationalistischen Oppositionen dieser Länder würden durchsetzen können. Diese Grundspannung hat überall bis zum Ausbruch des Zweiten Weltkriegs gedauert.

In Deutschland standen im Vorfeld der Londoner Konferenz die Dinge noch viel komplizierter. Die Mehrheit der Deutschen stellte sich weiter generell gegen Reparationsforderungen, die aus der im Versailler Vertrag festgestellten deutschen Alleinschuld am Krieg resultierten; die 1919 geleistete Unterschrift unter dem Vertrag von Versailles wurde als Werk von Verrätern, «Erfüllungspolitikern», diskreditiert. So stellte nach den Reichstagswahlen vom 4. Mai 1924 das deutsche Contra-Wilson-Lager, die Parteien der extremen Rechten und Linken, die Parlamentsmehrheit. Bloß weil diese Mehrheit ganz offensichtlich nicht regieren wollte, bestimmte noch einmal das deutsche

Pro-Wilson-Lager, eine Parlamentsminderheit, die Richtlinien der Regierung. Der Zentrumspolitiker Wilhelm Marx blieb Reichskanzler, Gustav Stresemann (DVP) Außenminister; diese beiden sollten Deutschland in London vertreten – doch ohne stabilen politischen oder gesellschaftlichen Rückhalt.

Unser Protagonist erlebt später eine vergleichbare Situation, die Notwendigkeit, ohne gesellschaftlichen Hintergrund zu handeln. Stresemann war der Ansicht, das unter dem Gesichtspunkt «business but politics» zustandegekommene Sachverständigen-Gutachten stelle «eine der ganz großen Drehungen der Weltgeschichte»[214] dar. Er wollte in London für die deutsche Zustimmung zum Dawes-Plan den Abbruch der Besetzung des Ruhrgebiets erhandeln und forderte alle deutschen Parteien dazu auf, sich der wirtschaftlichen Vernunft zu fügen, auf den neuen Geist der Verständigung zu setzen und den Persönlichkeiten zu vertrauen, die in England und Frankreich gerade Politik machten. Doch heftigster Zweifel schlug ihm aus den eigenen Reihen entgegen. Und nur wenige Stresemann-Mitstreiter aus DVP, DDP und einer nahezu zerrissenen SPD standen hier einem Lager gegenüber, dessen Ablehnung einhellig war.

So warnte die KPD vor der Kolonisierung Deutschlands; sie «entlarvte» die Befürworter des amerikanischen Plans als ausgemachte Feinde der Arbeiterklasse, deren Ziel es sei, die unmittelbar bevorstehende proletarische Revolution zu verhindern.[215] Die «Völkische Arbeitsgemeinschaft», zu der auch die NSDAP gehörte, warnte vor der Versklavung Deutschlands, auch die DNVP sah die Versklavung Deutschlands voraus.

Und Stresemann? Noch im Juli schrieb er in persönlichen Briefen von der Schwäche Herriots, von der europaweiten «Nervosität» und «politischer Unruhe». Er reiste nach London ab mit der Vorstellung, «die ganze politische Zukunft ist in ein Dunkel gehüllt».[216] Doch als er sich in London mit den Kollegen traf, da sah er auf einmal den Silberstreifen.

In Kreisau wurde die «Vossische Zeitung» gelesen. Ihre Art

der Berichterstattung machte den Leser zum Teilnehmer der Konferenz. Zur Eröffnung, exakt am 10. Jahrestag des Kriegsbeginns, hob die «Vossische» die Notwendigkeit «großer Geduld» und Kenntnis der «Volkscharaktere» hervor. Ihre Darstellung der Konferenz wollte sich besonders den «Aussichten» widmen, «sich sachlich zu verständigen und menschlich näherzukommen». Wie ernst die Zeitung diesen Vorsatz nahm, geht aus der heute etwas irrwitzig anmutenden Genauigkeit hervor, mit der die Umgangsformen, ja jede Bewegung der Verhandler, dargestellt wurden. Zu welcher Uhrzeit Reichskanzler Marx aus dem Ritz-Hotel trat, wie Außenminister Stresemann, von wem beachtet und von wem nicht, die Downing Street hinunterging. «Premierminister MacDonald begrüßte die deutsche Delegation», schrieb die Zeitung (für uns hätte das gelangt), «geleitete sie in den Saal, in dem die meisten Delegationen schon versammelt waren, und führte sie an ihre Plätze im Sitzungssaal, wo durch Tische ein Viereck gebildet war.» Erst die Hyperkonkretion ist es, die uns Heutige darauf aufmerksam macht, daß die Szene die damaligen Leser an Versailles 1919 zurückdenken ließ. London rührte an erlittene Kränkungen; es bestand die Chance, nun einen ganz tiefsitzenden Schmerz in der nationalen Erinnerung zu heilen.

Die Begrüßung «war von korrektester Höflichkeit». Nun die Tagesordnung. 1919 hatten die Kriegsgewinner den -verlierern die Tagesordnung «zitiert»: Sie zogen einen «Friedensvertrag» aus der Tasche und warfen ihn den Deutschen an den Kopf. Die hundertzweiundsechzigköpfige deutsche Delegation, die damals wie eine wandelnde Festung herangerollt kam, mußte ihre Stellungnahmen unter militärischer Bewachung schreiben. MacDonald hingegen sagte zuerst: Heute könne man noch nicht in die sachliche Verhandlung eintreten. Im Nachsatz dann die entspannende Begründung, er plädiere für einen freien Tag, gleich zu Konferenzbeginn, weil «die deutschen Delegierten sicherlich nach der langen Reise ermüdet sein würden» – eine solche Rücksichtnahme war den deutschen Verhandlern seit zehn Jahren nicht mehr begegnet. Damit zusammen hing die Vereinbarung des voraussichtlichen Konferenzendes, die natürlich für das Verhandlungstempo entscheidend war. MacDonald riskierte an dieser heiklen Stelle eine lässige Bemerkung. «Er für seine Person würde sich sehr freuen, wenn er am Sonntag nach Schottland auf seinen Urlaub gehen könnte.» Erst hatte er in «korrektester Höflichkeit» zu Tischen geführt, an die man sich wirklich setzen konnte, dann freundlich auf Hotelbetten verwiesen, in denen es sich tatsächlich gut ausruhen ließ, und wie er jetzt auf seine Angelleidenschaft anspielte, brach Heiterkeit aus.

Bald sahen sich die Teilnehmer in neuem Licht. Sie schickten sich jetzt alle in ein so hohes Arbeitstempo, daß das «Berliner Tageblatt» schrieb, niemand zweifle mehr am Erfolg der Verhandlung. Der englische «Daily Herald» verglich die Konferenz jetzt «mit einer Schule, die ein oder zwei Tage vor Beginn der Ferien ist»[217], und Stresemann schrieb an seine Frau: «ich fühle mich bei den Verhandlungen ganz heimisch.»[218] Bald wurde nicht mehr nur in großer Nationalformation am viereckigen Tisch geredet. Man traf sich in wechselnden Gruppen; seltener im Sitzungssaal, öfter im legeren Ambiente von Hotels und Bars. Einmal entwischten Stresemann und Herriot dem Journalisten-Pulk, um sich zu erzählen, wie begrenzt ihre politischen Handlungsmöglichkeiten waren. Ihre vertraulichen Gespräche im königlichen Automobilclub führten (über zahlreiche Krisen) zu den wichtigsten sachlichen Ergebnissen überhaupt. Im Rückblick auf eine ganze Reihe solcher Annäherungen sagte Stresemann zur Londoner Konferenz: «Das verwundete deutsche Volk sah zum ersten Male seine Vertreter nicht als Objekt der Gesetzgebung anderer.»[219]

Um in Deutschland den Dawes-Plan zu verwirklichen, mußten einige neue Gesetze beraten und mit verfassungsändernder Zweidrittelmehrheit beschlossen werden. Helmuth James «hat oft Reichstagssitzungen besucht»[220] – auch in dieser Zeit bei den Debatten über London, als die Zuschauertribünen tagelang überfüllt waren. Der Klassenkamerad Prinz Louis Ferdinand war auch dort und berichtete von seinem ersten Besuch in diesem «Tempel der deutschen Politik». Er hatte eine feierliche Stimmung erwartet und war entsetzt. «Ich konnte nicht verstehen, was gerufen wurde.» Am Tag, als Stresemann den Konferenzverlauf schildern wollte, störten kommunistische Abgeordnete die Sitzung, Obstruktion war ihr Prinzip. In Moskau war beim fünften Weltkongreß der Kommunistischen Internationale beschlossen worden, die Parlamente, sogenannte Schwatzbuden, die nur zur Verschleierung der Kapitalherrschaft existierten, als «Bühne» zu nutzen, um die Arbeiter Radikalität zu lehren, den Kampf «Klasse gegen Klasse». Louis Ferdinand sah vom Reichskanzler die sich bewegenden Lippen, vom Parlamentspräsidenten vernahm er die bimmelnde Glocke, dann wurde die Sitzung vertagt. «‹Nun, Prinz Louis Ferdinand, wie fanden Sie das?› fragte ihn ein Abgeordneter. ‹Betragen die sich immer so›, fragte ich ihn. Er antwortete spöttisch: ‹Nicht immer, aber meistens.›»[221]

Stresemann haben die Zeitgenossen vor wichtigen Reden vor Angst schlottern sehen, mit Schweißperlen auf der Stirn. Die Anstrengung, sagte er, ging ihm «an die Nieren», einundfünfzigjährig, 1929, starb er daran. Vor London hatte er erklärt, die günstigen Verhandlungsbedingungen nutzen zu wollen, um den Abbruch der Ruhrbesetzung zu erstreiten. In dieser Sache war er gescheitert. Doch auf Stresemanns Drängen hatte es Herriot gewagt, nach Paris zu reisen, und war unerwarteterweise mit der Erlaubnis zu kleinen Zugeständnissen nach London zurückgekehrt. Stresemann mußte nun dem Reichstag die Anerkennung seines kleinen Erfolgs, des kleineren Übels, abringen: Annahme des Dawes-Pakets gegen die 800-Millionen-Anleihe plus vage französische Zusagen der Räumung wenigstens einiger kleiner Orte und das Versprechen des endgültigen Abzugs im kommenden Jahr. Am folgenden Morgen hieß es in der «Vossischen Zeitung»: «Doktor Stresemann [...] bemühte sich mit Gelingen um den Nachweis, daß die deutsche Delegation in London erreicht habe, was im Rahmen des Erreichbaren lag, und zeigte darüber hinaus die politischen Aspekte, die sich in London eröffnet haben», die Aussichten auf eine weitere Zusammenarbeit, die er für das wesentliche Ergebnis hielt.

> «Und es war auch unverkennbar, daß das ganze Haus, je weiter Doktor Stresemann der historischen Darstellung der von der deutschen Delegation mit den französischen und den englischen Ministerpräsidenten geführten Verhandlungen [...] kam, desto stärker der Wirkung dieser *sachlichen Argumentation* unterlag. Die Atmosphäre, die die Londoner Konferenz umgab, und aus der heraus allein die Haltung der deutschen Delegation zu verstehen ist, wurde deutlich fühlbar [...]. Die Äußerungen der Zustimmung wurden immer häufiger, immer lauter und immer kräftiger, und an einer Stelle der Rede [...] ertönte Beifallsklatschen, eine bisher von den Ordnungsparteien des Parlamentes nicht geübte Form der Zustimmung, die der Präsident erst gestern an den Kommunisten gerügt hat.»[222]

Die Beratungen verliefen mühsam. Aber schließlich, nach komplizierten Kompromissen, die in Gesprächen auf den Gängen und in Parteizentralen mit riskanten Versprechungen, Bestechungen und auch der verfassungswidrigen Drohung der Reichstagsauflösung erzielt wurden, kam die erforderliche Abstimmungsmehrheit zustande. Stolz gab die «Vossische» den Sieg bekannt:

> «Die Politik, als deren Märtyrer Walther Rathenau und Matthias Erzberger fielen, hat sich durchgesetzt. [...] Das

ist die entscheidende Tatsache, an der nicht mehr gerüttelt werden kann. Sie bedeutet, daß ein neuer Abschnitt der deutschen Geschichte erreicht ist. Allen persönlichen und sachlichen Widerständen zum Trotz hat damit die Liquidierung der Kriegs- und der Vorkriegseinstellungen begonnen. Hakenkreuz und Sowjetstern, die sich auch gestern wieder die Reverenz erwiesen, haben in Deutschland ausgespielt. Der Bürgerkrieg, der vor Jahresfrist fast unabwendbar schien, ist vermieden.»[223]

7. Goldene Jahre in Berlin und bei Genia loci

Für Helmuth James, der schon seit längerem Stresemann bewunderte und sich «schrecklich begierig nach Politik» zeigte, war die Annahme des Dawes-Plans ein unvergeßlicher Anschauungsunterricht zur Rolle des einzelnen in der Politik. Das Geschehen war zugleich Wasser auf die Mühlen, die seine Mutter am Laufen halten wollte: Schon seit geraumer Zeit hielt sie es für möglich, daß ihr Sohn dereinst eine große Rolle in der europäischen Politik spielen würde. Jedoch konnte das Erlebnis des dramatisch einsamen Kampfes Stresemanns überhaupt nur deshalb so eindringlich werden, weil ab 1924 viele seiner Reden gedruckt erschienen, also nachgelesen werden konnten, während sich die Wirklichkeit als freundliche Lehrerin zeigte. Um auf dem Gebiet von Staat und Gesellschaft etwas zu bewegen, waren nicht in jedem Fall Massen nötig, oft reichten einzelne. So wurde 1924 zum Beginn der sogenannten goldenen Jahre der Republik. Mit dem Staat schien es nach Auszahlung der versprochenen amerikanischen Kredite aufwärtszugehen, und Helmuth James stand in seiner Jünglingsblüte.

Aus der Anschauung des Epochenumbruchs, der sich seit 1989 vor aller Augen abspielt, wissen wir wieder, wie weit sich das Feld der Politik in Wendesituationen ausdehnt. Wie empfindlich dieses sonst unsichtbare Wahrnehmungs-, Aktions- und Machtgeflecht auf Erschütterungen reagiert. Viel hängt mitunter von wenigen ab: von recherchierenden Journalisten, beherzten Richtern, phantasievollen Lehrern, von Individuen, die sich ohne lange Absprache gegen Verblödungswellen einsetzen, von sogenannten intakten Familien, die nur deshalb so heißen, weil sie den Strom zivilisatorischer Prozesse zwischen den Generationen vermitteln. In solchen Zeiten spielen die Eigenschaften von Persönlichkeiten eine größere Rolle als im routinierten Lauf der Dinge. Die Frage nach Verstärkung, nach gesellschaftlicher Initiative wurde in diesen goldenen Jahren laut, politischer Nachwuchs wurde gesucht, und mehrere Mentoren gleichzeitig entdeckten in Helmuth James einen aktiven und furchtlosen Jüngling, der sich in der neuen Epoche heimisch fühlte, sachlich und freundlich zu äußern wußte, gut aussah, politische Ideen hatte und dazu noch von Moltke hieß.

Der Kontakt zu dem amerikanischen Journalisten Edgar Ansel Mowrer und dessen englischer Frau Lilian war spätestens Mitte 1924 gefunden und intensivierte sich rasch. Als Ende des Jahres die aus Wien kommende Korrespondentin des «Philadelphia Ledger» Dorothy Thompson nach Berlin kam und ein kleines Wohnhaus, Händelstraße 8, nahe S-Bahnhof Bellevue, mietete, zogen die Mowrers zu ihr ins Untergeschoß. Dort trafen sich der sechzehnjährige Moltke und die fast doppelt so alte Dorothy Thompson zum ersten Mal.

Carl Zuckmayer hatte Dorothy Thompson im Jahr 1925, noch vor dem Erfolg seines Stücks «Der fröhliche Weinberg», kennengelernt. In seiner Autobiographie beschrieb er die Amerikanerin:

> «Die unbefangene Frische und der Charme ihrer Persönlichkeit waren unwiderstehlich. Sie wirkte in ihren späten Zwanzigerjahren wie eine Neunzehnjährige, von fabelhafter, fast robuster Gesundheit, ihr Gesicht sah immer aus, als wäre sie gerade durch einen guten, kräftigen Seewind gelaufen, und ihre hellen, klaren Augen blitzten und leuchteten, sei es im Angriff, sei es im Einverständnis, von Eifer und Enthusiasmus. Sie liebte es, auch als ihre schöne, wohlproportionierte Gestalt schon ein wenig zur Fülle neigte, sehr helle, fast mädchenhafte Kleider zu tragen, die ihr vorzüglich standen, besonders wenn sie von einer großen, bunten Schleife geziert waren. Nichts erinnerte bei ihr an den Typ der Karriereweiber, der intellektuell überanstrengten oder von Erfolgssucht gehetzten, die keine Zeit

> haben für sich selbst und dadurch den anderen so sehr auf die Nerven gehen. Dorothy hatte Zeit, sie nahm sich Zeit [...] Sie kochte gut, sie konnte jede Art und jedes Maß von Alkohol vertragen – das einzige, worin sich ihre verborgene Nervosität lästig und schädlich äußerte, war das unablässige, hastige, unkontrollierte Zigarettenrauchen. In diesem gierigen Lungenzug, flüchtigen Ausstampfen halbgerauchter und sofortigen Anzünden neuer Zigaretten sah ich ein Zeichen von innerer Rastlosigkeit, die sie sonst, wie alles Schwierige, Komplizierte, auch Tragische in ihrem Leben, in sich verschloß. [...] Dieses Gespür für Krisenluft, der unbestechliche Blick für Tatsachen und die Kühnheit [...] verliehen ihren Berichten die ungewöhnliche Anziehungskraft, die ihr bald internationale Geltung verschafften.»[224]

Dorothy Thompson wurde 1893 in einem kleinen Ort namens Lancaster in der Nähe von Buffalo am Eriesee geboren. Sie hatte erbärmliche Familienverhältnisse zu ertragen. Ihr Vater, ein englischer Methodisten-Prediger, war bei einer USA-Reise in Amerika hängengeblieben, nachdem er in Pittsburgh seine zukünftige Frau kennengelernt hatte. Die beiden heirateten, und noch in den Flitterwochen ließ er sich überreden, Prediger in den Vororten Buffalos zu vertreten. So verbrachte Dorothy ihre Kindheit von einem Pfarrhaus zum andern ziehend. Nach dem Tod seiner Frau wurde der Vater mit der Zeit sonderbar: Er bekam fromme Anfälle, unbekannten Bettlern gab er seinen Haustürschlüssel, den einzigen Ofen des Hauses wollte er verschenken. Als er eine herrische Organistin heiratete, wurde die Lage unerträglich, und Dorothy machte sich davon. Sie ging aufs Methodisten-College in Syracuse, wo sie unter heftigen Stimmungswechseln litt, doch fleißig war und gern mit Lehrern stritt. Als sie nach ihrem Examen arbeiten mußte, suchte sie eine Stelle, bei der sie das Geldverdienen verbinden konnte mit etwas, woran sie glaubte. Sie fand den passenden Job 1914 in der Versandstelle der «New York State Woman Suffrage Party», wo sie für acht Dollar die Woche Briefe kuvertierte, deren Empfänger für die Einführung des Frauenwahlrechts mobilisiert werden sollten. Dorothy machte bald Erfahrungen auf allen Gebieten von *politics, publicity, public speaking* und *organisation*. Sie verbündete sich mit Sozialistinnen und Anarchistinnen, lernte Fabrikarbeiter, Gewerkschafter und politische Theoretiker kennen. Als 1917 die USA in den Krieg eintraten, bewarb sie sich erfolglos, um die Soldaten im Kampf «gegen die Hunnen» zu unterstützen. Sie arbeitete nun in einer Werbeagentur, wo sie «gleißnerische Waschzettel für Seife und Mundwasser»[225] schrieb, und wurde anschließend in New York nationale Pressechefin eines Wohlfahrtsverbands. Sie arbeitete schon für große Zeitungen, als ein Thema ihre tiefste Leidenschaft erregte: Woodrow Wilsons Idee der Verbreitung des Friedens: «Das, dachten wir damals, war die Stimme Amerikas! Keine Rache, keine Vergeltung! Keine Annexionen, keine Entschädigungen! Demokratie in Deutschland und dann Vergebung!» Wilsons «14 Punkte» bedeuteten ihr das «Erscheinen eines großartigen Sonnenaufgangs auf unserer Welt.»[226] Als sie dann aber die Versailler Verträge las, weinte sie bestürzt: «Verrat an allem, woran ihre Generation geglaubt hatte: Freiheit, Gerechtigkeit, Toleranz», kommentiert der Biograph.[227] Von da an begann Rußland ihr das verlorene Ideal zu ersetzen, die Russische Revolution schien «das einzige helle Licht am Horizont», sie glaubte, dort sei «in elementarer Naturkraft [...] eine vollständig neue, eine große Ordnung aller Dinge» im Entstehen.[228] (Das hielt auch Dorothy von Moltke eine Weile lang für möglich.) Mit einer Freundin reiste sie nach Europa, «ins Land des Sonnenaufgangs»[229], landete nach vielen Umwegen 1921 in Wien, wo sie den Kreis von Dr. Eugenie Schwarzwald, einer der drei großen Wiener Salondamen, kennenlernte, sich einlebte und schnell zu einer erfolgreichen Journalistin avancierte.

Dort heiratete sie einen ungarischen Literaten, mit dem aber bald offenbar sexuelle Probleme auftauchten. Deshalb nahm sie die Hilfe von Dr. Sigmund Freud in Anspruch. Sie wohnte in seiner Nähe und war bald so vertraut mit ihm, daß sie sich bei ihm etwas leihen konnte, wenn sie einmal ohne Geld war. Wien verließ sie nach Berlin – wegen des attraktiven Karriereangebots des «Philadelphia Ledger» (sie war die erste Frau auf dem Posten eines Büroleiters) und um nun in der Scheidung Distanz vom Ehemann zu gewinnen. In allen politischen Agenturen in der Hauptstadt ging sie bald ein und aus, lernte bald auch mit Helmuth James' Hilfe viele Menschen aus den aristokratischen Kreisen kennen. Der Pressesprecher des Außenministeriums, Otto Kiep, pflegte seine wöchentlichen Pressekonferenzen folgendermaßen zu beginnen: «Meine Damen, meine Herren, liebe Dorothy».

Edgar Ansel Mowrer, geboren in Bloomington, Illinois, am 8. März 1892, studierte zunächst an der Universität von Chicago, wechselte dann aber zum Literatur- und Philosophiestudium auf die Sorbonne in Paris. Als der Erste Weltkrieg ausbrach, mußte er seinen Bruder vertreten, Korrespondent der «Chicago Daily Mail» in Paris; sein Auftrag: die Schlacht in Flandern zu beschreiben. Danach war auch er fest für den Journalismus gewonnen. Es war von Anfang an eine aufregende Karriere, zumal Mowrer, wie seine Kollegen bezeugten, «ein brillanter Erzähler mit der Gabe der Übertreibung, ein fanatischer Hitler-Hasser und ein geborener Kämpfer war»[230]; bald hat man ihn den fähigsten und bestinformierten Journalisten dieser Tage genannt. Er wurde Büroleiter in Rom, wo er den Kriegseintritt Italiens gegen die österreichisch-ungarischen Truppen und das Kriegsende beschrieb. Oft erklärte er seine Sympathie für die Politik Wilsons und schließlich auch die Trauer über dessen Niederlage. Besonders leuchtete ihm, in Anlehnung an Wilson, die Überlegung ein, «nur etwas wirklich Großes kann den Verlust von mehreren hunderttausend jungen Leben wert sein».[231]

Folgerichtig ist dann Mowrers Bemerkung, es sei ihm wie «das Versprechen eines neuen Sonnenaufgangs erschienen»[232], als im Dezember 1916 Wilson einen «Frieden ohne Sieg» einforderte, dem alle Seiten zustimmen und dann zusammen einen Völkerbund schaffen sollten, um weitere Kriege zu verhindern. Als Wilson aber nach Europa kam und die Völker zur großen Konferenz in Paris zusammenrief, ging alles schief: «Die Friedenskonferenz war eine Katastrophe.»[233] Sie ging im Rachedenken der Sieger unter, an neuen nationalistischen Wunschgedanken und alter Kriegspropaganda scheiterten die großen Ideen. Die ersten Nachkriegsjahre in Rom boten Mowrer vor allem ein wunderschönes Land, aber alle Hoffnung auf eine demokratische Modernisierung dieses schönen «unsterblichen Italien» zerschlug sich mit der rasch heranwachsenden faschistischen Bewegung Mussolinis; dessen Marsch auf Rom 1922 beendete Mowrers Arbeit in Italien. Er reiste durch Deutschland und siedelte sich in Berlin an, wo er die Wende der deutschen Politik durch Stresemanns Verhandlungen als Zeichen der Hoffnung empfand.

Moltke ging bald in den Wohnungen von Mowrer und Thompson ein und aus. Unbefangen, wie er war, trug er das Seine zum Lebensstil der Wohngemeinschaft bei. Als die kleine Mowrer-Tochter Baby-Jane Diana heranwuchs, entwickelte er ein Verhältnis zu ihr wie ein älterer Bruder. Er brachte Spielsachen mit, fuhr sie mit dem Kinderwagen im Tiergarten spazieren; noch in den 90er Jahren, siebzigjährig in Chicago lebend, war Helmuth James für Diana gegenwärtig: «Ich erinnere mich, wie sehr ich ihn als Kind mochte. Natürlich sprachen meine Eltern oft von ihm, und immer mit großer Bewunderung und Zuneigung. [...] Mit ihm hatte ich immer Spaß, immer bereit zu spielen, warf er mich in die Luft.»[234] So einen mit seinem ansprechenden, ja, aufregenden Auftreten hatten weder die Mowrers noch Dorothy Thompson schon irgendwo erlebt. Und sie gaben reichlich zurück. Sie boten ihm Einblick in Geschichte und Praxis des investigativen Journalismus. Das hat offensichtlich Helmuth James' Studienpläne beeinflußt: Neben dem juristischen Studium belegte er Kurse am neueröffneten Institut für Zeitungswissenschaft von Emil Dovifat. Thompson und Mowrer wurden zu ständigen Ratgebern des Studenten, Edgar ließ ihn mit immer größeren Informationsaufträgen etwas Geld verdienen und wurde zu einem seriösen Mentor, der ihn auch in die Berliner Gesellschaft einführte.

Mit Baby-Janes Mutter ging Helmuth James oft ins Theater. Lilian beschrieb in einem Erinnerungsbuch ein Stück, in dem die letzten Tage vor Ausbruch des Ersten Weltkriegs dargestellt wurden:

> «Die Handlung folgte offiziellen Dokumenten, und die Schauspieler waren mit photographischer Genauigkeit den historischen Akteuren nachgebildet. (Ich ging mir [das Stück] mit einem jungen Moltke ansehen, der laut aufschrie, als plötzlich sein ‹Großonkel› auf die Bühne kam.) Es war dann fast unheimlich, Bethmann-Hollweg im Gespräch mit dem britischen Botschafter in Berlin zuzuhören. Der deutsche Reichskanzler wollte die Folgen des deutschen Angriffs auf Belgien nicht wahrhaben und sagte zu Sir Edward Goschen: ‹Würden Sie denn wirklich wegen eines Fetzens Papier einen Krieg beginnen?›»[235]

Helmuth James, vom Inhalt des Stücks tief bewegt, sagte danach zu Lilian: «Du siehst, der Zusammenbruch des politischen Anstands war letzten Endes die Ursache des Krieges.»[236]

1925 erlebten sie gemeinsam eine Ballnacht in der russischen Botschaft. Seine Mutter berichtete in ihrem Wochenbrief den Eltern: «Er kam gestern sehr fröhlich und mitteilsam an, es wird Euch amüsieren zu hören, daß er bei einem riesigen Fest der Sowjetischen Botschaft war, das zur Feier des 5. Jahrestags der bolschewistischen Regierung stattfand. Es gab ein Dinner mit

600 Personen und danach Tanz, eine rauschende Angelegenheit mit den Repräsentanten aller Regierungen!»[237] Lilian Mowrer hat 1937 darüber geschrieben. Sie erzählte, die Russen hätten in den zwanziger Jahren noch nicht auf «die konventionellen sozialen Grenzen» geachtet: Beim Empfang 1925 ereigneten sich vielleicht zum letzten Mal die legendären Verstöße gegen die Kleiderordnung, die jedem Dabeigewesenen beim Weitersagen auf den Lippen zergingen. Neben Fräcken und Abendroben zeigten sich deutsche Kommunisten in Blaumännern. Der kürzlich aus dem Gefängnis entlassene Ernst Toller erschien vollkommen schwarz gekleidet, Madame Kollontai, eine russische Forscherin und Diplomatin, trug eine Latzhose. Man aß mit den silbernen Bestecken der alten zaristischen Botschaft. Schaute man jedoch auf die Gabel, fand man Hammer und Sichel eingraviert. Als nach dem opulenten Essen ein stimmungsvolles Balalaika-Orchester zu musizieren anhob, war nach wenigen Takten das Lied «Wacht auf, Verdammte dieser Erde, die stets man noch zum Hungern zwingt» zu hören, das diplomatische Corps erhob sich mit Sektgläsern und toastete unter einem wandgroßen Leninbild auf die Sowjetunion! Weil es schon im Vorjahr viele solcher delikater Augenblicke gegeben hatte, waren 1925 die 600 den Gästen zugeschickten Eintrittskarten derart begehrt in der Stadt, schrieb Lilian, «daß man am besten den Paß zusätzlich zu seiner Einladungskarte mitnahm, um bei der Eingangskontrolle Unter den Linden zu beweisen, daß diese einem wirklich gehörte»[238] – der jugendliche Graf Moltke darunter wie Hans im Glück. Lilian schrieb das lustig nieder; Edgar hingegen streifte in seinem Buch drei Jahrzehnte später nur sarkastisch die Ereignisse. Die wenigen russischen Diplomaten, mit denen er sich hatte verständigen können, waren tot, von Stalin ermordet. Bei den Empfängen habe es im Grunde «wenig politische Unterhaltung, dafür aber um so mehr Gedränge» gegeben. Für die meisten Gäste habe der Abend seinen Höhepunkt erreicht, «als sich die Türen zum Speisesaal

Dorothy Thompson und Sinclair Lewis vor dem Brandenburger Tor, um 1930

öffneten, wonach sie sich auf einen Berg feinsten Molossol-Kaviars stürzen konnten, der extra aus Rußland hergebracht worden war. Diejenigen, die sich zu weit von der Speisesaaltür aufgestellt hatten, kriegten oft nichts mehr ab».[239] – Und wie fand Helmuth James den Abend, diese Einführung in die große Gesellschaft? «Eine rauschende Angelegenheit», schrieb seine Mutter, gestützt auf seinen Bericht.

Dorothy Thompson notierte mitunter Gesprächsthemen auf chaotische Weise in ihr Tagebuch. So schaut Helmuth James zwischen Tilla Durieux, Klaus und Erika Mann, dem Gründer der Paneuropa-Union Coudenhove-Kalergi, dem Elsässer Soziologen und Wirtschaftsexperten André Siegfried, dem englischen Botschaftsangehörigen Nicolson und dessen Frau Vita Sackville-West und zahllosen Journalisten hervor. Er bezeichne die Studenten «als die schlimmste Klasse Deutschlands», heißt es einmal[240]; in einem späteren Brief erinnerte sie sich, daß er damals auch «gegen die Schwarze Reichswehr gekämpft» habe.[241] Wie nah sie sich 1927 standen, wird auch daran deutlich, daß er seine Mutter in der Händelstraße einführte. Vincent Sheean, ein amerikanischer Journalist, beschreibt diesen Abend des 9. Juli bei Thompson, das war der Tag, als der amerikanische Schriftsteller Sinclair Lewis schicksalhaft ins Leben von Dorothy Thompson trat:

> «Dorothys Dinner zu ihrem dreiunddreißigsten Geburtstag, das so folgenreich für ihr Leben sein sollte, war klein, aber fein, wie viele der Zusammenkünfte in der Händelstraße 8. Zweifellos war auch das Essen erlesen, denn Hedwig, die Hausangestellte, war als Köchin ausgezeichnet. Dorothy kannte sich in deutschen und französischen Weinen aus und hatte eine sichere Hand in der Blumenwahl. Im bezaubernden Wohnzimmer standen ihre Möbel aus Wien im Stil des Dixhuitième, die Gespräche wurden in zwei bis drei Sprachen geführt. Ehrengast war Graf Karolyi, der liberale ungarische Ministerpräsident, den die Gegner der Entente aus Amt und Land geworfen hatten. Die Gräfin von Moltke und ihr wunderbarer

> Sohn Helmuth, einer der größten und stattlichsten jungen Männer in Berlin und anderswo, waren anwesend. [...] Der alles entscheidende amerikanische Gast war Sinclair Lewis. Lewis, 42 Jahre alt, war der berühmteste und bei weitem erfolgreichste amerikanische Schriftsteller.»[242]

Die nächste Spur von Helmuth James, die wir in diesen Jahren aufnehmen können, wird uns von Berlin nach Österreich führen. Im Berliner Schloß, dort, wo der Kaiser regiert und die Revolution getobt hatte, existierte seit 1923 die bekannteste aller Berliner Suppenküchen, die Schloßküche. Sie wurde von einer «Österreichischen Freundeshilfe» eingerichtet und betrieben. Der Name signalisierte, daß es neben der Speisung der Hungrigen auch um eine Demonstration des deutsch-österreichischen Zusammenhalts ging, mit Hoffnungen, quer durch alle Parteien, auf eine baldige Vereinigung der «zwei deutschen Staaten». Folglich konnte man sich hier hinsetzen, gut und billig essen und dabei noch das Gefühl haben, etwas zur Revision der Verträge von Versailles und Saint-Germain-en-Laye beizutragen. Dennoch war die «Österreichische Freundeshilfe» keine politische Gruppe oder Bürgerinitiative im heutigen Sinn. Sie war nur ein kleiner Zweig des großen «Schwarzwaldschen Wohlfahrtswerks» in Wien, das im Krieg auf Initiative und unter Leitung von Eugenie Schwarzwald entstand.

In der Schloßküche aß Helmuth James als Student oft zu Mittag. Es gab drei Gänge für 90 Pfennige im Abonnement, das hatte er schon vor Studienbeginn gewußt und in seine Budget-Planung einbezogen. Seine Mutter zeigte sich indessen schlecht informiert: «Mittag essen wird er in einem kleinen Restaurant in der Nähe der Universität, das nicht halb so schön ist wie die Einrichtungen in Oxford und Cambridge, das aber den Vorteil hat, billig zu sein»[243] – billig stimmt, aber klein war es hier nicht gerade. Es herrschte ein Riesenbetrieb in der Säulenhalle des Apothekenflügels. Und es war der konzeptionelle Pfiff der Schloßküche, daß hier nicht wie am Fordschen Fließband abgefertigt, sondern durchaus schön serviert und gegessen wurde. Blumen und gebügelte Servietten auf den Tischdecken; die Serviererinnen begrüßten die Essensabonnenten persönlich; Käthe Kollwitz berichtet in ihrem Tagebuch von «den jungen Frauen der Österreichischen Freundeshilfe [...], wie die sich schön anziehen», weil sie den halben Lohn in ihre Kleidung steckten; eine Freundin meinte dazu: «Und das ist auch recht! Wer sich nichts gönnt, gönnt meist auch andern nichts.»[244]

Helmuth James kam nun immer in Begleitung von Kommilitonen in die Schloßküche. Die Gruppe bestellte ihre Mehlspeisen bei den feschen Fräuleins; oder etwa Knödel, die ein bißchen hopsen, wenn sie auf den Teller rollen; oder Apfelstrudel, außen hauchdünn, kroß, mit Puderzucker bestreut, innen weich, heiß, mit Zimt; Mohnkuchen vom Blech oder schlichte polnische Walderdbeerensuppe ... Irgendwann fielen die heißhungrigen Leute jedenfalls der Wirtschafterin auf, Frau Dr. Mariedl Stiasny, der Vertrauten und Planungschefin der Frau Schwarzwald, und der Küchenchefin, Frau Dr. Nehresheimer, und so kam es bald zu Vorstellungen. Als sich Helmuth James von seinem Stuhl hochschraubte, wie es Prinz Louis Ferdinand aus der Schule berichtete, und sein «Moltke» aus der Höhe runtersagte, dürfte wieder alles sehr lustig gewesen sein. Bald wurde er auch Frau Schwarzwald persönlich vorgestellt, da mußte die «rundliche Wienerin mit dem ausgeprägten Charakterkopf» (so beschrieb sie die «Deutsche Allgemeine Zeitung» am 16. Oktober 1923) diesen weit in den Nacken legen, um dem Jüngling in die Augen zu schauen. Genauso blickt Frau Schwarzwald jedenfalls auf einem später in Österreich entstandenen Foto am Protagonisten dieser Biographie hinauf.

Die 1872 geborene Eugenie Schwarzwald – oder Fraudoktor, wie ihre Freunde sie nannten – zeigte beim Spendensammeln für wohltätige Zwecke die Engelsgeduld eines amerikanischen *fundraiser's*, und bei der Organisation ihrer Projekte setzte sie sich in der Art der ersten Eisenbahnpioniere durch. Als Verfasserin eingängiger Zeitungsgeschichten kämpfte sie mit kleinen, darin eingewickelten psychologischen Miniaturen gegen die mörderischen Vorurteile ihrer Zeit und predigte gegen den Schematismus in den Umgangsformen an – um Umgangsformen überhaupt, gerade auch in der demokratisch verfaßten Gesellschaft, zu bewahren. Ihren Wiener Salon, einen Modellbaukasten bildungsbürgerlicher Lebensart, hatte sie über den Epochenumbruch gerettet. Hier saßen berühmte Künstler, ausrangierte k. u. k.-Offiziere, ungarische Baronessen und verfolgte Jungkommunisten an einem Tisch, aber sie musizierten, wanderten, sonnenbadeten auch und spielten sich bei Tennis, Theater und im weiteren Leben die Bälle zu. Im Hauptberuf leitete Frau Schwarzwald eine renommierte Wiener Schule, ihr 1901 selbstgegründetes Mädchen-Lyceum. Es ging dort extrem unkonventionell zu: Ansätze zur Erziehung von Jungen und Mädchen unter einem Dach, Kooperation der Schüler, Eltern und Lehrer ohne Autoritarismus. Das Institut war offen in Richtung Wiener Stadtgeschehen, und es gab noch viele andere Verbindungen des Schul-Lernens mit den primären Quellen der Lebenserfahrung. Menschen arbeiteten hier, die keine Angst hatten zu zeigen, wer sie waren (das an sich war schon neu), und immer wieder Lehrer, die waren eigentlich keine: Oskar Kokoschka beispielsweise erteilte Zeichenunterricht, Arnold Schönberg zeigte, wie man komponiert. Den Schülerinnen hat dies gutgetan, aber den Beamten des österreichischen Unterrichtsministeriums wurde ganz anders bei so viel erfolgreicher Unbotmäßigkeit.

Als Helmuth James Frau Schwarzwald begegnete, wurde sie «mit allem Grund eine der ‹populärsten Frauen Berlins› genannt», wie es im «Berliner Tageblatt» am 26. Januar 1924 hieß: Es scherte damals anscheinend niemanden, daß sie Jüdin war, sie brachte Essen her. Sie hatte sich in den Nachkriegsjahren vorgenommen zu helfen, daß weniger Berliner verhungerten, deswegen errichtete sie nach der Schloßküche noch eine zweite Kantine in Schöneberg, bald eine dritte, die «Studentenspeisung» nahe der Technischen Universität, und daraufhin, damit «uns beiden aus dieser Sache Ehre und Freude erwachsen wird» (so schrieb sie dem Bürgermeister)[245], eine vierte in Pankow, wo ihre Freundin Käthe Kollwitz den Speisesaal mit Zeichnungen und Radierungen ausschmückte. Nach der festlichen Einweihung durch Stadtprominenz im Beisein von Frau Reichspräsident Ebert und dem österreichischen Gesandten Riedl aßen dort schließlich zwischen fünfhundert und zweitausend Arbeitslose täglich an weißgedeckten Tischen zu Mittag – nur von einem ganz klein bißchen antireformerischer Mißgunst in der «Roten Fahne» begleitet.

Wie Helmuth James vor ihr stand, kannte er ihren Namen aus dem Stadtgespräch. Sie jedoch kannte seinen Namen natürlich aus der Geschichte des Landes, das sie liebte. 1915 erschienen im «Berliner Tageblatt» einige ihrer «patriotischen Feuilletons».[246] Sie erklärte, sie wolle «unseren Freunden, den Deutschen», ihr persönliches «Glück auf, in Gottes Namen, du werte deutsche Nation!» bis zu den entferntesten Schlachtorten hinrufen.[247] Nach 1918 bekannte sie dazu: «Wir alle haben uns in der Kriegszeit unendlich blamiert.»[248] – Und nun stand diese Neuausgabe eines von Moltke vor ihr. Ein unbeschriebenes Blatt, aber eine zwei Meter hohe beeindruckende Gegenwart! Sie hatte keine eigenen Kinder, und er hatte imposante dunkelbraune Augen, eine hohe Stirn. Von dort über den großen Kopf bis in den Nacken hinunter reichten seine schwarzen Haare, dazu Hemd, Krawatte, ein viel zu kurzes Jackett, scharf gebügelte Hosen aus gutem Tuch. Mit seiner schönen kräftigen Stimme und ebensolchen Händen, die er beim Reden gern zu kleinen unterstreichenden Gesten benutzte[249], wird er ihr ein wenig von Kreisau erzählt haben. Sie war eine Meisterin der Fragekunst, auf ihre Fragen hin ließ er sicher etwas von seinem

Problem durchschimmern: Politik oder Landwirtschaft als Beruf? Da nahm sie sich einfach seiner an.

Helmuth James' Mutter hat davon zunächst kaum etwas mitbekommen. So erfuhren aus ihren Briefen auch die Großeltern nur, daß plötzlich seine Mühen in der Ausstattungsfrage wieder stiegen, denn Dorothy warb um finanzielle Unterstützung für «erstklassige Kleidung». Vielleicht zur Glaubhaftmachung verglich sie ihn mit ihrem Neffen Carl Dietrich von Trotha, *the boy's* Vetter. Carl Didi machte neben dem Studium eine Englandtour, reiste mit den Wandervögeln, wollte nach Bulgarien wandern, Frankreich sehen, fuhr nach Freiburg, Kiel und Frankfurt, wo er sich schon seinen Doktorvater suchte – und steckte jeden zu erübrigenden Pfennig in diese Reisen. Helmuth James dagegen schien sich nicht vom Fleck rühren zu wollen und, sonderbar: Er sparte alles für sein «gutes *outfit*». Dorothy erklärte das so: «Da er sich sozial mit den besten Leuten verbindet, kann er nicht in schäbigen Sachen herumlaufen.»[250] Ihr Eindruck nach einem Besuch in Berlin, wo der Student bei Ulla Oldenbourg wohnte: «*The boy* hatte seinen Raum selbst in Ordnung zu bringen, auch die Schuhe usw.», schrieb Dorothy, «nun operiert er fast unermüdlich mit dem Staubsauger herum, bürstet und saugt sogar seine Kleider damit, und je mehr Staub er herauskriegt, desto stolzer ist er».[251] Mögliche Erklärung: Er erkannte an der Seite Frau Schwarzwalds seine Chancen! Also war er mit dem Staubsauger in der Hand im Grunde genauso zielstrebig wie Carl Didi auf Reisen. Später haben sich die beiden vorzüglich ergänzt.

In diesen goldenen Jahren lernte er Carl Zuckmayer kennen. Zuckmayer selbst beschrieb eine Begegnung von 1927, «erst kurz vorher» hätten sie sich zum ersten Mal gesehen.[252] Vielleicht trafen sie sich im Herbst 1925, als er an der Uraufführung seines Stücks «Der fröhliche Weinberg» arbeitete. Frau Schwarzwald war nämlich mit dem Autor befreundet, seit dieser im Sommer die Liccie weggeheiratet hatte, die Schauspielerin Alice von Herdan, eine ihrer ehemaligen Schülerinnen. Vielleicht traf Helmuth James auch jetzt schon Bertolt Brecht und Helene Weigel. Beide lernte er später näher kennen, mit Helli hat er ausführlich korrespondiert. Auch sie war Schülerin im Schwarzwaldschen Mädchen-Lyceum gewesen. Doch was heißt schon treffen und kennenlernen. Diese Künstler werden im Bienenfleiß und in ihrer Berühmtheit nicht viel von Helmuth James bemerkt haben. Für ihn jedoch waren selbst flüchtige Begegnungen von Wert; Berlin wurde zur Welt, sobald man sich in der Stadt in verschiedenen Szenen bewegte. Weitere Bekanntschaften in diesem Sinne: Käthe Kollwitz – die Hans Simons kannte, seinen Direktor an der Hochschule für Politik, der mit einer Kollwitz-Verwandten verheiratet war – und Erich Kästner.

All ihren Schülerinnen und Protegés bewahrte Eugenie Schwarzwald lebenslang Anhänglichkeit. Dorothy Thompson nannte Fraudoktor zärtlich Genia. Umgekehrt wurde die Amerikanerin von der Österreicherin «geliebte Dorothy», «meine heißgeliebte Dorothy» oder einfach mit «geliebtes Dörtchen» angeredet.[253] Diese Liebe entstand schon 1920, als Dörtchen in Wien auftauchte und gleich in den Salon eingeführt wurde.

Ihre erste Österreich-Einladung an Helmuth James sprach Fraudoktor im Juni 1926 aus: Da erwähnte Dorothy von Moltke zum ersten Mal den Namen der Mentorin. Helmuth James habe mitgeteilt, «daß ihn eine Frau Schwarzbach [sic!], das ist eine sehr wohlhabende Österreicherin, die 75 Küchen und 34 Erholungsheime finanziert und in ganz Europa betreibt, in ihr Wiener Haus eingeladen hat: für 14 Tage im Sommer. Danach kann er noch in einem ihrer Erholungsheime in den österreichischen Alpen bleiben, ist das nicht schön?»[254] Den ersten Teil der Semesterferien verbrachte er zu Hause und half in der Landwirtschaft. Papi hatte die anthroposophischen Experimente beendet und den Betrieb auf «Zuckerrüben und Viehwirtschaft umgestellt». Jetzt mußte endlich mal was verdient werden: 500 Liter Milch, der Stolz des Unternehmens, waren täglich «mit dem

Ford»[255] in die Schweidnitzer Molkerei zu bringen. Helmuth James half auch, einen im Berghaus wohnenden Engländer zu unterhalten. Das entlastete Mami und war nützlich, der junge Lionel Perry war ein Patensohn von Daddys altem Freund Lionel Curtis in Oxford. Jede freie halbe Stunde brummte der Urlauber mit dem Motorrad auf den sandigen Feldwegen rum. Das machte auch Carl Bernd Spaß, der als «Klemmeäffchen», wie die Mutter auf schlesisch sagte, mitfuhr.

«Bewaffnet mit Tennisschläger und Badeanzug»[256] bestieg Helmuth James dann am 1. August 1926 den Zug Richtung Österreich. Die Ferien sollten jetzt doch auf dem Lande beginnen, im Salzkammergut, Wien käme anschließend dran. Über Brünn und Wien reiste er Richtung Salzburg. Vom Bahnhof Attnang-Puchheim aus schleppte ihn eine Dampflok in die Alpen. Die Strecke Richtung Bad Ischl führt auch heute noch linker Hand am langgestreckten Traunsee vorbei. Heiße Wiesen mit fettglitzernden Blumen an den Bächen wechseln sich ab mit kühlen Tannenwäldern, wo die Zweige naß am Fenster langwischen. Hinter Bad Ischl geht es hinauf zum Pötschenpaß, hier ist alles gleißend, so hell. Blicke aufs weitgefächerte Tote Gebirge mit seinen unendlichen Kalkfelsen-Feldern. Jenseits des Passes, in Bad Aussee, mußte er in einen Bus umsteigen. «Österreich braucht kein Aschenbrödeldasein zu führen, wenn auch das ihm durch die Friedensverträge belassene Territorium eng begrenzt ist», heißt es in einem Fremdenverkehrsjahrbuch der Zeit. Darin Fotos, auf denen zu erkennen ist, daß es 1926 noch die kistenförmigen Postomnibusse gab, mit großen Gepäckträgern auf dem Dach. Daneben gab es freilich schon neuere Wagen, diese sagenhaften Gruppen-Cabriolets mit ziehharmonikaartig gefaltetem Verdeck.[257] Brummend ging es nun ganz langsam an einem Fluß entlang, das ist die kalte, reißende Traun. Wer außen saß, konnte seinen Arm in der Luft baumeln lassen oder nach Zweigen, Vögelchen und Heuschrecken greifen.

Grundlsee, Ende der 1920er Jahre

Die letzten Kilometer zum «Seeblick» führten Helmuth James durch ein wildes Auf und Ab von Böschungen, Hängen und Bergen. Was da alles unter Riesenbäumen blinkte, im Gehölz und Gebüsch duftete, welche Wasser strömten, stürzten oder rauschten, ist wieder, möchte man sagen, «unbeschreiblich» – obwohl doch gerade für den letzten Streckenabschnitt der Reise die Quellenlage einfach glänzend ist, denn alles ist dort heute noch so, wie's war. Die Haltestelle im Dorf Grundlsee liegt links um den See rum. Helmuth James stieg aus. Er schulterte den Rucksack und faßte Fuß. Der Weg führte ihn zunächst ein Stück zurück. Er überquerte die Brücke der Traun, die hier aus dem Grundlsee nach Bad Aussee hinabschießt, und der Weg führt nun rechts um den See rum. Nach 50 Metern mußte er rechts abbiegen und einen Steilpfad hochkraxeln. In Schieflage. Mit der Nasenspitze fast am Boden. Aber das ist hier gar nichts! Das ist hier nur ein Hügelchen unter den Monstrositäten von Gebirgen, die man dann, oben angekommen, im Ensemble erblickt.

Was für ein Raum! Was für ein Blick! Was für ein Moment! Um den geschwungenen See und das drüben am Ufer entlanggebaute Dorf erstreckt sich eine grüne, unverschämt weite, langsame Ansteigung bis zum weißen, senkrecht aufragenden Felsen Backenstein in mittlerer Ferne hin. Auf der anderen Seite dichte, grün-schwarz gesprenkelte Wälder auf steilen Uferbergen vom See rauf bis zum Steilhang des mächtigen Ressen, über dem weit weg noch irgendwelche Alpenspitzen – alles gerade so, wie es im Buche steht. Unter ihm der blaue See, über ihm dessen Gegenbild, und wenige Schritte hinter ihm stand das Haus «Seeblick».

Er wohnte in einem ehemaligen Hotel mit über zwanzig Zimmern. Hier waren die Gäste alle sehr neugierig: Sie führten einander was vor oder stellten sich in Debatten voreinander aus, es fand aber keine Tagung oder ähnliches statt. Die Küche lieferte vegetarische Speisen und alkoholfreie Getränke (Frau Schwarzwald war Mitglied der «Liga gegen den Alkoholismus»), auf der Terrasse standen Liegestühle bereit; es gab auch Solbäder, einen Tennisplatz, eine hauseigene Boots- und Badestelle am See, aber das Haus «Seeblick» war kein Sanatorium. Was war es denn? Ein alle goldenen Jahre hindurch wiederkehrender Sommersalon. Hier begann nun, in Helmuth James' Ferien 1926, der kurze phantastische Sommer seines Lebens.

In einem herkömmlichen Salon sitzt die Einladende im Zentrum eines Zimmers, die Gäste spiegeln sich in ihrem anmutigen Vorbild und genießen im Bannkreis einer solch reizend entwaffnenden Dame die Unterhaltung. Dagegen im «Seeblick»: Die Salonistin trat fast bis zum Verschwinden zurück. Sie überließ die Gäste dem Naturschauspiel, so daß sich alle wie normale Sommerfrischler bewegten; doch ob sie auf den entferntesten Bergspitzen herumkletterten oder im See planschten, ob Blümchen gepflückt oder Tennis gespielt wurde: Fraudoktor beziehungsweise Genia bildete den unsichtbaren Mittelpunkt des Vergnügens, denn sie hatte es arrangiert. Gleichgültig, ob viel oder wenig über sie geredet wurde, unabhängig davon, ob es sich mehr um ihr Werk oder um ihre Persönlichkeit gehandelt hat – wer in Grundlsee nach ein paar Tagen irgendeine Verwandlung an sich spürte, hat nicht gerufen: «Oh, wie gut tut mir heuer wieder der Urlaub!», sondern hat das auf «Genia loci» zurückgeführt.[258] Der kleine Witz war gar nicht verkehrt. Die natürlichen Sensationen waren um ein geistiges Zentrum gruppiert, und diese Ordnung der Dinge machte die Geselligkeit fruchtbar und die Atmosphäre unwiderstehlich nett.

Die überlieferten Lobeshymnen der Gäste lassen sich nicht alle zitieren; sie sind für unsere heutigen Ohren auch oft mißverständlich. Die einen fühlten sich bald frischer, die andern schöner geworden, die einen vitaler, die andern klüger. Je nach Bedarf: älter oder jünger, manche fanden mehr zu sich selbst, andre mehr zu den andern. Aber auf dem Höhepunkt der Stimmung rangierte dann gar nicht mehr der einzelne, besonders blühende Gast oder die Gastgeberin oder die Natur an der Spitze der Skala der Wohlgefälligkeit, sondern der Mensch in seiner Verwandlungsfähigkeit wurde noch höher gewertet als der mächtige Backenstein gegenüber. Nehmen wir Merete Bonnesen, eine dänische Journalistin. Sie hat doch tatsächlich Grundlsee für «ein Eden in dieser sündigen Welt» gehalten. Du liebe Güte! Aber sie hat das nicht mal so dahingesagt, nein, sie hat tatsächlich «Eden in der sündigen Welt» gemeint und das auch noch auf persönliche Verantwortung in der großen Kopenhagener Tageszeitung «Politiken» drucken lassen.[259] Dabei ging es hier durchaus nüchtern zu. Die Zimmer waren ganz einfach eingerichtet. Jeder mußte einen Selbstkostenpreis entrichten, die Wohlhabenden für die Ärmeren mitzahlen, das Wetter war nicht immer schön. Doch jeder scheint ein Paradies erlebt zu haben.

Nicht jeder sah Eugenie Schwarzwald positiv. Robert Musil hat einige ihrer Züge in die Diotima seines großen Romans «Der Mann ohne Eigenschaften» einfließen lassen, das ist ein zweifelhaftes Denkmal. Einen zwiespältigen Eindruck vermittelt auch Elias Canetti in seinem autobiographischen «Augenspiel»: «Sie galt als passionierte Pädagogin mit modernen, freien Tendenzen, von ihren Schülern wurde sie vergöttert, sie half manchen wirklich und erlaubte viel, aber da alles bei ihr ineinander- und durcheinanderfloß, war sie für geistige Menschen jener besonderen Art nicht nur uninteressant, sondern eher lästig. Man empfand sie als Schwätzerin mit den allerbesten Absichten, aber die, die hinkamen und die man dort traf, waren es nicht, auch waren es immer nur wenige auf einmal».[260]

Ein Beispiel: Käthe Kollwitz, die zu den ältesten Gästen und Freunden Genias gehörte. Frau Kollwitz kam mit Karl, ihrem Mann, dem überarbeiteten Arzt und Stadtverordneten von Berlin-Pankow, nach Grundlsee. Sie erwartete Sommerfrische, keine Kunstdebatte, denn sie litt noch unter dem Trauma wegen ihres gefallenen Sohns Peter und hatte genug davon, «als Künstlerin des Proletariats und der Revolution» gepriesen und «immer fester in diese Rolle» gezwängt zu werden.[261] Notizen in ihrem intimen Tagebuch belegen, was nun der Sommersalon bewirkte. Zunächst schrieb sie: «Sehr gesellige Ferien. Im Erholungsheim Grundlsee viele Leute zusammen, eine engere Gemeinschaft um Genia Schwarzwald.» Dann nennt sie anwesende Künstler, darunter den Wiener Maler Sallak, und notiert:

> «Viel Witz, Munterkeit, Liebenswürdigkeit, Spottlust. Das Anpassen daran ganz zuträglich. [...] Sallak tat mir so gut, weil er mich liebt – nicht nur, weil ich das und

das gearbeitet habe, sondern weil er mich als Menschen liebt und ich noch *einmal* einen Nachklang davon verspüre, wie es ist, als Frau geliebt zu werden. In Karls Liebe sah ich die Anpassung und Unentbehrlichwerdung durch die langen Jahre, hier aber finde ich einen Mann, dem ich anziehender bin als viele junge Frauen. Das macht mich jung und liebenswürdig und verschönt mich.»[262]

Helmuth James, einem der jüngsten Gäste, stand der Sinn nicht gerade nach Verjüngung. Ihm würde es Glück bedeuten, wenn er Anerkennung unter den älteren Gästen fände. Wenn es ihm zum Beispiel gelänge, das Interesse von Pierre Comert auf sich zu ziehen, dem französischen Völkerbunds-Sekretär in Genf, der als Freund der Schwarzwalds hier weilte.[263] Bald nach seiner Ankunft schickte der Jüngling einen Brief nach Hause. Von diesem ist ein Echo im Brief seiner Mutter vom 8. August erhalten geblieben, darin heißt es: «Er schreibt sehr glücklich aus Grundlsee», er habe «eine Menge interessanter Leute» getroffen (sie nannte nur zwei: Strindbergs Schwiegertochter Maria Lazar und Hugo von Hofmannsthal), und nun versuche Frau Schwarzwald, «für ihn eine Stelle als ‹Eleve› in der deutschen Vertretung beim Völkerbund zu beschaffen. Natürlich, alle Mütter neigen dazu, ihre Kinder für Wunder zu halten, aber ich halte es für sehr wahrscheinlich, daß *the boy* in der Zukunft Großes leisten kann». Alles sei noch unausgegoren; man müsse sich vor «Selbstüberschätzung» hüten. Doch: «Fremde gehen so ernsthaft auf ihn ein, als wäre er 25 statt 19.»[264]

Eugen Antoine, ein österreichischer Ministerialrat, versuchte, die Veranstaltungen auf den Begriff zu bringen: «Der ‹Seeblick› war eine so einzigartige, so eigenwüchsige Unternehmung, daß man kühnlich behaupten kann, ein solcher Versuch konnte nur in Österreich [...] in so vollkommenem Maße gelingen.» Die Verantwortung für das Gelingen sah er (außer in der österreichischen ‹Gemütlichkeit›) in Frau Schwarzwald, «einer ganz ungewöhnlichen, man kann ruhig sagen, einmaligen Persönlichkeit». Aus seiner Beschreibung lassen sich drei diskrete Spielregeln, auch Fraudoktors Einladungspolitik, herauslesen: 1.) «Alle die vielfältigen Persönlichkeiten, die der ‹Seeblick› beherbergte, wurden gleich behandelt.» 2.) «Jeder Gast bekam nur freundliche und gefällige Gesichter zu sehen, solange er sich selbst freundlich und gefällig betrug.» Und 3.) «Jeder Besucher, der über eine Fertigkeit oder ein Können verfügte, es mochte [...] auf welchem Gebiete auch immer liegen, stellte sich ‹Frau Doktor› gerne zur Verfügung, um auf irgendeine Weise zum allgemeinen Wohlbefinden beizutragen.»[265]

Sie arrangierte, aber ins Blickzentrum setzte sie die anderen. «Pianisten (Serkin, Goldsand) konzertierten», erzählte Antoine, «Schriftsteller (Arno Holz, Egon Friedell, Jakob Wassermann) lasen aus ihren Werken vor, und ihren Höhepunkt erreichte die Saison, wenn die ausgezeichnete und von allen geliebte Sängerin Lotte Leonard ihren alljährlichen Liederabend gab und die Zuhörer zu stürmischen Beifallskundgebungen hinriß.»[266] Dann noch Zuckmayer: Er habe, berichtet Antoine, «das beständig vor Unternehmungslust und Anregungsbedürfnis brodelnde Erholungsheim hartnäckig ein ‹Erschöpfungsheim›» genannt; schließlich Egon Friedell, der 1926 als Schauspieler und Dramaturg bei Max Reinhardt bekannt war und «alles durch seinen trockenen Witz zum Lachen»[267] gebracht habe. Auch Gustav Wyneken, der Leiter und Erfinder der «Freien Schule» in Wickersdorf, wo Klaus Mann und Heinrich Kurella Schüler waren, war hier: Er plädierte für die Befreiung der Jugend von elterlichen Strafen, für die Lösung von familiären Bindungen beziehungsweise deren Ablösung durch «sozialistischen Geist» und «europäische Moral». 1926 erschienen diese Plädoyers gerade in der Neuauflage seines Buchs «Der europäische Geist».

Unter den Pianisten stach Rudolf Serkin hervor, Sohn eines aus Rußland geflüchteten Sängers, der schon im Knabenalter als Wunderkind galt. Eine Szene mit Friedell noch, an die sich Antoine erinnerte: «Als mit ihm über die Freiheit der Aufwachsenden heftig diskutiert wurde, sprach Friedell der erregten Wechselrede das unvergeßliche Nachwort: ‹Ich bin gegen die Freiheit, weil ich meine Ruh' haben will.›»[268] – Eine Fülle zu sehen, zu hören und zu erleben für Helmuth James – und auch Gelegenheit, dies alles zu vertiefen.

Womit er selbst die Spielregel, zum «allgemeinen Wohlbefinden» beizutragen, 1926 erfüllte, ist unbekannt. Klar ist aber, daß sich allein schon an seinem Namen und seiner Statur die allgemeine Neugier entzündete! Belegt ist, daß er bei Spaziergängen rund um den See oft Gespräche mit zwei älteren Männern führte. Der eine war Edwin Redslob, 42 Jahre alt, sogenannter Reichskunstwart mit einem Dienstzimmer im Reichsinnenministerium. Ihm oblagen Repräsentationsangelegenheiten des Deutschen Reiches, soweit sie sich sichtbar machen ließen, insbesondere die Symbolfragen. So hat Redslob das Staatszeremoniell zu Eberts Beerdigung 1925 festgelegt, mit dem wenigstens der tote Reichspräsident einmal aus dem Chaos und den Beschimpfungen während seiner Lebzeit herausgehoben wurde. Er gestaltete Staatsempfänge und hat vor allem die ästhetischen Formen für die Feiern zum republikanischen Verfassungstag am 11. August entwickelt. Daneben kümmerte er sich um Kriegerdenkmale, Eisenbahnreklame, Briefmarken, Münzen, Stempel, Fahnen, Wimpel – um alles, was die Republik sichtbar oder erlebbar machen sollte.

Der zweite Begleiter: Friedell. «Wir hatten einmal», schrieb Redslob in seinen Memoiren über Helmuth James, «am Grundlsee, bei der einst sehr bekannten Wiener Schriftstellerin Eugenie Schwarzwald wohnend, einander gefunden und durch fast die ganze Zeit mit Egon Friedell ein höchst eigenartiges Triumvirat gebildet».[269] Leider steht dazu in Redslobs Memoiren nicht mehr; aber er scheint die Begegnung oft erinnert zu haben, so daß er 1966 in einem Gedicht – Überschrift: «Helmuth James

Graf Moltke» – die Begegnung der drei skizzierte. Als er dieses Gedicht schrieb, war er bereits ein alter Mann, der viel hinter sich hatte: Er war nach dem Krieg unter anderem Mitbegründer der Freien Universität in Berlin und einer der Herausgeber des «Tagesspiegel». Daran mag es liegen, daß das Gedicht nur die Stimmung beschreibt, nichts Konkretes. In Sonett-Versen gegliedert, verschwindet das «höchst eigenartige Triumvirat» zwischen Geist und Natur und Stimmen, die alle ineinanderwabern:

Helmuth James Graf von Moltke

Am Grundlsee in schöner Sommerzeit
Haben wir uns – lang ist es her – getroffen,
Vor uns der See, rund um uns, groß und weit
Die hohen Berge. Und die Welt schien offen

Für Edelstes: Daß Land an Land sich binde,
Und daß durch Geistesmacht zur Einigkeit
Europa endlich sich in Frieden finde,
Von der Dämonen Gier und Haß befreit.

Egon Friedell war mit in unsrem Bunde,
Und junge Freunde nahmen an der Runde
Unsrer Gespräche teil. Wer hätte da

Gedacht, was nach zehn Jahren uns geschah?
Du Reiner, Edler, Hoffender sankst hin –
Dein Glaube bleibt der Zukunft zum Gewinn.[270]

Rein, edel, hoffend? – Was hat Helmuth James gesagt? Hat er was wissen wollen? Schwebte ihm was Konkretes vor? Wie hat er sich von den zwei Herren anders als altersgemäß unterschieden? Gab es denn nicht Streit, Belehrung, Mißverständnis,

Frage, Antwort, Durcheinander? Dazu kein Wort. Und der mit dem Konzept und den vielen Fakten seiner «Kulturgeschichte der Neuzeit» bereits vollgesogene Egon Friedell! Hatte er ein Buch dabei oder seinen berühmten Hund? Es handelte sich um ein Tier gemischter Rasse, das er immer zu siezen pflegte.[271] Führte er sein Spazierstöcklein oder seine Schnapsflasche mit sich? Zuckmayer beschrieb, daß Friedell trank? – Nein, er «soff», schrieb Zuckmayer! «Das Wort ‹trinken› wäre dafür eine Verharmlosung.» Der Autor der phantastischen «Kulturgeschichte» soff, so Zuckmayer, «am liebsten hochprozentigen Schnaps, das führte manchmal zu einer luziden Helligkeit und Wachheit des Bewußtseins, manchmal zu totaler Betäubung».[272] War nun Helmuth James erschrocken oder nicht, als ihm die Fahne des Genies entgegenschlug? Sie, Herr Redslob, waren der einzige Überlebende des «Triumvirats» – Friedell stürzte sich 1938 aus dem Fenster, als die Nazis den Anschluß Österreichs ans Deutsche Reich vollzogen. – Sie hätten aufschreiben können, müssen, was Sie sahen, was geschah, auch wenn es nicht in ein Sonett gepaßt hätte!

Die eintausendfünfhundert Seiten starke Friedellsche «Kulturgeschichte der Neuzeit» kam zwischen 1927 und 1931 in drei Bänden heraus. Bewundert wurde Friedells Kunst, ganze Gebirge von Kenntnissen aus sämtlichen Wissensgebieten sprühend darzustellen – er hat sie aber auch versetzt, gedreht, hat drunter- und drübergeschaut. Ein Chaos von Details brachte er auf einleuchtende Begriffe. Freche, wie den «Abendhaß» Strindbergs, die «Generalpsychose» liebgewordener Berühmtheiten, er formulierte: «jemandem Zyankali in die Schokolade schütten». Und ehrfürchtige Begriffe wie «Weltkathedrale», «Sturz der Wirklichkeit» oder auch «Schöpfungsgedanke Gottes»: Diesen bedeutungsvollen Terminus finden wir in einem späteren Brief Helmuth James' wieder, er hat sich alle Bände besorgt und oft darin gelesen.[273] Friedells Buch läßt sich heute auch als Streitschrift gegen Lenins Kampfschrift «Materialismus und Empiriokritizismus» lesen, die erkenntnistheoretische Hauptwaffe der III. Kommunistischen Internationale. Dann wird deutlich, daß die vielgepriesene lockere Ausdrucksform Friedells mehr ist als eine seinem Charakter und der Stoffmenge angepaßte Schreibweise. Sein flotter Stil war nicht nur zur Auflockerung da, war kein komödiantisches Pausenstück, um verwickelte Gegenstände ‹lesbar› zu machen. Umgekehrt: Alle Witze und Geistesblitze des Autors, seine Purzelbäume und Bauernweisheiten, das Arsenal seines beweglichen Herzens und Intellekts, führte er als Erkenntnismittel vor! Als Mittel der Begriffsbildung und Vorstellung, um der Wahrheit nahezukommen, wie es jedermann offensteht. Um dieses Instrument zur Beurteilung auch komplexer Zusammenhänge gegen die mächtige materialistische Geschichtsdoktrin zu verteidigen, mußte er es an einem thematischen Monstrum in Aktion setzen, und so hielt Friedell die Freiheit beim Denken und Sprechen der kommunistischen Aufforderung zum geistigen Verzicht entgegen. Damit hat er auch um kommunistische Freunde der Freiheit gekämpft, auch um die, die er selber kannte. Insofern ist sein Werk auch Agitation, allerdings auf einem Niveau, das keine Verdrehungen und revolutionsfeindlichen Schlagwörter nötig hat. Die Revolution, das Revolutionäre beim Wundern, Sprechen und Entdecken, nahm er bürgerlich in Besitz. Er holte die revolutionäre Bereitschaft aus der Inbeschlagnahme durch die «Avantgarde der Arbeiterklasse» zurück. Alfred Döblin hat das erkannt und so in der «Weltbühne» den ersten Band der «Kulturgeschichte» rezensiert: «Lest es nach, liebe Jungs, und ärgert euch daran eure rote Tünche ab.»[274]

8. Die schlesische Bürgerinitiative

Nun zu Helmuth James' nächstem politischen Übungsfeld: nach Waldenburg, 30 Kilometer nordwestlich von Kreisau, auf der anderen Seite der Eule. Assessor am dortigen Landratsamt war Karl Ohle[275], der im Herbst 1927 ein Buch «Der Kreis Waldenburg im niederschlesischen Industriegebiet in Vergangenheit und Gegenwart» veröffentlichte – eine sorgfältige Untersuchung der Lebensverhältnisse der Bevölkerung. Helmuth James konnte wahrscheinlich schon ab März 1927, jedenfalls vor Erscheinen des Buchs, als Zuarbeiter von Ohle im Landratsamt bei den letzten Recherchen und Erhebungen helfen. Danach ließe sich ziemlich exakt aus dem Buch entnehmen, womit er sich befaßte. Das Buch liefert den Nachweis, daß die Bewohner der Region seit Mitte des 19. Jahrhunderts eine Notlage nach der andern erdulden mußten, daß in dieser generationenlangen Not, zu deren Verschärfung die geologischen Besonderheiten des niederschlesischen Bergbaus beitrugen, die Bevölkerung zu schwach war, die Verhältnisse noch aus eigener Kraft zu ändern. Helmuth James half, das historische Material in Behördenarchiven ausfindig zu machen; er sah alle möglichen Betriebsunterlagen durch, um sich über den nicht rentablen Geschäftsgang, die Arbeitsbedingungen, Produktionsziffern, Löhne, Krankenstände, Unfälle und Unglücke zu informieren; und er richtete Fragen für die empirische Datensammlung an die Leute und bereitete die erhaltenen Angaben auf.

Das Industriegebiet umfaßte die Landkreise Waldenburg, Landeshut und Neurode, insgesamt 180 000 Einwohner. Der Kreis Waldenburg war die dichtest besiedelte Region Deutschlands. Pro Quadratkilometer lebten hier doppelt so viele Menschen wie im Ruhrgebiet. Allerdings auf einem vom Bergbau unterhöhlten, absackenden, nassen Grund, so daß viele Familien buchstäblich in Löchern hausten. Oft schliefen mehrere

Personen in einem Bett. Schlafstellen mußten aus Geldnot an sogenannte Schlafburschen, ledige junge Schichtarbeiter, untervermietet werden. Trotz guter Konjunktur florierte hier die Industrie nicht. Die Löhne waren niedriger als anderswo, die Arbeitslosigkeit höher, die Lebensmittel teurer wegen umständlicher Transportwege. Das Elend unterm Rauch der Kokereien und der Porzellan- und Textilfabriken konnte man auch daran messen: Von 2377 im Landkreis Geborenen, stellte Ohle fest, starben 1926 im ersten Lebensjahr 307. Die allgemeine Sterblichkeit war um ein Drittel höher als im übrigen Preußen. Mehr Tuberkulosekranke, mehr kranke Schulkinder, mehr sexuell mißbrauchte Kinder als anderswo. Tendenzen des sozialen Zusammenbruchs in Familien, verbotene und verpfuschte Abtreibungen, brutale Generationsbeziehungen, moralische Verwüstung im Verhältnis zwischen den Geschlechtern. Wohl nirgends war der Zusammenhang von Bevölkerungsdichte, Bodenverhältnissen, Arbeitslosigkeit, Wirtschaftskrise, Wohnungselend und Verbrechensrate so evident wie hier. – Aber sogar im Waldenburger Land setzten sich Menschen für ferne Ziele ein: Feste Schuhe, ein Bett für jedes Kind, sogar eine größere Wohnung standen bei den Maximalisten auf der Wunschliste. Tatkräftige Menschenexemplare zeichneten sich durch den Kampf für ihre Kinder aus, sie kämpften «fir de Wirmla», wie das auf schlesisch hieß. So hatte ein Bergarbeiter in einem zeitgenössischen Theaterstück die Schnauze voll und drohte: «Ne anständ'ge Stube, doas is wull nicht zu viel! Inserees seiht ja nu a ganza Taag die Sunne nich – Scheiß druff! Aber su a kleens Wirmla! Zwee hoa ich schunte ei de Grube geläht, wenn mer 's dritte sterbt ma ooch noch, doa gibt's a Unglick!»[276]

Karl Ohle war einer der Männer, die den Stil der Neuen Sachlichkeit in der Politik verbreiteten. Er wurde bald zum Freund Helmuth James' und hat ihm in seinem hohen Arbeitstempo geholfen, rasch neue Perspektiven zu gewinnen. Ohle kämpfte als Sozialdemokrat für Reformen. Ein Mann «von eher kleiner Gestalt, leise im Gespräch»[277], ein Experte, kühl, präzis, unbestechlich, fleißig, schnell. Und er hatte längst die Trommeln gerührt. Die Berliner Regierungsstellen waren durch die Regierungspräsidenten Poeschel in Liegnitz und Jaenicke in Breslau bereits über die Lage informiert, alle schlesischen Reformer erwarteten Ohles Buch. In Berlin wurde schon über großangelegte Wohnungsbau- und Umsiedelungsmaßnahmen beratschlagt. Geprüft wurde, ob sich Waldenburger Kohle zur Gasversorgung der Hauptstadt verwenden ließe: Ja, hieß es, dadurch würden sich sogar die Berliner Gaspreise senken lassen. Doch klar war, daß das Projekt einer 35 Millionen Mark teuren Rohrleitung «nur bei einer Abnahme von mindestens 150 Millionen Kubikmetern im Jahr» rentabel sei – dem städtischen Garantie-Vertrag würden sich die Bergwerksunternehmen des Ruhrgebiets und Oberschlesiens widersetzen. Doch Hoffnung gab es auf eine gesetzliche Regelung durch den Reichstag und Gelder aus dem Dawes-Plan. Die «Vossische» schrieb: «Kommen die kühnen Pläne zustande, wird die Zeit nicht fern sein, da von den schlesischen Bergen her Waldenburg Licht nach Berlin bringt.»[278] Ohle argumentierte unterstützend: «Wenn es eine Dringlichkeitsliste gäbe, nach der die öffentlichen Mittel zum Hausbau oder zu Wohlfahrtszwecken verteilt werden, so müßte der Gerechtigkeit halber unser Gebiet unter den ersten Bewerbern dieser Liste geführt werden. Wir verlangen keine Bevorzugung, wir wollen nur Luft, Licht und Raum zum Leben und zur Arbeit.»[279]

Tempo und sachliche Entschlossenheit übertrugen sich auf den Jüngling Moltke, der nun seine Fähigkeit entdeckte, zu klar umrissenen Zwecken und in knapper Zeit ein großes Arbeitspensum zu bewältigen. Die Spannung, wie sie zwischen dem Gedanken ans Große und dem Blick aufs Kleine zustande kommt, trug zusätzlich zur Freude bei. Und wieder war sein Name nützlich, auch seine Verwandtschaft: Die von Kulmizens betrieben hier Ton- und Quarzgruben und Porzellanfabriken und konnten ihn in die regionalen Fabrikantenkreise einführen. Wenn er mit seinem Motorrad durch die Dörfer fuhr, traf er in idyllischen Herrenhäusern Freunde seiner Eltern oder bekannte Standesgenossen, er lernte Lehrer, Pfarrer und Ärzte, Jugendpfleger, Bürgermeister und Verwaltungsleute kennen, ohne deren Hilfe es überhaupt keine Erhebungen hätte geben können. Als die Verwaltung der Stadt Waldenburg plötzlich aus der Untersuchung ausstieg, weil es einen Skandal um gefälschte Zahlen gab, suchte er wohl zum ersten Mal den Reichstagsabgeordneten Heinrich Brüning (Zentrum) aus Waldenburg auf, um ihn um Hilfe zu bitten.

Wenn er jedoch in die Häuser der Elenden hineinging, konnte er sich auf nichts als sein Einfühlungsvermögen stützen. Es wird berichtet, daß ihm Leute erlaubten, ihre Not regelrecht zu besichtigen, manche haben ihm sogar ihre Schränke geöffnet. Mithin hat er sie weder von oben herab behandelt noch angekumpelt wie ein moderner Interviewer. Aber wie ist es gekommen? Es muß mit dem letzten Selbstvertrauen dieser armen Leute zu tun gehabt haben. Er war erschüttert und verweilte; sie sahen seine Erschütterung und konnten den Mut fassen, ihn gewissermaßen zu trösten: nun also ihm etwas beizubringen, dem jungen Grafen. Er war aber auch veranlagt zu Takt, Phantasie und Einfühlungsvermögen – und von seiner Mutter dazu früh trainiert.

Es scheint auch eine Art von ihm gewesen zu sein, andern Leuten seine Phantasie nicht zu sagen, sondern spüren zu lassen. Manche waren dann offenbar erstaunt über das Zusammenspiel von Kraft und Arglosigkeit in einer Person. In einem Breslauer Hotel saß er einmal dem Abgeordneten Brüning gegenüber. Der erkannte den «fast melancholische[n] Ausblick einer feinnervigen Natur»[280] an ihm. Ähnlich ging es der dänischen Schriftstellerin Karin Michaelis. Nachdem die beiden sich im österreichischen «Seeblick» kennengelernt hatten, ließ sie sich von ihm durchs Revier fahren. Jahrzehnte später wußte sie die Einzelheiten noch, vor allem aber, wie er sie ihr offenbarte:

> «Helmuth wollte mir unbedingt die Gegend zeigen, besonders um mir die Wahrheit seiner Schilderungen [...] zu beweisen. Wir verbrachten einen ganzen Tag damit – solange es hell war –, die Wohnungen der Bergleute zu besichtigen, und ich werde diesen Tag schwerlich vergessen. Um einen der Berge, unter dem die weiche Kohle abgebaut wurde, wohnten etliche kleine Landbesitzer [...]. Aus dem Inneren des Berges sickerte Wasser in vielen kleinen Spalten und Rissen. Das Wasser brachte Feuchtigkeit, und die Feuchtigkeit war ein Meuchelmörder [...]. In jeder Wohnung – JEDER EINZELNEN WOHNUNG – waren ständig Kinder oder Erwachsene, die im Bett lagen und auf ihren schweren Tod warteten. Jede Familie hatte Kinder auf dem Friedhof liegen, und die Kinder, die wir sahen, waren so blaß, daß es nur eine Frage von Monaten zu sein schien, bis auch sie sich zu Bett legen mußten, um den Tod zu erwarten. Die Feuchtigkeit drang vom Boden her ein und durchzog das ganze Holzwerk. Öffnete man einen Kleiderschrank, der einige Tage geschlossen gewesen war, war das Zeug grün vor Schimmel, und allenthalben wuchsen Schimmelpilze. In vielen Wohnungen waren die Fußbodenbretter derart durchgerottet, daß kaum ein paar sicher genug waren, das Gewicht eines Mannes zu tragen. Unaufhaltsam bildeten sich Risse in den Häusern, [...] zogen sich vom Fußboden bis zum Dach. Vergebens stopften die Leute Lappen in die Risse, aber diese waren oft so groß, daß man selbst im Vorbeifahren durch das Haus sehen konnte.»[281]

In einem Brief an Karin Michaelis vom 5. Juni 1927 sprach sich Helmuth James dann zum ersten (überlieferten) Mal für eine «Aktion» aus: zugunsten Waldenburgs. Im Unterschied zu Ohles Herangehen setzte sie nicht auf Regierungshilfe. Formuliert finden wir das in einer äußerst galanten Danksagung für einen Artikel, den Frau Michaelis über Waldenburg schrieb:

«Liebe Frau Karin, Frau Doktor hat mir in Berlin Ihren Artikel übergeben, und ich kann Ihnen nur die Versicherung meines Dankes schicken, denn jedes Wort mehr wäre eine solche Banalität gegenüber der Fülle von Herz und Gefühl, Einsicht und Gestaltungskraft, daß Sie mich mit meiner Armut entschuldigen müßten. – Wir haben die Absicht, den Artikel in dem Radio lesen, ihn zu gleicher Zeit in Ihren Zeitungen erscheinen zu lassen und ihn dann als Zweitdrucke an Korrespondenzbüros weiterzugeben. Wenn Sie erlauben, würden wir den Erlös dazu verwenden, ihn als Flugblatt drucken zu lassen, um wenigstens einige tausend Exemplare zu besonderer Verwendung bereit zu haben. Wir hoffen, damit eine Wohlfahrtsaktion einleiten zu können, die, der eigentlichen Hauptaktion vorausgehend, das Interesse besonders wecken soll. Die näheren Besprechungen finden erst in der nächsten Zeit statt. [...] ich hoffe, daß ich Ihnen bald werde mit einer Tat danken können, zu der Sie mir zuerst Ihre Unterstützung gegeben haben. Ich küsse Ihre Hände als Ihr ergebener – Helmuth James von Moltke.»[282]

Wir sehen: Hier wird schon ein «wir» ohne Karl Ohle ausgesprochen, das heißt, hier schimmert bereits die regierungsunabhängige Bürgerinitiative durch, die nun entstand. Die angekündigten Besprechungen fanden in den nächsten Wochen statt. Er schrieb am 24. Juni Frau Michaelis noch einmal, jetzt eindeutig:

> «Ich habe angefangen, in Waldenburg und im Reich festeren Boden für eine solche Aktion zu gewinnen, die nicht nur ihr Ende in einer Wohlfahrtshilfe findet, sondern als ein Beispiel für die Waldenburger selbst und als stete Mahnung für die Regierenden wirken soll. Ich habe in Schlesien seit ein paar Wochen Resonanz gefunden und die Mitarbeit von Leuten, die in Schlesien und darüber hinaus Bedeutung und Ruf haben. Ich habe eine über das ganze Reich verteilte, unpolitische Jugendvereinigung gewonnen, die die Spezialpropaganda nach einem noch nicht fertigen System übernehmen soll. [Aber] ich kann das alles nicht in wenigen Tagen organisieren, das braucht noch Zeit zur Reife.»[283]

Was immer ihm jetzt vorgeschwebt haben mag – «vorausgehende Wohlfahrtsaktion», «Hauptaktion», «Spezialpropaganda nach einem noch nicht fertigen System»: Er befand sich bereits auf den Wellenspitzen einer Organisationsdebatte. Auch ist hier dokumentiert, was Helmuth James braucht, nutzt, hat: das Ensemble seiner eigenen Kräfte, die Kenntnis von seinen Leuten, deren Talenten und Beziehungen. Die gesammelten oder gewonnenen künftigen Mitstreiter betrachteten den Jüngling erstaunt. Das läßt sich dem Brief eines Mitglieds der «Akademischen Freischar» entnehmen – jener Gruppe, um die es sich bei der «über das ganze Reich verteilten, unpolitischen Jugendvereinigung» handelte. Helmuth James wurde von der «Freischar»-Unterabteilung Breslau, die sich «Schlesische Jungmannschaft» nannte, an einen Horst von Einsiedel verwiesen, einen Freund seines Vetters Carl Dietrich von Trotha. Einsiedel befand sich zu diesem Zeitpunkt in unglücklicher Stimmung. Er hatte den Mißerfolg eines «Lagers» seiner Mannschaft zu verkraften: das im April 1927 stattgefundene «Arbeitslager der Oststämme des Bundes» im «Grenzschulheim Löwenberg / Schlesien». In einem Brief an einen «lieben Gerhard» klagte

Horst, es sei dort gar keine «geistige Arbeit» zustande gekommen. Die Studenten seien unter sich geblieben, aber Studenten alleine, so schrieb er, «können nicht wirksam ein Lager gestalten, da jener große Anreiz fehlt, offen zu sein im Geiste. [...] auf Lagern unter uns sehen wir ja nie Wirklichkeit». Doch sei nun Carl Dietrich von Trothas Vetter aufgetaucht, der junge Moltke habe den «Plan, eine großzügig angelegte Hilfsaktion für den Waldenburger Bezirk ins Leben zu rufen», und sofort Begeisterung erweckt. Persönlich war dem Horst der Helmuth James dennoch suspekt. Über ihn heißt es in demselben Brief:

> «Ein Mensch, dem ich mich zum erstenmal sehr unterlegen fühlte. Beinahe zwei Jahre jünger als ich, eben erst zwanzig Jahre alt, kennt vom Kaiser an und Hindenburg sämtliche Politiker Europas bis zu Löbe und Loucheur. Er ist ungeheuer klug und weltgewandt, tüchtig und wirklich imponierend. Natürlich spricht er mit allen Menschen in einer gewissen weltmännischen Art und Weise, und da liegt auch seine Grenze. Aber da er gar nicht Anspruch auf mehr erhebt, [...] so schadet dies nun nichts.»[284]

Helmuth James brachte das niederschlesische Industriegebiet als das «sozial rückständigste Gebiet Europas» ins Spiel und wies auf Ohles Buch hin – «es werden jetzt auch Zahlen darüber erscheinen, die undenkbar sind». Er ließ seinen europäischen *outlook* durchblicken und veranstaltete bald für die «Jungmannschaft» eine Führung an Ort und Stelle. Dabei konnte ihn Horst dann plötzlich akzeptieren – auch als Wegbereiter aus seiner Isolation:

> «Wir haben einen Bergarbeiter kennengelernt, der die Nacht auf dem Stuhl verbringen mußte, da die paar Betten mit Kindern und Frauen oder Schlafburschen vollge-

füllt waren. [...] Wie sehr sich ein solches Elend auswirkt, begreift man erst, wenn man hört, daß keiner der Führenden – also Lehrer, Pfarrer, Ärzte usw. – aus Waldenburg kommt, sondern daß jenes Gebiet alle gesunden Kräfte an sich heranzieht und einfach verbraucht.»[285]

Nun platzten die Ideen und Pläne los. Man geriet umstandslos in eine stürmische Entwicklung, als viele junge Leute über ein gemeinsames Unternehmen nachdachten, das nicht an Fehlern scheitern sollte. Michaelis, die fünfundfünfzigjährige weltbekannte Schriftstellerin, mußte sich von dem zwanzigjährigen Studenten Hausaufgaben diktieren lassen:

«Heute will ich Sie nur über Ihren Artikel befragen. [...] 1. Auf Seite 6, wenn es Ihnen nichts ausmacht, wäre es vielleicht gut, den Satz ‹die Kohlen sind nicht gar so wertvoll dort› zu streichen, da dieser Satz als gegen den Kredit gerichtet unter den Grubenbesitzern viel böses Blut machen würde. Außerdem steht aber heute fest, daß diese Kohle die beste Gaskohle Deutschlands ist, was man vielleicht erwähnen könnte. – 2. haben mich meine Bekannten aus Waldenburg gebeten, an Sie die Bitte weiterzuleiten, den Gedanken mit der Übernahme der Gruben durch den Staat fallenzulassen, da dieser Gedanke neben dem Unwillen der Grubenbesitzer auch die sachliche Kritik Unparteiischer hervorrufen würde. Augenblicklich ist man bei uns gegen den Staat als Unternehmer in schärfster Kampfstellung, gerade weil das Reich so viele Unternehmungen betreibt. – 3. ist Ihnen insofern eine kleine Unrichtigkeit unterlaufen, als die Untüchtigkeit der Waldenburger Hausfrauen außer auf den angegebenen Gründen auch auf der Tatsache beruht, daß sie schon als junge Mädchen mit auf Arbeit gehen müssen. [...] 4. Nun kommt das Unangenehmste. Der Bürgermeister, der uns die Schulkindererhebungen des Stadtarztes gegeben hat, woraus die auf Seite 7 von Ihnen gegebenen Zahlen stammen, ist zusammen mit dem Stadtarzt wegen bewußter Fälschung von Statistiken verklagt, sodaß die Möglichkeit, daß diese Zahlen auch falsch sind, sehr naheliegt. Ich habe mich auf das sorgfältigste erkundigt und diese Vermutung bestätigt gefunden. Es ist ja auch kaum glaubhaft, daß in einer Schule die Hälfte aller Schüler mehr oder minder verkrüppelt ist. Um Ihnen da einiges Material zu geben, lege ich das blaue Buch bei und habe die Seiten 59 bis zum Ende geprüft und für wahrscheinlich zuverlässig befunden. [...] Bitte verzeihen Sie vielmals, daß so etwas passiert ist. Aber damals hatte ich noch nicht die nötige Übersicht, das sofort zu bemerken. [...] Nun, was die Publikation Ihres Artikels anlangt, wollte ich mir erlauben, Ihnen einige Vorschläge zu machen, wie die größte propagandistische Wirkung zu erzielen sei.»[286]

Er bat sie, freundlich-sachlich, auf ihr Honorar zu verzichten: «damit wir statt dessen ein paar tausend Sonderdrucke erhalten». Er forderte sie auf, «baldig» zu antworten, da «viele andere Dinge geplant» seien, die «in erster Linie [...] zusammen zu dirigieren» seien. Er wäre «beglückt», sie «im Lauf der Zeit noch einmal sprechen» zu können; und es wäre «sehr nett», käme sie auf ihrem Weg nach Wien wieder nach Kreisau, der Zug von Breslau nach Wien brauche schließlich «nur 9 Stunden». Zum konkreten Vorhaben sagte er immer noch nichts, und die «Aktion» selbst war auf den November vertagt worden: «Jetzt fahren alle Leute in die Sommerferien, im November, wenn es grau ist, ist die Zeit für so etwas gekommen. Darum habe ich geglaubt, es verschieben zu müssen. Überall das Neue, das ständig dazukommt, über die Veränderungen, denen der Plan tagtäglich unterworfen ist, kann ich mich heute auch in 100 Seiten nicht aussprechen; alles ist noch zu verworren.»[287]

Löwenberg: in der Mitte Eugen Rosenstock-Huessy, dahinter Stirn und Augen von Helmuth James von Moltke, um 1928

Mit dem Beschluß, die Aktion auf den Herbst zu verschieben, das heißt, eine erst noch kommende Zeit in Beschlag zu nehmen, trat die Bürgerinitiative aus der Organisationsdebatte heraus ins Leben – also nicht durch die Festlegung auf eine bestimmte Aktion. Wir erwischen ihren Initiator dabei quasi in allerfrischester Mitgliedschaft. Aber «ich», sagt er, «ich habe die Aktion verschoben», statt den Plural «wir» zu verwenden, wie es doch an dieser Stelle angemessen wäre. Das rutschte ihm so raus. Das kam ihm aus der Seele – würde der Breslauer Professor Eugen Rosenstock-Huessy, ein anderes Mitglied der schlesischen Bürgerinitiative, gesagt haben. Er war ebenfalls Initiator, aber von einer anderen Seite her, unterm Druck anderer Voraussetzungen. Rosenstock-Huessy war Ende 30, kämpferisch, empfänglich, und was seelische Erschütterungen sind, das wußte er.

In seinem 1924 erschienenen Buch «Angewandte Seelenkunde» führte Rosenstock zur Schulgrammatik aus, sie sei eine einfältige, aus der mittelalterlichen Scholastik stammende lebensfeindliche Konvention. Sie verleite uns, die Sprache nur als Verständigungsmittel zu betrachten. In der Wirklichkeit des Sprechens leiste die Sprache wesentlich mehr. Sie diene nur in den wenigen Angelegenheiten des bereits Vollbrachten, also des realen Perfekts, der Verständigung, ihre Hauptleistung vollbringe sie als Medium der Seele und gehorche den «Gesetzen einer elementaren seelischen Grammatik». Denn bevor wir an irgendein «Perfekt» nur denken können, sprechen wir in seelischer Erschütterung das neue, plötzliche, unausdenkbare, im Gefühlssturm hereinbrechende Erlebnis aus: Die Sprache macht das Unsagbare sagbar, dazu ist sie da! Und dann anverwandle sich die Seele in ihren verschiedenen, gleichsam grammatischen «Aggregatszuständen» die Erschütterung und «konjugiere» sie «durch»; sie konjugiert, sagt Rosenstock, den Menschen durch.[288] Und der Clou seiner Entdeckung ist, daß sich dieses Durchkonjugieren nicht nur am sprechenden Individuum und in Wörtern und Sätzen äußert, sondern daß es auch eine Wirkung hat. Tiefe Erschütterungen – aber Vorsicht, sagt Rosenstock, «auf jedes echte Erlebnis kommen tausend Nieten!»[289] – treten in ihren verschiedenen Nachbeben in die Menschheitsgeschichte ein. Das Unsagbare, vom ersten Seelenmodus sprachlich verwandelt und durchkonjugiert bis ins reale Perfekt, wo es objektiv und erzählbar wird, ist nach Rosenstock also ein eigentlich faktenproduzierendes Phänomen.

Wir können jetzt endlich, mit Rosenstock, Helmuth James' überschwengliches «ich» im Juni 1927 aufklären: Wenn dich ein Erlebnis erschüttert, fühlst du dich angerufen. Das Vermittlungsorgan ist der Vokativ deiner Seele. Jetzt erst bist du wer, sagt Rosenstock, jetzt hast du einen Namen, und kaum hast du diesen Namen, entnimmst du ihm, wie einem Ruf, einen an dich persönlich gerichteten An- oder Aufruf, das heißt, in diesem Augenblick ist deine Seele dabei, das reale Präsens zu realisieren, das es nur in diesem Nu zwischen Vergangenheit und Zukunft geben kann, einen winzigen Augenblick, der in der Rosenstockschen Seelengrammatik die Bezeichnung «Imperativ» trägt. Alles Weitere ist kinderleicht zu verstehen. Kaum vernommen, «zwingt dich der Druck des Auftrages, von dir als ‹ich› zu reden».[290] Helmuth James' «ich» zeigt weder einen grammatischen Fehler noch eine gräfliche Fehlleistung an, sondern ein Subjekt unter Druck.

Sehr schön ist, was Rosenstock zu der Wirkung dieses Drucks noch sagt – und damit will ich diese Sache beschließen: Das «Ich», sagt er, ist hier der «Konjunktiv, Optativ, Voluntativ, der Kraft- und Machtstrom des Ich und seiner sich selbst gesetzgebenden Herrlichkeit. Der Konjunktiv ist der schwellende Gesang, das Marschlied des Werdens und aller Werdenden. ‹O daß ich tausend Zungen hätte›, ‹Wenn ich einmal der Herrgott wär›, vom heiligsten Ernst bis zum Scherz ist es immer die Kraftschwingung des Ich, die ihn, den Konjunktiv, hervortreibt. [...] Die Philosophie, die den Menschen vergöttert, heißt Idealismus, denn sie lebt von der Freiheit des Willens. Freiheit aber» ist keineswegs der Inbegriff der Autonomie des Individuums, sondern «der prägnanteste Ausdruck für den Konjunktiv alles Werdenden, das dem Gesetze des Daseins noch nicht gehorchen will».[291]

Hier wird einmal gezeigt, was Jugendbewegtheit in ihrem Kern war. So haben sich Helmuth James von Moltke und Horst von Einsiedel von nun an ihre beiden Leben hindurch immer zu treffen versucht. Sie haben natürlich ganz normal miteinander gesprochen, aber damals kam die auch von anderen Jugendbewegten lebenslang erinnerte Tiefe der Begegnung hinzu. Während sich Moltke von Einsiedel und dessen schlesischer Jungmannschaft wie gerufen fühlte, fühlten sich Einsiedel und die Jungmannschaft wie gerufen von der Not in Waldenburg, die sie jahrelang übersehen hatten. Sie begegneten sich, sie waren

Margrit, Eugen und Hans Rosenstock-Huessy mit Bianca und Joseph Wittig, um 1930

aufgeregt, sie zitterten vor Aufregung, sie hätten wohl beide «auf 100 Seiten nicht sagen können», warum. Und es war Rosenstock, der die beiden zusammenbrachte.

Professor Dr. Dr. Eugen Rosenstock-Huessy, geboren 1888, war aus einem jüdischen Elternhaus gekommen. Als Kind hatte er Bücherberge verschlungen, Menschen beobachtet, gedichtet, seine vier bis fünf Sprachen am Gymnasium gelernt, als Student landete er in Heidelberg bei den Neukantianern, es war ihm bald unbehaglich, so schrieb er rasch seine erste ausgezeichnete Dissertation und war schon mit 24 Dozent für Rechtsgeschichte in Leipzig. Im Krieg kämpfte er hingebungsvoll fürs Vaterland. Er war unter anderem Artillerieoffizier bei Verdun, das Erlebnis erschütterte ihn. Er fühlte sich als Teil einer internationalen Schicksalsgemeinschaft von Frontkämpfern, ließ sich christlich taufen und mit tiefen Reflexionen und Visionen erwartete er ungeduldig die Zeitenwende. In den Tagen der

Revolution fütterte er noch mit meuternden Soldaten seiner Kompanie in aller Ruhe die Pferde der Garnison, bevor er sich davonmachte; aber dann verabschiedete er sich auch von seiner blendenden Vorkriegskarriere. Zuerst ging er in die Stuttgarter Daimler-Werke, wo gerade 18 000 Arbeiter streikten, und gab, von Firmenleitung und Gewerkschaft unterstützt, eine gegen den Klassenkampf gerichtete Folge von Werkszeitungen heraus. Dann spielte er in Darmstadt die Rolle eines Antipoden von Hermann Keyserling und dessen «Schule der Weisheit»[292]; daraufhin entwickelte er in Frankfurt zusammen mit Werner Picht, einem Freund aus Kriegsjahren, der jetzt die Volkshochschulabteilung im preußischen Kultusministerium einrichtete, das Konzept einer Arbeiterakademie. Sie wurde im Mai 1921 von Carl Heinrich Becker, dem Kultusminister, als «Akademie der Arbeit» eingeweiht und von Industrie und Gewerkschaft finanziert. Sie sollte, ähnlich wie die Hochschule für Politik in Berlin, «innerhalb des neuen Staatswesens neue Wege der Bildung weisen», indem sie «werktätigen Männern aus dem Volke das geistige Rüstzeug mitgibt, das sie zur Führerschaft befähigt». Rosenstock wurde ihr Leiter; allerdings gab es bald Krach mit marxistischen Kollegen, und nach einem halben Jahr stieg Rosenstock aus. Gleichzeitig, neben alledem, gründete er den Patmos Verlag, auch die Zeitschrift «Die Kreatur», als deren Herausgeber ein katholischer Priester (Joseph Wittig), ein jüdischer Religionsphilosoph (Martin Buber) und ein protestantischer Mediziner (Victor von Weizsäcker) fungierten. Und er schrieb ein Buch, «mein versiegeltes Buch», wie er später sagte: «Die Hochzeit des Krieges und der Revolution». Es enthält, «was mir aus der Seele kam»: mysteriöse Aufsätze, Beschreibung der Volkswunden nach dem Krieg, die der herzlichen Pflege, der Chancen der neuen Epoche, die der Anstrengung bedürfen. – Versiegelt stimmt.

Inzwischen hatte er mit seiner Schweizer Frau einen Sohn. Er brauchte ein Einkommen, 1924 wurde er Ordinarius für

Rechtsgeschichte in Breslau, blieb aber in Verbindung mit der Erwachsenenbildung, zudem mit der Jugendbewegung. Zur Charakterisierung Rosenstocks in dieser Zeit eine Anekdote. Es kam zu einer Verstimmung zwischen Carl Heinrich Becker und ihm im April 1922. Zum Gespräch im Ministerium geladen, in «der phantastischsten Unsicherheit», erzählte Rosenstock später, überkam ihn beim Warten auf dem langen Flur ein Glücksgefühl. Plötzlich ein unerklärliches Empfinden von Sicherheit, wer weiß, woher, und um ihm Raum zu geben, hub er laut zu singen an. Auf dem Flur! Nach einer Weile kam ein preußischer Ministerialrat geschritten und sagte: «Seine Excellenz wünscht nicht, daß jemand im Gang mit lauter Stimme singt», und das «rettete meine Seele»[293], sprich, er verließ das Ministerium auf der Stelle und ließ sich auch sonst nie mehr an irgendeine Kandare legen. So wird es auch verständlich, daß Rosenstock nun die gesamte Wissenschaft aufforderte, die Trennung in Fachdisziplinen aufzugeben, um diese ungeheuerlichen, erlebbaren, doch von sogenannten objektiven Denkern geleugneten Vorgänge wie eine Revolution, einen Weltkrieg, eine Seelengrammatik und die Bedeutung Christi für die Welt in wissenschaftlicher Anstrengung gemeinsam zu erforschen beziehungsweise zu berücksichtigen: Das war Rosenstocks Ausgangspunkt für die Hochschulreform, und gerade darin hat er Becker, dem ministeriellen Hochschulreformer und früheren Islamwissenschaftler, immer imponiert. Die meisten akademischen Kollegen hat die Forderung empört und wohl auch geängstigt. Sie fürchteten um die Ordnung des Betriebs. Was allerdings auch gewöhnlichen Schülern der Schulgrammatik enorme Verstehensprobleme gegenüber Rosenstock beschert, das war und ist nicht nur seine verblüffende Theorie, sondern eigentlich dies: daß er nämlich das reflektierte persönliche Erleben ausdrücklich in den Kreis der üblichen wissenschaftlichen Beweismittel zu treten ermächtigte! In diesem Mut war er Egon Friedell ähnlich, der auf dem langen Gedankengang der «Kulturgeschichte der Neuzeit» nicht eine einzige Quelle angab. Wie Friedell sagte Rosenstock dann auch: Ich spreche keine unumstößliche Wahrheit aus (allein das hat damalige Professoren erschüttert!), weil ich jedoch die Wirkung der Seelengrammatik am eignen Leib erfahre und in der Gemeinschaft der Sprechenden wie in der Vergangenheit nachweisen kann, weiß ich, sie stammt vom Schöpfer. Dann fügte Rosenstock aber noch eines hinzu, und das behauptete Friedell nicht: daß er an die Zukunft des Menschengeschlechts glaube, an die Verheißung des fleischgewordenen Gottes. Für ihn war die Menschheitsgeschichte eine Zwischenzeit, das sollte die Wissenschaft schlucken, dafür bekam er, von allen Seiten, sein Lebtag heftige Dresche, und das hält an, obwohl er schon 1972 gestorben ist.

Doch zurück zur Bürgerinitiative in Waldenburg: Alles entwickelte sich sehr planmäßig weiter, inklusive der üblichen Widrigkeiten, mit Hindernissen und einer Krise, die aber ohne jedes Vorbild bewältigt wurde. Auch bei den ‹Waldenburgern› gab es die Unterscheidung in Aktive und Interessierte, das Auf und Ab von «Führern» (die wir Wortführer nennen) und vor allem die Fluktuation, dieses konjunktivische Merkmal einer nicht durch Parteien und Institutionen gewährten Freiheit. Es gab auch einen programmatischen Beschluß. In Einsiedels Formulierung: «Wir sagten uns nun, daß all das, was auch geschehe, kaum einen Sinn habe, wenn es von oben als Wohltätigkeit auf die Bevölkerung ausgegossen werden dürfe, sondern es müßte von allen wenigstens noch einigermaßen kräftigen Menschen im Gebiet getragen werden»[294]; in Helmuth James' Formulierung war eine «Aktion» angepeilt, die «als Beispiel für die Waldenburger und als Mahnung für die Regierenden wirken» sollte. Daß sie die Akzente im Hinblick auf Ausgangspunkt und Ziel des Unternehmens unterschiedlich setzten, spielte zu Beginn keine Rolle. Unmittelbar vor der «Hauptaktion» hielt sich Helmuth James auf einmal zurück, und die anderen führten sie durch; zerstritten haben sie sich deswegen aber nicht.

Unterstützer aller Art wurden gesucht. Auch außerhalb Schlesiens. Helmuth James fand in der «Frankfurter Zeitung» einen Text über Waldenburg und bat den Verfasser, «sich an einer Aktion zur Hilfe»[295] zu beteiligen – ohne den Journalisten mit Namen zu kennen, das wollte was heißen. Er verbreitete die Ziele der Gruppe in Berlin, deshalb fanden sich Dorothy Thompson und der Schriftsteller Sinclair Lewis in Breslau ein; Leo Lania, ein Freund Edgar Mowrers, drehte in Waldenburg einen Film.[296] Im Sommer in Grundlsee traf Helmuth James Carl und Alice Zuckmayer. Sie luden ihn in ihr nahegelegenes Bauernhaus ein; hier traf er eines Abends Zuckmayers Freunde aus expressionistischen Darmstädter Zeiten an; namhafte Sozialdemokraten: Joseph Halperin, Korrespondent der «Neuen Züricher Zeitung» in London; Carlo Mierendorff, zweiter Sekretär der SPD-Reichstagsfraktion in Berlin; Theo Haubach, Redakteur beim sozialdemokratischen «Hamburger Echo», der auch für Hilferdings «Gesellschaft» und die «Neuen Blätter für den Sozialismus» schrieb und junge Leute im «Hofgeismarer Kreis» und im «Reichsbanner Schwarz-Rot-Gold» in republikanischen Schwung brachte. «In den Gesprächen dieser Nacht», an die sich Zuckmayer erinnerte, dürfte die schlesische Bürgerinitiative als Exempel in der weitreichenden politischen Diskussion gedient haben, bei der die fünf sich begeistert und witzig über Sozialismus, Christentum, schlesische Grundbesitzer und englische Jungkonservative unterhielten – eine unvergeßliche Nacht.[297]

Die Bürgerinitiative suchte Leute, die sich zur Bildung eines unparteilichen Kuratoriums eigneten. Ein solches parteiübergreifendes Dach wurde damals über fast jede gesellschaftliche Erfindung gesetzt. Das hat die Beweglichkeit behindert, gehörte aber zum republikanischen Aushängeschild in den guten fünf Jahren. Helmuth James gewann den Professor von Schulze-Gaevernitz dafür, seinen Lehrer an der Berliner Hochschule für Politik, der auch Gutsbesitzer im Kreis Neurode und gerade von einem USA-Forschungsaufenthalt zurückgekommen war, mit besten Verbindungen zur Carnegie-Stiftung. Bei einem Essen im Sommerhaus des Professors lernte er dessen Sohn kennen – denselben, der zwanzig Jahre später als amerikanischer Geheimdienstler die übriggebliebene Moltke-Familie aus Kreisau evakuierte. Auch die Vorsitzende des Deutschen Staatsbürgerinnen-Verbands, Frau von Velsen, war anwesend und wurde für das Projekt interessiert.[298] Anfang August bat er wieder, «Frau Karin» zu helfen, er wollte Gerhart Hauptmann für das Kuratorium gewinnen: «Er ist doch schließlich der Dichter der Weber, und im Waldenburger Gebiet spielt sein Stück, und die jetzigen Bergarbeiter sind die Nachkommen der Weber. Nun kenne ich ihn nicht, dachte mir aber, daß eine Einführung von Ihnen hierbei das Gegebene wäre. Könnten Sie das tun? Ihm mit ein paar Worten schreiben, was ich will [...] Ich küsse in steter Dankbarkeit Ihre Hand.»[299]

Horst von Einsiedel interessierte die Sekretäre und Jugendführer aus parteigebundenen Jugendverbänden, er sprach aber auch mit Unternehmern und Kirchenleuten. Die «Spezialpropaganda nach einem noch nicht fertigen System» diente zunächst dem Ziel eines vorsichtigen ersten Probetreffens untereinander. Einsiedel erzählte, wie er es anstellte:

> «Ich reiste nun ganz primitiv herum, ging zuerst zu den uns als besonders einsichtig und lebendig geschilderten Führern der wirtschaftlichen und kulturellen Organisationen, stellte ihnen unseren Plan vor und fragte den Katholiken, wer denn auf evangelischer Seite, oder den Gewerkschaftssekretär, wer etwa von Industriellen für eine tatkräftige Arbeit in Frage käme und umgekehrt. Wurde uns jemand von mehr als einer gegnerischen Seite genannt, gingen wir zu ihm hin und luden ihn zu dieser Begegnung ein.»[300]

Rosenstock hatte seit Stuttgart und Frankfurt gute Verbindungen mit Arbeitgebern und ihren Verbänden. Er schaltete auch seine Freunde von der «Deutschen Schule für Volksforschung und Erwachsenenbildung» ein, den universitären «Arbeitskreis zur Reform der Hochschulausbildung» und die «Volkshochschulstelle» der Universität Breslau. Der Verwaltungsjurist und Regierungsassessor Dr. Hans Peters machte sofort mit. 1896 geboren, Kriegsteilnehmer, hatte er, im Gegensatz zu Rosenstock, eine Verwaltungslaufbahn hinter sich gebracht. Er war Mitglied des Zentrums und gehörte zum Kreis der Protegés und Freunde des Kultusministers Becker.

Peters hatte 1926 seine Habilitationsschrift vorgelegt: «Grenzen der kommunalen Selbstverwaltung in Preussen». Darin stand, was er für nötig hielt, um die Menschen und Institutionen in der Demokratie zu Mitsprechern zu machen. Sein Grundgedanke war der Rechtstheorie Hans Kelsens entgegengesetzt, aber deswegen ging ja die Problematik Helmuth James so ein, daß er sich zehn Jahre später noch immer oder wieder mit dem Prinzip der Selbstverwaltung befaßte. Peters' Ansicht nach mußte diese Idee neu belebt werden. Aber der Rechtswissenschaft sei «in den vergangenen Jahrzehnten der Zusammenhang mit der Praxis vielfach verlorengegangen», die neuen Gesetze und Verwaltungsvorschriften seien «durchweg minderwertig».[301] Peters meint in der Konsequenz, «für die Wissenschaft ist der Zeitpunkt gekommen, ihrerseits die Fühlung mit der Praxis in vollem Umfange wiederzugewinnen und sich wieder die führende Rolle zu erstreiten, die ihr im modernen Staate zukommt».[302] Gültige Erkenntnisquelle waren für Peters die alten Versuche mit der Selbstverwaltung, was sonst. Er bezog sich also auf die preußischen Reformer, die zwischen 1806 und 1815 durch eine Stärkung der Selbstverwaltung den rascheren Zusammenschluß des preußischen Staatsvolks im Befreiungskampf erstrebten. Und somit stellte dieser moderne, unermüdlich schuftende Dozent und Politiker eine Beziehung her zwischen der Bürgerinitiative und den berühmten Liberalen, welche mit Bild und Text noch in allen Schulbüchern gepriesen wurden und überdies in Schlesien durch markante historische Ereignisse besonders gegenwärtig schienen: Freiherr vom Stein, Hardenberg, Yorck und Gneisenau, die Gelehrten Savigny, Suarez und die Humboldt-Brüder. Peters' demokratische Kritik der realen Verfassungsmängel brachte die Regionalgeschichte und die preußische Selbstverwaltung ins Spiel – alles andere als rückwärtsgewandt. Er dachte konkret, wirklichkeitsbezogen und historisch.

Peters' Gedanken zur Selbstverwaltung, eine eigenständige Fortführung der liberalen Demokratiekritik aus dem 19. Jahrhundert, waren und sind brisant. Sie nahmen ungefähr folgenden Gang. Während die Stein-Hardenbergsche Reform die Idee der Selbstverwaltung aufgenommen habe – «als Mittel zur Erweckung des Interesses am öffentlichen Leben bei der Bevölkerung und zur Aufrüttelung der im Aktenstaub versunkenen staatlichen Bureaukratie» –, habe in der Weimarer Republik dasselbe Prinzip «durch Einführung der parlamentarischen Demokratie eine kräftige Stütze verloren».[303] Aber warum denn das? Ausgerechnet die Demokratie sollte gegen die Selbstverwaltung stehen? Nun, deshalb, weil sie nur verfassungsmäßig und nur bis zur Novemberrevolution von 1918 – nämlich der Wahlentscheidung in gleichen, allgemeinen Parlamentswahlen, gegen die rätedemokratischen Vorstellungen von einer direkten, am Arbeitsplatz ausgeübten Herrschaft des Volkes – beschrieben und durchdacht wurde. Das ist zu wenig, sagte Peters! Wenn sich die Demokratie darin erschöpft, Wählermehrheiten zum Volkssouverän zu erklären, reicht das nicht.

Zur Zeit der preußischen Reformer

> «leitete [die Selbstverwaltung] ihre Existenzberechtigung aus dem Gedanken ab, daß ein Gegengewicht gegen die obrigkeitlichen polizeistaatlichen Gelüste des alten Staates

> bestehen müsse. Theoretisch ist diese angebliche Notwendigkeit damit gefallen, daß der Gegensatz Obrigkeit-Volk jetzt verfassungsmäßig nicht mehr besteht. Heute stehen sich nur noch gegenüber das Gesamtvolk und seine Teile. Ob letztere des Schutzes der Selbstverwaltung bedürfen, läuft auf die Frage hinaus, ob man die Auffassung von Minderheiten gegen das Volk als den Träger der gesamten Staatsgewalt schützen will. Vom Standpunkt streng durchgeführter Demokratie muß alles beseitigt werden, was als eigener Wille der Durchsetzung des Gesamtwillens entgegentreten könnte. Insbesondere kann theoretisch der Sonderwille des Teils neben dem Willen des Ganzen nicht Bestand haben. [...] Deshalb muß die Demokratie ihrem Wesen nach ein Feind der Selbständigkeit öffentlich-rechtlicher Verbände im Staate und damit mittelbar auch der diesen eigentümlichen Verwaltungsform sein».[304]

Voilà! Das sei nun keineswegs, fährt er fort, im Interesse des demokratischen Staates! Die «Existenz von Verbänden mit eigener Verantwortung», «Verantwortungsfreudigkeit der einzelnen Bürger», «Kräfte, angespornt durch das Gefühl eigener Verantwortlichkeit» wirken sich «zum Wohle des Ganzen» aus! Doch die Theorie der Demokratie begnügt sich bislang mit dem Formalismus der Gleichheit der Wählerstimmen und des Rechts der Mehrheiten und läßt sich nicht auf die Frage qualifizierter Minderheiten ein; die Rechtswissenschaft schaut nicht aus dem Hörsaal raus auf die Praxis der Verwaltung; und der Verwaltungsapparat neigt von sich aus ohnehin dem Bürokratismus zu; und so setzt sich eben, unterstützt von allerlei schlechten Gewohnheiten, eine alte Staatsidee, der Absolutismus, durch, um «alle dem Willen des Gesamtvolkes sich widersetzenden Faktoren mit eigenem abweichenden Willen in folgerichtiger Durchführung des Prinzips absoluter Demokratie zu beseitigen».[305]

Peters kannte Karl Ohle gut, so nahm er am Aktivisten-Wochenende Mitte September 1927 in Kreisau teil. Dort wurden nun «Fragen, die uns ungelöst und lösungsfähig erscheinen», zusammengestellt. Neben Peters: Rosenstock und Schulze-Gaevernitz, gegenüber drei Studenten: Horst, Carl Didi und Helmuth James. Bekocht von der Mamsell und von Dorothy etwas mühsam unterhalten («sehr nett und sehr anstrengend», schrieb sie hinterher), gründeten sie nun Ausschüsse mit Verantwortlichen. Für die «erzieherische Arbeit» (Rosenstock und Horst), für die «wissenschaftliche Arbeit» (Schulze-Gaevernitz), für die «publizistische Vertretung nach außen» (Helmuth James und Carl Didi). Peters sollte die im Protokoll genannte «Unterabteilung für die verwaltungsrechtlichen Fragen» leiten sowie die «wissenschaftliche Arbeit» im Sinne des Ausschußvorsitzenden Schulze-Gaevernitz, der offenbar nicht soviel Zeit hatte, beaufsichtigen. Auffällig: Kein Wort von «Aktion» oder «Hauptaktion» wurde ins Protokoll geschrieben – aber nach diesem Wochenende legte sich Helmuth James, völlig erschöpft und mit einer Mandelentzündung, für mehrere Tage ins Bett – doch «glücklich», schrieb Dorothy.[306]

Ende Oktober, als Folge des Treffens: die erste Heerschau zur Selbstvergewisserung für alle, die gewonnen oder interessiert worden waren. «Begegnung» nannten sie dies; es fand wieder übers Wochenende statt, und zwar in Löwenberg, im großen Volkshochschulheim der «Schlesischen Jungmannschaft». Löwenberg war dreißig Kilometer nördlich des Industriegebiets gelegen. Entweder hat sich im Waldenburger Land kein Saal mit Übernachtungsmöglichkeiten finden lassen, oder es zeigte sich hier schon das Gewicht der Jungmannschaft in der Bürgerinitiative, Rosenstock hat die Mannschaft hinterher als den «Träger» des Unternehmens bezeichnet. Die Versammelten verkörperten eine Art schlesischen Landfriedens, so stark war die Bürgerinitiative nun angewachsen! Es waren Schullehrer und Jugendpfleger dabei, darunter Studienrat Kapuste, Fräulein Joppich und Hans Dehmel, der Erwachsenenpädagoge Dr. Hans Raupach (mit dem Rosenstock in Breslauer Wohngemeinschaft lebte); außerdem der Berliner Musikpädagoge Georg Götsch, der gerade mit Dehmel eine vom Kultusminister und dem russischen Botschafter geförderte Erkundungsreise durch Rußland hinter sich hatte; dann der inzwischen exkommunizierte ehemalige katholische Priester Joseph Wittig und seine Frau Bianca, der Rektor der Breslauer Universität, der Rektor der Deutschen Schule, Ministerialrat von Erdberg, Graf und Gräfin Schweinitz, der Fürstabt von Grüssau; schließlich steht auch Hermann Stehr, der mystische schlesische Heimatdichter, der einmal als Volksschullehrer ins Glatzer Bergland relegiert worden war, auf einer Liste. Gerhart Hauptmann war nicht hier, aber Helmuth James hatte ihn besucht, er erklärte seine Sympathie. Hinzu kamen Rosenstocks Schwester, ungezählte Jugendführer parteigebundener regionaler Jugendorganisationen, dann die Fabrikanten und Industriellen, vielleicht auch ein Dr. Krüger, der irgendwo «Wirtschaftsführer» genannt wird und später ins Reichswirtschaftsministerium ging. Der frühere schlesische Oberpräsident Philipp machte mit und der derzeitige Regierungspräsident Poeschel aus Liegnitz. Prinz Hans Heinrich von Pless war gewonnen worden, ein Gutsbesitzer Teichmann, Graf Nostitz, ein Superintendent, Pfarrer und Kirchenmitarbeiter und wohl auch der alte Fürst Hatzfeldt, Gutsbesitzer und ehemaliges Reichstagsmitglied. Der glaubte, die einzige Möglichkeit, die Sterblichkeitsquote im Revier zu senken, läge darin, «die Bevölkerung aus der tödlich nassen Gegend zwangsweise in gesündere Gebiete umzusiedeln». Das würde Millionen kosten. Aber er würde sich im Reichstag dafür einsetzen, wenn … also, nur unter einer Bedingung: wenn ausgeschlossen ist, für eine solche Aktion um Geld aus Amerika zu betteln![307]

Ergebnis: Sie gründeten die «Löwenberger Arbeitsgemeinschaft», diese sollte die Aktion vorbereiten. Uns ist schon klar, daß hier nun keine Verkehrsblockade, kein Hungermarsch ins Berliner Regierungsviertel oder überhaupt irgendeine Unbotmäßigkeit beschlossen werden konnte, allein schon aus Rücksicht auf den Fürstabt, den Prinzen, den amtierenden Regierungspräsidenten. An viele praktische «Aktionsformen», gerade solche, die der Waldenburger Not angemessen gewesen wären, vielleicht die Besetzung eines Herrenhauses zur Unterbringung mißhandelter Kinder oder eine kleine illegale Gartenverteilung für hungernde Heimarbeiterfamilien, ist nicht mal gedacht worden. Der Berg kreißte monatelang. Zwischendurch hieß es, ein Landheim für die Schlafburschen müsse her. Auch wurde die Idee geäußert, Milch für das Industrievolk durch eine Reform des Transportwesens zu verbilligen, aber nichts war davon zu hören, daß etwa je Grundbesitzer eine Kuh gespendet wurde, die dann in einer Herde der «Arbeitsgemeinschaft» auf einer von einer Gemeinde überlassenen Wiese Milch an Ort und Stelle hätte produzieren können. Schließlich beschlossen die Löwenberger, daß im März 1928 ein vierzehntägiges «Arbeitslager für junge Arbeiter, Bauern und Studenten» durchgeführt werden sollte. Das war von der Hauptaktion übriggeblieben, wobei es bitter war, daß dann die tatsächliche Arbeit sich 1928 nicht einmal auf die Einrichtung eines Landheims bezog. Es wurde irgendwo bei Löwenberg ein Entwässerungsgraben gegraben, ein Mauerstück gemauert, und die Kartoffeln und Karotten haben sich die hundert versammelten jungen Männer (Frauen waren keine dabei) selbst geschält, sie schnippelten, kochten und aßen selbst, schließlich brauchten sie was zu essen. Doch es gab begeisternde Begegnungen zwischen den sozialen Schichten und den Altersgruppen, die Veranstaltung war ein Gegenentwurf zu Parteienstreit und Klassenkampf. Rosenstock und Wittig sprachen hinterher von einer Art Feldakademie, die die seelischen Kräfte der künftigen «Führer» dieser Gegend stärkte, und insofern bestand das wichtigste Ergebnis des Lagers in dem Beschluß, es im nächsten Jahr zu wiederholen.

Helmuth James ist, allem Anschein nach, nicht unter den hundert gewesen, die das Lager bildeten. Denn am 17. März 1928 sitzt er in Kreisau und schreibt den Großeltern einen Brief, und darin heißt es, er könne nicht alles machen, er wolle sich nun auf die ihm zugewiesene Aufgabe beschränken. Vielleicht hat er am ersten Tag das Lager mit eingeweiht und auch dort übernachtet. Jedenfalls war er bei der öffentlichen Veranstaltung der Lagerbeteiligten dabei, zu der achtzig Gäste erschienen, der sogenannten «Führerbegegnung». Aufregende Diskussionen. Vorträge von Adolf Reichwein (dem persönlichen Referenten des Kultusministers), Adolf Löwe (dem Ökonomie-Professor Carl Didis aus Kiel), Victor von Weizsäcker und anderen.[308] In diesen Tagen paßte sich Helmuth James dem Lagerleben an; Dorothy, einen Nachmittag mit Papi zu Gast, entdeckte ihren Sohn in der Küche und schrieb an ihre Eltern, sie müßten sich mal vorstellen, «wie er für das Abendessen Mohrrüben schabte».[309] Hans Raupach, der spätere Leiter des Löwenberger Vereinshauses (das dann leidenschaftlich um die Anerkennung der «Jungmannschaft» als Veranstalter des «Ersten deutschen Arbeitslagers» kämpfte), sah aber Helmuth James' reservierte Distanz. Er hielt ihn für gleichaltrig, obwohl er mindestens fünf Jahre älter war als der Jüngling, doch er hat erkannt, was diesen fesselte: «nicht die jugendbewegte Gemeinschaftsform», sondern «sein Interesse galt dem sofortigen Umsetzen der Bewegungsimpulse in politische Maßnahmen und Organisationsformen, letztlich in den Versuch, durch eine von Klassen- und Parteiinteressen freie Gesellschaftsbildung Notstände im Waldenburger Industriegebiet zu erkennen und zu überwinden. So wirkte er bei der Begegnung mit zahlreichen Spitzen aus Verwaltung, Politik und Wissenschaft Schlesiens [...] wie ein nicht bestellter Generalsekretär einer zunächst noch idealen Vereinigung».[310]

Wir müssen noch einen Blick auf die Krise werfen, die die schlesische Bürgerinitiative zwischen Oktober 1927 und Frühjahr 1928 zu bewältigen hatte. Die Krise erreichte ihren Höhepunkt, als es im Februar nicht mehr zu schneien aufhören wollte. So viel Schnee war hier seit Menschengedenken nicht mehr gefallen. Die Züge fuhren nicht, die Straßen waren unpassierbar, das heißt Versorgungsprobleme, das heißt Kartoffelprobleme, das heißt Tote in den Armenvierteln. In diesen Wochen war an Rosenstock die Führung hängengeblieben. Seinen persönlichen Krisenhöhepunkt erlebte er am Ende eines rastlosen Wochenendes. Es war noch offen, was im bevorstehenden Arbeitslager die Arbeitsleistung sein sollte. Keiner wußte, wie sie auf ein Landheim für Ledige verwendet werden könnte, denn es war kein Haus gefunden worden. Ich zitiere Rosenstocks atemlosen, verzweifelten Brief an Margrit, seine Frau:

«Liebe Frau, gestern hat es mich wohl zum ersten Mal richtig beelendet, daß Du nicht leben hilfst, d. h. nicht hier bist. Kritische Tage. Sonnabend erst Generalsuperintendent und Rektor nach Löwenberg eingeladen. Vortrag vor dem Senat ausgemacht, dann Waldenburg Siedlungsausschuß. 5–9 Sitzung unter Max' Präsidium. Ergebnislos. Ich wittre schon, Löwenbergs Kräfte sind erschöpft. Ich bin ja der einzige, der weiß und wissen darf, daß – wie jeder Kirchgang – dieser seine Wirkung nur auf Zeit hat. Abends von 9–10 Fahrt nach Landeshut. 10–12 dort Verhandlungen wegen Baracken für Löwenberg. Sonntag früh Käthe Max und ich über Waldenburg, wo der Direktor Giese und Frau zusteigen, 80 km nach Gugelwitz zu Schweinitzens. Dort Nostitz und Gräfin Pfeil. Da *weder Einsiedel noch Trotha* dabei, bleibt an mir die ganze Sache hängen. Auf Gugelwitz ein geeignetes Haus vorhanden, aber kein Weg, kein Steg zu Besitz oder Betrieb. Ich soll mit Poeschel das Kind schaukeln. Poeschel hat keine Mittel. Ich sehe wieder: Ende. Anruf aus Schweidnitz: die Sozis haben Sonnabend abend Besuch eines jüdischen

Redakteurs aus Berlin gekriegt, und der läßt die Jungen ihren Teilnahmebeschluß rückgängig machen: Wahlfieber. Lager ohne Sozis – sinnlos. Wieder: Ende. Es ist eben noch Mitte Februar. Da passieren diese Dinge. Ich bleibe bei Schweinitzens, um über Liegnitz heimzufahren; hier erwarten mich zum Abendbrot Moltke und Sinclair Lewis. Schweinitz irrt sich im Fahrplan, kein Zug in Liegnitz. Ich telefoniere dort wenigstens mit Poeschel lange: in der Tat, er hat kein Geld. Wut, zurück nach Gugelwitz. Schweinitzens beschließen, mich nach Breslau zu fahren. Wir sitzen im kleinen Opel, rasen hin, ich, voll Grimm, rechne, rechne. Ein Weg zeigt sich: provisorisch anfangen auf sieben Monate. Das läßt sich vielleicht finanzieren. Man braucht dazu 5000 Mark.»[311]

Um das klarzustellen: Der hochkarätig besetzten Bürgerinitiative fehlten 5000 Mark. Es ging nur um 5000 Mark, aber es war aussichtslos, sie durch Spenden hereinzubekommen. Rosenstock weiter:

«[Das] bedeutet ein Scheitern der Landheimsache nach Scheitern aller andern Ausschüsse und Aushöhlung des Lagers, katastrophale Blamage für die Märztagung. Es ist dann *nichts* geschehen. Es ist das kaum tragbar. Lieber auch den März lassen. Also? – [...] Derweil saßen Einsiedel und Trotha unerreichbar in Waldenburg, dort die Arbeiter umzustimmen. [...] Genug: Ich erwarte eben Schweinitzens zum Thee unten. [...] Es ist sehr zweifelhaft. Ich handle auch nur mit geteilter Energie. Was gehen mich Landheime an? Aber die Blamage, die immer schon geahnte, fällt natürlich auf den verrückten Professor, nicht auf seine Studenten. Du fehlst im Haus, bei den Entschlüssen usw. Man kann niemand fragen. In aller Eile – Dein Eugen.»[312]

In derselben Energie – Helmuth James. Er beteiligte sich nur an der Vorbereitung des Arbeitslagers, doch dies bis zum letzten Tag, hat also, was Kraft und Mut betrifft, mit den Jugendbewegten mithalten können, die es dann allerdings noch fertigbringen, sich ungeniert im Dutzend ein Waschbecken zu teilen, wo sie sich dann überall zu kratzen pflegen, oder in Gemeinschaftsbaracken mit einem gewissen Genuß ihre Socken vom Fuße zu streifen. Helmuth James' energischen Gesamtauftritt würdigte ein Bericht von Joseph Wittig. Die «Jungmannschaft» und Professor Rosenstock wären

> «noch lange mit der Stange im Nebel herumgefahren, wenn sie nicht einer mit der Nase auf die dringendste, gen Himmel schreiende Volksnot dicht vor den Toren Breslaus und Löwenbergs gestoßen hätte. Dieser eine war der junge von Moltke in Creisau. Mit eigenen Augen hatte er die große Not des Volkes in den benachbarten Kreisen Landeshut, Waldenburg und Neurode gesehen. Und was er gesehen, ließ ihm keine Ruhe mehr, [...] schließlich fand er seinen Weg zu Professor Rosenstock und zur Schlesischen Jungmannschaft».[313]

9. Viele Chancen, kleine Jobs, Kontakte – und familiäre Fragen

Mitten hinein in all diese Umtriebigkeiten Helmuth James' kam nun der Besuch von Daddy und Granny aus Südafrika. James Rose Innes hatte seinen letzten Arbeitstag als *Chief Justice* des Vielvölkerstaats am 8. Februar 1927, nun stand dem Zweiundsiebzigjährigen Freizeit bevor, eine ihm völlig unbekannte Daseinsform. Um sich einzugewöhnen, sollte das erste von Dienstpflichten freie Jahr in Europa verbracht werden. Ende Februar bestiegen beide das Schiff in Kapstadt und erreichten im März Southampton, dann fuhren sie nach Holland rüber und mit dem Zug quer durch Deutschland nach Dresden. Sie residierten, unterzogen sich ihren Kuren und empfingen Freunde. Von hier aus begaben sie sich, je nach Stimmung, Wetter und Daddys deutschem Reizhusten, für längere und kürzere Aufenthalte nach Kreisau.

So verliefen diese Besuche: Die Kinder wurden beschenkt und betrachtet, die ernsten Familiendinge besprochen, von der Freitreppe aus ließ sich jederzeit am Bauernleben und Papis Arbeit teilnehmen. Feste wurden gefeiert, Helmuth James' zwanzigster Geburtstag begangen, es gab Picknicks mit Korb und Thermosflasche im Eulengebirge, Hauskonzerte bei Carli von Pückler, Bummel durch Schweidnitz. In stillen Morgenstunden saßen sie in Korbstühlen in der Halle und lasen alle verfügbaren englischen und deutschen Zeitungen, dazu die neuerschienenen englischen Romane und Biographien. Zur Abwechslung wurden Moltke-Verwandte auf den verschiedenen Gütern oder in Berlin besucht, Dorothy schlug auch eine Visite beim Reichsgerichtspräsidenten Simons in Leipzig vor – aber auch dazu findet sich in Daddys in Privatsachen äußerst diskreter Autobiographie kein Wort. Da steht auch nichts über Helmuth James! Der hat nicht getan, was man Studieren nennt – die

Lady Innes zu Besuch bei Tochter Dorothy, um 1927

Nachrichten dazu bleiben in diesen Jahren dünn und widersprüchlich –, sondern in der Waldenburger Sache gearbeitet. Er war oft auf Reisen, und unvermeidlich haben die Großeltern sein rotierendes Leben in den verschiedenen Kreisen mitbekommen; Daddys kritische Reserve gegenüber seinem Enkel verfestigte sich in diesem Jahr. Dorothy tat alles, um für ihren Sohn zu werben, zu einem offenen Konflikt kam es während des Besuches nicht, auch aus Liebe, aus Diskretionsgründen und weil Kreisaus wirtschaftliche Lage große Sorgen machte. Weiter brauchten sie den Hausfrieden, um sich für eine Weile einzubilden, sie lebten hier ständig miteinander. Daddy holte morgens im Rucksack die Brötchen, er setzte sich auch in den Zug, blieb einen Tag weg, und abends, wenn Dorothy pünktlich um halb sechs die Zugpfeife schrillen hörte, ging sie ihn vom Bahnhof abholen. Als wären sie zu Hause in Midwood bei Pretoria, gaben sich Granny und Daddy in diesem Sommer dem

Schloßgarten hin. Mit Dorothy jäteten sie, gruben, pflanzten um, rochen an den sprießenden Johannisbeerblättern, ernteten Stachelbeeren, Granny arrangierte unentwegt Blumen in den Vasen, und hinterher erinnerte sich Dorothy – «mit Wehmut», notierte sie auf deutsch, «ich glaube nicht, daß es ein passendes englisches Äquivalent gibt, denn es ist etwas viel Zarteres als *melancholy*» – an die Gänge durch den Garten, wo sie aus Stauden verwelkte Blüten entfernten.[314]

Den Herbst verbrachten die Großeltern in England, in London, «im Mittelpunkt der Dinge und in Berührung mit dem Weltgeschehen in einem Grad, wie es anderswo unmöglich ist». Im September schrieb Dorothy vier Briefe dorthin, und im Oktober reiste sie den Eltern nach, den «teuren alten Vögeln», ihren «beiden Pelikanen». Nun hatte Daddy wahrscheinlich erst, was sein Herz brauchte und wonach seine Sinne gierten: von Anfang Oktober bis Ende November die Gefährtin seines Lebens zur Seite und sein geliebtes Kind für sich. Als Dorothy acht Jahre später starb, plötzlich, von einem Tag zum anderen, niemand wußte eine Erklärung, da brach eine Welt für ihn zusammen; aber in London, im Oktober/November 1927, sehen wir vor unserem geistigen Auge, wie Sir Rose Innes, Lady Innes und Gräfin Moltke in der Hauptstadt des *British Commonwealth* ihren *appointments* folgen. Heiter und entspannt, auch Daddy entspannt. Alles verlief ganz einfach, aber verstehen tun wir trotzdem nicht das Wesentliche: Denn ihre einfache Lässigkeit hatte natürlich etwas mit schottischem Selbstbewußtsein, englischer Romantik, britischem Humor und den dazugehörigen Verhaltenskonventionen in der *city* zu tun. Daddys Glück war so groß, daß er in seinem Buch beinahe davon erzählt hätte: «Dorothy kam aus Deutschland rüber, um ein paar Wochen mit uns zu verbringen. Es gab viele Freunde zu besuchen, und die Tage vergingen wie im Flug.»[315] Dann der schmerzhafteste Augenblick des Jahres, der Abschied. Die Kapelle. Das platschende Wasser am Kai. Der Himmel und der Wind. Die

Gruppe der Reisenden und die Gruppe der Bleibenden. Sehr langsam schob sich der Schiffskörper von der Mauer weg und drehte im Hafenbecken. Die Wimpel, die Taschentücher, das Schiff stach in See. Und dann fuhr Dorothy ab, tränenstarr in die Zeitung blickend, «Eure Tochter», «Euer Baby», «Euer kleines Küken», «Euer ergebenes Kind», und schrieb wieder Wochenbriefe.

Von Helmuth James hatten Granny und vor allem Daddy einen beunruhigenden Eindruck der Zerfahrenheit, Planlosigkeit, beschäftigungsmäßigen Zügellosigkeit mit zurück ans Kap genommen. Da mußte auch Dorothy immer wieder aufs neue für ihren Schützling einspringen, vorsichtig eine Lanze für ihn brechen, wie im August 1928, als es wieder einmal um die mit und für Helmuth James geplante Südafrikareise ging:

> «Liebste Mutter, wie lieb von Dir vorzuschlagen, daß *the boy* Euch besuchen solle. [...] Ich bin sicher, daß ihm ein Tapetenwechsel guttun würde wie nichts anderes, und natürlich hätte ich es gern gehabt, wenn er seine Heimat sähe. Doch auf der anderen Seite hat er so viele Eisen im Feuer, stehen ihm so viele Aussichten offen, daß ich nicht weiß, ob es seiner Zukunft nutzen würde, wenn er so lange fortbliebe.»[316]

Sie erwähnt seine Kontakte in Schlesien, nach Polen, erwähnt die amerikanischen Journalisten und sieht «alle Arten verführerischer Angebote für einen Beruf». Aber «all das liegt in Gottes Händen».[317]

Daß ihr Einfluß auf *the boy* ihr ziemlich gering erschienen sein wird, läßt sich erahnen, wenn man sich die äußerst umsichtige und zugleich fröhliche Wucht beim praktischen Einsatz mit Herz und Verstand von Helmuth James vergegenwärtigt, wie er sie einmal auch selbst protokolliert hat. Es handelt sich dabei um einen Text, der als Artikel für eine regionale Zeitung geschrieben wurde, behauptet Dorothy von Moltke gegenüber den Eltern; ein Stück feuilletonistische Unterhaltungsliteratur über ein Schnee- und Verkehrschaos, in das er selbst geraten ist, nebenbei der lückenlose Bericht vom Verlauf seines Geburtstags am 11. März 1928, an dem er volljährig wurde.

Zügig beschreibt er zunächst den Beginn seiner Autofahrt an diesem Tag, die Mühen und Erschwernisse durch den Schneesturm. Und dann: «So ging es eine dreiviertel Stunde, als ich, um eine Ecke biegend, ein Auto quer über der Straße stehend fand. Ich hielt. Das Auto war durch die Kraft der Schneewehe herumgeworfen und gegen einen Chausseestein geprallt, der Mann neben dem Chauffeur war durch die Scheibe geflogen und lag blutend tief im Schnee eingeweht, der Chauffeur hatte sich bei dem plötzlichen Halt fast das Steuer in den Bauch gerammt und sich an der Schalttafel eine schwerblutende Wunde unter dem Knie geholt.»[318] Ohne viel Federlesens schafft Helmuth James die Verwundeten in ihrem lädierten Auto in ein Krankenhaus, neue Gefahren auf der Strecke, dann zurück zu seinem Wagen. Er fährt ein Stück, bleibt in einem zugeschneiten Hohlweg stecken, schaufelt sich eigenhändig raus, und weiter ging's, beinahe im Blindflug:

> «Nach 30 Minuten glatter Fahrt sehe ich vor mir eine größere Schneewehe und dahinter ein Auto, das repariert. Ich fahre also keck drauflos, bleibe aber nach 15 Metern stecken. Nun steige ich aus, mir das Schlachtfeld zu besehen. 200 Meter, eine einzige Schneewehe von mindestens 70 cm Höhe. [...] Wir beschlossen, Pferde zu holen, ich ging ans Schippen. Zwei Meter einigermaßen frei machen, fahren, wieder schippen usw. Jedesmal 10 Minuten Arbeit, bei 200 Metern 1000 Minuten gleich 16 Stunden 40 Minuten. Ich hatte vielleicht 4 Meter geschafft, als ein großer Personenomnibus mit Vollkraft ankam, an mir vorbeisauste, aber 10 Meter weiter steckenblieb. Im gleichen

Augenblick kam auf der anderen Seite der Gegenomnibus. Der [...] blieb unterm Gekreisch der Insassen in gefährlicher Wippestellung im Graben liegen. Die Hilfskräfte wuchsen. [...] Darauf kam hinter mir ein großer Mercedes Kompressor mit 150 Pferdestärken, schon knapp an mir vorbei, schlug er quer und stand direkt vor meinem Auto. Ich schaufelte Gott sei Dank gerade auf der anderen Seite meines Wagens, sonst wär' ich zu Mus zerdrückt. [...] Kaum saß der Mercedes, als ein Motorrad ankam, abstoppte und auf dem Feld vorwärts zu kommen suchte, in eine Schneewehe mit Schwung hineinfuhr, umschlug und seinen Fahrer unter sich begrub. Der verschwand vollkommen, so daß wir ihn erst mit meiner Schaufel herausbuddeln konnten. Auch das gelang. Er hatte sich aber beide Beine gebrochen.»[319]

Helmuth James schafft den verwundeten Motorradfahrer in sein Auto und fährt in Richtung Jauer, zum Krankenhaus. Auf dem Weg dorthin leistet er noch anderen Verunglückten Hilfe. Endlich: Jauer. Er liefert den Mann mit den gebrochenen Beinen im Krankenhaus ab. Weiterfahrt, weiter Aufregung:

«Ich komme im Schwung um eine Kreuzung, sehe ein anderes Auto kommen, bremse mit beiden Bremsen und merke, daß sie nicht ziehen. Sie sind vereist. Ich habe nie so schnell gedacht wie in diesen Sekunden. Um meinen Bauch zu schonen, hebe ich mich, so daß ich über das Steuerrad komme, presse meine Arme an das Steuer, um nicht durch die Scheibe zu fliegen, und drehe meinen Wagen mit aller Wucht in die Richtung des anderen, ohne die Bremsen zu benutzen. Ein kleines Schleudern, ein furchtbares Geschrei und halt. Ich steige aus, um mir den Schaden zu besehen. Nichts passiert, nur vier Kotflügel etwas lädiert. [...] Ich fuhr also getrost weiter, komme aus der Stadt heraus, und sehe mich einem Berg gegenüber, der schwarz von kleinen Punkten ist, alles festgefahrene Autos.»[320]

Die motorisierte Schlittenfahrt ist zu Ende, er nimmt den Zug, das geht natürlich ebenfalls nicht glatt, wieder steckenbleiben, freischaufeln, weiterfahren. Und dann: «Doch auch das hatte ein Ende. Der Anschlußzug war zwar weg, aber ein Auto holte mich ab, und ich kam um 6 Uhr 30 endlich nach Hause. So wurde ich großjährig. Schwierig genug, aber endlich.»[321]

Zwar war dieser Winter von 1927 auf 1928 nicht ganz von der Härte und Hartnäckigkeit wie der, der im nächsten Jahr folgen und zu Versorgungsnöten und langen Verkehrsunterbrechungen führen sollte, aber er gab darauf immerhin einen Vorgeschmack. Auch Kreisau wurde in Mitleidenschaft gezogen; im Schloß hatte bereits das normale Wetter im November und Dezember 1927 den neuralgischen Punkt des Landadel-Lebens getroffen, die Heizung. Das Geld, um die Unmengen an Koks zu kaufen, die das Monstrum im Keller verschlang, um das Schloß einmal wirklich warm zu machen, konnte auch leihweise nicht mehr aufgebracht werden, und an eine neue Heizungsanlage war gar nicht zu denken. Somit geriet die Frage des Lebensstils neu auf die Tagesordnung. Die Ausgaben für Brennmaterial hatten sich in den vergangenen Jahren immerhin durch die in allen Zimmern stehenden Kachelöfen mindern lassen: Man konnte sie notfalls auch einmal mit Kreisauer Holz vollstopfen, und das Hauspersonal, das diese auch nicht unkomplizierten Geräte rund um die Uhr versorgte, war ja vorhanden und arbeitete wie in besten Zeiten. War die Lohnkasse einmal leer, zahlte Papi später, oder er behalf sich mit erhöhten Deputaten; aber ohne Personal, das steht fest, funktionierte so ein Herrenhaus nicht, und wer hier die Personalfrage stellte, der stellte das Adelsdasein in Frage.

Woraus bestand dieses Dasein aber noch? Die Stimmung des

Landadels sank schon vor der großen Wirtschaftskrise überall gegen null. Großgrundbesitzer drückten schwere Sorgen. Ihr «Landbund» formulierte unentwegt die Standesinteressen, ohne den Niedergang stoppen zu können. Landesweit waren Klagen über Banken, die Politik, die ausländischen Mächte zu hören, ergänzt von lokalen Geschichten über betrügerische Inspektoren und Viehhändler, größer werdende Schwierigkeiten, die eigenen Kinder günstig zu verheiraten, und Erbschaftsstreitigkeiten, die oft vor Gerichten ausgetragen wurden und den Adel zum Gespött der Zeitungsleser machten. In Kreisau zeigte sich diese Klassenlage in den Schwierigkeiten mit der Familienstiftung und dem Fideikommiß-Recht, zudem in der Haushaltskasse. Seit 1925 hatte es hier keine glanzvollen Feste mehr gegeben, keine, von denen Dorothy in der früheren Fröhlichkeit berichten hätte können. Die beiden Spaßvögel, Hans Carl und Carl Viggo, lebten nicht mehr hier. Papi sang nicht mehr. Jowo durfte aus dunkel bleibenden Gründen nicht mehr seine Ballett-Tänze zu Grammophonmusik zeigen. Das große Haustheater, bei dem sich Helmuth James als Regisseur betätigt hatte, war mit Beginn seines eigenen gesellschaftlichen Lebens in Berlin zum Erliegen gekommen – wahrscheinlich fanden nicht einmal mehr die Duette von Graf und Gräfin auf Flügel und Harmonium, Rücken an Rücken, statt. Die Kreisauer Herrenhaus-Tradition bestand nur noch darin – Dorothy deutete das einmal an –, Verwandte durchzufüttern (und zu unterhalten, was ihr zunehmend schwerer fiel), die seit jeher und ignorant gegenüber der finanziellen Situation an den Feiertagen und in den Ferien nach Kreisau strömten.

Doch warum hielt Papi an solchen Sitten fest? Welchen Wert hatte ein Aufwand, wie er beispielsweise bei der Bestattung von Onkel Fritz, dem ehemaligen preußischen Justizminister, im Dezember 1927 betrieben wurde? Sein Leichnam wurde, wie der des Feldmarschalls 1891, von Berlin nach Kreisau überführt und von einem stimmungsvollen Fackelzug begleitet am Hang unterhalb des Feldmarschall-Mausoleums begraben. Anschließend begab sich die Trauergesellschaft natürlich ins Schloß. Daddy hatte diese und andere Festlichkeiten früher immer als Neigung seines Schwiegersohns zur Verschwendung interpretiert, doch das war es nicht. Vermutlich setzte der Graf gerade jetzt seinen ganzen Ehrgeiz daran, die testamentarische Verfügung des Feldmarschalls, Kreisau als Zentrum der weitverzweigten Familie offen zu halten, zu erfüllen. Dies mag ihm als das letzte Unterpfand seiner gräflichen Ehre, ja vielleicht sogar seiner persönlichen Würde erschienen sein – gerade weil er arm war und sich zum schuftenden Bauern herabsinken sah.

Schloß Kreisau vom Park aus, 1926

Aber nun zwang ihn die übermäßig gefräßige Heizung, den Lebensstil zu überdenken. Die Tage im Schloß waren damit gezählt.

Als Dorothy im Dezember 1927 aus dem milden England nach Kreisau zurückkehrte, fand sie hier noch «alles nett aussehend».[322] Aber schon in der Woche, als Onkel Fritz beerdigt wurde, verkaufte der Graf seinen amerikanischen Straßenkreuzer[323], diesen herrlichen, weichgefederten Cleveland. Der schluckte 40 Liter Benzin auf 100 Kilometer, das ließ sich nicht länger finanzieren. Als Käufer meldete sich ausgerechnet ein Schlachtermeister, um den Wagen zum Fleischtransport zu nutzen[324]; im Sechszylinder wurden nun also Schweinshälften chauffiert, während sich der inzwischen sehr beleibte Papi hinter das Lenkrad des kleinen Opel Laubfrosch zwängen mußte. Die Krise drängte unabwendbar zu einer Lösung – und das gerade zur Adventszeit. Ein letztes Mal sollten die Gerüche aus der Plätzchenbäckerei in der Schloßküche in alle Räume hochsteigen, die Klänge der Weihnachtslieder das Schloß erfüllen und die hungrigen Verwandten üppige Verköstigung erwarten. Aber vielleicht flackerten diesmal schon die Tischkerzen im Windzug, und statt daß es hieß: «Ach, wie schön, wie romantisch!», mäkelte jemand fröstelnd: «Es zieht ja wie Hechtsuppe von euern Fenstern rüber!»

Papi mußte nun also den Schritt tun, den wesentlich finanzkräftigere Gutsbesitzer schon längst hinter sich gebracht hatten. Aber als er das eingesehen hatte, schritt er gleich zur Praxis. Der Umschlag muß sich am Heiligen Abend ereignet haben, denn am folgenden Tag schrieb Dorothy ihren Eltern den entscheidenden Satz: «Das Schloß ist für uns unmöglich.» Man könne hier «beim besten Willen» kein noch sparsameres Leben führen, also hätten sie beschlossen auszuziehen.[325] Vorübergehend, so war der Plan, bis sich die finanziellen Verhältnisse gebessert hätten; daß sie soeben zum letzten Mal Schloßweihnachten feierten, wußten sie nicht.

Aber was für ein Schwung folgte allein aus dieser Entscheidung! Unmittelbar nach Weihnachten sprach Papi die notwendigen Personalkündigungen aus. Die Hauptbetroffenen hatten das schon erwartet und vorgesorgt. Dann wurde Schönchens Verbleib im Umkreis der Familie besprochen: Sie machte es ihren verehrten Moltkes leicht, indem sie sich erst einmal zur Pflege ihres kranken Bruders nach Posen begab. Am Neujahrstag 1928 schrieb Dorothy in einem optimistischen Zwischenbericht: «Die große Sache ist, zunächst den Bruch zu machen. Wir müssen uns an ein Leben in weniger ‹gräflichem› Maßstab erst gewöhnen, mehr selber machen usw., aber das wird uns in einem kleinen Haus leichter fallen als in einem großen» – womit sie knapp markierte, was die Moltkes eben seit Dorothys Verheiratung vor vielen anderen ihrer nun untergehenden Standesgenossen auszeichnete: eine Realitätstüchtigkeit, Lernfähigkeit, ein Für-möglich-Halten der plötzlichen Verwandlung: der «Bruch» mit all seinen Unwägbarkeiten als eine Revolution, die im Inneren des wagenden Menschen stattfindet.

Während sie an ihrem Neujahrsbrief schrieb, baute Papi schon eigenhändig die Wasserleitungen und Waschbecken aus der Gästeetage des Schlosses aus, um sie anschließend im Berghaus wieder einzubauen. Er war jetzt in Fahrt, und sein Eifer, von helfenden Männern des Gutshofs unterstützt, steckte die ganze Familie an, der eine sehr bescheidene bürgerliche Zukunft als größtes Glück vor Augen schwebte: einfaches Wohnen, ohne zu frieren, in einem nach heutigen Begriffen eher schäbigen Einfamilienhaus. Willo, der neben der Schule schon seit geraumer Zeit in einer Gräditzer Schreinerei verschiedene Handwerke gelernt hatte, vollbrachte in den kommenden Wochen mit Jowos Hilfe kleine bauliche Wunderwerke, er wuchs durch den «Bruch» in seinen späteren Beruf als Architekt hinein. Sie schufen auf dem Dachboden winzige Kammern für Mamsell und Mädchen. Kleine Zimmer für die Kinder wurden unter den Dachschrägen in der ersten Etage eingerichtet. Eine kleine mo-

Das Berghaus um 1930

derne Heizungsanlage ließ sich gebraucht bekommen[326]; und es entstand auch, als Sensation in der Familiengeschichte, ein großes Badezimmer: zum ersten Mal eines für alle! Fenster, Türen und Möbel waren noch nicht fertig gestrichen, als der Umzug stattfand. Viele Möbel blieben zunächst im Schloß stehen. Überhaupt mußte auch dort alles mögliche arrangiert werden; die Nacharbeiten zogen sich das ganze Jahr hin; aber als es im März so heftig zu schneien begann, da schauten sie dem Ereignis bereits vom Berg aus zu. Es stöberte Tag für Tag und dicht und dichter. Der Hof mit der Viehwaage und der Stellmacherwerkstatt, die Scheunen und Ställe, die Büste des Kaisers Wilhelm I., das Haus, in dem Muttel gewohnt hatte, die Kutscheretage über dem Pferdestall und der Schloßklotz mit seinen meterdicken Festungswänden und klappernden Fensterrahmen: Alles schneite blitzblank und friedlich ein. Als dann die große Kälte kam, saßen sie alle, ein jeder in irgendeinem

Kleidungsstück aus Grannys südafrikanischer Stricknadelproduktion, vor dem Kamin im neuen Wohnzimmer zusammen.

Papis Elan und die erfrischende Erfahrung, andere dadurch mitreißen zu können, müssen ihn beglückt haben, und so trieb er nun sein persönliches Unternehmen, Bürger zu werden, weiter voran. Er sehnte sich danach, «endlich Meyer zu heißen», wie er ja schon 1910 formuliert hatte, und nahm das Angebot der *Christian Science* an, diese seine Kirche auf der Kölner Pressemesse, der von Konrad Adenauer im Mai eröffneten «Pressa», zu vertreten. Nicht als Verkäufer wie sein verarmter Standesgenosse von Bernstorff, ein früherer Offizier, der sich gezwungen sah, als Waschmaschinenhändler mit dem Fahrrad durch Deutschland zu reisen. Papi fungierte stolz als «Repräsentant», Prototyp eines modernen Großvertreters, an einem mit Werbematerial gefüllten Messestand. Er muß dort erfolgreich gewesen sein, so daß ihn seine Kirche weiterhin in solchen Angelegenheiten beschäftigen wollte. Im August 1928 übertrug er dem Kreisauer Gutsinspektor Mau (von dem Dorothy mit dunkler Ahnung feststellte: «Herr Mau scheint ausgezeichnet, ich hoffe nur, daß die Zeit unsere Meinung nicht ändern wird»[327]) die Aufsicht über den Betrieb, um sich ein Zimmer in Berlin zu mieten und fortan das «Veröffentlichungsbüro» der *Christian Science*-Kirche zu leiten.[328] Das schmerzlose Ende einer unglücklichen Agrarkarriere. Er tat, was er sich in seinen kühnsten Träumen lange schon ausgemalt hatte – und verdiente sogar Geld damit, mit welchem in der Tasche er von Zeit zu Zeit nach Kreisau kam und sich dort als glücklicher Gast fühlte. Soviel zur Rückwärtsgewandtheit des Adels in dem geographisch ostelbischen, mental aber eher amerikanischen Fall Papis.

Helmuth James hatte damals ein recht gutes Verhältnis zu ihm. Sie kamen als Jüngling und Mann gut miteinander zurecht. Als Kind und Mann eher nicht so gut, als zwei Männer schlecht, doch 1928 bestand ein Einvernehmen zwischen den beiden wie zur Zeit der dynamisch-biologischen Ackerbauversuche vier Jahre zuvor. Sie unterstützten sich in jetzt abermals akuten Überlegungen, kleinere Gutsteile zu verkaufen. Der künftige Erbe Kreisaus durfte an den Verhandlungen mit dem Berliner Stiftungskuratorium teilnehmen. Es fand sich ein Käufer für das kleine Vorwerk in Wierischau, der das Land in Parzellen teilte, um es an die umliegenden kleinen Bauern weiterzuverkaufen.[329] Helmuth James' agrarpolitischen Vorstellungen kam das entgegen. Hatte er auch schon eine Idee für die Verwendung des Schlosses? Herr Skurnia, ein für die «Löwenberger Arbeitsgemeinschaft» gewonnener Proletarier, der verantwortlich wurde für die Planung des Ledigenheims, für das sich nach dem Görlitzer Parteitag auch die SPD interessierte, stellte im Verlauf des Jahres die von Minister Severing gespendeten, aus einer stillgelegten Kaserne stammenden «Möbel von hundertzwanzig Offiziersschlafzimmern»[330] im Kreisauer Schloß unter. Ob damit die Nutzung des Hauses durch die Notleidenden in Waldenburg anvisiert wurde, läßt sich nach Quellenlage nicht beantworten.

Mit der Wohnung im Berghaus war Helmuth James zufrieden. Nach Papis Abgang zog er in dessen Zimmer, das heißt neben das seiner Mutter. Ihm wuchs daraufhin noch deutlicher eine Vaterrolle gegenüber seinen Geschwistern zu. Mami und *the boy* gaben im Berghaus den Ton an, und so erstaunt es gar nicht, daß Helmuth James in seinen 1944 aufgeschriebenen Erinnerungen seine Mutter als Hauptnutznießerin des Umzugs darstellte. Sie idealisierend schrieb er von ihr in der Gestapozelle: «Mami hat viel eher als Papi gesehen, daß wir arm geworden waren, daß wir uns hätten einschränken müssen. ‹Oh, wie ich diese Schuldenwirtschaft hasse› hat sie mir in den 20er Jahren häufig gesagt. Sie mißbilligte den Kauf eines großen, teuren amerikanischen Autos» – einem Brief Dorothys ist das Gegenteil zu entnehmen. «Sie hat den allmählichen Niedergang viel eher gesehen als sonst irgendeiner» – tatsächlich hat sich Papi dem allmählichen Niedergang seit 1919 tapfer entgegengestemmt –, «sie hat versucht, in dem großen Haus zu sparen, was ja ganz einfach nicht ging bzw. nur auf Kosten ihrer Gesundheit gehen konnte. Und so war es ihr eine rechte Erleichterung, als wir 1928 auf das Berghaus zogen».[331]

Die Mutter wiederum wollte, daß von dem Umzug Helmuth James' Gesundheit profitierte. Zu seinem Geburtstag am 11. März schenkte sie ihm ein Sparbuch – «mit 100 Mark, damit er sich im nächsten Winter einen neuen Mantel kauft».[332] Der neue Wintermantel, bei armen Leuten im alten Mitteleuropa das Nonplusultra unter den Kleidungsstücken, mußte möglichst bald angeschafft werden, denn Helmuth James durfte nicht mehr frieren, seit sich gezeigt hatte, daß seine Konstitution keine Kälte vertrug. Er litt neuerdings an Rheuma – ein Leiden, das in der Familiengeschichte grausam bekannt war: Marie, die Frau des Feldmarschalls, war Weihnachten 1868 innerhalb von wenigen Tagen an Herzklappenentzündung gestorben. Dem voraus ging entzündliches Rheuma aus ihrem ersten Kreisauer Schloßjahr! Eingedenk dieser Tragödie hatte Muttel im Wohlstand nach der Jahrhundertwende jene jetzt kaputte Heizung ins Schloß bauen lassen.

Auch die Verkleinerung der Verhältnisse kam Helmuth James entgegen, sein Lebensstil war längst bürgerlich geworden – im Umgang mit Ulla Oldenbourg, der alten Freundin der Familie, der Mowrer/Thompson-Hausgemeinschaft, mit Rosenstock in seinem Breslauer Häuschen und den beiden Schwarzwalds in ihrer von Alfred Loos eingerichteten Wiener Etagenwohnung. Doch er wollte aus Wohnen keine Weltanschauung machen, wie es seit dem Biedermeier immer wieder versucht wird. Ihm ging es, wie fast immer, um praktische Vorteile. Die Nachteile des Berghauses trug er mit Gelassenheit und Witz. Den Großeltern schrieb er: «Ich kann nur jedem raten, in einem kleinen Haus zu wohnen. Es macht das Leben so viel leichter: alles ist nah, man findet es gleich, ohne zehn Minuten danach rennen zu müssen. [...] Alle sind sehr zufrieden mit diesem Arrangement.»[333] Die kleine Wohnung entwickelte sich zur Entsprechung der Wahrnehmungsschule, die das Schloß dargestellt hatte, aber mit bemerkenswerten Unterschieden. Im Schloß ein ständiges Bühnen-Schauen und Vorführen, daneben das Testen von Leidenschaften und Phantasien, in den unzähligen Verstekken, Fluren und Ecken. Im Berghaus: kurze Strecken, direkte Blicke, alles zu hören und zu finden. Die Verkleinerung packte das Beobachten, Darstellen, Imaginieren, Beurteilen und Korrigieren in eins. Dem kindlichen Triebleben, wie es sich in der Unübersichtlichkeit der Hallen und Säle hatte ausleben können, wurden Grenzen gesetzt. Doch die Charaktere blieben erhalten. Auch im Berghaus wurde niemand abgeschliffen oder in seinen Zügen geknickt. Es bildete sich jedoch erst hier jene später von verschiedenen Seiten gepriesene und von Helmuth James zäh verteidigte Familiengeselligkeit heraus. Sie übertrug den einzelnen Verantwortung für Lärm und Stille. Sie ließ sich in detaillierter Betrachtung aller durch alle täglich und nicht nur bei glänzenden Gelegenheiten erleben, und sie lehrte auf oft unterhaltsame Weise, Vor- und Rücksicht zu üben sowie Personenkenntnisse zu vertiefen.

Dafür bot Helmuth James neue Gelegenheiten, indem er im Berghaus von Anfang an durch sein Auftreten rigoros ganz bestimmte Ansprüche durchsetzte und gleich nach dem Umzug seine beiden berühmten Erstgäste ins Haus holte. Der Familie blieb keine Pause, sich erst selbst einmal in die neuen Verhältnisse einzuleben. Daß das kleine Haus für Freunde aus aller Welt stets offenstand, hat er sich auch später ausbedungen; das erste Exempel dafür hat er hier statuiert. Im Februar 1928 teilte jedenfalls die Mutter aufgeregt mit:

> «Dieses Wochenende haben wir hier unseren ersten Besuch, nämlich Dorothy Thompson und Sinclair Lewis [...] Wir hatten eine ziemlich hektische Woche, um al-

les so aussehen zu lassen, als sei es für Gäste fertig. Die Jungen schufteten wie die Wilden, und das Gästezimmer im Dachboden ist wirklich sehr anziehend und behaglich. Dorothy Thompson hatte *the boy's* Zimmer, er schlief die zwei Nächte in Schönchens Dachboden.»[334]

Das zeigte schon Helmuth James' neue Anforderungen: Sofort mußte die Zimmerverteilung in ihren Varianten erprobt und das familiäre Verhalten im Blick auf Bedürfnisse von Gästen geübt werden.

Dorothy hatte das amerikanische Paar schon in Berlin kennengelernt; nun schrieb sie, Lewis sei «eine attraktive Person», er habe ein «großes Mitgefühl und einen ausgeprägten Sinn für Humor». In dieser Ausdrucksweise und Tonlage werden auch Helmuth James' Geschwister auf den damals schon weltberühmten Schriftsteller vorbereitet worden sein. Lewis schrieb an «Dodsworth», dem Roman, der ihm 1930 den Nobelpreis brachte. Sein vorausgegangener «Elmar Gantry» war ein freches, den amerikanischen Puritanismus geißelndes Buch; weltweite Übersetzungen; die deutsche Fassung bei Rowohlt wurde interessiert gelesen. Der Autor avancierte zum Millionär, doch das war kein Grund für die gerade aus einem Schloß Ausgezogenen, sich irgendwie wegen ihrer ärmlichen Neueinrichtung zu genieren. Jowo, einer der beiden schuftenden «Wilden», bewahrte einen authentischen Abdruck der damaligen Unbefangenheit der ganzen Familie in seiner Erinnerung, bis er im Alter von einundneunzig Jahren in Moltkeschem Originalton das Gästefrühstück von 1928 beschrieb:

«Wir durften nur wenig Butter nehmen, wohingegen die Gäste jede Menge davon nahmen, mit köstlicher selbstgemachter Orangenmarmelade und Tee. Dann sahen wir mit überraschten Augen, daß Dorothy Thompson sowohl Marmelade als auch Butter auf ihrem Teller übrigließ –

eine amerikanische Methode zum Zeichen, daß es einem sehr gut geschmeckt habe. Wir Jugendlichen hatten wenig Verständnis dafür. Vieles war uns fremd bei diesen Gästen, dennoch fanden wir sie großartig.»[335]

Jowo und seine jüngeren Geschwister Willo, Carl Bernd und Asta haben mit gleichsam offenen Mündern die Gäste bestaunt, und ihren großen Bruder können sie nur bewundert haben.

Helmuth James führte dem amerikanischen Besuch auch die Stadt Schweidnitz vor – und ausgerechnet die langweilige Kynau-Talsperre: Die Amerikaner sollten für die Waldenburger Sache gewonnen werden. Doch zeigte Sinclair Lewis seine Grenzen, spätestens bei einem peinlichen Zwischenfall in Rosenstocks Breslauer Wohnung, auch wenn dieser Eklat mit den Aktivitäten der Bürgerinitiative nichts zu tun hatte. Lewis, der sich in den Kopf gesetzt hatte, Dorothy Thompson zu heiraten, folgte ihr als ein Besessener überallhin: Ohne Ankündigung war er in der Junkers-Maschine aufgetaucht, die sie nach Wien bringen sollte, um dort Zeugin der Julirevolte 1927 (Brand des Justizpalasts) zu sein. Im Oktober desselben Jahres reiste Thompson zu einer ihrer großen Reportagen nach Rußland; Lewis flog ihr prompt hinterher; ein paar Wochen ertrug sie ihn, dann schickte sie ihn zurück nach Berlin. Dort stürzte er sich in die Arbeit an «Dodsworth», und nachts, in der Öffentlichkeit von Partys und Lokalen, betrank er sich schwer und ständig. Bei einem Dinner des Verlegers Rowohlt wurde der schon berühmte Literat gebeten, ein paar Worte an die Gäste zu richten. Lewis stand auf, rief quer über den Tisch: «Dorothy, willst du mich heiraten?»[336], und setzte sich wieder – ein eklatanter Bruch der Konventionen, sogar in einer Gesellschaft von Rowohlt, damals berüchtigt für so einige Ungeheuerlichkeiten. Ihr aber jetzt, durchs ohnehin nicht gerade glamouröse Schlesien und noch dazu im Windschatten dieses Kreisauer Jünglings, auf obskuren Löwenberger Reformpfaden zu folgen, das ging über seine Kräfte. All dieser «gute Wille», der unentwegte Ernst zwischen dem Professor, Helmuth James und dem Ehepaar von Schweinitz, dieser unablässig an Idealen orientierte Tatsacheneifer, nicht einmal durch geniale Witzreihen zu erschüttern – all das reizte Lewis, der «niemals ein Gespräch aus seiner Kontrolle entlassen wollte»[337], zur Wut, bis er irgendwann völlig derangiert aus Rosenstocks Breslauer Haus stürzte, um sich, wie eine zeitversetzte E.T.A.-Hoffmann-Figur, in das just in diesem Moment vor der Tür haltende Taxi zu werfen – damit das Treffen mit seiner Liebsten verpatzend, die ihn gerade mit diesem Taxi abholen wollte! Rosenstock schildert die überdrehte Episode in einem Brief an seine Frau:

> «Zu Haus Sinclair Lewis. Rothaarig, cholerisch, unmanierlich. [...] Moltke telefoniert dauernd mit Berlin, [...] Lewis ist grob, beschimpft erst uns Europäer. Nach dem Essen telefoniert Bruck. Wie ich anhänge, steht Lewis neben mir: Bitte ein Taxi, ich gehe. Das hat keinen Sinn. Ich habe Besseres zu tun usw. usw. Er war von Schweinitzens u. Moltke wortlos rausgelaufen. Ich mußte ihn laufen lassen. [...] Moltke stürzt ihm verzweifelt nach [...]. Lewis' Freundin Miss Thompson rauscht wie der Engel fünf Minuten später in Balltoilette, sehr ‹liebreizend›, herein, sie hat Lewis gleich ihr Taxi zedieren müssen, mit dem er allein abraste. Die kleine liebe Miss und Moltke standen dann im Entree und entschuldigten ihn; er sei so nervös. Dann flogen sie weg. Ihnen telefonierte ich ein Ersatztaxi heran.»[338]

Zwar sehr kunstvoll eingebunden in den Schreibfluß dieses Dichters tauchen in «Dodsworth» 1929 all die deutschen Freunde seiner von Deutschland begeisterten Dorothy auf – aber in Karikaturen. Vermutlich findet Lewis' gedruckte Rache an Helmuth James ihren Niederschlag in einem äußerst vornehm, weltgewandt und tiefsinnig auftretenden jungen Adligen, der in Wahrheit aber nur ein belangloser Geck ist, ein in Liebesdingen stümperhafter Nebenbuhler des realistischen Geschäftsmanns Dodsworth. Der namenlos bleibende Grünschnabel führt die Geliebte des Amerikaners, eine gestandene Frau, tagsüber in sämtliche aristokratischen Häuser Potsdams, und nachts philosophiert er endlos mit ihr in Homosexuellen-Bars der Martin-Luther-Straße in Berlin, nur um einmal mit ihr im Bett landen zu dürfen. Zum Brüllen also! Und wie fand Helmuth James den Roman? «Weiß im Gesicht» sei er geworden beim Blättern in ihrem «Dodsworth»-Exemplar, schrieb Dorothy Thompson, als sie Lewis, ihrem Gatten inzwischen, in einem verzweifelten Brief eine lange Reihe von entsetzlichen Respektlosigkeiten vorwarf – nie wieder habe ihr Helmuth James seither geschrieben.[339] Was den Jüngling aber wahrhaft erschreckte, war die wilde Leidenschaft zwischen Lewis und Dorothy. Ihm war ja bekannt, daß der Schriftsteller, im Unterschied zu den friedlichen Alkoholikern Friedell und Michaelis, im Rausch ordinär wurde. In ihrem Tagebuch beschrieb Thompson eine Hölle schon vor der Ehe. Da sie sich aber das wilde Hin und Her zwischen Schmerz und Begehren als Erscheinungsform einer ihr zuwachsenden vitalen Lebensmitte erklärte, war ihr späteres eheliches Schicksal unvermeidlich, trotz der Warnungen Frau Schwarzwalds und analytischer Hinweise Sigmund Freuds, mit dem sie in Wien gut stand. Auch Helmuth James warnte die Freundin. Es war im November 1927, als er dem aus Moskau zurückgekehrten Dichter bei einer Berliner Party begegnete und dessen alkoholisierten Zustand nicht übersehen konnte. Lewis wurde von Freunden Hal genannt; in diesem Moment zeigte sich aber die Bedeutung seines zweiten Spitznamens: Red, denn er hatte ein pockennarbiges Gesicht, das im Suff aussah, als hätte es gerade «einen Kampf mit Flammenwerfern überlebt».[340] Helmuth James meldete das seiner Freundin nach Moskau – ohne ein überflüssiges Wort: «Liebe Dorothy, Ich will Dich nur erinnern, daß ich in Creisau lebe. Habe Red gesehen, ziemlich kaputt. Helmuth.»[341]

Aber Dorothy wollte keine Warnungen, sondern Lewis heiraten. Die beiden verbrachten den Frühling 1928 mit Schreibarbeiten in Italien, im Sommer sollte die Hochzeit in England stattfinden. Helmuth James wurde von Dorothy eingeladen – zum Fest und auch zur Hochzeitsreise! Und beinahe wäre er dem Ruf gefolgt. Aber tatsächlich fand das pressewirksame Spektakel in London ohne ihn statt wie auch der *caravan honeymoon* durch Italien mit nagelneuem Wohnwagen und vor den Kameras der Klatschpresse der ganzen Welt. Doch immerhin zeigt diese Einladung die Anhänglichkeit der Amerikanerin an ihren jungen Freund.[342] Erst 1931 fanden sie anläßlich eines Hitler-Interviews wieder zusammen. Bis dahin gebar sie in den USA einen Sohn und richtete eine Farm in Vermont ein. Sie versorgte den Sohn ihres Mannes aus dessen erster Ehe, beklagte ihre unglückliche Liebe, die oft nur von Sauforgien und Ausfällen des Mannes unterbrochene Langeweile und das Dickwerden. Nur allmählich publizierte sie wieder, und die frühere Vorkämpferin amerikanischer Frauenverbände gewann zunächst über kleine Artikel in einer Frauenzeitschrift, unterzeichnet mit «Ms. Sinclair Lewis», neue Reputation. Einer ihrer Biographen hält fest: «Ein leuchtender, gewitzter, zu allem bereiter Ton war in ihr Schreiben und ihr Reden eingezogen. [...] Unglaublich lebenslustiges Zeug von einer Frau, die gerade eben die Führer der Sowjetunion interviewt hatte.»[343]

Helmuth James hingegen steigerte sich 1927 und 1928 allmählich in einen Grad der Beschäftigung hinein, der ab 1935 zum Standard werden sollte. Nur eine kleine Aufzählung: im Dezember 1927 eine Woche Wien, um mit Eugenie Schwarzwald eine Konzeption zu erarbeiten, Grundlsee zu einer Art Sommerhochschule für die europäische Jugend zu machen[344]; dann die Vorbereitung des «Löwenberger Arbeitslagers» und anschließend der Kampf in der Gruppe um eine angemessene öffentliche Dokumentation der gewonnenen Erfahrungen[345]; anschließend die Arbeit an einer erweiterten Konzeption der Arbeitsgemeinschaft; dazu der Not-Umzug der Familie, Verhandlungen mit dem Stiftungskuratorium in Gutsangelegenheiten, und irgendwann kam wieder einmal eine komplizierte Behandlung all seiner Zähne hinzu. Es ist kaum denkbar, daß er nebenbei noch viel studiert hat.

Die vielen Chancen, von denen seine Mutter sprach, prasselten jetzt nur so auf Helmuth James ein, und die in diesem Jahr entstandenen Briefe an den Großvater wurden oft nur dadurch veranlaßt, dem empfindlichen Mann zu erklären, wieso jetzt noch immer keine Afrikareise stattfinden könne. In einem Brief an Daddy gab Helmuth James zu, er habe «so viele und so verschiedene Arbeiten begonnen», daß es «sehr schwierig» sei, «aus denjenigen wieder herauszukommen, die ich nicht weiter tun kann»; sein neues Lebensjahr müsse daher «unter dem Motto Goethes stehen: in der Beschränkung erst zeigt sich der Meister.» Aber nach dem Vorsatz folgte der Nachsatz mit der schon wieder nächsten Aufgabe: Da ihn amerikanische Journalisten jetzt als eine Art «Auskunftsstelle für schlesische Angelegenheiten»[346] betrachteten, begleite er sie demnächst bei der im Februar verschobenen Erkundung. Ein aufwendiges, aber auch so neuartiges Unternehmen, daß sogar der Landeshauptmann der autonomen Wojwodschaft Kattowitz, Dr. von Thaer, in alle Vereinbarungen einbezogen werden mußte. Im April 1928 trafen «sieben Vertreter der wichtigsten amerikanischen Zeitungen» zahlreiche oberschlesische Bürgermeister; und beide Seiten schätzten ihren Verbindungsmann. Helmuth James übersetzte und erklärte, führte die Amerikaner sogar über die Grenze, um sie – und sich selbst! – über neue Konflikte zwischen Polen und Deutschen, die seit 1922 abgetrennten deutschen Landesteile betreffend, zu informieren. Das autodidaktische Verfahren schien zu seinem politischen Instinkt zu passen, *learning by doing* imponierte aber auch den

Journalisten. «Natürlich wurden ihm alle Ausgaben bezahlt», schrieb die Mutter, das heißt, er verdiente nichts. Die Bürgermeister hätten den Amerikanern alles gezeigt, schrieb sie; und diese hätten einmal «die Albernheit des [Versailler] Vertrags» sehen können – «ein großer Erfolg».[347]

Und so ging es weiter, Schlag auf Schlag: Noch in Oberschlesien erhielten die amerikanischen Journalisten die Nachricht von einer Notlandung der «Italia» im pommerschen Stolpe, sie war das Luftschiff, welches der General Nobile zum Ruhm des *fascismo* über den Nordpol steuern sollte. Die Amerikaner fragten also Helmuth James, ob er nicht in Stolpe rasch die wichtigsten *news* für sie sichern wolle, bis sie selbst nachkämen. Er wollte. Also wurde er in ein kleines Flugzeug gesetzt und zu Nobile geflogen. Man zeigte ihm dort «alles», berichtete Mami. Nur der Kontakt zu Nobile selbst erwies sich als schwierig. Der italienische General war ein faschistischer Angeber unter den Luftpionieren dieser Zeit. «Sehr unfreundlich» fand ihn Helmuth James. Als Nobile einige Monate später mit seiner «Italia» im Eis der Arktis verunglückte, meinte der Jüngling, das beste wäre, Nobile würde von einem Eisbären aufgefressen.[348] – Natürlich revanchierten sich die Amerikaner und brachten ihn bei polnischen Regierungsstellen ins Gespräch. Mit einer Freikarte der polnischen Staatseisenbahn fuhr er Ende Juni mit dem in Löwenberg mitarbeitenden jungen Fürsten Hans Heinrich von Pless einen Tag zur ersten Erkundung nach Warschau. Auch Dr. von Thaer behielt Helmuth James im Kopf. So berichtete er, als sich der Korrespondent des «Brooklyn Eagle», der Berliner Associated-Press-Älteste Bouton, kurz darauf durch die Vermittlung von Helmuth James in Kattowitz einfand, darüber dem Auswärtigen Amt – nicht ohne die Vorarbeit des Moltke-Sprosses zu erwähnen. Im Amt leitete Onkel Hans Adolf von Moltke, der Pächter Wernersdorfs, inzwischen die Polen-Abteilung.[349] Im August, als Granny die Südafrikareise des Enkels in Erinnerung rief, hat Mami auf einem neuen

Niveau der Entfaltung der Dinge bitten müssen, damit doch noch zu warten zugunsten der Zukunftsaussichten des Jungen:

> «Mit ‹Zukunft› meine ich seine Chance, bald eine gute Karte zu ziehen usw. Ihr seht ja, daß er sich irgendwie auf den Osten spezialisiert, ich meine, Deutschlands Osten, polnische Grenze, Oberschlesien, Anschluß Österreichs usw., und schon alle Arten verführerischer Angebote für einen Beruf erhalten hat. [...] Weil er wegen seines Namens und seiner Fähigkeiten schon als einer der zukünftigen Jungdeutschen angesehen wird, hat er diese Angebote und Möglichkeiten bekommen, aus denen er natürlich seinen Nutzen ziehen will.»[350]

Zu den beruflichen kamen noch andere «Karten». Eine davon, bereits im April gezogen, bestand aus einem Angebot, das immerhin die breite Streuung der Chancen illustriert – und zeigt, daß dabei durchaus Geld zu verdienen war. Als Helmuth James davon hörte, muß er die Geschichte gleich brühwarm Mami erzählt haben, und diese gab sie dann kuriositätshalber nach Afrika durch: «Es wird Euch amüsieren zu hören, daß Helmuth James von einer Zeitung 10 000 Dollar angeboten wurden, um einen Tag danach nach Amerika zu fliegen. Zuerst wurde dem Kronprinzen dieser Preis angeboten, danach *the boy*!»[351] Was war denn nun das auf einmal? Vermutlich fädelte Hubert R. Knickerbocker die Sache ein – der «rasende Reporter», damals noch für die «Chicago Tribune» in Dublin, später beeindruckte er als Nachfolger Thompsons im «Public Ledger»-Büro die Berliner mit seinen exzentrisch baumelnden Hosenbeinen. Hintergrund: ein Werbeknüller großer Firmen, bei dem Helmuth James seines Familiennamens wegen ins Spiel kam. Shell/Dublin wollte Flugbenzin, die Firma Junkers Flugzeuge verkaufen, und die Sponsoren eines irischen Piloten wollten um Berühmtheitsgrade mit Charles Lindbergh wetteifern, der 1927 nonstop von den USA nach Paris geflogen war. Um nun auch die monarchistische Lobby fürs Geschäft zu mobilisieren, kam man auf die Idee, in Doorn/Holland, über dem Schloß des Ex-Kaisers, etwas tiefer zu fliegen: zehntausend Dollar für den Urenkel des großen Feldmarschalls, der über Wilhelm einen Blumenstrauß fallen lassen sollte. Hier aber konnte sich Helmuth James einmal zurückhalten – trotz der sehr hohen Geldsumme, die in Aussicht gestellt war, schien ihm das Ganze ein zu reaktionäres Unternehmen.[352]

Zu Mamis großen Erwartungen trug der Ausgang der Reichstagswahlen bei. Während des Wahlkampfs im Mai machte sie sich allerdings noch einmal Sorgen. Sie legte einen Zeitungsausschnitt bei, der fünfundzwanzig kandidierende Parteien aufzählte, und kommentierte wütend: «Es ist kein Witz, sondern bitterer Ernst. Habt Ihr denn jemals schon von so etwas Lächerlichem gehört? Das kommt davon, wenn man dem Prinzip Freiheit zu eng anhaftet und jedem das Sagen läßt.»[353] Das muß man sich heute noch einmal vor Augen führen. Es präsentierten sich außer SPD, DNVP, Zentrumspartei, DVP, DDP, KPD, NSDAP auch die Partei Linke Kommunisten, der Völkisch-Nationale Block und die Alte Sozialdemokratische Partei, dann auch noch neugegründete Zweckverbände, nämlich die Reichspartei des deutschen Mittelstands, die Christlich-Nationale Bauern- und Landvolkpartei, die Christlich-Nationale Mittelstandspartei, die Deutsch-Hannoversche Partei, die Reichspartei für Volksrecht und Aufwertung, die Deutsche Haus- und Grundbesitzer-Partei, die Reichspartei für Handwerk, Handel und Gewerbe, die Christlich-Soziale Reichspartei, die Polnische Volkspartei, die Partei Deutscher Reichsblock der Geschädigten, die Partei Volksblock der Inflationsgeschädigten, die Aufbau- und Aufwertungspartei, die Deutsch-Soziale Partei, die Evangelische Volksgemeinschaft, die Unpolitische Liste der Kriegsopfer und die Partei für Recht und Mieterschutz.[354]

Überraschend aber stimmten am 20. Mai 1928 für die SPD

29,8 Prozent der Wähler – das war immerhin ein Zuwachs von 3,8 Prozent gegenüber Dezember 1924! Gleichzeitig sank der Anteil der Wähler der Deutschnationalen Volkspartei von 20,5 auf 14,3 Prozent. Diese beiden Daten zusammengenommen machten den Eindruck, daß sich das Wählerverhalten zugunsten der Republik verändert hatte. Der Haken war bloß, erklärt der Historiker Winkler, daß die Mittelparteien nicht vom Verlust der Deutsch-Nationalen profitierten: Die Splitterparteien waren die Nutznießer der von den Deutschnationalen abgefallenen Wählerstimmen. «Markant waren auch die Gewinne der Kommunisten, die von 9 % auf 10,6 % stiegen [...] Die Nationalsozialisten mußten sich mit 2,6 % begnügen.»[355]

«Wir erwarteten, daß die linken Parteien gewönnen, aber nicht in dieser Höhe», schrieb Dorothy nach Südafrika. Und weiter analysierte sie: «Der kommunistische Anteil ist sehr unangenehm, und es tut mir leid, daß die Mittelparteien nicht besser abschnitten. Andererseits ist das aber nun die erste Regierung, die keine Koalition ist. Es wird gearbeitet werden können, nicht immer müssen Kompromisse gemacht werden, und dann denke ich, daß eine sozialistische Regierung eine besänftigende Wirkung auf die europäische Atmosphäre haben wird.»[356] («Keine Koalition», das stimmte so nicht, aber es musste doch nicht mit der DNVP koaliert werden, die der Republik mißtrauisch bis feindselig gegenüberstand.) Nicht so optimistisch formulierte der kluge Ossietzky, was die Chance, «arbeiten zu können», betraf. Er kannte den Zustand vieler Parteien im Detail. Er hatte vom Beginn der Republik an die innere Entwicklung im alten Anti- und Pro-Wilson-Lager beobachtet, und er konnte sich eine Beurteilung der Wähler in ihren Stimmungen zutrauen. Im Leitartikel der «Weltbühne» am 22. Mai 1928 sah er auf die republikanischen Parteien «jetzt eine ungeheure Last fallen. Sie haben viel versprochen und wenig Pläne entwickelt, sie sind nur die selbstverständlichen Profiteure einer Volksstimmung, die, oft irregeführt, jetzt abwechselungshalber nach der anderen Seite pendelt. [...] Opposition von rechts, das ist besonderer Wuchs. Denn deren Mittel sind nicht durchweg parlamentarische. [...] wenn die Linksregierung die ersten Gehversuche macht, dann werden wieder Geister lebendig werden, die man für ewig ausgetrieben dachte».[357] Dahinter steckte freilich auch bei ihm keine Voraussage der Hitler-Herrschaft. Er war kein Hellseher. 1928 wird auch er gedacht haben: Diese Republik hat also eine reale Zukunftsaussicht. Seine Warnungen an diesem Tag und in den folgenden Ausgaben des Blattes waren konkrete Hinweise an die Befürworter der Republik, die sich bietenden Gelegenheiten zur Stabilisierung, eingedenk schwerer Versäumnisse der demokratischen Parteien, nicht zu vertändeln.

Helmuth James soll die «Weltbühne» regelmäßig gelesen haben[358], so mag ihn Ossietzkys Warnung auch in seinen persönlichen Zukunftsplänen angesprochen haben. Endlich meldete er sich für sein juristisches Examen an. Im September wollte er in Breslau mit den schriftlichen Arbeiten anfangen. Vorher sieht man ihn in seinen letzten Sommersemesterferien in Fernzügen sitzen, die in einer Schleife durch Deutschland, quer durch Österreich, in die Tschechoslowakei und nach Kroatien rasen. Auf den Stationen, die er im Herbst seinem Großvater alle aufzählte, um zu begründen, weswegen er nicht nach Afrika komme, diskutierte, lauschte, schaute er, verteilte Arbeit aus seinem alten Projekt, zog Leute in Arbeiten hinein, auf die ihn andere soeben gebracht hatten, pflegte alte und verabredete neue Kontakte und registrierte mit dem Wahrnehmungsvermögen für Nebensachen, das sich schon in seinen frühesten Lebensäußerungen zeigte und offensichtlich unveränderlich war, was sich sonst noch ereignete.

Es war John Palmer Gavit, Redakteur des New Yorker «Survey», der mit einem interessanten Projekt die Hauptrichtungen angab. Im Juni kam Gavit nach Berlin. Er hatte sich für einige Wochen im «Kaiserhof» eingemietet, um von hier aus die Autoren für eine Deutschland-Sonderausgabe des «Survey Graphic» zu suchen. Zum fünften Jahrestag des Zarensturzes war ein Heft über die Sowjetunion erschienen, im März 1927 eines zum Thema Italien und Faschismus, und nun wurde «The New Germany» vorbereitet. In einem Redaktionspapier heißt es, diese drei aus dem Weltkrieg neu hervorgegangenen Staaten hätten «Experimente» gestartet nach ihren jeweiligen Gesellschaftstheorien und Methoden. Im Unterschied zur «Diktatur des Proletariats von der Linken» und zur «Mussolini-Diktatur von der Rechten» ähnele Deutschland zwar «einer realen Demokratie», sei aber «mehr» als diese: «Die natürlich konservative deutsche Geisteshaltung verweigert sich dem bolschewistischen Extrem; gleichermaßen hat es die reaktionäre Alternative zurückgewiesen. Es scheint hier etwas im Entstehen begriffen, das nicht nur im liberalen Sinn demokratisch ist und Aussicht auf Dauer hat, sondern auch eine Menge spannender Elemente von großer internationaler Bedeutung aufweist.» Fragen, «über die die Geschichte entscheiden wird» (Kriegsschuld, Versailler Vertrag zum Beispiel), sollten nicht behandelt werden, vielmehr «das deutsche Volk in der Mitte seines Experiments»: «Der gewaltige Kampf des deutschen Geistes, sein Haus wieder aufzubauen und in Ordnung zu bringen, zu seinem eigenen Nutzen und in seiner Nachbarschaft zur Welt – Demokratie effektiv Wirklichkeit werden zu lassen und alle Deutschen in ihren Dienst aufzunehmen.»[359]

Ernst Jäckh von der Hochschule für Politik kannte John Palmer Gavit und vermerkte in seinen Memoiren: «Der Survey organisierte durch mich eine umfangreiche Deutschlandnummer.»[360] Er wird seinen ehemaligen Musterstudenten Moltke als Organisationshilfe empfohlen haben; wie auch Edgar und Lilian Mowrer, die beide selbst, wie Jäckh, in diesem «Survey Graphic» schrieben, und so wurde Helmuth James, der sich das Projekt behende zu eigen machen konnte, da es seinem Deutschland-Bild entsprach, eine Art Redaktionsassistent. Er besprach die «Survey»-Konzeption mit vielen, die als Autoren in Frage kamen, und muß sich dabei im besten Licht gezeigt haben, so daß er schließlich selbst im «Survey Graphic» schreiben durfte.

Doch bei der großen Erkundungsreise im Sommer hatte er zugleich noch andere Vorhaben im Auge; es wird nicht immer klar, um was es da eigentlich ging. Zwischen dem 5. und 9. Juli hielt er sich in Oberschlesien auf, wo er Einblicke in die Praxis behördlicher «Selbstverwaltung» gewann. Er traf, schreibt er,

> «sehr nette und freundliche Beamte, aber sie können einfach nicht verstehen, daß man niemals unsere deutsche Minorität in Polen stärkt, wenn man sie nicht für sich selbst arbeiten läßt. Die deutschen Gruppen werden mehr oder weniger vom Landeshauptmann geleitet; die deutschen Schulen werden nach Berliner Muster errichtet; das Berliner Arbeitsministerium entwickelt den Plan eines Ledigenheimes im polnischen Oberschlesien usw. Alles wird für Oberschlesien von Berlin aus gemacht über den Landeshauptmann und seine Stelle in Kattowitz. So werden sie in kurzer Zeit jedes bißchen Eigeninitiative abtöten.»[361]

Zweite Station: Schloß Pless, wahrscheinlich eine Polen betreffende Sache.[362] Von dort reiste er weiter nach Agram, heute Zagreb, wo er am 9. Juli mit Stephan Radić sprach. Der damals weithin bekannte kroatische Bauer und Parlamentsabgeordnete im jugoslawischen Belgrad war am 28. Juni durch Pistolenschüsse eines serbischen Abgeordneten am Rednerpult niedergeschossen worden. Schwer verletzt in Belgrad operiert, zehn Tage später nach Zagreb gebracht, empfing er am Tag darauf Helmuth James in seiner Wohnung in der Herzegovacka 131. Gab Radić politische Erklärungen ab, derart wie sie Helmuth James dann im «Survey» veröffentlichte? Radić erlag am 10. August seinen Verletzungen. Helmuth James ist dem Großvater gegenüber ganz kurz, aber eindeutig im Urteil. Er sei nach Agram gefahren, «um Raditsch zu sehen, den großen Führer der Kroaten, meiner Meinung nach der große Führer aller Bauern im Osten und im Balkan, kurz: ein Mann der Zukunft. Er ist jetzt tot; er starb genau einen Monat, nachdem ich ihn getroffen hatte – ich hatte ihn seit zwei Jahren gekannt –, am 9. August. Und ich halte das für den größtmöglichen Verlust für Europa.»[363]

Wozu, in welchem politischen Zusammenhang das Treffen geschah, was Helmuth James seit zwei Jahren mit Radić verband, bleibt über den vagen Zusammenhang «Paneuropa-Union» hinaus unbekannt. Der berühmte Kritiker des Versailler Vertrags – sein Punkt waren die künstlichen Grenzen Jugoslawiens – agierte hauptsächlich in Zagreb, aber auch im Exil in Prag und 1924 in Moskau, wo er bei der Sowjetregierung für seine Ideen warb. Mit ihm ist das damalige Projekt einer grünen, der Bauerninternationale, verbunden. Radić zählt zu den aus allen Rahmen fallenden Politikern im Prozeß europäischer Staatsumbildungen nach dem Krieg. Nach seiner Abkehr vom Kommunismus bekannte er sich zur schwierigen Einheit Jugoslawiens, jetzt genoß er in Deutschland nicht nur im Anti-Wilson-Lager Sympathie. Ossietzky beschrieb diesen «vergötterten Bauernkönig» als eine der «merkwürdigsten Gestalten der Gegenwart»:

«Ein primitiver und komplizierter Mensch, phantastisch und kalt berechnend durcheinander. Bald ein Staatsmann von Mäßigung, bald ein roher, aufreizender Rhetor [...] Oft ein Künder großer Konzeptionen, oft wie ein Groschenprophet [...] Seit 1905 steht er an der Spitze der kroatischen Bauernpartei, aber wie groß und wie häufig seine Wandlungen auch waren, niemals hat er die Gunst seiner Gefolgschaft eingebüßt [...] Das Weltbild dieses streitbaren und streitsüchtigen Menschen ist trotzdem eine pazifistische Utopie. Der Bauernhof ist sein Horizont, und sein Europa nicht mehr als eine Konföderation von ungezählten friedlich nebeneinander arbeitenden Bauernhöfen [...] Aber Raditsch ist die Macht, die die bäuerlichen Massen beherrscht.»

Radić verkünde, schreibt Ossietzky erstaunlicherweise, «die christliche Demokratie, die Gesellschaft der einfachen Menschen, deren Staat kein Machtgebilde ist, sondern dem friedlichen Wesen seiner Bewohner entspricht.»[364]

Anschließend fuhr Helmuth James nach Heidelberg. Rosenstock schickte ihn in Löwenberger Angelegenheiten in den Wirkungsbereich des «flächendeckenden Organisators der Soziologie», Alfred Weber, des berühmten Leiters des «Instituts für Sozial- und Staatswissenschaften». Weber hatte einen Förderverein des Instituts gegründet, um Spenden und Stipendien zu Forschungszwecken zu sammeln. Helmuth James war einige Tage hier und konnte einen Einblick in die Methoden gewinnen, die bei ähnlichen politischen Zielen erfolgreicher waren als Rosenstocks Bemühungen um eine «Verbindung von Wissenschaft und Praxis». Weber formulierte schon 1925 seine Idee, den im Krieg «unzerbrochenen europäischen Wirtschaftskörper» in einen «politisch und geistig apperzipierten selbständigen Geschichtskörper» umzuwandeln. Soziologische Erkenntnisse könnten dabei helfen und Soziologen daran lernen, ohne gleich, wie es Rosenstock tat, die alten akademischen Traditionen anzweifeln zu müssen. Es ging Weber zunächst um einen «Ausblick auf eine neue europäische Periode». Die Menschen, die die neue Ideenwelt schon unausgesprochen in sich tragen und Europa aus der «gegenwärtigen Barbarei und Geistesarmut» herausheben wollen, «sind da. Sie sind gegenwärtig schon die, wenn auch namenlosen, äußerlich machtlosen, aber doch die Zukunft entscheidenden Führer von Europa. Ihre Zeit wird kommen.»[365]

Es gab schon lange die Veranstaltungsreihe des Fördervereins zu Europa-Themen. Hier hatten auch ausländische Fachleute referiert, etwa der nach Amerika ausgewanderte Bankier Paul Warburg, der New Yorker Nationalökonom Edwin Seligman und der luxemburgische Stahlindustrielle Emil Mayrisch, ein Mäzen Gesamteuropas. Derartige Verbindungen einer Universität wurden als «geistige Anziehungskraft» honoriert. Als die Reichstagswahlen eine demokratische Stabilisierung anzeigten und im August der Briand-Kellogg-Pakt in Paris von Stresemann als erstem unterzeichnet wurde (der nach den Außenministern von Frankreich und den USA benannte Pakt «ächtete den Krieg», das heißt, er verbot ihn völkerrechtlich), stand die Universität Heidelberg im Blickpunkt amerikanischen Interesses und erhielt eine Dotation der Carnegie-Stiftung. Und Weber nun, insofern das Gegenstück Rosenstocks, nutzte die Renommee-Steigerung zum Antrag bei der Rockefeller Foundation, betreffend Finanzierung eines detaillierten mehrjährigen Forschungsprogramms unter dem Titel «Das Wirtschaftsschicksal Europas».

Die von Helmuth James besuchte Veranstaltung dauerte vom 11. bis 14. Juli. Sie befaßte sich unter genau dieser Perspektive mit der Landwirtschaft im Osten. Die Referenten kamen aber aus Pommern: Gutsbesitzer von Thadden, Landrat von Bismarck, Dr. von Eickstadt und ein Rittergutsbesitzer von Zitzewitz. Jedem Vortrag folgten zwei Aussprachen, «die vor allem in der Generaldebatte des letzten Tages die grundsätzlichen agrarpolitischen Probleme des deutschen Ostens behandelten». Weiter heißt es in dem von Weber unterzeichneten Jahresbericht des Vereins: «Diese Tagung erhielt durch die Anbahnung eines besseren Verständnisses zwischen Osten und Westen eine besondere Bedeutung, und es besteht die Hoffnung, daß die angeknüpften Beziehungen zu einer Weiterführung dieser Aussprache führen werden.» Helmuth James' Bericht an den Großvater bekräftigt das auf seine Weise:

> «Die Leute hatten keine blasse Ahnung von Ostdeutschland, und so war diese Diskussion nur Vorarbeit. Den ganzen Winter über werden zwei Leute Vorlesungen über Ostdeutschland halten, und danach werden zehn von unserer Organisation [die «Löwenberger Arbeitsgemeinschaft»] nach Heidelberg gehen, um zu versuchen, eine ständige Beziehung zwischen dem intellektuellen Geist Heidelbergs und unseren östlichen Problemen zustande zu kriegen, die ja wirklich eine Menge Geist und Verstand benötigen. Ich bereite diese Diskussionen, die eine Woche lang im März 1929 stattfinden sollen, schon vor.»[366]

Tatsächlich haben einige «Löwenberger» dann bei Alfred Weber studiert und promoviert, umgekehrt ging der Heidelberger Walter Greiff in Absprache mit Weber nach Schlesien, wo er ab 1934 das (dann schon völlig veränderte) Boberhaus leitete, Sitz der «Schlesischen Jungmannschaft». In einem Brief an Rosenstock stellte Helmuth James seinen Heidelberg-Auftritt sehr positiv dar. Er habe in langen Gesprächen interessierte Mitwirkende einer Verbindung Heidelberg-Breslau gefunden und reiche hiermit alles an Rosenstock weiter.[367]

Er hat dort in Gavits Auftrag auch Willy Hellpach (DDP) gesprochen, der 1925 im ersten Wahlgang einer der Kandidaten für das Amt des Reichspräsidenten gewesen war. Um andere mögliche Autoren für den «Survey» zu treffen, fuhr er anschließend nach Kassel, Berlin, Leipzig und danach nach Österreich. Nach einigen Tagen in Grundlsee ging es über Wien nach Marienbad, um den preußischen Kultusminister Carl Heinrich Becker zu treffen. Der nahm dort erholsame Solbäder. Helmuth James blieb drei Tage lang, aber angesichts der Bedeutung, die diese Begegnung hatte, ist es geradezu ein Witz, wie knapp er darüber schrieb. Becker sei «einer der besten Männer in Deutschland. Wir hatten drei Tage lang nette lange Gespräche, ein sehr großer Gewinn für mich.» Diese paar dürren Worte sollen alles sein, was über das Treffen mit Becker zu sagen ist? Mit einem Mann, der das Schicksal der preußischen Universitäten lenkte, weltweit bewunderter Einrichtungen? Ein Jammer auch, daß in dem riesigen Nachlaß des Ministers kein Wort über den Eindruck zu finden ist, den Helmuth James bei ihm hinterließ. Die beiden begegneten sich im Herbst noch einige Male, schon im Juni war Helmuth James mit Gavit bei Becker; er sollte einen vom Minister zugesagten Artikel für den «Survey» betreuen, wobei der sprachgewandte Kultusminister gewiß kaum Betreuung nötig hatte, zumal sein Artikel über die Erziehungsideale der Republik nichts besonders Aufregendes enthält. Dennoch meinte Gavit zu Becker im September: «Ich zweifelte nie daran, daß Sie den Artikel schreiben würden, besonders da ich wußte, daß Sie und Helmuth von Moltke lange Unterredungen darüber hatten.»[368]

Helmuth James konnte sich lange vorher schon ein Bild von Becker machen. Der Minister trat als strenger Widersacher antisemitischer Studentenverbände an die Öffentlichkeit. An der Hochschule für Politik hinterließ er sein Institution gewordenes Konzept. Zuletzt war Helmuth James geradezu auf ein Nest der zahlreichen «Becker-Jünger», auf die Jugendbewegten im Löwenberger Boberhaus, gestoßen, das dank Becker zum Vereinsheim der «Schlesischen Jungmannschaft» wurde.[369] Aktivisten dort wie Adolf Reichwein ließ er jahrelang seine persönliche Förderung zukommen. Studenten der «Jungmannschaft» wie Horst von Einsiedel und Carl Abraham erfuhren den Minister als väterlichen Ratgeber. Die Beamten in den Regierungspräsidien, die Helmuth James besuchte, kannten den Minister alle gut oder waren seine Freunde. Die «Löwenberger» Professoren wie Rosenstock genossen größte Anteilnahme des Ministers, da sie nun «Geist» und «Selbstverwaltung» aufs Land bringen, das Boberhaus zum Zentrum einer «universitas in der Wüste»[370] machen wollten.

So traf ein von Solbädern entspannter Minister einen von

Reisebegegnungen angefüllten jungen Moltke mit all seinen Jünglingserwartungen. Was soll sich denn nun schon ereignet haben? Nichts anderes als ein dreitägiges Lehrgespräch über Politik und die Zukunft der Deutschen im besonderen und allgemeinen, bei dem der junge Moltke einiges über Beckers Arbeit, Projekte, Anschauungen und Stil erfahren konnte: der unschätzbare «Gewinn» für ihn.

Mit seiner Behörde in Berlin, Unter den Linden 4, hatte Becker einen Apparat geschaffen, der in äußerst unterschiedlichen Abteilungen die geliebte sachliche Einheit in Vielfalt verkörperte und ihm die Möglichkeit zum individuellen Arbeiten bot, was ihm manchmal als Eigenmächtigkeit und Arroganz vorgehalten wurde, aber seine Spuren bei ausländischen Diplomaten, konkret arbeitenden Idealisten und zahlreichen Künstlern hinterließ. «Das ist ein Herr und ein Mensch», erklärte Ernst Barlach nach einem Besuch bei Becker beeindruckt[371] – dies fiel einem damals nicht zu vielen ein. Seine Mitarbeiter im Ministerium holte er sich aus verschiedenen Parteien und Fachgebieten, sie waren evangelisch, katholisch, auch jüdisch und meist arbeitswütig. Becker glaubte, eine «der Sache wegen» vollbrachte Leistung sei «unpolitisch». Das hat Helmuth James wohl bewundert und sich gemerkt, denn später lugt «Überparteilichkeit» als Qualität und Politikstil aus allen seinen historisch bedeutsamen Aktionen heraus. Ein Teil des Arrangements, der Becker diese heterogene Auswahl erlaubte, war das den meisten Mitarbeitern gemeinsame Erlebnis der Jugendbewegung. Weil der Minister selbst einmal Aktivist der Wanderbrudergesellschaft «Die Wikinger» gewesen war, gab es etwas, woran man sich, quasi a priori, halten konnte. «Becker-Jünger» beschrieben die Faszination des Ministers übereinstimmend als etwas Unzeitgemäßes, etwas der Zeit Überlegenes. Nicht nur, daß er keiner Partei als Mitglied angehörte, er war nicht einmal dem «Berliner Tempo» verpflichtet. Seine politischen Pläne, sagte er einmal, seien auf größere Zeiträume hin ausgerichtet als auf eine Amtsperiode, er könne einer Veranstaltung durchaus auch fernbleiben «im Gefühl eines Gestorbenen, der im Grabe noch beobachten kann, wie alles ohne ihn gerade ebensogut geht».[372] Diese wahrhaftig «zeitorientierte» Wahrnehmungsweise kannte Helmuth James bisher nur von Rosenstock; sie muß ihn nun im Gespräch mit einem Profi der Politik erst recht fasziniert haben.

«Vielleicht in Jahrhunderten, vielleicht nie»[373] lasse sich eine neue Humanität in Deutschland verwirklichen, sagte Becker pessimistisch. Gleichzeitig betonte er, daß die Deutschen noch keine Nation seien, erst schwierig eine werden müssen, was eigentlich ein anderes Thema ist. Aber er sah beides, die sich sehr langsam bildende «neue Humanität» und die Nation in einer zusammenhängenden Entwicklung «werden». Und dafür fand er die Republik ganz praktisch, er sah, wie sich kleine, kleinste Einstellungsveränderungen «in der Seele des Volkes» ereigneten. Helmuth James traf also einen, dem Geschichte nicht *fatum*, Heilsgeschichte oder Fortschrittsprozeß war, sondern ein Ergebnis vieler komplizierter, oft ineinandergedrehter Veränderungen.

Auch viel konkretere Dinge, die den Minister beschäftigten, müssen Helmuth James angezogen haben, vor allem, innerlich verknüpft, die «Reichsreform», das «Führerproblem» und das die Grundschule betreffende Projekt der Einheitsschule. Die «Reichsreform» sollte das prekäre Verhältnis zwischen Ländern und Reichsregierung auflösen und die Beziehungen zwischen Preußen und den kleineren Bundesstaaten ausbalancieren. Gleichzeitig wollte Becker die zentrale Administration wie die Selbstverwaltungskörperschaften stärken. Als geistige Wirkung hoffte er damit eine Umschichtung des Verantwortungsempfindens von oben nach unten zu befördern. Becker wünschte sich «das Ganze» überall repräsentiert, weniger in starken Männern an der Spitze, mehr im Denken von Individuen aller Verwaltungsebenen. Bis dahin aber sei es noch ein weiter Weg.

Mit der Begeisterungsfähigkeit derer, die das «Ganze» wollten, rechnete Becker auch bei der Lösung des «Führerproblems», wie seine Glossen in der «Vossischen Zeitung» zeigen. «Führerauslese» war ein großes Thema der Zeit; Max Weber zum Beispiel verwendete viel Energie darauf. Auch für Helmuth James war «Führerschaft» in der «Löwenberger Arbeitsgemeinschaft» gerade zum Problem geworden. Deutsche Republikaner sahen einen Mangel an Persönlichkeiten, die staatsbürgerliches Verhalten vorleben konnten, zumal dieses Volk, das unter obrigkeitsstaatlichem Druck eine solche Loyalität gezeigt hatte, sich in den Krisen der Demokratie glatt zu verweigern schien. 1922 betonte Becker: «Das Führerproblem ist ein Geführtenproblem»; in Deutschland fehle «die politische Disziplin alter Staatsnationen. [...] Die Zeit der Autorität ist vorüber [...] Die Autorität machte nicht gläubig, sondern desinteressiert. [...] Freude zur Übernahme von Verantwortung; Abgabe von Verantwortung; Interesse am Ganzen bis zur Leidenschaft, [...] Glaube an den, der in voller Selbstverantwortung die Verantwortung für das Ganze übernimmt» hat «aristokratische Seelenverfassungen zur Voraussetzung».[374]

Wenn Helmuth James dem Großvater davon berichtete, daß vor der Sommerreise bei der schlesischen Arbeit ein «Führerproblem» bestanden habe, ist eine womöglich im Gespräch mit Becker gewonnene Sicherheit im Umgang mit Verantwortung herauszuhören:

> «Inzwischen jedoch passierte es, weil ich doch der eigentliche Gründer der Organisation gewesen war, daß die Leute auf mich und meine jungen Kameraden setzten und es nicht weiter für nötig hielten, selbständig zu arbeiten. [...] Konsequenz: wir mußten uns zurückziehen, und ich machte den Anfang. Wir überließen unseren Platz in der

bürokratischen Arbeit anderen jungen Leuten, deren Einfluß den Erwachsenen keinesfalls Verantwortung abnehmen konnte. Das Resultat ist, daß nach zwei Monaten neue Leute hochgekommen sind, die neue Arbeit an unserer Stelle tun, so daß die Sache wunderbar vorwärtskommt.»[375]

Beckers größtes Projekt, jedenfalls das, woran sein Herz am stärksten hing, war die neue Grundschule, aber die ist ihm schon als Projekt unter der Hand zerronnen. Ab 1932 sollten einheitlich alle Kinder vier erste Schuljahre lang gemeinsam unterrichtet werden. Ein neuer Lehrertypus sollte an Pädagogischen Akademien ausgebildet werden, nicht mehr im «Geist der Zucht im Drill», sondern im «Geist der Zucht in Freiheit»[376], gemäß Beckers Erkenntnis: «Die geistige Entwicklung des kommenden Jahrhunderts hängt nicht mehr ausschließlich von der Entwicklung unserer akademischen Schicht ab, sondern von der Mitarbeit der breiten Masse am geistigen Leben der Nation.»[377] Von «unten her» oder «vom Kinde aus» sollte der Einheit gedient werden, indem «jeder einzelne sich seines Menschentums bewußt wird». Becker rechnete damit, Zeit zu haben, und war sich sicher, so sagte er Gavit, daß er «die Goldmine Deutschlands», die Jugendbewegten, als Akademie-Dozenten zur Verfügung habe. Der Kreisauer Kreis und Helmuth James lebten später immer noch in dieser Beckerschen Begriffswelt, konnten aber außer Religionsunterricht rein gar nichts zur Schule nach Hitler fixieren.

Ein Projekt, bei dem Becker und Moltke ebenfalls seit diesem Sommer/Herbst 1928 zusammenkamen und -arbeiteten, fiel genau in diesen Bereich reformpädagogischer Vorstellungen zum Zwecke einer Förderung des «Menschentums» von unten nach oben. Initiiert und von langer Hand vorbereitet von Mowrer, unterstützt von dem Historiker Ulrich Noack agierte Helmuth James als Repräsentant und Agent für ein «Europäisches Geschichtsbuch». Die Idee war, ein Schulbuch über den Ersten Weltkrieg herzustellen. Allerorten wurde so etwas dringend gewünscht; in Bayern war ein Schulbuch in Gebrauch, in dem die Grenzen des Versailler Vertrags schlicht ignoriert wurden, Tucholsky alias Ignaz Wrobel schrieb darüber in der «Weltbühne» eine Rezension mit dem Titel «Verhetzte Kinder – ohnmächtige Republik».[378] Zur Überwindung dieses Zustands sollte das geplante Buch wirken. Es war gedacht für den Geschichtsunterricht in England, Frankreich und Deutschland, mußte mithin in drei Sprachen erscheinen und sich für drei nationale Schulsysteme eignen. Zuerst waren die Autoren für diese komplizierte Aufgabe zu finden, es sollten drei junge Historiker sein. Sie mußten sachlich in der Lage sein, den Weltkrieg aus ihrer jeweiligen nationalen Sicht darzustellen; sie mußten sich eine rücksichtsvolle und dennoch vorbehaltlose Auseinandersetzung über die verschiedenen nationalen heißen Eisen innerhalb der Autorengruppe wenigstens vorstellen können; sie mußten, nötigenfalls gegen die Kollisionspunkte dreier Völker, zu einer einheitlichen Darstellung dreier Weltkriegsgeschichten kommen, also die Vorlerner der künftig Lernenden sein, und sich für ihr gemeinsames Ergebnis zu dritt verantwortlich fühlen; und schließlich mußten sie, auch mit Hilfe von Fachleuten aus drei Völkern, unterrichtsmethodische Vorschläge und Erfindungen machen. Eine Idee, die dem Kultusminister gefallen konnte, schließlich gab es schon den verwandten Erlaß Beckers vom 28. Mai 1927 betreffend die «Behandlung der Fragen des Völkerbunds im Unterricht». Und so kam es dann auch, als Helmuth James in kurzen Worten auf der Rückseite einer Visitenkarte um einen Termin bei Becker bat: «Sehr verehrter Herr Minister, ich würde mir gern erlauben, Ihnen in 5 Minuten über eine Geschichte des Krieges zu berichten, die von einem Engländer, einem Franzosen und einem Deutschen geschrieben werden soll und deren weitere Förderung von Ihrer Zustimmung abhängt. Ich kann versprechen, nicht mehr als

5 Minuten zu brauchen. Ihr sehr ergebener H. J. v. Moltke»[379] – und prompt für den 12. Oktober zum Gespräch bei Becker bestellt wurde. Helmuth James' Auftrag: von Becker einen empfehlenden Brief zum Schulbuchprojekt erlangen, mit dem dann Mowrer auf seinen Werbereisen für die Sache vor allem bei der Rockefeller-Foundation in London die benötigten Gelder zur Finanzierung des Buches zusammenbringen konnte. Er überzeugte: Der Empfehlungsbrief von Becker ging noch vor Weihnachten an Mowrer raus. – Am Ende wurde aus dem Schulbuch dann doch nichts. Was sich aber wieder deutlich zeigte, war Helmuth James' neuerlangte Rolle in Kreisau und sein Verständnis der Optionen, die der Gutshof für konzeptionelle Projekte bot: Sofort hatte er die Idee, zur Fortführung des Plans Treffen in Kreisau zu organisieren.[380] – Kreisau nicht mehr als Familienzentrum im Sinne des Feldmarschalls, sondern als Denk- und Konzeptionszentrum.

Ein papierenes Kondensat der vielen Begegnungen und Gespräche auf Helmuth James' Reisen in diesem Sommer war sein Artikel im Themenheft «The New Germany 1919–1929» des «Survey Graphic». Geschrieben hat er ihn wohl ab Ende September 1928, veröffentlicht wurde das Heft allerdings erst anläßlich des zehnten Jahrestags der Verfassung, im Februar 1929, nicht wie geplant zum zehnten Jahrestag der Revolution, also im November 1928. Gavits Leitartikel und Aufsätze ausländischer Beobachter versuchten, sich dem Neuen an «New Germany» zu nähern. Die Texte der renommierten deutschen Autoren jedoch, neben denen nun auch der Name Helmuth James von Moltke erschien (Jäckh, Becker, Julius Bonn und Hellpach; Reichskanzler Hermann Müller und Außenminister Stresemann schrieben Grußworte), zeigten die neue, von Ossietzky bitter beklagte republikanische Selbstgefälligkeit seit den siegreichen Reichstagswahlen an. Auch Expertenwissen, die deutsche Form der Herablassung, überhaupt ein gewisses Desinteresse am Thema. So blieb nichts übrig von der ersten

Absicht, Deutschland inmitten seines «Experiments» zu zeigen oder gar die Republik mit ihren «neuen demokratischen Elementen» der italienischen und sowjetrussischen Diktatur entgegenzusetzen.

Helmuth James' Artikel «Youth looks in, and out»[381] unterscheidet sich im Mangel an politischer Tiefenschärfe kaum von den anderen. Mit einem gewissen Charme hat er sich der ihm gestellten Aufgabe entledigt, als einer aus der deutschen Jugend über sie und für sie zu sprechen – was im Grunde anmaßend ist und ihn ständig zu glättenden, Wohlwollen heischenden Floskeln zwingt, die auch die alten Herrn verwenden. Biographisch jedoch ist sein Artikel bedeutender. Er ergänzt hier seinen Aufriß der behandelten Politikfelder mit der Skizze seiner politischen Auffassungen und läßt dabei die Prägung durch seine jüngsten Begegnungen und Beschäftigungen erkennen. Am deutlichsten im kühlen Blick auf die Generationen vom Standpunkt der parteiungebundenen «Jugend Deutschlands». Daraus spricht die große seelische Einwirkung, die die Begegnungen in Waldenburg/Löwenberg bei ihm ausgelöst haben. Peters, Einsiedel, Rosenstock-Huessy – sie alle sind hier vertreten und steuern bei.

In implizitem Einverständnis mit Becker sieht Helmuth James am Beginn seines Textes einen Generationswechsel im Gange; von einer «‹unpolitischen› deutschen Jugend», die jenseits und über Parteien und Tagespolitik stehe, sich aber in einer Vielzahl von Jugendverbänden organisiere, glaubt er, sie sei «vorbereitet», wenn «die Verantwortung» auf sie übergehe. Und dies sei auch nötig, da «gefühlsmäßiger wie praktischer Widerstand» aus historischen und psychologischen Gründen die jetzige Politikergeneration von der nötigen Reform abhalte. Die Jugend hingegen sei in der Lage, die Probleme nicht gleichsam als Verwaltungsfragen eines Industriekonzerns zu behandeln, sondern erstrebe die Förderung kleinster Selbstverwaltungsorgane mit einem «Sinn für Verantwortung dem Ganzen gegenüber». Ihre

Hauptforderung: «daß die Nation als Ganzes politisch geschult werden soll, sich selbst zu regieren und zu verwalten. [...] Jeder Bürger muß seine Verantwortung spüren.» Und dies jenseits der Klassenkämpfe: «Ich für meinen Teil kann nicht sehen, warum Klassenunterschiede an sich als unangenehm betrachtet werden sollten. [...] Die große Kluft zwischen den zwei unterschiedlich gebildeten Bürgerschaften wird mindestens teilweise verschwinden mit Hilfe des neuen Erziehungssystems, das dieselbe Grundausbildung bis zum Alter spezieller Berufsausbildung vorsieht.» Auf solchen Wegen sei das «junge Deutschland» mit «Energie» an der Verbesserung der Klassenverhältnisse interessiert und – Stabilität vorausgesetzt – könne es zu einem «Wiedererwachen des politischen Denkens» kommen, nachdem seit Kriegsende die Ökonomie und Klientelinteressen das Verhältnis von Wirtschaft und Politik dominiert hätten.

Auch in den folgenden außenpolitischen Überlegungen schimmern die Gespräche des Sommers durch. Sein Bild der werdenden Weltmacht USA als einer, die dem Frieden «aus humanen Gründen und als demokratische Nation» zugewandt sei, hat er nicht zuletzt durch die intensiven Bekanntschaften mit amerikanischen Journalisten gewinnen können. Und er vertritt diese Vorstellung der Vereinigten Staaten als Partner mit einiger Vehemenz gegen Strömungen, die die USA als Macht der aggressiven Expansion mit dem Bedürfnis zur «Befriedigung imperialer Gelüste» beschrieben. Gegenüber Frankreich wird sein europäischer Blick deutlich: Der Rhein dürfe nicht länger «die politische und intellektuelle Grenze» bleiben, er müsse wieder die Achse europäischer Politik werden. Europa werde «mehr und mehr zu einer geistigen Einheit». Die Jugend strebe nach einer Außenpolitik, die auf Prävention setze und dabei auf eine vernünftigere europäische Ordnung, in die auch die deutschen Minoritäten sich einfinden müßten. Ihnen soll geholfen werden, «so nützlich wie möglich in ihrem neuen Staat zu sein. Je höher sie dort geschätzt werden, desto größer wird ihr Einfluß zum Wohl des europäischen Friedens». Eine Ergänzung dazu sind seine Überlegungen in Hinblick auf die Sowjetunion, die er in Radić' Weise als Bauernland interpretiert: Enorme wirtschaftliche Anstrengungen machten das Sowjetsystem attraktiv für die durch und durch agrarisch geprägten Nachbarvölker. Entsprechende Ideen würden demnächst «in den Ländern entlang seiner Grenze aufblühen», und sollten tatsächlich die russischen Bauern zur Macht kommen, würde in Form einer «Bauerninternationale» russischer Einfluß «eine schwere Gefahr für Osteuropa» darstellen. Da man die russische Entwicklung nicht voraussehen könne, müsse Deutschland den Versuch machen, seine «agrarischen Provinzen» innerhalb des Industriestaates beispielhaft zu befrieden: «Das ist der einzige Weg, um die östlichen Staaten für Europa zu retten.» Damit sei beschrieben, was die neue Generation erwarte – nämlich eine Arbeit, die ein großer Teil der «unpolitischen» deutschen Jugend bereits bewußt oder unbewußt begonnen habe, «von größter Wichtigkeit und alle Parteipolitik hinter sich lassend».

«Nichts Besonderes» fand Dorothy diesen Artikel, auch wenn sie erfreut berichtet, daß der Weggefährte des Großvaters, der südafrikanische Ministerpräsident Jan Smuts, den Aufsatz lobte.[382] Rücksichten sind zu erahnen dem brodelnden Nest der jugendbewegten «Führer» in Löwenberg gegenüber, für die Helmuth James ja hier Erfahrungen formuliert. Auch die eigene Karriere war beim Schreiben wohl im Blick: Wer von so vielen einflußreichen Leuten «Karten» zieht oder Chancen erwartet, darf nicht als Tucholsky auftreten, selbst wenn er schon könnte. Sehr erstaunlich, daß er – als Student – nicht ein Wort zu den Studenten sagt, die er Thompson gegenüber als «die schlimmste Klasse Deutschlands» bezeichnete! Möglicherweise auch hier Anpassung.

Bis oben hin mit Erlebnissen und Gedanken gefüllt, aber von der Reise so erschöpft, daß er dachte, sich von den Ferien erholen zu müssen,[383] kehrte Helmuth James am 8. August 1928 nach Kreisau zurück und machte sich sofort einen Arbeitsplan. Die Priorität lag auf dem Examen, die politisch-beruflichen Angelegenheiten unterschied er in solche, die unmittelbar aus den zurückliegenden Aktivitäten hervorgingen, die erledigte er rasch, und «den ganzen Rest» verschob er auf «nach dem Examen». Dann setzte er sich zum Lernen nieder. Doch sitzend fielen ihm seine «Schulden» ein: «ein langer Brief» an Granny und Daddy – kein leichtes Unternehmen. Der schließlich auf den 6. September datierte Brief enthält daher auch den Satz: «Seit drei Wochen versuche ich, Euch zu schreiben, aber immer, wenn ich eine Seite geschrieben hatte, fand ich etwas, was noch nicht klar war, so verschob ich das und wartete.» Daher verblüfft die Entschlossenheit, mit der er den Schlußabschnitt einleitet: «Und jetzt komme ich zur Zukunft», die Afrikareise, nun eingebunden in ein ganzes Bündel verschiedener zusätzlicher Projekte. Jedes Stück für sich ein Riesending, und das Gesamtvorhaben soll sich, einschließlich des Examens, in einem Zeitraum von eineinhalb Jahren vollziehen:

> «Wenn ich mein Examen hinter mir habe, will ich etwas Polnisch lernen und ein klein bißchen was von den Balkan-Sprachen, weil ich glaube, daß Schlesien und Wien die zwei Zentren sind, von wo aus Deutschland und Europa ein wirklich ernsthaftes Interesse am Osten und Balkan gewinnen können, und weil ich glaube, daß die ganze europäische West-Ost-Krise und die ganze Landwirtschaftskrise im europäischen Osten aus ein und derselben Wurzel entspringen und daß es unsere Pflicht ist, an diesem Problem zu arbeiten. An diesem Problem zu arbeiten ist natürlich kein Beruf, aber ich denke, bevor man mit einem Beruf in Ostdeutschland beginnt, sollte man etwas über diese Dinge wissen. [...] Von Juli bis August will ich nach Polen, weil mich die polnische Regierung eingeladen hat [...] Danach will ich 14 Tage in Kreisau und 14 Tage in Grundlsee ver-

bringen, um dann Mitte September, dachte ich, den Weg Richtung Südafrika einzuschlagen. Ich würde gern drei Monate, vom 15. September bis zum 15. Dezember durch den Balkan reisen, dann über Athen zum Suezkanal [...]. So daß ich in Kapstadt etwa in der zweiten Januarhälfte 1930 ankäme. [...] Im März 1930 dachte ich nach England zu reisen, um ungefähr im Mai 1930 in Kreisau zurück zu sein.»[384]

Fürchtete er denn nicht, sich mit diesem riesigen Unternehmen lächerlich zu machen? Offenbar nicht. Alles war ernst gemeint. Nirgendwo ein ironisierendes Einschiebsel. Hier ist alles ernst gemeint und doch gerade deshalb nicht seriös. Die Großeltern werden sich an die phantastischen Studienpläne des arglosen Siebzehnjährigen, die ebenfalls mit verschiedenen Weltreisen verbunden waren, erinnert haben. Doch damals hatte es sich um eine reine Innenansicht gehandelt, jetzt ging es doch um eine Terminabsprache. «Hat er denn wirklich noch nicht begriffen ...?», mag Granny überlegt haben. Ist er denn immer noch Kind? Da stand auch, er werde «als Journalist» durch Südosteuropa reisen – mit diesem Gedanken hatte er sich schon 1924 seine Zukunft vorgestellt. Jetzt zeigte er wenigstens Realismus, als er Möglichkeiten der Finanzierung der Balkanstudien sondiert und offenbar positive Reaktionen erhalten hatte. «Eine schlesische und eine Wiener Zeitung» würden ihm für Reiseberichte «genug bezahlen». Aber er war doch ohne jede Erfahrung als Journalist?

Helmuth James setzte auch seine Mutter ins Bild. «Er ist beglückt», schrieb sie gleich, «von der Idee, zu Euch zu kommen»[385]; doch als sie eine Woche später die Wandlung dieser «Idee» zum Plan begriff, spielte sie sofort alles herunter: «Seid nicht zu erschrocken, nicht mehr als die Hälfte wird davon verwirklicht, aber er freut sich immer, Pläne zu schmieden, so wie ich.» Das habe er von ihr «geerbt», so wie sie von Granny, die kaum lösbare Probleme mit der Methode, «sie zu visualisieren», leichter machen konnte.[386] Doch darum ging es Helmuth James gar nicht; nein, er war völlig überzeugt von seinem Planwerk, zog auch schon Konsequenzen. So verständigte er im August Rosenstock-Huessy von seinem gigantischen Projekt. Sagte, daß er nun nichts mehr tun könne für die Löwenberger Gruppe, also regelrecht austreten müsse. Und Rosenstock schrieb zurück: «Für Ihre Fluchtpläne nach Afrika habe ich volles Verständnis.»[387]

Er hat ihn wohl tief verstanden. «Wer begriffen ist, verliert seinen eigenen Namen», erklärt Rosenstock mit seiner schon erwähnten Sprachtheorie. Der Kampf gegen dieses Begriffenwerden finde in dir und in mir statt und insbesondere gegen das «bloß gedachte ‹Zeit und Raum›-Kontinuum», als Protest von allen Lebendigen, um nicht «als Personen zum Erlöschen» zu kommen, «unausgesetzt gegen den Anmarsch der Ziffern» – in diesem «Ringen» verlaufe jede Biographie. Ein Gedankengang, der ein bezeichnendes Licht auf Helmuth James' nun wieder hervorgetretene sonderbare Arglosigkeit wirft. Sein ernstgemeinter Reiseplan sieht nun aber unseriös aus genau auf dem Feld dieses «‹Zeit und Raum›-Kontinuums» – nach Rosenstock spielt sich Helmuth James' «Ringen» eben hier ab, in der Sphäre, wo die Großeltern mit Recht einen verabredungskompatiblen Zeit-Raum-Begriff erwarten. Auch seine weitere Biographie wird derartige Ausbrüche Helmuth James' – mit Rosenstock: sein «Ringen», sein »Aufbäumen des eigenen Geisteszeitraums» gegen den empirischen Zeit-Raum-Begriff – zeigen.[388] Dies bei einem Mann, der gewieft war in der Ausnutzung jeder freien Minute im Taschenkalender und jedes Quadratmeters Spielraum – was für ein Paradox! Er lernte, seine Zunge besser zu hüten, doch einen gewissen Mut, sein Ansehen zu riskieren, besser gesagt, die Arglosigkeit im Ansatz des Sprechens, hat er nie verloren. Dieses Vermögen oder Unvermögen, wie man will, sollte ihm – von seinen politischen Gründen unabhängig – eine besondere Resistenz gegen Hitler eintragen.

«Das kann doch nicht sein Ernst sein!» – so muß Daddy reagiert haben, als er den Brief Ende September in den Händen hielt. In seiner Antwort allerdings hat er sich immerhin verständigungsbereit gezeigt[389]: Er forderte den Enkel auf zu erklären, wieso er sich nicht auf eine politische Sache konzentriere, und konfrontierte ihn mit Fragen nach dem konkret ins Auge gefaßten Beruf. Sir James Rose Innes stand es zu, derartige Forderungen zu stellen. Gerade arbeitete er an seiner Autobiographie. Die Begegnung mit sich selbst, mit dem jungen James, wird ihn gegen Helmuth James milde gestimmt haben. Er war seinerzeit Brownlee begegnet, dem feinfühligen Kapstädter Eingeborenenminister, der ihm Faszinierendes von den Bantus in ihren Stämmen und Sprachen erzählte. Und konnte man wissen, wozu das alles gut war? Er befreundete sich später mit Tengo Jabavu, Herausgeber der ersten Bantu-Zeitung, und mit Bantu-Stimmen gewann er die entscheidende Wahl, um schließlich einzuziehen in das geliebte Parlament und dort zu den erregenden Fragen seiner Zeit zu sprechen.

Die Postschiffe stampften auf dem stürmischen Süd- und dem Nordatlantik hin und her; es war schon Mitte November, als Helmuth James auf die Kritik des Großvaters antwortete – mit Leidenschaft und Dankbarkeit: «Lieber Daddy, ich danke Dir sehr für Deinen freundlichen Brief.» Der Großvater habe die Probleme «auf den Punkt getroffen»; ja, Konzentration sei *die* Sache im Leben, darin stimme er mit ihm überein. Aber er fragte zurück: Worin zeigt sich Konzentration? Was tut, was bewirkt sie, was ist ihre Bedeutung? Die Frage wird mehrfach variiert im Verlauf des Briefs. Aber eingangs will er Daddy, ohne «in die theoretischen Details» zu gehen, einmal das Problem am eignen Fall vorführen.

Er formuliert hier in Inhalt, Ton und Form seine Ausgangslage. Zuerst: Er ist «gebunden». Gebunden «erstens an Europa, zweitens an Deutschland, drittens an Ostdeutschland, viertens ans Land». «Gebunden» – er versteht darunter, daß er sich verantwortlich fühlt für diese vier Politikfelder. Gleich darauf Perspektivenwechsel: Nach der Intensität dieses Verantwortungsempfindens rangieren nun dieselben vier Felder in umgekehrter Reihenfolge. Alles, was mit dem Land, dem Landleben, der Agrarfrage zusammenhängt, steht an erster Stelle. An zweiter folgen die Landwirtschaftsprobleme Ostdeutschlands. An dritter Stelle kommen die seit 1919 existierenden «deutschen Fragen», an vierter europäische Angelegenheiten.

Die Spiegelung der Rangordnung ist das entscheidende Element des Briefs, die anderen leitet er hiervon ab. Der Skala der Politikfelder, wie sie sich aus der Machtordnung und den Begriffssphären ergibt, ist eine subjektive gegenübergestellt, die die Kapazitäten des Gefühls, der Wahrnehmung, des Urteilsvermögens, auch des eigenen Standorts eröffnet; ein solches gedankliches Unternehmen widersetzt sich dem damals konventionellen Gebrauch des Verantwortungsbegriffs: auf der einen Seite der Machtmensch, der sich verantwortlich erklärte und Verantwortung trug und in seiner Expertenhaltung Widerspruch verbat; und der Gegentypus, der obrigkeitsstaatlich zivilisierte Mensch, der ihm Gehorsam entgegenbrachte und seinerseits «zur Verantwortung gezogen» wurde. Tausendmal von den Autoren der «Weltbühne» dargestellt[390]: Wer sagen konnte «Ich verantworte das!», schien a priori vor jeder wirklichen Verantwortung bewahrt. Wer dagegen von seinem Verantwortungsempfinden ausging, stellte diese Ordnung in Frage, reklamierte die Entscheidungsfreiheit der Person und hatte sich selbst um Ordnung in seinem Gewissen zu kümmern. Dies versuchte nun Helmuth James und stellte fest, daß seine «wirkliche Aufgabe» der «landwirtschaftliche europäische Osten» sei. Die Probleme beispielsweise mit dem Dawes-Plan oder dem deutsch-französischen Verhältnis berühren ihn nicht mehr «wirklich tief», «dagegen fühle ich mich absolut verantwortlich für die Frage, ob es deutschen Studenten erlaubt wird, in Gruppen nach Polen zu gehen, um unsere Minderheiten dort zu besuchen und polnische Lebensbedingungen ungehindert untersuchen zu können. Ich fühle mich absolut verantwortlich für alle Fragen, die die polnischen Bauern betreffen, und wie sich die Situation in Polen verändern wird, wenn Rußland erst einmal zu ganz anderen Lösungen findet».[391]

Doch andererseits studiert er Jura. Er interessiert sich dafür. Er findet sein Studium sogar zweckmäßig für sein künftiges Leben – aber «das ist nicht mein Leben!». Da gibt es Leute genug, die ihm raten, sich jetzt schon auf das zweite Staatsexamen zu orientieren, um mit einem juristischen Beruf Geld zu verdienen. Und Fragen, die ihn sonst noch interessieren, soll er jungen Leuten überlassen, deren Väter das bezahlen können. Aber:

«Ich bin sicher, daß mein Leben [...] Politik ist. Ich denke nun, ich muß zuerst einmal versuchen, ob ich meinen Lebensunterhalt nicht aus dem ziehen kann, was mein Leben ist. Ich sehe nicht, warum es nötig sein soll, daß man seine politische Arbeit beginnt, wenn man nicht mehr jung ist, während man jeden anderen Beruf in der Jugend zu lernen beginnt. Ich halte Politik für einen so schwierigen Beruf, daß man nicht früh genug damit beginnen kann!»[392]

Danach geht er näher auf Daddys Vorhaltung ein, daß seine Beschäftigungen ohne Zentrum seien:

«Ich arbeite über Balkanfragen, soziale Probleme, Erziehungsprobleme, Probleme der Industrie und verschiedener Aspekte der Landwirtschaft, über rein ökonomische Fragen wie zum Beispiel ‹Absatzregulierung› oder Lebensstandard, über Probleme des Zeitungswesens, der Reportage und eine Menge mehr. Natürlich, das ist nicht Konzentration in dem Sinn, daß man sich einer Sache nach der anderen widmet; ich bin an fünfzig gebunden. Aber hinter alledem [...] denke ich immer an meine politische Arbeit. [...] Es ist unmöglich, denke ich, politische Probleme dadurch zu lösen, daß man sie zunächst von der ökonomischen Seite her angreift, dann juristisch, dann historisch, dann von ihrer industriellen. Man kann politische Probleme nur lösen, indem man auf alles ausgreift. Ist das nun Konzentration? Ich glaube, daß ich in der Minute, wo ich an einer der vielen Seiten meines Problems klebe, ein ‹Fachmann› werde, und sobald man einer ist, ist man für politische Arbeit gestorben.»[393]

Und er glaubt schon zu wissen, wie er, «vielleicht bald», Geld verdienen kann: Bereits zwei Drittel der englischsprachigen Journalisten in Berlin schreiben keinen ihrer großen Artikel über Fragen des deutschen Ostens oder zum deutsch-polnischen Verhältnis, ohne ihn dazu konsultiert zu haben! «Mit Arbeit dieser Art könnte ich meinen Lebensunterhalt verdienen.» Zum Abschluß des Briefs beteuert er, verbunden mit liebevollen Grüßen: «Ich hoffe, lieber Daddy, daß Du fühlst, daß ich diese Fragen einfach vor Dir ausbreiten mußte.» Das Thema Afrikareise war damit zunächst erledigt. Anders als gedacht fuhr er erst nach 1933 dorthin.

10. Erste Liebe, Kreisauer Katastrophe, Hochzeit ohne Brimborium

1929, mit Stresemanns Tod, waren die Uhren der Weimarer Republik schon abgelaufen, nur die Zeiger zitterten noch einen Augenblick auf der Stelle, das sah so aus, als ginge es weiter. Die staatliche Gemeinschaft, das Alltagsleben und das Projekt Völkerbund fühlten sich, trotz wachsender Komplikationen, noch organisch an. In Genf baute man den neuen Völkerbund-Palast fertig, in Den Haag suchten internationale Gerichtshöfe mit vorsichtiger Rechtspraxis nach den Umrissen eines modernen Völkerrechts, und die Schiedskommissionen für die vielen aus dem Krieg verbliebenen zwischenstaatlichen Streitfragen arbeiteten ihre Tagesordnungen ab. Und natürlich schmiedeten junge Leute, soweit sie nicht durch Kriegs- und Nachkriegsideologien seelisch abgestorben waren, weiterhin jede Menge jugendgemäßer Pläne, denn noch galt es als realistisch und natürlich, ein Leben auf eigenen Füßen anzustreben – wenige Jahre später, im «Führerstaat», war das nicht mehr der Fall.

Trotz seines nach den großväterlichen Ermahnungen aufgekommenen Studienfleißes scheint Helmuth James sein erstes juristisches Staatsexamen Ende März 1929 nur mit Mühe geschafft zu haben. Im Dezember 1928 rieten ihm die Ärzte wegen seines anhaltenden Rheumas zu einer sofortigen Mandeloperation. Zum Jahresende schrieb die Mutter: «Ich genieße diese Wochen mit ihm ganz bewußt, weil ich ja weiß, daß ich ihn wohl nie wieder so vollständig haben werde.»[394] Im Januar 1929 dann arbeitete *the boy* sehr hart, denn plötzlich wurden die Prüfungsbestimmungen verschärft. «Man läßt Unzählige durchfallen, denn die Behörden können nichts mit all den Möchtegern-Referendaren anfangen, wenn sie erst einmal ihr Examen haben, und so wird viel ausgesiebt, und nur die Besten bestehen.»[395] Jedes Wochenende komme er nach Hause und

Ostern 1929: Joachim Wolfgang nach bestandenem Abitur

habe «das Bemuttern» nötig.[396] Das hielt offenbar an, bis er ihr und Jowo (der am gleichen Tag sein Abitur bestand) erschöpft, aber glücklich aus dem Breslauer Prüfungsraum entgegenfiel. Es folgte eine triumphale Heimfahrt nach Kreisau, dort aber, bei ein paar von Mamsell zubereiteten Schnittchen und einer Flasche Wein, stieß man eigentlich nur noch mit den Tagessiegern an. Nämlich die Eltern, die kleinen Geschwister, auch Onkel Carl Viggo und seine Frau Frede-Ilse waren da und eben Frau Märkert, die Mamsell. Das war's wohl schon, obwohl um Helmuth James' Studienabschluß doch so lange hatte gekämpft werden müssen. Aber die meisten Anwesenden schielten schon vor Müdigkeit. Dies noch zum Grundsätzlichen: An zwei Gebräuchen hat die Familie von den Anfängen Mamis und Papis an festgehalten: erstens, gerne schwieg, wer grad nichts zu erzählen hatte, und zweitens, gern gingen alle früh schlafen. Grundehrlich in diesen Dingen. Das macht bis heute den belastbaren, entkrampften Charme dieser Familie aus.

Mamis Kollege blieb noch einige Tage, köstlich für beide. Er aß «vernünftig» (wie Dorothy schrieb) und schlief wieder, so überwand er sein Rheuma, zehn Jahre später ging das nicht mehr so. Im April wieder in Berlin zeigte sich, daß von allen «Karten» (Mamis Ausdruck), die er inzwischen gezogen hatte, daß überhaupt von den in den goldenen fünf Jahren von ihr erwähnten «Chancen» Helmuth James' berufliche Option Richtung New York/Washington («New York Evening News», Redaktionsvolontär, 30 Dollar die Woche) im Augenblick die aussichtsreichste war. Seine Journalistenfreunde, Thompson und Mowrer, hatten sehr gut vorgearbeitet. Es gab schon Planungen bis in die Details: Der Job war auf drei Jahre angelegt, zuerst New York, dann Washington und am Ende der Mittlere Westen und der Westen der USA, das sollten die Einsatzorte werden. Helmuth James schuf passgenaue Kontakte zur «Vossischen Zeitung» und ging im Mai 1929 nach Wien zu Schwarzwalds, um sich in einer mehrmonatigen Recherche der Erfahrungen Dr. Hermann Schwarzwalds im Banken- und Wirtschaftsfach bedienen zu können, denn in der «Vossischen» sollte bald eine Moltkesche Artikelserie über landwirtschaftlich-wirtschaftliche Themen erscheinen. Auf den Balkan bezogen (und «gut bezahlt», hob Mami hervor[397]).

Doch Ende Juni stand er schon wieder in Kreisau vor der Tür, und zwar ohne Artikel. Er hatte inzwischen aus seinen sich überschneidenden, auch regierungsnahen Kreisen vom Young-Plan gehört, diesem großen, an den Dawes-Plan von 1924 anknüpfenden Hilfsunternehmen des befreundeten Amerika. Ließe sich nicht, fragte er sich (und so legte es ihm wohl auch Dr. Schwarzwald dar, der einen der künftigen Manager des Young-Plans, den Finanzexperten Pierre Quesnay, aus Zeiten der französischen Nachkriegshilfe für Österreich kannte), ein Berufsfeld eröffnen, das Moltkes Einstieg in die Politik Europas sofort und an Ort und Stelle möglich machte? Mami, hoch erfreut, zwang sich Daddy gegenüber zur Zurückhaltung. Alle

Bei Schwarzwalds in Grundlsee 1929: vorn links ein Sohn Carlebach, dann Helmuth James, das Ehepaar Carlebach, Hans Sperber, Eugenie Schwarzwald, eine Unbekannte, Hermann Schwarzwald, Lilly Radermacher, Merete Bonnesen und Lotte Leonard

rieten ihm, schrieb sie, «jetzt nicht nach Amerika zu gehen», da die Entwicklungen in Deutschland «wahrscheinlich sehr ernster Natur sein werden – Reparationsbank et cetera –, deshalb hat er beschlossen, hier zu bleiben und in die statistische Abteilung einer großen Bank [der altehrwürdigen Berliner Handelsgesellschaft] einzutreten. Morgen wird der Vereinbarung der letzte Schliff gegeben, und in meinem nächsten Brief werde ich Euch genau sagen können, was seine Aussichten – finanziell et cetera – sind».[398]

Die Arbeit sollte am 1. September 1929 starten. Aber Gelegenheit, Luft zu schöpfen, zur Ruhe zu kommen und zurückzublicken, gab es wieder nicht.

Denn nach seinem Examen war etwas ganz Neues in sein Leben getreten: die im eignen Leib gespürte Liebe. Sie läßt sich bekanntlich weder einordnen noch verdrängen, schon gar nicht, wenn es sich um Daisy handelt. Daisy Baronesse von Freyberg war ein Jungstar des Stummfilms, 1929 an dem Welterfolg von Georg Wilhelm Pabst «Die Büchse der Pandora» unter dem Künstlernamen Daisy d'Ora beteiligt. Helmuth James war heftig mit ihr beschäftigt (sie wohnte in Potsdam), zumal es auf ihrer Seite kein Anzeichen für das von ihm dringend gewünschte spezielle Vorankommen gab. Wie er auch drängte und drängelte, Daisy griff ihn sich und ließ ihn zappeln, das ist überliefert.

Sie war eines der schönsten Mädchen Deutschlands, das ist sozusagen bewiesen: Der Schriftsteller Erich Maria Remarque («Im Westen nichts Neues») brachte sie zu Ausscheidungswettkämpfen zur «Miss World» in die USA, wo sie den Ehrentitel «Miss Europa» erhielt – den ersten Platz nur deswegen nicht, weil es so kurz nach dem Weltkrieg als ausgeschlossen galt, einer deutschen Schönheit den Siegerkranz zu überlassen. Ihr Markenzeichen waren die blonden Haare. Eine unerhörte Pracht! Seidig, schmiegsam, goldgleißend und so lang, daß man für sie («allein für die Haare», betonte Asta Henssel, die sich die Dinge ihres großen Bruders grundmißtrauisch aus pubertärer Perspektive angeschaut und in ihr Gedächtnis eingetragen hatte) eine Versicherung abschloß! Helmuth James war damals bereits zur persönlichen Spitze von 2,03 Metern gewachsen. Insofern paßte er zu Daisy beziehungsweise zu ihren Haaren. Er dürfte mit ihr auch dann und wann im (damals freilich bescheidenen) Rampenlicht der jungen Filmindustrie gestanden haben – aber in der nie gänzlich angstfreien damaligen Hauptsache eben ließ die geschmeichelte Baronesse in katzenähnlicher Ignoranz den stürmischen gräflichen Jungbullen immer wieder ins Leere laufen. Das brachte ihn schließlich auf die Idee, Daisy doch mal in einem weiteren Anlauf nach Grundlsee, auf den sozialpsychologischen Prüfstand seiner älteren Freundin Schwarzwald, zu führen.

So ließ er sie im August 1929 in Grundlsee-Ort mit ihm aus dem Bus steigen. Mit kleinem Gepäck gingen sie das Stückchen zurück zur Holzbrücke, überschritten die hier so hart, kalt und sprudlig, eigentlich irrsinnig strömende Traun, um dann rechter Hand, auf dem Steilpfad, wie oben beschrieben, der Anhöhe entgegenzukraxeln. Oben angekommen, haben sie schwitzend, doch lässig wie ein Schauspieler- oder Diplomatenpaar, noch im Schwung des Aufstiegs die Stufen der hölzernen Veranda des Hauses «Seeblick» genommen, und da standen sie nun im Getümmel der staunenden, lachenden anderen. Nun war gerade in diesem Sommer viel republikanische Jugend auf dem Berg zusammengekommen. Die Folge einer mündlichen Werbekampagne und eines auf der halben Welt herumgeschickten Prospekts, an dem Helmuth James ideenstiftend mitgearbeitet hatte. Eingeladen wurden nach Grundlsee dieses Mal ganze Familien. Zu den Söhnen kamen also auch Töchter, begleitet von Müttern, die diskret zum Ausdruck brachten, aus welchem Hause man stammte. Die Söhne des Kölner Bankiers Deichmann, Hans, der jüngere, und Carl, mit dem Helmuth James die Abenteuer im «Landerziehungsheim Schondorf am Ammersee» bestanden hatte, wollten auch kommen, zusammen mit ihrer kleinen Schwester Freya (18, noch ohne Abitur). Also packte die Bankmanagerin Ada Deichmann ihre heiratsfähigen Kinder ins Auto, ein amerikanisches Cabriolet, und kutschierte sie gen Süden. Für sich und Freya besorgte sie Unterkunft im Dorfhotel, die Söhne wohnten im Schwarzwaldschen «Seeblick». Sonst aber gestattete die liberale Frau Deichmann ihrer Tochter jede Form der Teilnahme an Gruppenausflügen, am Schwimmen im See, beim Rudern auf «Helenchen», dem «Seeblick»-eigenen Ruderboot, an den lustigen und anspruchsvollen Abendveranstaltungen, den köstlichen Mahlzeiten und nicht zuletzt den endlosen Nachtgesprächen in Frau Schwarzwalds Schlafzimmer.

In diesem August 1929 kam es zur Erstbegegnung von Freya

Grundlsee 1929: hinten links im Ruderboot Freya Deichmann

Deichmann und Helmuth James. Fünfundneunzigjährig hat mir Freya von Moltke im Juli 2006 noch einmal das nun achtundsiebzig Jahre zurückliegende Ereignis geschildert:

> «Helmuth kam die Verandastufen herauf, ich stand zufällig dort oben. Ich sah ihn, und mein Herz stand still. Ich wußte überhaupt nicht, was da passierte. Ich hatte das noch nie erlebt! Und erst als Daisy mich fragte: ‹Was hast du denn?›, sagte ich, das wüßte ich leider nicht, aber ich erzählte, was ich so rätselhaft fand, und da erfuhr ich – also, sie sagte so lachend: ‹Tja, du hast dich in ihn verliebt!›
> Ich war ahnungslos. Er aber war verliebt in diesen Filmstar, ich war verloren. Aber ich konnte nun nicht so tun, als sei nichts, und das ließ er sich dann von beiden Seiten, von Daisy und von mir, gefallen. Ich wollte unbedingt mit den beiden zusammensein. Wo immer ich sie sah, ging ich zu ihnen hin und stellte mich zu ihnen. Wie meine Mutter das bemerkte, schlug sie die Hände vorm Kopf zusammen und fand mich ganz unmöglich, aber ich bemerkte dann, daß Daisy kein wirkliches Interesse an ihm hatte.»

In diesem kleinen Interview konzentrierte sich Freya von Moltke altersknapp auf den Erlebniskern ihrer Erstbegegnung, aber mit diesem Wunder oder der Problematik des Hingerissenseins durch den Geliebten – völlig passiv, gleichsam Herzstillstand beim ersten Blick – öffnet sie schon den Blick auf manch spätere Schwierigkeiten. Hier aber, 1929, steht sie ihm das erste Mal gegenüber, ein Mädchen, jung, ahnungslos, verloren, und dazu «breithüftig», wie sie selbst meinte – aber auch zielfest, sehr entschlossen zu vollem Risiko, nur um ihm überhaupt nahe zu sein. Ganz unbefangen (wie eine «dumme Gans», die Mutter schlägt vollkommen nachvollziehbar die Hände über dem Kopf zusammen) drängt sie sich immer wieder zu und zwi-

Die Grundlseer Mädchen vom Sommer 1929:
(von links nach rechts) unbekannt, Susi Radermacher, Dickie Vlielander-Heijn, Esther Bonnesen, Lyena Borganski, Jackie Vlielander-Heijn, Freya Deichmann, Daisy d'Ora, Fräulein Carlebach, unbekannt

schen Helmuth James und Daisy. Am besten, man stellt sich das einmal modellhaft vor in einer einzigen Bewegung: Das Deichmannsche Cabriolet kommt am frühen Morgen mit der Vorderachse auf taunassem Gras zum Stehen, und noch ehe die beiden Brüder fröhlich herbeigeeilt sind, hat Freya schon den langen Hals gereckt und das Paar entdeckt. Sie eilt hin, stellt sich dazwischen, man schnabuliert ein wenig, sucht und findet einen freien Frühstückstisch auf der großen, knirschenden Terrasse. Nichts Besonderes sozusagen, falls Sonne, Tee und frische Stachelbeermarmelade aus dem Dorf nichts Besonderes sind, aber alles, nach Freyas Willen, zu dritt. Seitens dieser Achtzehnjährigen war alles echt, nicht versichert, nur stur, nicht redselig, aber voller Absicht. Das merkte er und ließ es sich gefallen. Als dann der Filmstar von seiner Filmgesellschaft abberufen

Die Grundlseer Jungen vom Sommer 1929:
(von links nach rechts) unbekannt, Kim Bonnesen,
Hans Deichmann, Helmuth James von Moltke, Werner Schulz,
Billy Brandt, Joachim Wolfgang von Moltke, Rolf Brandt

wurde, normalisierte sich die Lage. Jetzt standen das fundamental verliebte Fräulein Deichmann und der von Daisy am Gängelband gehaltene Jungjurist Moltke vor folgender Alternative: Entweder sie gingen sich in der großen Gruppe aus dem Weg, um das amouröse Klima sich verziehen zu lassen; oder sie setzten sich ab, zu zweit, bei intimen Touren, die Berge rauf, die Berge runter, mit Handzeichen, Mienenspiel und Picknickkoffer. Einmal, so Freya, wanderten beide den mühsamen Weg zur höchstgelegenen Alm hoch. Wer das einmal gemacht hat, weiß, was für ein Genuß es ist, dort oben zu schweigen. Nur gucken und hören. Wind, Wolken, Bergspitzen, Vögel, Echos, Herzschläge. Und dort, auf dieser über allem thronenden Alm, erreichten die Achtzehnjährige und der Zweiundzwanzigjährige den Kommunikationshöhepunkt ihres ersten Sommers in

Form eines Spiels: Jeder durfte einmal raten, was der andere gerade denkt. So war das.

Helmuth James war anschließend wohlgemut nach Berlin gefahren. Im Bankhaus aktiv, Mami nach Südafrika gereist, wohnte er bei Papi in dessen allein auf den praktizierenden Scientisten zugeschnittenen Friedenauer Kleinwohnung – ein Schneckenhaus, in dem nun lange Zeit keiner mehr für sich sein würde. Seine Privatpost, die jetzt mit Freya um einen Korrespondenten erweitert wurde, ließ sich der junge Moltke aus Takt- und Diskretionsgründen dem empfindlichen Vater gegenüber in die Berchtesgadener Straße 18 schicken, wo zwei Grundlseer eine entspannte WG führten, ein Schöneberger Zeitzeichen. Freya dagegen war von Grundlsee besorgt und aufs neue kindlich zusammengequetscht trotz Cabrio in das große elterliche Prachthaus am Kölner Georgsplatz zurückgekommen, und das Abitur stand bevor! Wenn's doch hinter ihr läge! Und, so sagte sie, es gab ein riesiges zweites Problem: «Es war ja nun die Frage, ob er mir schreibt.» – Beim Betreten der Wohnung, gleich nach Ankunft in Köln, sah sie, hingeworfen auf ein Tischchen, einen Brief mit grünem Umschlag. – Zack, strömte von unten bis oben oder von oben bis unten die Freude in die Achtzehnjährige:

«H. J. v. Moltke,
Berlin, den 1. September 1929,
Berchtesgadener Straße 18.

Liebe, allerliebste Freya,

seit ich Sie auf dem Bahnhof Aussee aus den Augen verlor, habe ich mich auf diesen Brief gefreut. Jetzt bin ich gereinigt und kann schreiben. [...]
Ich will damit anfangen, Ihnen zu sagen, daß dieser Sommer ein unerhörter Höhepunkt meiner Existenz gewesen ist; ein Höhepunkt nur im Verhältnis zur Vergangenheit;

> so ein Höhepunkt, bei dem man sich atemlos vor Staunen umdreht, um festzustellen, was einem bisher alles gefehlt hat – um dann weiterzusteigen!
> Denn das ist das Merkwürdige: ich habe gar nicht das Gefühl ‹Gott, wie schön war das›, um dann resigniert wieder zum Alltag zurückzukehren, von der Höhe herabzusteigen; ich habe durchaus das Gefühl, am Anfang einer Entwicklung zu stehen, die mir Höhen erschließen wird, die für mich noch vor 4 Wochen unerreichbar waren; eine Entwicklung, deren Spitze gar nicht abzusehen ist. [...]
> Dieser Sommer ist so zu einem Teil meiner selbst geworden, daß alles Weitere ohne diesen Sommer unverständlich bliebe. Das danke ich Ihnen, ich danke Ihnen alles, was ich je werde erreichen können, ganz gleich, wie die Zukunft mit uns verfährt: ohne diesen steilen Anstieg dieses Sommers könnte ich nie das erreichen, was ich jetzt erreichen kann.»

Es folgen einige Dinge von historischem Interesse: Sein Kranksein nach Daisy, eine «unerhörte Gefahr», die er zu «amputieren» hatte. Aber mit einer Lehre, auch für ihre eigene Zukunft: «Ich weiß jetzt, wie unglückliche Ehen zustande kommen: der eine Teil sagt sich, ‹wenn man jemanden so liebt wie ich, so muß man ihn sich ziehen können›, und das ist falsch.» Nun

> «bin ich frisch, wohl, voller Kraft, voll eines Hochgefühls des Lebens, das ist allein Ihr Werk. [...] Sie haben mich ins Gleichgewicht gebracht. [...] Das ist so: ich habe ständig unter meinem überbildeten Intellekt gelitten; ich habe ihn verachtet und ihn überschätzt; verachtet, weil er mir alle meine Hemmungen, alle Komplikationen verursachte, überschätzt, weil ich ihm erlaubte, solche Hemmungen zu schaffen. Sie haben Herz und Sinne bei mir entwickelt, [...] so daß ich eingesehen habe, daß alles,

> was der Intellekt ist, was er schafft, nur Ornamente sind und nicht Träger des Lebens. Seither brauche ich ihn nicht zu verachten, sondern kann mich der Ornamente freuen, die eine Bereicherung darstellen».

Und der Schluß: «Ich hoffe, daß ich in der Lage sein werde, Sie einmal mit aller Intensität zu lieben, denn was ich jetzt empfinde, ist nur ein Beginn, der Anfang einer Entwicklung, die alles aus mir zu machen im Stande ist. Helmuth.»[399]

Dies nun war ihr Werk, der Lohn ihrer Unbeirrbarkeit und ihres Risikos. Was hätte sie auf diesen Brief antworten können? Statt auf Helmuth James' Höhenflug, seine grundstürzende Stimmung und Verwandlung einzugehen oder ihm womöglich mit Fragen über Fragen zu nahe zu treten, begann sie schlicht, von ihrem Abitur zu reden. Im Prinzip ist das das ganze Eheleben der beiden lang so geblieben, wobei für einfache wie besondere Situationen auch noch die Frage «Was denkst du?» zur Verfügung stand. Sie haben sich nicht aufeinander bezogen, sie stellten sich voreinander aus.

Zurück in Berlin war seine Aufgabe in der Bank, Großkunden, Konzerne, die kürzlich wirtschaftlich expandiert oder parteipolitisch von sich reden gemacht hatten, in kleinen Dossiers zu charakterisieren. Er stürzte sich in die Arbeit, holte sich in der Frühe Stöße von Akten aus dem Archiv, wuchtete sie auf seinen Schreibtisch, um sie bis zum Abend abzuarbeiten. Abends ging er dann aus: ins Theater, zu Freunden, auf Gesellschaften. Vierzehn Tage lang, «so gewohnt [...] viele Menschen zu sehen, daß ich das nicht gut plötzlich abbremsen kann».[400] Dann kam es anders in Form einer Katastrophe, die nun – von außen – den Zwang zur von Daddy lange eingeforderten Konzentration der Energien brachte:

Der Inspektor Mau, der 1928 Kreisau zur selbständigen Verwaltung übertragen bekommen hatte, starb Anfang Oktober 1929 und hinterließ das Gut in einem desaströsen Zustand.

Papi sah sich nicht in der Lage, den Karren wieder flottzukriegen, und so wurde Helmuth James gefragt, ob er nicht die notwendige Sanierung übernehmen wolle. Der fand das erst «entsetzlich unangenehm»[401], nahm dann aber die Aufgabe an und wurde so am 14. Oktober 1929 von seinem Vater als Generalbevollmächtigter für Kreisau bestellt.

Er ahnte nun schon, was ihm bevorstand, und beurteilte seine Entscheidung – nach anfänglicher Planung «nur für ein Jahr nach Kreisau» zu gehen – als Opfer, das er zu bringen habe, und schrieb Freya, ihm werde «hochgradig übel im Gedanken an die nächsten Monate».[402] Kreisau zählte zwar nicht zu den allergrößten Gütern in der Gegend, aber dennoch hieß es für Helmuth James – der in beiden Aufgaben ohne spezielle Erfahrung war –, neben der diffizilen und aufwendigen finanziellen Sanierung auch einen umfangreichen landwirtschaftlichen Betrieb neu in Schwung zu bringen, mit Feldfrüchten, Getreide, Dutzenden von Kühen und über hundert Schweinen, und die Produkte mußten natürlich auch alle noch verkauft werden. Vor allem aber hieß es auch, ungefähr sechzig Menschen, die auf Kreisau beschäftigt waren, in Arbeit zu bringen und bezahlen zu können: «Das Schlimme ist eben, daß alles klappen muß; daß, wenn auch nur eine Sache ausfällt, das Ganze nicht geht. Das Schöne ist eben, daß es eine Arbeit ist, die einen ganz erfordert und die mit beiden Händen getan sein will.»[403]

Helmuth James' nächste Monate vergingen mit der Einarbeitung in die Materie, dem Prüfen der Unterlagen und Bilanzen – die Lage stellte sich als noch mißlicher heraus als ohnehin schon gedacht –, Gesprächen und Verhandlungen mit den Gläubigern, zu diesem Zweck immer wieder Fahrten nach Breslau, Berlin, Leipzig; ein Sanierungsplan mußte entworfen, Banken und Gläubiger von diesem überzeugt werden – und dies alles mit der permanenten Drohung des völligen Konkurses und des Verlusts von Kreisau im Hintergrund. Nebenbei wurden zur Deckung der laufenden Kosten unsentimental Gemälde aus dem Familienbesitz und das Diadem verkauft, das Mami Dorothy zur Einführung bei Hofe getragen hatte. Kurzum: ein Vollzeit-Programm, das Helmuth James nicht ohne Ohnmachten, zitternde Hände und Fieber bewältigte. Im Februar 1930 hatte er endlich die Annahme seines Plans bei allen Beteiligten bewirkt. Eine Betriebsgesellschaft wurde gegründet, der in Kreisau erwirtschaftete Gewinn sollte künftig ausschließlich zum Abbau der Schulden und Verbindlichkeiten verwendet werden. Helmuth James wurde Angestellter dieser Gesellschaft. Sie war seine Idee gewesen, die er geduldig und standhaft den Banken und Gläubigern gegenüber vertreten hat. Dieses Gesellschaftsmodell war eine Kompromißlösung. In Absehung von der unbedingten Durchsetzung der jeweils eigenen Interessen sollten alle Beteiligten und von der Kreisauer Krise Betroffenen zusammenwirken, um im gemeinsamen Ausgleich das Gut davor zu retten, daß es in einem Insolvenzverfahren zerstückelt, verkauft, aufgelöst wurde, wie es gerade rund um Kreisau größeren und potenteren Gütern der Reihe nach erging.

«Das unangenehmste Kapitel» dieses Modells eines gegenseitigen Ausgleichs zum Nutzen aller konnte er im März schließen: Die Familie hatte im Frühjahr 1929 verschiedene Stücke Land an kleine Bauern verkauft, doch Inspektor Mau hatte das Geld verbraucht, statt die Hypotheken zu tilgen. Mit vielen Kniffen gelang es dem jungen Gutsherrn, das Land für die Bauern zu retten. «Wenn das nicht geglückt wäre, so hätte das bedeutet, daß ein ganzes Dorf voll Bauern überschuldet, verarmt wäre», nur weil sie «ihr Geld [...] im Vertrauen auf den Namen an uns gegeben haben». Er «kann kaum schreiben, weil ich mich so freue, daß ich am ganzen Leib zittere».[404] Im Juni noch mal «10 sehr schlimme Tage»: Alle sechzig Arbeitsverträge kamen auf den Prüfstand, das ging nicht ohne Kürzungen und Entlassungen – und führte bei Helmuth James zur «miesesten Laune; denn zum Vollstrecker des kapitalistischen Systems zu werden gegen seine Überzeugung ist wohl unangenehm».[405]

Aber die Sanierung glückte – wenigstens so gut, daß schon 1931 Helmuth James von der besten Ernte seit der Inflation berichten konnte[406], und so gründlich, daß 1935 errechnet wurde, daß mit seiner Betriebsführung sich in jedem Jahr 50 000 Reichsmark Gewinn ergaben. Helmuth James kam sich «so unbeschreiblich rechtschaffen vor, so wie der gute Bürger sich nach eines Tages Werk zu fühlen hat».[407]

Man kann dieses Projekt als konstruktives Gegenstück zur seit November 1931 per Notverordnung betriebenen Osthilfe verstehen, bei der die Schulden der Landwirte durch Anordnung von oben gestundet und reduziert wurden. Die Folge: einseitiger Vertrauensverlust bei den Gläubigern, «allgemeiner Zusammenbruch der alten Ordnung»[408], ohne daß Neues geschaffen wurde.

Sobald die Sanierung in etwas ruhigeren Bahnen verlief, nahm Helmuth James seinen zweiten Beruf im Juni 1930 wieder auf und begann die noch ausstehenden Referendariate. Zunächst am Amtsgericht in Reichenbach, ab 20. Januar 1931 für ein halbes Jahr am Landgericht Schweidnitz. «Mir geht es gut mit ungeheuer viel Arbeit», hält er in dieser Zeit fest.[409]

Durch das Sanierungsprojekt veränderte Helmuth James seine Position in der Familie, er wurde nun tatsächlich Gutsherr. Obgleich er auch schrieb, es sei «vernünftiger, ich ließe den Unsinn hier sein und führe stracks nach Köln»[410], die Arbeit sei einfach «Blödsinn»[411] oder bestehe aus «langweiligen Sachen [...]. So habe ich entsetzlich viel kostbare Zeit totgeschlagen».[412] Aber so gut er konnte, lockte er Freya Stück für Stück nach Kreisau, und Freya lockte zurück. Eine Rolle spielten viele kleine, praktische Geschenke: ein Kamm, ein Schokoladennikolaus, ein Kissen, eine Bürste, ein Sockenhalter, ein Pullover, ein Pyjama. Und die Folgen der Begegnungen: daß er immer stärker «Deine körperliche Gegenwart und Nähe unsinnig vermißt» und es «nicht mehr lange ohne Dich aushalten kann».[413] Er stellte fest, daß ihm – die Mutter ist ja nicht da – «Wärme [...] fehlt».[414]

Grundlsee 1930: Eugenie Schwarzwald, Helmuth James von Moltke und Freya Deichmann

Freya, teilt er ihr mit, kann diesen Mangel beheben. Und Freya ließ sich gerne locken, bis die Frage der Heirat anstand. Helmuth James' Plan: Heiraten solle man möglichst schnell, aber ohne großes Brimborium, ihm sei alles recht, «wenn nur keine Leute kommen».[415] Vor allen Dingen aber läßt sich die Konstellation, die er in Kreisau vorfand, für Freya wiederholen, damit auch sie sich in eigenständiger Rolle in Kreisau und in der neuen Familie etablieren kann: Die Mutter ist ab Anfang 1932 für ein halbes Jahr in Südafrika. Da könne Freya sie doch schon seinen Geschwistern gegenüber vertreten, man müsse kein einziges Möbel bewegen und habe doch gleich eine eigene Wohnung im Berghaus.

Gesagt, getan. Noch Ende Juli wußte Vater Deichmann, der Bankier in Köln, noch nichts von der schon ausgemachten Heirat seiner Tochter – und am 18. Oktober 1931 war sie schon Helmuth James' Frau. Dieser Tag war Daddys und Grannys goldener Hochzeitstag, auch Dorothy und Papi haben an einem 18. Oktober geheiratet. Der Vorschlag dieses generationenumgreifenden Termins kam von Papi Moltke. Helmuth James versuchte, jede Großartigkeit und Melodramatik zu vermeiden, er fand «alles so selbstverständlich»[416], schreibt er an seine künftige Frau und bremst vorab jedes Überschäumen: «Liebe Freya, wirst Du und Mütterchen D. [Deichmann] damit zufrieden sein, daß wir nur zwei Studenten sind, die lieber zusammen als alleine leben?»[417]

Er sorgte dafür, daß er zur Hochzeit keinen Smoking hatte. Als Eheringe wurden Vorhangringe gewählt. In mehreren Anläufen mußte ihn sein Onkel Carl Viggo dazu überreden, sich kirchlich trauen zu lassen, was nicht in seiner Absicht lag. Als sie zu ihrer Hochzeitsreise starteten, hatte Freya eine transportable Schreibmaschine auf den Knien. Sie sollte wie eine Sekretärin wirken. Keiner sollte auf die Idee kommen, es handle sich hier um ein Hochzeitspaar, das sich auf Reisen begibt.

Noch im September stellt er freudig fest: «Bräutliche Gefühle

Köln 1931: das Brautpaar Freya und Helmuth James mit den Müttern Dorothy von Moltke und Ada Deichmann

Gott-sei-Dank nicht vorhanden»[418] und packt den Oktober bis kurz vor den dadurch wacklig bleibenden Hochzeitstermin voller Arbeit. Aber der Eheschluß klappte an diesem 18. Oktober in Köln, danach starteten die beiden auf Hochzeitsreise Richtung Zürich – und wurden nach zwei Tagen durch ein Ereignis nach Köln zurückgerufen: Freyas Vater starb. Auch das allerdings für Helmuth James «nicht so traurig, wie man sich denken könnte, da Deichmanns Bank mehr oder weniger bankrott war und er nie wieder in seinem Leben eine gute Arbeit gehabt hätte».[419] Eine «gelassene Natur», wie sie sonst keine kennt, so charakterisierte seine Mutter ihren Sohn.[420]

Freya war nun auch amtlich bestätigt Teil von Helmuth

James' Leben geworden. Ab November waren sie zusammen in Kreisau. Die Geschwister, besonders Willo, hatten ihnen eine Miniwohnung im Dach des Berghauses eingebaut. Freya arbeitete sich in ihre Aufgabe ein: Hausfrau im Berghaus zu werden. Die andere Aufgabe behielt sie im Kopf: «für Helmuth [...] zu sorgen», wenn er müde und abgearbeitet war.[421] Bis Helmuth James' Mutter nach Kreisau zurückkam, hatte sie von Asta den Titel «Vizemama» erhalten.[422] Helmuth James nannte sich nunmehr Freyas «Wirt» (Schillers Wilhelm Tell entsprechend) und sie seine «Wirtin». Die Konstellation harmonierte so gut, daß Kreisau, auch angesichts ungemütlicher werdender Zeiten, den Beinamen «die Insel» erhielt.[423]

Ihre Wirtschaft führten die beiden ab September 1932 in Berlin fort: Freya, um ihr in Köln begonnenes Jurastudium zu beenden; Helmuth James, um die letzten Praktika auf dem Weg zum Assessorexamen zu machen, erst bei der Anwaltskanzlei Koch-Weser/Carlebach, danach beim Berliner Kammergericht, jeweils sechs Monate. In der Bendlerstraße 42, gegenüber vom Tiergarten, fanden sie eine Wohnung, sehr klein, eine Studentenbude mit zwei Zimmern und Kochecke im Flur. Nicht möbliert, damit das Paar sie selbst einrichten kann.

Außerhalb ihrer kleinen Zelle spielten sich inzwischen Dinge ab, die Helmuth James' 1931 geäußerte Haltung immer stärker auf die Probe stellten. Da hatte er – von der Insel Kreisau aus – Freya zu einer Zeit extremer ökonomischer Depression und politisch immer stärkerer Anspannung erklärt, daß er «die Stürme dieser Tage ästhetisch genieße. Was mich insofern erschreckt, als ich daraus entnehme, wie wenig ich mich für Deutschland noch verantwortlich fühle. Noch aber ist es nicht ernst. Uns tangiert das alles so gut wie gar nicht».[424] Das änderte sich nun Stück für Stück, so daß die lang und oft verschobene Südafrikareise im März 1934 nicht nur endlich tatsächlich stattfand, sondern auf einmal kaum mehr erwartet werden konnte: «Diese Reise steht uns wie das gelobte Land vor Augen, das wir aus der Wüste sehen. Und manchmal fühlt man, daß das einzig Richtige ist, zuzugreifen, so schnell man kann, aus Angst, man könnte es nicht erreichen.»[425]

Die Ereignisse beim Niedergang der Weimarer Republik tangierten ihn nun immer mehr, wie im Zeitraffer zerfielen alle Aussichten auf ein vernünftiges Gemeinwesen, bis zu einem Punkt, an dem Helmuth James selbst getroffen wurde. Im Februar 1931 führte er zusammen mit Dorothy Thompson ein Interview mit Gottfried Feder – von dem das NSDAP-Parteiprogramm stammte – und einem der Strasser-Brüder vom sozialistischen Flügel der NSDAP: «Er fand die beiden weder närrisch noch wild», er verstand sie einfach nicht: «Es sei, als ob man Astronomie mit jemandem diskutiert, der glaubt, nicht die Sonne sei das Zentrum unseres Systems, sondern, sagen wir, der Saturn», berichtet die Mutter[426], die als Daddys Frau am Ort in ihren Briefen eine Chronik des Niedergangs liefert. Sie selbst liest nun, um mehr von diesem Phänomen zu verstehen, «Mein Kampf»: «das Buch ist gestopft voll mit dem lächerlichsten Unsinn über Juden und ‹Marxismus› und so weiter [...] – und das ist ein Führer von 7 Millionen Wählern!»[427] Und schon auf dem Weg zum Führer des Dritten Reiches, was die Moltkes mit wachsendem Erstaunen und Entsetzen verfolgen. Im April 1932 bestellt sich Helmuth James von Daddy, dem liberalen angelsächsischen Juristen, Bücher über «grundlegende Fragen von Recht und Gerechtigkeit. Du kannst Dir nicht vorstellen, welchen Niedergang die deutsche Rechtsprechung in den letzten zwei Jahren erfahren hat»[428], – die Notverordnungsregime hatten begonnen, und Naziuniformen konnten ungestraft in der Öffentlichkeit getragen werden. Im Juni konstatiert Dorothy, Politik sei «eine Krankheit in Deutschland. [...], für Leute mit liberalen Anschauungen ist das Wetter frostig», «Herrschaft des Terrors auf den Straßen», «liberales Denken und Ideale, ja, der Humanismus selbst, scheinen tot zu sein». «Inzwischen sind junge Männer wie Helmuth [...] angeekelt, niedergeschla-

Wilhelm Viggo, Helmuth James, Asta und Freya von Moltke, mit Edgar Mowrer und dessen Tochter Diana vor dem Berghaus, 1932

gen und fühlen sich ganz fehl am Platz. Es ist ein Jammer.» Auch in den Alltag und in die Provinz schleichen sich die neuen Zeiten ein: In der Schule von Asta sind «fast alle Schulmädchen Nazis»[429], am Wahltag Ende Juli 1932 ist «Schweidnitz voll von Nazifahnen [...] Nazis in Uniform überall».[430] Schon im September 1932, anläßlich der Regierung Papen, ein Resümee von Dorothy: «Wir Liberale haben alle das Gefühl, das Kabinett bedeutet den Abschied von der Demokratie, von der Republik und von vielen anderen Sachen, die wir als wesentlich für den Fortschritt der Menschheit erachten. Was für eine Chance wurde doch in den Wind geschlagen, Europa zu einem Bollwerk von Freiheit und Fortschritt zu machen. [...] Ein trauriges Thema, und der arme Helmuth James empfindet es in aller Schärfe, wie alle liberal gesinnten Leute.»[431]

Kein ästhetischer Genuß mehr, sondern akutes Empfinden. Nach dem Feder-Strasser-Interview mit Thompson hat er die amerikanische Journalistin und Edgar Mowrer noch einmal auf einer Recherche-Tour durch Oberschlesien begleitet und sie unterstützt bei ihrem Versuch, die Ereignisse in Deutschland zu erfassen. Für Mowrer und die «Chicago Daily News» war er auch Berichterstatter beim Reichsgericht in Leipzig, als dort über Papens «Preußenschlag» verhandelt wurde, die putschartige Entmachtung der preußischen Regierung durch das Reich – ein «schlechtes Zeichen für das deutsche Gefühl für Recht».[432] In Artikeln schlug sich diese Arbeit von Helmuth James nicht nieder, aber sie wurde die Grundlage für das erste Kapitel in Mowrers Buch «Germany puts the clock back», das genau in diesen Monaten fertiggestellt worden war und in dem der Fall Deutschland, ähnlich wie bei Dorothy, als einzigartige Chance für Europa behandelt wurde, eine Chance allerdings, die zu diesem Zeitpunkt schon vertan war. Durch Mowrer kamen Helmuth James die Veränderungen bald noch näher: Im September 1933, die Nazis sind schon an der Macht, wird Mowrer wegen «Germany puts the clock back» von höchster Stelle außer Landes gewiesen, verabschiedet von Helmuth James und anderen mit großem Bahnhof, was unter diesen Umständen den Charakter einer politischen Kundgebung annahm. Mowrer soll auf eine freche Bemerkung irgendeines Umstehenden hin gedroht haben: «Wir kommen wieder, aber in Feldmarschordnung.» Herr und Frau Doktor Schwarzwald waren in Österreich feindlicher Stimmung ausgesetzt: Sie wurden als Juden immer mehr zu Ausgestoßenen, Frau Doktor mußte ihre Volksschule schließen, das Mädchen-Lyceum wurde zu einer Ghetto-Schule: Denn wegen der antisemitischen Stimmung in Wien verließen Nicht-Juden diese Schule, und Juden anderer Schulen wurden in die Schwarzwald-Schule abgedrängt.[433] Papi Moltke mußte sich mit *Christian Science* gegen antisemitische Säuberungen wehren[434], während Jowo aus pragmatischen Überlegungen einige Wochen der SA beitrat.

Und Helmuth James? «*The boy* hat alle Lust an seiner Arbeit am Kammergericht verloren, seit nicht einmal dort mehr ein ‹gerechtes Urteil› ergeht, um mit der Bibel zu sprechen»[435]; nicht nur das: Achtunddreißig Prozent der Richter am Kammergericht wurden von den Nazis entlassen. Somit ist Helmuth James plötzlich doch «mittendrin in einigen der harten Kämpfe, die gerade stattfinden. Gott sei Dank hab ich keinen aktiven Part dabei, aber auch die Rolle eines Beraters ist anstrengend genug.» «Diese Stadt geht uns furchtbar auf die Nerven», teilt er nach Südafrika mit.[436] Einmal wird er gesehen bei einem politisch relevanten Ereignis: Hitler kam zwei Tage nach seiner Ernennung dem Brauch nach, sich als der neue Kanzler vor dem Reichsrat über die Grundzüge seiner Politik zu äußern. Im Reichsratsgebäude versammelten sich viele Zeugen. Arnold Brecht, Jurist und Sozialdemokrat, der in diesem Gremium das Land Preußen vertrat, sah Moltke im Publikum. Weiter erfährt man von Helmuth James, daß er in Kreisau die mit «Heil Hitler» grüßenden Kinder mit einem «Heil Hindenburg» als Antwort vor den Kopf gestoßen hat. Wie aus Dorothys Briefen zu erfahren ist, war man froh, «nicht im Rampenlicht» zu stehen und in Kreisau «ohne Politik» auszukommen.[437] Helmuth James hatte am 3. Oktober 1929, als er von seinem Sanierungsauftrag für Kreisau erfuhr, vor lauter Arbeit die Nachricht vom Tod Stresemanns verpasst. Jetzt nimmt er durchaus wahr, lauscht. – «Eben höre ich markigen Männerschritt auf der Straße. Gleich wird wohl auch deutscher Gesang zum Himmel steigen», schreibt er Freya, um aber gleich im Anschluß diesen Brief zu beenden: «Mein Kleiner, Du kommst ja bald. Welch ein Fest. Dein Wirt.»[438]

Indem die neue Herrschaft immer totaler wird, will sie auch Helmuth James einspannen. Ab Juli 1933 ist in allen Briefen, ob von Helmuth James, von Freya oder von Dorothy, das Referendarlager Dauerthema und Dauerdrohung. Die Nazis führten als Pflichtteil der Ausbildung zum Juristen ein etwa zwei Monate langes militärisch-weltanschauliches Lager ein, in dem den Nachwuchsjuristen nationalsozialistische Gesinnung beigebracht werden sollte. Es gab Sport, Wehrübungen, militärtheoretischen und vor allem weltanschaulichen Unterricht. Helmuth James' sechs Wochen im Lager Jüterbog bei Berlin begannen am 8. Dezember 1933, unterbrochen nur von freien Sonntagen, mit Uniformzwang allerdings, und acht Tagen Urlaub von Weihnachten bis Neujahr. Mit der Aussicht auf seine geplante Reise nach Südafrika hielt er den Zumutungen offenbar ganz gut stand und konnte dann später – schon auf dem Boot, das sie aus Deutschland wegbrachte – in beinahe ausgelassener Stimmung Helene Weigel in einem Brief von seinen kleinen, subversiven Erfolgen in Jüterbog berichten: «Die weltanschaulichen Unterrichtsstunden [...] waren ein Iocus ersten Ranges», und durch standhaftes Beharren auf humanistischer Bildung gegen Rassetheorien und «Judenfragen» des von den Nazis als Dozenten abgestellten Assessors Timmermann brachten Helmuth James und einige gleichgesinnte Mitstreiter diesen «völlig aus dem Gleichgewicht», der weltanschauliche Unterricht wurde gestrichen, statt dessen gab es Lesestunden mit «Mein Kampf» und dem Programm der NSDAP als Lektüre. Doch auch die gelang es zu kippen. Und nun, als Gipfel der weltanschaulichen Enteignung des Nazilagers, besorgte Helmuth James ein Grammophon und Platten, Bach, Brahms, Beethoven:

> «Bei den Lesestunden legte sich alles auf die Betten und blieb totenstill liegen, und dann spielten wir eine ganze Symphonie und meistens noch eine kleine Sache. Es dauerte gar nicht lange, so blieben wir nicht mehr alleine, sondern zu unserer ‹Lesestunde› kamen allerhand Gäste aus anderen Stuben. Es war also ein eklatanter Triumph des Geistes.»[439]

Anhang

Vorfahren I: Der Feldmarschall

Das Register der «Evangelischen Kirche von Kreisau und Königlich-Niedergräditz» verzeichnet unter dem 3. April 1907 die Namen von elf Personen, die Zeugen waren, als Pfarrer Wild Dorothys und Helmuths Sohn taufte.[440] Elf Paten – die Zahl hatte sicher irgendeine Bedeutung; elf Repräsentanten der letzten Kaiser-, König-, Zar- und Sultanszeit –, der junge Pfarrer, der seine Stelle gerade erst angetreten hatte, war bis zur Verlegenheit beeindruckt. Elf Angehörige einer uralten, führenden Klasse – die heute völlig verschwunden ist. Sie trugen sonderbare Namen, Namen, die wie Orte klingen. Als ob gefragt würde: «Woher?» Und geantwortet: «... von Trotha, von Moltke.» «Wo? Wohin?» «... auf Bankau, zu Altenburg, ... L'Estocq»: eine lange Reise von der Hugenottenverfolgung bis in den wilhelminischen Standesanzeiger ...

Pfarrer Wild hat zuerst die beiden Großmütter registriert, Ella Gräfin von Moltke, Vatels Witwe, genannt Muttel, und Lady Innes (Granny), die Frau des Sir James Rose Innes, *Chief Attorney* in Transvaal, später *Chief Justice* der Südafrikanischen Union. Aus Muttels Familie stammen die unverheiratete Stiftsvorsteherin Hertha Gräfin Bethusy-Huc zu Altenburg (Tante Hertha), der Großgrundbesitzer Heinrich Graf von Bethusy-Huc auf Bankau in Oberschlesien (Onkel Heinrich) und Schwager Eugen von Kulmiz, der Kapitalist der Familie, der zwei Schlösser, zwei Landwirtschaften, Bergwerke, Keramik- und Porzellanfabriken und auch Einnahmequellen im Eisenbahnbau besaß. Aus derselben Generation zwei Brüder Vatels, also Neffen des preußischen Feldmarschalls: Onkel Ludwig von Moltke, ein Junggeselle, der Pächter des in der Nähe Kreisaus gelegenen Gutes Wernersdorf, und Onkel Helmuth, der hochpolitische und später in den Ersten Weltkrieg dramatisch verwickelte Oberst, den der Pfarrer als «Excellenz

Helmuth von Moltke, Chef des Generalstabs in Berlin» ins Register schrieb. Als Patin (womöglich die elfte) fungierte auch Fanny Gräfin von Pfeil, eine lebenslange Freundin Muttels; sie lebte auf dem Rittergut Matzdorf im nahegelegenen Kreis Löwenberg, aber als Tochter des Potsdamer Stadtkommandanten Anton L'Estocq hat sie vermutlich in jungen Jahren das Milieu um die Ehefrauen derer von Hohenzollern mitgestaltet. Zum Schluß drei Paten aus der Generation Muthis, des Kindsvaters: Dietrich von Trotha, «Kommandeur des Dragonerregiments ‹König Friedrich III.› zu Oels», ein echter Onkel des Täuflings, mit Muthis Schwester Margarete (Tante Ete) verheiratet, und Muthis übrige Schwestern, Monika von Moltke (Mokke), damals noch unverheiratet, und Tante Leno, Leonore von Hülsen, schon lange Witwe, eine Freundin des Prinzen Heinrich, eines Bruders des amtierenden Kaisers Wilhelm II.

Zu Beginn der Recherchen zur Geschichte des Täuflings lebte von diesen elf Personen nur noch Mokke, und ihr bin ich nicht begegnet. Die anderen starben in längst vergangenen Epochen – außer Tante Ete, sie starb 1949 nach den Anstrengungen ihrer Flucht, und Tante Leno, der es gelang, sich in der alten Bundesrepublik, in Westdeutschland, zu etablieren, wo sie ihre durch einen Bombenangriff verwaisten Enkelkinder großzog, starb 1961, im Alter von 86 Jahren, nach einem Unfall in einem VW.

In einem Brief an Daddy, der nicht kommen konnte oder wollte, beschrieb Dorothy die Feierlichkeiten zur Taufe.[441] Die ganze Zeremonie fand nicht in der schönen evangelischen Niedergräditzer Kirche statt (die unzerstört nach dem Zweiten Weltkrieg abgerissen wurde) und auch nicht in der vorm Gutshof-Eingang heute noch stehenden katholischen Kapelle, sondern im Schloß, und zwar im «Feldmarschall-Zimmer», einer erst zum dritten Mal praktizierten, das heißt sehr jungen Tradition entsprechend. Mitbegründet wurde diese Tradition einst von denjenigen, die hier auch die Taufzeugen-Mehrheit stellten: den Generationskollegen und -kolleginnen Muttels. Sie waren in der «Gründerzeit» des Deutschen Reiches junge Erwachsene gewesen, hatten größtenteils eigene Familien gegründet und den Feldmarschall noch wie einen Großvater gekannt; nun halfen sie mit – wobei Muttel als Initiatorin den Taktstock schwang –, die damalige Gründung rituell nachzuvollziehen, also eine Selbstansicht der Großfamilie (jedenfalls ihres deutschen Teils) zu produzieren. Im Gefühl, daß eigentlich noch immer Gründerzeit sei, unterm Eindruck also einer gewissen Überbreite der Gegenwart inklusive Zukunft, war ihr Verhältnis zum Patenkind eher etwas instrumentell als persönlich. Als der Junge auf einem Paradekissen hereingetragen wurde (von der *nurse* leicht geschaukelt, bemerkte Dorothy; in ihrem Kopf lief ein ganz anderes Programm ab; «heftig seekrank», schrieb sie an Daddy: Der Kleine hat offenbar gekotzt), war er für die «Gründer» in diesem Augenblick nichts als ein Zeichenträger. Der Erstgeborene, der einmal Haus, Hof und Grafentitel erben würde, lebte deutlich – insofern ein Zeichen ihrer Zukunft –, und er war ausstaffiert mit Hemdlein und Mützchen, die bei ihren Taufen schon Vater und Großvater von Moltke getragen hatten – insofern ein Zeichen seiner Herkunft: ihrer Vergangenheit. Gleich hinter der *nurse* betraten Vater und Mutter das Feldmarschall-Zimmer, als Eltern nicht so wichtig. Als aber die Gruppe in dieser Formation, das Paradekissen mit einer Nasenspitze vorneweg, durch die Sitzreihen der Festgesellschaft zum Taufbecken schritt, da kam es zu heftigem Aufschluchzen und verschiedentlichem Donnergrollen, verursacht durch gründliches Naseschneuzen in bereitgehaltene zeitgenössische Großtaschentücher. Das Taufbecken stand auf einem Altar (Dorothy an Daddy: «der Tisch aus unserem Eßzimmer»), und der Altar stand nun nicht beispielsweise vor einem Kruzifix, sondern vor einer Ahnentafel wie vor einem Hochaltar. Jedenfalls hat die Tafel, so Carl Viggos schemenhafte Erinnerung, die ganze oder den größten Teil der Wand bedeckt, zumal ja auch der

Fuß des auf der Tafel als Eiche dargestellten Stammbaums bis ins Zeitalter Heinrichs des Löwen hinabgereicht haben muß. Am oberen Ende, auf jüngeren Eichenzweigen, befanden sich einige freigehaltene Plätze, die sichtbar machten, daß hier ein Kind keinesfalls nur «zur Welt gekommen», vielmehr in eine spezifische Position der Herkunft, eine eigene Welt, «hineingeboren» war. Und daß auch daran gedacht wurde, den Sohn der deutsch-südafrikanischen Eheleute an die konkreten Personenverhältnisse seines Hineingeborenseins auf immer zu erinnern, wurde dadurch zum Ausdruck gebracht, daß ihm in der folgenden Taufhandlung der Name Helmuth James Wilhelm Ludwig Eugen Heinrich von Moltke zugesprochen wurde.

Nahestehende nannten ihn später meist nur Helmuth. Carl Viggo jedoch redete ihn, im Erwachsenenalter, mit Helmuth James an und bezeichnete ihn auch in seinem Tagebuch und in unseren Gesprächen so. Er hütete damit auch den Namensplatz seines Bruders Helmuth (Muthi), doch die wohl einmalige Kombination des geläufigen deutschen mit dem geläufigen englischen Namen erschien ihm vor allem der Distanz halber, um seinen riesigen Respekt gegenüber diesem Neffen zu bekunden, nötig. Helmuth James ist eine legitime und sinnvolle Abkürzung der Namensreihe, denn historisch und im Bewußtsein der Familie ragten Helmuth, der alte Preuße (auf den sich auch die Namen des Vaters und des hochpolitischen Großonkels bezogen), wie auch James, der schottische Südafrikaner, unter den anderen Namensstiftern heraus. Man konnte ihrer beiden Namen für eine neue einzige Person als Ausdruck einer Doppelherkunft deuten; man konnte sie auch als Exponenten historisch sukzessiver Zeiten, unterschiedlicher politischer Zonen, Geschichten und Männerrollen begreifen und auf einen entsprechend breitgestreuten künftigen Einfluß auf den Namensträger hoffen. Man konnte die Angelegenheit aber auch so deuten, als verkörperten der leitende Militär und der leitende Jurist völlig kontroverse Lebensrichtungen, welche nun Helmuth James von

General-feld-marschall Helmuth Carl Bern-hard von Moltke in Uniform

der ihm inskribierten Herkunft – ohne daß noch ein weiteres Wort darüber hätte verloren werden müssen – wie zwei Vorschläge unterbreitet und lebenslang zur Entscheidung angeboten würden. Biographisch freilich wird sich zeigen lassen, daß Helmuth James, was seine Lebens-Lern-Themen betrifft, gerade damit besonders beschäftigt war, womit sich sowohl Helmuth als auch James beschäftigt hatten.

Was den Feldmarschall betrifft: Es gab kein Familienmitglied, das sich jemals willentlich an ihn erinnern oder an ihn erinnert werden mußte. Vielmehr waren alle, für die der Feldmarschall Onkel, Großonkel oder Urgroßonkel war, dankbar, weil sie doch alle immer irgend etwas von ihm gehabt haben. Sein hohes Ansehen – und die sinnlich-aktive Kehrseite dieses Ansehens: die Reaktion der Öffentlichkeit, augenblicklich hinzugucken, wenn sich irgendein Moltke irgendwo meldete – strahlte auf jedes Familienmitglied ab, das war kein ewiger, aber doch ein relativ beständiger Wert der Verdienste Helmuth von Moltkes als Praktikant der deutschen Einheit, Schöpfer des ersten modernen Generalstabs in Europa, Autor historischer Bücher, Reichstagsmitglied und volkstümlicher Nationalheld. Darüber hinaus genossen seine Erben aber auch den materiellen Wert der Verwandtschaft. Als er sechzehn Jahre vor Helmuth James' Geburt starb, besaß er einige Millionen Reichsmark in Goldmark. Das Geld und sein übriges Vermögen, rechtzeitig in eine staatlich kontrollierte Familienstiftung eingebracht, sicherte zuerst den Unterhalt des Schlosses über wirtschaftliche Krisen hinweg als Familiensitz, und dann diente der Reichtum auch zur Unterstützung bedürftiger Familienmitglieder, zum Beispiel unverheirateter Frauen im Alter. Und schließlich ging eine noch geistige Wirkung vom Feldmarschall aus, die, diesseits seiner oben genannten Verdienste, auf dem Paradox beruhte, daß der im Alter reiche, bejubelte und geachtete Mann in seiner Kindheit und Jugend fast an Armut und Elend zugrunde gegangen war. Jeder halbwegs Informierte dachte unwillkürlich: Mensch, da hat ja einer mal wirklich Glück gehabt! Das sogenannte rein Menschliche also, sonst wohl eher konventionell, beherbergte in diesem Fall ein Geheimnis, und dieses Geheimnis, dazu versüßt von der früher weitverbreiteten Idee, daß ein innerlich freier Mensch zum Schmied des eignen Glückes werden könne, reizte unwillkürlich zum persönlichen Vergleich, vielleicht sogar zum Vorbild, mithin zur Anwendung im Vergleich – grad so, wie auch jene legendären amerikanischen Millionäre heute noch elektrisieren, die einmal als Tellerwäscher begannen. Und im Feldmarschall-Zimmer des Schlosses, also dort, wo dieser Zampano wirklich (wenn auch nur relativ kurze Zeit seines Lebens) gewohnt hat, muß diese geistige Wirkung besonders groß gewesen sein. Wo eine solche Hochleistungsfigur zwischen einigen abgeschrubbt zurückgelassenen Gebrauchsgegenständen und ein paar von den Malern Menzel und Lenbach angefertigten Portraits sowie Massen ungeordneter Papiere – erstmals wurden sie 1926 von Helmuth James, dem Protagonisten und Urgroßneffen, inventarisiert – noch nach dem Tode weiterhauste: dort befand man sich durchaus in der Nähe des Verblichenen, und wer nun gar von den preußischen Einigungskriegen und der Reichsgründung etwas wußte – das waren 1907 nicht wenige –, spürte im Kreisauer Feldmarschall-Zimmer eine die Wißbegier und das Geschichtsgefühl anregende Sphäre.

Ich habe das Feldmarschall-Zimmer nicht mehr gesehen, nur dieselbe Stelle in der Ruine als Wohnort der Hühnerschar der dort lebenden alten polnischen Frau. Trotzdem meine ich, hier wenigstens eine Skizze des Feldmarschalls versuchen zu sollen: Einiges des damit hereingebrachten Stoffs wird der Leser im Verlauf der biographischen Erzählung wiederfinden.

Betrachtet man den Feldmarschall von Moltke als Schmied seines eignen Glückes, dann wird man etwas Draufgängerisches, Umstandsloses, sogar eine gewisse Rücksichtslosigkeit über das Militärisch-Berufliche hinaus erwarten. Doch allein über ihn zu lesen verlangt schon ein wenig von der Fähigkeit, die diesen Menschen durch und durch charakterisierte: das Abwarten-Können. Um nur das augenfälligste Beispiel gleich herauszugreifen: Er realisierte mit dem Erwerb der Rittergüter in Wierischau, Kreisau und Niedergräditz sein dringendes Bedürfnis nach eignem Grundbesitz, doch als dieses Vorhaben, schon in jüngsten Jahren geplant, stattfand, war er siebenundsechzig! Sein Großvater hatte in Norddeutschland ein Familiengut besessen. Er hatte es aber verkaufen müssen, um seine dreizehn

Kinder zu versorgen. Helmuths Vater dann, Friedrich Philipp, verzehrte sein Dreizehntel, leider ohne daß ihm eine Wiederanschaffung gelang, und darüber hinaus ließ er dann auch noch, völlig verzagt oder zerrissen, das bleibt mir aus den Quellen unklar, seine Frau und acht Kinder sitzen. «Wie oft ist es mir vor die Seele getreten», schrieb der Punkt 1800 geborene Helmuth später, «daß von allen Wohltaten der erste mütterliche Unterricht die größte und bedeutendste ist»[442], in der ihm eignen Zurückhaltung andeutend, daß er als Kind nichts besaß außer Orientierung an einer leidenden Mutter am Rand des Abgrunds. Der Sechsjährige erlebte, wie nach dem Sieg über die Preußen (Jena und Auerstädt 1806) außer Rand und Band geratene napoleonische Truppen die Stadt Lübeck, wo damals die Mutter mit den Kindern lebte, eroberten und brandschatzten. Das wird ihn patriotisiert, mit dem Zeitgeist der Befreiungskriege in Übereinstimmung gebracht haben, vielleicht hat er auch schon Landesverteidiger werden wollen, wenn die Stadt brennt, sind solche Leistungen ausgesprochen kindgemäß, und so kam er, mit einem seiner Brüder, 1811 zur Ausbildung in die dänische Kadettenanstalt nach Kopenhagen. Es wurde dafür gesorgt, daß die beiden außerhalb der Anstalt wohnen konnten. Man wollte sie offenbar vor der berüchtigten Brutalität, die Kadetten dort widerfuhr, beschützen. Doch das Umgekehrte trat ein: Helmuth erlitt im Haus eines Geizkragens und Sadisten sechs Jahre lang Kälte, Hunger, Typhus, andere Krankheiten und sicherlich zahllose, in den Dokumenten nicht bezeichnete Demütigungen. Sich wehren? Sich darüber aussprechen? Die Post ging mitunter ein ganzes Jahr hindurch nicht. Und viel zu vielen Menschen ging es nicht wesentlich besser. Trostlosigkeit herrschte überall in Europa. In Stendhals Romanen bildet sie den Hintergrund heldischer Individualisten, und Schiller, der schon 1805 starb, hat sie gekannt und mit den Versen beschrieben: «Endlos liegt die Welt vor deinen Blicken, / Und die Schiffahrt selbst ermißt sie kaum; / Doch auf ihrem unermeßnen

Rücken / Ist für zehen Glückliche nicht Raum.»[443] Als Helmuth später auf Kindheit und Jugend zurückblickte, weil er sich zu fragen gezwungen sah, was ihm nun eigentlich angetan worden war, formulierte er so: Wegen einer viel zu strengen Behandlung – «keine Erziehung, nur Prügel» – habe er keinen «eigenen Charakter ausbilden können», nun fühle er «oft schmerzlich» diese leere Stelle[444] – wir würden das nennen: sechs Jahre Kindesmißhandlung mit den traumatischen Folgen.

1817 bestand er das «Pagen- und Offiziersexamen». Aber die Perspektive blieb düster. Dänemark gehörte 1815 zu den Verlierern. Da es zuletzt auf Napoleons Seite gestanden hatte, mußte es Norwegen an Schweden abtreten, verlor also den größten Teil seines Staatsgebiets – kein Glück würde es bringen, dänischer Offizier zu werden. Die Aussichten in Preußen, das zu den Gewinnern zählte, erschienen besser. Der Siebzehnjährige bewarb sich, die Preußen stellten den jungen Dänen in Frankfurt/Oder für einen Hungerlohn zum Training ihrer Landwehr ein. Hier lernte er sofort, das Milieu der Kasernenhöfe und das preußische Exerzierreglement zu hassen. Mit besonderen dienstlichen Leistungen versuchte er aufzufallen, um von Frankfurt wieder wegzukommen, doch das glückte nicht gleich, so daß er später als Lichtpunkte dieses Lebensabschnitts jene Gelegenheiten nannte, wo er auf «endlosen Obstfeldern» am Oderufer Kirschen mit Sauermilch aß.[445]

1823 gelang ihm durch eine geographische Fleißarbeit die vorzeitige Aufnahme an der preußischen Kriegsakademie in Berlin. «Und so will ich mich denn», schrieb er an Mutter und Brüder, «mit neuem Mute auf die dornige Rennbahn wagen, auf der ich entfernt von Euch allen und einsam das Glück zu erjagen strebe.»[446] Die von Scharnhorst gegründete, inzwischen von Clausewitz geleitete Kriegsakademie vermittelte neben militärischem Fachwissen auch Allgemeinbildung. Als Wissen rundete sie das spezielle ab; als Bildung jedoch zielte das darunter verstandene Kompendium auf eine in das Verhalten künftiger

Berufsoffiziere eingehende Kompetenz, Bücherwissen und fest in Erfahrung eingebackene Erkenntnisse anwenden, vervollständigen und verknüpfen zu können und sie vor allem – auch zu nichtmilitärischen Zwecken, zum Beispiel des Erstaunens, der Ideenbildung oder der Unterhaltung wegen – verknüpfen zu *wollen*, und dies, ohne zu wissen, was dabei herausspringt.

Es war diese von zeitgenössischen Reformern und Erfindern auf vielen Gebieten propagierte neuartige, forschende Haltung (im Gegensatz zu Haltung im Sinn des späteren wilhelminischen Ehrenkodex), ein dadurch erlerntes experimentelles, zugleich verantwortetes Verhalten, was Helmuths Jagd nach Glück überhaupt möglich machte. Denn wer sich auf die «dornige Rennbahn» begab, mußte außerordentliche Fähigkeiten haben und sie ständig mit Überzeugungen festigen wie auch geschmeidig halten, um zu überleben. Zuerst war die augenfällige Aussichtslosigkeit des Projekts Glück zu ertragen, siehe Schillers statistische Bemerkung. Dann mußte man wartend leiden, ohne in der Suche nach Chancen nachzulassen, das heißt, die Elemente der eigenen Motive waren immer wieder umzusortieren und zu korrigieren, und auch das Leitmotiv, das Glücksstreben selbst, mußte an die Umstände angepaßt werden, ohne daß sich freilich der innerlich freie Mensch diesen unterwarf. Helmuth gehörte zu jenem Menschenschlag des 19. Jahrhunderts, der, wie es viele Biographien veranschaulichen, eine vielgeprügelte geistige Anspannung stets «eingeschaltet» hielt und so alles Mühen und Dulden zur *contenance* machte, diesem Preis und Erkennungszeichen der Freiheit. Heute ist das viel leichter gesagt als zu verstehen. Nach heutigen Gesichtspunkten war diese Freiheit gar keine, weil sie aus der Notwendigkeit geboren und unbequem war – mithin kein Kissen zur Entspannung, sondern ein über und über mit Imperativen gespicktes Nadelkissen zur arbeitsintensiven Suche nach durchbrechenden Erkenntnissen und Entdeckungen. Der Strebende war ein notleidender Mensch. Atemlos auf Jagd. Ein enorm starker Wille und demütige Geduld schlossen offenbar einander nicht aus, und wenn die Absolventen der Kriegsakademie hungerten oder froren, dann zogen sie sich eben, Fakiren ähnlich, das Regelwerk ihrer Freiheit etwas strammer um. Helmuth schrieb an die Mutter:

> «Meine größte Erholung ist das französische Theater, wo ich abonniert bin und das Billett für den halben Preis habe. Auch habe ich einen sehr guten Mittagstisch, dafür gebe ich aber sonst auch wenig aus, frühstücke nie und esse auch oft des Abends nichts, weil die sehr guten Speisen vom Mittag noch vorhalten.»[447]

Unterleibsschmerzen, Rheuma, Herzattacken quälten ihn, erst im Alter von vierunddreißig Jahren ist er ein Jahr hindurch gesund gewesen. Doch tage- und nächtelang hat er gelesen, geschrieben, gehorcht und geguckt, und so hat er 1827 sein Examen mit Auszeichnung bestanden. Prüfungsfächer: französische Sprache, deutsche Literatur, Naturlehre, Kriegs- und Staatengeschichte, sphärische Trigonometrie, Militärgeographie, Theorie und Praxis des topographischen Aufnehmens, Pferdekenntnis und Generalstabsgeschäft, Analysis des Endlichen und Unendlichen.

Es folgte Arbeit an untergeordnetster Stelle des Topographischen Büros des preußischen Generalstabs im preußischen Teil Polens. Helmuth wohnte in einem Herrenhaus, dessen Besitzer unter Kosciuszko, dem legendären Nationalhelden Polens, gegen die Besetzer und Spalter seines Landes gekämpft hatte, nun jedoch überaus freundlich mit dem preußischen Meßtechniker umging, dem seinerseits das familiäre Klima behagte. Plötzlich eine aufregende Entdeckung: «Wirklich kann ich Dir die Eigentümlichkeit dieser Leute nicht besser schildern, als wenn ich Dir sage, daß sie oder vielmehr die aus ihnen hervorgehende Art zu sein fast genau das Gegenteil von meiner ist.» Und gerade das tat ihm wohl? Um ihn zu verstehen, empfahl er der Mutter, «einen eigenen, ich möchte sagen nationalen Maßstab» anzulegen. Wenn nämlich die Polen «uns leichtsinnig und prahlerisch erscheinen, so können wir ihnen nicht anders als höchst pedantisch und selbst etwas heuchlerisch vorkommen».[448] So lieferte ihm der nationale Maßstab Gesichtspunkte zum sympathetischen Verstehen der anderen; die Verschiedenheiten der Völker erschienen als Eigenschaften ungleicher, doch gleichwertiger Subjekte, und in dieser Sicht ließen sich sogar persönliche Wunden und Mängel ertragen und kompensieren.

Der moderne Nationalgedanke war Balsam auf Helmuths Wunden. Die polnische Familie habe «eine so besondere Vorliebe» für ihn, «daß sie mich wie Kind im Hause halten»[449], heißt es in einem Brief, er sei mit der Gastgeberfamilie «als ein sehr heterogener Bestandteil dennoch völlig verschmolzen»[450], in einem andern. Das war schon Glück als inneres Erlebnis. In einem weiteren Brief heißt es:

> «Du weißt es, wie ich, früh schon aus dem elterlichen Hause entfernt [...], mich bald gewöhnen mußte, überall ein Fremder zu sein, überall erst das zu erwerben, was anderen an Liebe, Freundschaft und Achtung durch verwandtschaftliche Bande oder freundschaftliche Beziehungen entgegengetragen wird.» Hier aber sei ihm wieder «so wohl gewesen [...]. Ach, es ist eine schöne Sache für so einen armen Teufel, der sich zwischen Geldmangel, Vorgesetzten, Dienstpflicht, Gehorsam und wie die Übel alle heißen, die je der Büchse Pandorens entflossen, herumdrängen muß, so in eine Lage zu kommen, wo alle die kleinen Verdrießlichkeiten des Lebens, die zusammen das Unglück des Lebens ausmachen können, aufhören, wo alles schön, gefällig, reich und edel ist und das Vergnügen Zweck sein darf, weil selbst die Arbeit ein Vergnügen ist, wo die Kunst nicht die spärliche Würze des Lebens,

wo sie das Leben selbst ist, und wo man selbst gefallend sich gefällt».[451]

In diesen Jahren und nicht zuletzt in Polen fand der junge preußische Offizier auch sein lebenslanges Lernthema. «Darstellung der inneren Verhältnisse und des gesellschaftlichen Zustandes in Polen» lautet der Titel seiner 1832 publizierten Broschüre, in der er die dreigeteilte Nation beschrieb. Ein Jahr zuvor, aus einer Generalstabs-Übungsarbeit hervorgegangen, veröffentlichte er: «Holland und Belgien in ihrer gegenseitigen Beziehung». Das war ein Aufsatz, worin er fragte, was Belgier und Holländer, «die eines Ursprungs und eines Landes sind und die ein schreckliches Schicksal so lange miteinander geteilt haben» – die Franzosenherrschaft –, «so gegeneinander erbittert haben kann, daß ein fünfzehnjähriger Friede ihre Verschmelzung nicht vermochte».[452] Dies ist das Stichwort: «Verschmelzung» der Völker; Verschmelzung und dadurch Stabilisierung des nationalen Staates. Heute heißt dieses hochaktuelle und urpolitische Ereignis «nation-» oder «government-building», und unter wieder anderen Arbeitsbegriffen haben sich James Rose Innes und Helmuth James in ihren Zeiten damit beschäftigt. Worin haben die Völker ihren unterschiedlichen Charakter? Wodurch finden Staaten ihren inneren Zusammenhalt? Wie wird dieser Kitt, der auch die Individuen stärkt, bezeichnet, weitergesagt und wertgeschätzt, und welche gesellschaftlichen Aufgaben (ein Begriff, den Helmuth von Moltke nicht kannte) ergeben sich dabei für die Bildungselite?

Zwischen Generalstabsreisen mit Aufgaben zu topographischen Zwecken, Unterricht an Divisionsschulen und Manövern hörte Seconde-Leutnant von Moltke Vorlesungen über Goethe und französische Dichter, las Heine, lernte Englisch und Russisch, schrieb Aufsätze und Geschichten für gehobene Unterhaltungszeitschriften und lernte reiten und tanzen. Zu persönlichen Verschmelzungen in der Liebe kam es dabei noch

Generalfeld-marschall Helmuth Carl Bernhard von Moltke in Zivil

nicht. Er war zu gehemmt, ging «im allgemeinen wenig ‹aus sich heraus›».[453] Auch fand er sich zu arm, um zu heiraten. Inzwischen liebte er Mozart, das Theater, die Geselligkeit, Landschaften und Familien. Wenn er in Caféhäusern herumspazierte und die Gesichter der Lesenden beobachtete, wenn sie auf seine anonym verfaßten Artikel stießen, dann war das ein kleiner, feiner Genuß – wem es gelingt, sich das einmal plastisch vorzustellen, blickt direkt in eine für die Anfangszeit des Biedermeiers typische Szene hinein. Seine unterhaltungsliterarischen Produkte nannte er übrigens «Kinder meiner Geldnot», 1831 hatte er aber «erst ein halbes Pferd zusammengeschrieben».[454]

Daraufhin aufs Ganze gehend, stürzte er sich in die Neuübersetzung der englischen «Geschichte des Verfalls und Umsturzes des Römischen Reiches» von Edward Gibbon, ein auf deutsch zuletzt in 19 Bänden erschienenes Werk über die Schmelzleistungen der alten Römer. Jahrelang hat er jede freie Minute daran gearbeitet, und schließlich fand er einen Verleger. Doch der prellte ihn, das Werk wurde nie gedruckt. – Daß die Arbeit fertig geworden, freute ihn, daß sie nichts eintrug, ärgerte ihn[455], hierin ähnelte ihm sein Urgroßneffe bis aufs Haar.

Als es 1830 in Frankreich zum Aufstand gegen die Herrschaft Karls X. kam und der sogenannte Bürgerkönig Louis Philippe gewählt wurde – Aufstände brachen auch in Polen, italienischen und deutschen Staaten los –, stellte man sich in der preußischen Regierung die Frage, ob es nicht höchste Zeit sei, die nachnapoleonische Metternichsche Ordnung Europas, verkörpert im Staatenbündnis der «Heiligen Allianz», kriegerisch zu verteidigen. Helmuth kam die Frage gelegen. Sie war für ihn «von der allerunmittelbarsten Wichtigkeit», denn für den Kriegsfall rechnete er sich aus, «sogleich in den Generalstab kommandiert zu werden».[456] Er schrieb: «Die Offiziere, welche das Geld dazu haben, schaffen sich ihre Packsättel und Feldequipierung an, um den Krieg zu erwarten, und wir anderen erwarten den Krieg, um uns equipieren zu können.»[457] Die revolutionär demokratische Bewegung in Europa wurde von ihm oft «allerunmittelbarst», aber immer, auch 1848, von der anderen Seite der Barrikade aus betrachtet. Denn in den demokratischen Bestrebungen fand er etwas, das «außer aller Berechnung» liege. Der (soziale) Frieden sei besser bei den Monarchen aufgehoben, die sich mäßigen könnten, während Revolutionen, kollektive Bewegungen, mit der Dauer ihrer Freiheit «selbst die schlechteste Herrschaft»[458] zurückwünschen ließen. Man müsse ihnen durch Reformen zuvorkommen. «Wenn das Fortschreiten notwendige Bedingnis für die Menschheit ist, damit sie nicht zurückschreite, so dürfen die Institutionen, die für die Gegenwart bestehen, nicht für die Ewigkeit geschaffen sein.» Jede Generation solle die Institutionen zu erneuern suchen, wie auch «die Natur sich aus sich selbst verjüngt», aber: «diese Regeneration muß von oben ausgehen, nicht von unten. Die Regierung muß es sein, welche die Revolution [!] auf einem gesetzmäßigen Wege durchführt, nicht die Menge, dieser Spielball der Parteien, das blinde, aber schwelende Werkzeug in der Hand der Leidenschaft».[459]

Im Jahr 1832, in dem Goethe starb, wurde Moltke in eine untergeordnete Stellung im Großen Preußischen Generalstab berufen. Das war noch nicht die große Institution, wie er sie ein Vierteljahrhundert später selber schuf, doch 1835 wurde er hier zum Hauptmann befördert. Gleich danach startete er eine Aktion, die nun doch, auf den ersten Blick, draufgängerisch aussieht. Als habe er nur auf die Uniform mit den roten Streifen gewartet, ließ er sich beurlauben und reiste in die Türkei, wo er bald ein Unternehmen begann, das zu seinem Glücksstreben wie maßgeschneidert paßte.

*

Nach der Kampfleidenschaft der Urväter hatten die Glaubensvorschriften des Korans für einen notdürftigen staatlichen Zusammenhalt des Osmanischen Reiches gesorgt, nun schwebte Sultan Mahmud II., dem Sohn einer Französin, eine Staatsreform nach westlichem Muster vor: Er wollte das Kerngebiet des Reiches, das Gebiet zwischen Erzerum und Bagdad, Diarbekir und Jerusalem modernisieren. An eine Einbeziehung der Bewohner des Landes dachte dieser Reformer «von oben» keineswegs, und so rückte die Verwandlung seiner unzuverlässigen Armee zum geschmeidigen Machtinstrument auf den obersten Platz seiner Prioritätenliste. Bisher hatten den osmanischen Großherren Mamelucken und Janitscharen als jederzeit kampfbereite Truppen gedient. Das waren Reitervölker und Kriegerstämme zu Fuß, die ihre männlichen Nachkommen allein aufs Kämpfen und Sterben hin ausbildeten, die von jedermann gefürchtet wurden und sich durch Privilegien bei der Stange halten ließen, ohne sich je staatlich interessiert zu zeigen. Napoleon allerdings hatte während seines Ägypten-Feldzugs die Mamelucken-Reiterei vernichtend geschlagen, und soeben waren die Janitscharen, ehemalige Christen, nach einem vergeblichen Versuch, sie islamisch zu integrieren, als Sicherheitsrisiko erkannt und im Auftrag des Sultans in einem Blutbad umgebracht worden. Gut vorstellbar also, wie Mahmud II. über der Frage brütete, wie er in den Besitz einer beispielsweise der preußischen Landwehr ähnlichen Armee kommen könne. Erste Kontakte zum frischgebackenen Hauptmann von Moltke, der entweder gleich anreiste oder schon im Lande war: Nachdem ihn loyale Paschas menschlich und fachlich getestet hatten, wurde er gefragt, ob er denn morgenländische Truppen abendländisch ausbilden könne. Und Helmuth? Vielleicht wie vom Blitz durchzuckt! Das paßte ihm jedenfalls. Er beantragte sofort seine dienstliche Abordnung in die Türkei, und als er positiven Bescheid erhielt, weil diplomatische Fühler der Hohen Pforte auch schon den König, Friedrich Wilhelm III., erreicht hatten, da war ihm, nach Schiller, ein großer Wurf gelungen.

Des Preußenkönigs ergebenster Diener im Auftrag des Sultans: eine hervorragende, einzigartige Außenstelle, zu der dann noch einige preußische Spezialisten hinzukamen. «Pekuniär», wie Helmuth mehrfach betonte, war das Engagement äußerst nützlich. Und dem Avancement fernerhin nur förderlich! Im Fall von Mißgeschicken würde er unter einem gewissen Schutz der preußischen Generalität stehen, konnte sich also auf kostbare Erfahrungen in der Fremde einlassen. Hinzu kam, daß das Sultansprojekt auch die Möglichkeit von Kämpfen gegen Aufständische nicht ausschloß, wodurch Helmuth, bliebe er am Leben, den generationsgleichen Kollegen zu Hause Kriegspraxis voraushätte. Er hat das freilich weder so gesagt noch geschrieben, doch daß er das türkische Projekt nicht nur unter staatstragenden, sondern auch den «allerunmittelbarsten» Gesichtspunkten abwog, ist anzunehmen von einem Mann, der den Grundsatz «Erst wägen, dann wagen!» später volkstümlich machte.[460]

Keine karrieristische Rücksichtslosigkeit, nur Loyalität ist seinem Dienst in der Türkei (beziehungsweise den Dokumenten und Biographien, die ich darüber las) anzusehen. Er blieb, mehrfach um Verlängerung seines Engagements gebeten, schließlich vier Jahre; er kehrte erst nach Mahmuds Tod, als das Großprojekt gescheitert war, nach Deutschland heim. Was ihm von Anfang an auch in der Türkei wieder zu Hilfe kam, war sein aus der Kindheitskatastrophe erwachsener Sinn für Innenverhältnisse fremder Menschen als Voraussetzung tiefgreifenden Verstehens – auch der fremden Gruppen, Völker und Reiche. Als schriebe er abermals aus Polen, heißt es in einem Brief: «[D]ie Paschas sind nicht allein sehr höflich, sondern wirklich so freundlich gegen mich gesinnt, wie sie es gegen ein Gjaur nur immer sein können.»[461] Wiederum bestechen, in ständiger Differenzierung von Förmlichkeit und der Art zu sein (dem Charakter, wie man sich in Preußen bald ausdrückte), seine detaillierten Menschenschilderungen, wie nun auch neuerdings sein nervöser, zarter Strich auf Bleistiftzeichnungen frappiert – besonders in Städtepanoramen, die fast nur aus der Horizontlinie bestehen, vorsichtig das Endliche vom Unendlichen scheidend, wie um Tatbestände festzuhalten, ohne Falsches zu behaupten. In manchen Briefen greift er erzählerisch voll zu: Er liefert zum Orient romantische Bildelemente. Einmal, von einer Erkundung in der Nähe der Euphrat-Quellen «spät abends, äußerst ermüdet» ins Lager einer kurdischen Abteilung zurückkehrend, schien ein toller Mond auf zerklüftete Felsen mit schwebenden Adlern. Auf seinem Mondweg zum Platz im Zelt eines Kurdenfürsten hockt er sich, wo es gut riecht, nieder, und bevor ihm die Augen zufallen, nimmt er noch folgendes wahr:

> «Das Zelt dieses Fürsten, aus schwarzen Ziegenhaaren, war am Rande eines schäumenden Gebirgsbachs aufgeschlagen; an einem großen Feuer wurden kleine Schnittchen Hammelfleisch zu Kjebab geröstet; vor uns standen 40 oder 50 Kurden mit ihren langen Flinten, Dolchen, Pistolen und Messern in der eigenen sehr kleidsamen Tracht; die Vornehmsten kauerten an der Erde; ringsumher loderten Wachtfeuer [...] Die sehr große Ermüdung ließ mich nach eingenommener Mahlzeit unter dem Pelze des Beys auf steinigem Lager [...] sehr bald einschlafen.»[462]

Große Feuer, kleine Schnittchen, die Flinten, die Trachten, der Bärenpelz unterm Ziegenfell: Die 1841 erschienenen «Briefe über Zustände und Begebenheiten in der Türkei» verschafften dem Militär Moltke auch einen Namen als Zeichner, Historiker und Literat – Karl May dürfte dieses Buch verschlungen haben. Der eigentliche Auftrag bestand nun darin, Soldaten davon abzubringen, bei Märschen das Weite zu suchen statt den Feind. Sie sollten auch nicht gleich nach der Ausbildung am Gewehr auf die eigenen Offiziere schießen, und Offiziere sollten den Sold der Truppe nicht verprassen, statt ihn auszuzahlen, sollten die Leute ausbilden, statt sie aus Laune zu verdreschen oder sadistisch umzubringen. Wenn nun Helmuth nach der Innenseite der Struktur von Befehl und Gehorsam forschte, stieß er auf Dinge, die sich nicht recht deuten ließen. Beispielsweise ein Wachtposten: Er salutierte, wenn der deutsche Hauptmann vorbeiritt. Aber nur manchmal. Warum nicht immer oder gar nicht? Nach einer Beobachtungszeit fragte sich Helmuth, ob die Wachen denn überhaupt vor ihm oder bloß vor seinen Pferden salutierten, wenn sie die Hoheitszeichen des Sultans trugen.[463] Oder die «Bastonade». Sie wurde Deserteuren verabreicht. Das ging so, daß eine Person dem Delinquenten auf der Brust kniete, zwei andere seine Beine an Stangen auf ihren Schultern festbanden und dann zwei weitere je 500 Schläge auf die nackten Fußsohlen austeilten. Oft mußten dem Opfer danach die Füße amputiert werden. Wozu das alles, wenn es sich dann herausstellte, daß es ja noch nicht einmal ein Regulativ der Strafe gab? «Aus besonderer Aufmerksamkeit für mich erbot der Pascha sich, 200 Stück [...] herabzulassen. Ich fand den Rest noch recht beträchtlich und schlug ihm 25 Hiebe vor, worauf er sich dann auf 50 herabhandeln ließ.»[464]

Oder warum weigerte sich ein Militärarzt, einen Verwundeten zu behandeln? «Unter dem Tore trat mir ein Kurde entgegen, der seinen verwundeten Bruder trug; der arme Mensch war durchs Bein geschossen, und sein Führer erzählte mit Tränen in den Augen, daß er sich nun schon den siebenten Tag hinquäle. Ich ließ den Feldscher kommen. ‹Es ist ja ein Kurde›, sagte dieser zu wiederholten Malen mit stets gesteigerter Stimme, wie man jemandem sagt: ‹Begreifst du nicht, daß du Unsinn forderst?›»[465]

Es fehlte deutlich an Grundlagen des Zusammenhalts. Aber an welchen speziell, ließ sich lange nicht herausfinden beziehungsweise nicht in Begriffe fassen, ebensowenig wie die Dimension des Problems. Im Zweifelsfall beherrschte der Starke den Schwachen, und Zweifelsfall war oft, wenn nicht immer. Die Struktur von Befehl und Gehorsam, die auch Soldaten westlicher Armeen eingebleut werden mußte, bestand doch nicht aus desorientierender Gewaltherrschaft allein! Was in der Türkei als Voraussetzung fehlte, hat Helmuth nach Jahren am Beispiel eines Exerzierplatzes in der Nähe des armenischen Städtchens Malatia immerhin angedeutet. Er läßt in seiner Schilderung das Auge des Lesers nur flüchtig auf einer Soldatenkolonne ruhen, sie bewegt sich wie alle anderen Kolonnen der Welt; seine Darstellung schwenkt – Heine machte es genauso – rasch woandershin, und dort, was gab es dort? Nichts. Und darum ging es:

> «Wenn ich unsere Bataillone bei lustiger Musik in Parade vorüberziehen sehe, fallen mir zuweilen die seltsamsten Meditationen ein: im Hintergrund erhebt sich eine der abscheulichsten Städte, die man sich wünschen kann, eine Stadt ohne Straßenjungen, ohne Laternen und ohne Droschken, [...] eine Stadt ohne Frauen, ohne Bälle, ohne Theater, ohne Cafés, ohne Lesezirkel, nichts wie Himmel und Soldaten. Darüber steigen freilich stolze Berge von prachtvollen Formen und mit glänzendem Schnee empor, und ich sage mir zuweilen, um mich aufzuheitern: das ist Armenien, hier rollt der Euphrat [...].»[466]

Eine alte deutsche Zeitung lenkt die Gedanken des Brieferzählers von Malatia auf die von der Presse kritisierten Zustände in Preußen. Es fallen ihm Kartoffeln ein, dann Berlin, dann Stiefel mit blankem Sporn, und da ruft er aus:

> «Ach, lieber Freund, könnten wir die Mißvergnügten und Frondeurs [zu Hause] doch von Zeit zu Zeit auf vierzehn Tage nach Malatia hinzaubern, wie würden sie sich nach den Institutionen zurücksehnen, die sie jetzt mit der ganzen Schärfe und Bitterkeit ihrer Kritik herabsetzen. [...] Nun gute Nacht, das Feuer ist ausgegangen, und die Tinte friert an.»[467]

Nicht an der Kälte scheiterten Mahmud und Helmuth, ihr Mißerfolg hatte mit dem Mangel an Institutionen zu tun, in welche in Preußen viel leidenschaftliche Hitze und der Funkenflug der Ideen eingegangen waren. Wie in allen funktionierenden Heeren der Welt wurden auch dort Fußtruppen bewacht und Untergebene von Offizieren schikaniert; bestenfalls wurden

Wachen, Strafen und Schikanen durch Dienstverordnungen geregelt. Die Soldaten wurden in den Staub geduckt – allerdings gefügig, zu einer verwendbaren tapferen Truppe wurden sie erst dann, wenn sie von da unten in eine helle Höhe blikken konnten. Soldaten blieben im Kampf wie im Dienstgeschehen letztlich aus ihrer eigenen Begeisterung bei der Sache. Wo immer die Effizienz eines Volksheers zustande gekommen war, lag eine geistige Bindung zugrunde. Sie konnte in Symbolen ausgedrückt, geliebt, bedacht und weitergesagt werden. Doch während in Preußen ein blankgewichster Stiefel mit glitzerndem Sporn schon in eine gemeinsame Richtung leuchtete, gab es in der Türkei dergleichen nicht: keinerlei Damen und so weiter, keine Betriebsamkeit, keinerlei Attraktion ging von Malatia, der Garnisonsstadt, aus; wo ein Stiefel nichts als ein Stiefel war, lockte die Garnison niemanden an, so daß sich selbst die schönsten Paraden zwischen den tollsten Bergen wie unter einem leeren Himmel verliefen. Helmuth verglich sich einmal «mit einem Künstler, dem man aufgibt, ein Gewölbe zu bauen, und dem man statt harten Steins nur weichen Ton bietet».[468] Auch das ist keine überhebliche oder klammheimliche Distanzierung von den Intentionen des Sultans, sondern er deutet an, was fehlt, nämlich der große Spezialofen, die historische Brennerei für das weiche Menschenmaterial. Wußte er vielleicht schon, was er erst Jahrzehnte danach hat erfahren können: daß reale Volksarmeen dieselbe gesellschaftliche Prägung brauchen wie die Nation, für die die Soldaten kämpfen? Um 1840 ließ sich dieser Sachverhalt noch nicht so ausdrücken, man benutzte den Begriff «Wiedergeburt», um Menschenverwandlungen in der Dimension von *nation building* zu klassifizieren. Als Mahmud II. 1839 starb, rühmte ihn Helmuth wie einen Gefährten im Geiste: «Die Wiedergeburt seines Volkes war die große Aufgabe seines Daseins und das Mißlingen dieses Planes sein Tod.»[469] Doch wenn er nach den Einzelheiten der großen kulturellen Aufgabe fragte, dann fragte er im Ansatz schon wie ein moderner Kulturwissenschaftler, ob es zwischen Natur und Zivilisation ein vermittelndes Drittes gebe, worauf wir Heutigen (Sigmund Freud, Norbert Elias und vielen anderen folgend) auf die verinnerlichten Objekte verweisen, die lockenden Bilder, die Schlüsselfiguren, die das gesellschaftliche Dabeisein des Einzelnen für die Gesellschaft sichern, bis am Ende einer unerbittlichen historischen Reihe von Reformen «zur Gesellschaft gehört, wer als Medium des gesellschaftlichen Kanons auftritt».[470] Doch wovon es nichts gab, daran ließ sich nicht anknüpfen. Erstaunt sprach Helmuth von einer «Nation in Pantoffeln».[471] Verwundert, aber unromantisch stellte er in vielen Varianten immer wieder fest, beim Orient handle es sich um ein Land, wo «eine Wasserpfeife, ein schattiger Baum, eine plätschernde Quelle und eine Tasse Mokka genügen, um sich zehn bis zwölf Stunden des Tages köstlich zu unterhalten».[472] Mehr war nicht verlangt, mehr kam nicht heraus.

*

Mit einem riesigen Erfahrungsschatz aus dem Orient zurückgekehrt, arbeitete Helmuth an seinem Türkei-Buch. Der König rechnete ihm die Kriegspraxis an – obwohl diese hauptsächlich aus der verlorenen Schlacht bei Nisib bestand, wo die Truppen, die der Preuße ausgebildet hatte, eher die Flucht ergriffen hatten als die des Kontrahenten, eines rebellischen Paschas – und verfügte – vielleicht nach der Publikation des erfolgreichen Buchs –, die in der Türkei verbrachten Jahre im Hinblick auf den Pensionsanspruch doppelt zu zählen. Helmuth avancierte also nicht nur zum Major, sondern zu einem gesellschaftlich vielseitig verwendbaren Vertrauensmann der Hohenzollern-Dynastie.

Neben einem berühmten osmanischen Verdienstorden brachte er auch zehntausend Taler aus der Sultansschatulle nach Hause. Er legte sie weitblickend in Eisenbahnaktien an –

auf einen Blick die zukünftige Bedeutung dieses Verkehrsmittels und der noch kleinen privaten Eisenbahngesellschaften erkennend, aber nicht ohne einen Betrag für die Anschaffung eines Wagens mit zwei Pferden abgezweigt zu haben. Nun fühlte er sich zur Brautwerbung gerüstet und heiratete 1842 die zwanzig Jahre jüngere Marie, ein liebes Mädchen mit Augen wie Kaffeeböhnchen am Rand der ferneren Verwandtschaft. Sie richteten biedermeierliche Wohnungen in den großen Städten an Havel, Elbe und Rhein ein, wo Helmuth bald die Stäbe verschiedener Armeekorps leitete. Sie spielten abends Whist und ritten oft gemeinsam in den Parks aus, die jetzt überall mit melancholischen *pleasure grounds* und Kunstruinen zur seelischen Erbauung angelegt wurden, aber ihr dringender Kinderwunsch hat sich nie erfüllt. Dafür empfing Marie seine meist in auserlesene Reiseschilderungen eingewickelten Liebesbriefe – ähnliche schrieb Helmuth James viele Jahrzehnte später an seine Frau.

Es vergingen jetzt noch einmal siebzehn Jahre, bis Helmuth Generalstabschef wurde, eine geradezu unheimlich langsam vergehende Zeit, nebulös verschwindet oft jede biographische Spur des eignen Glückes Schmied. Das mag auch mit seinen politischen Präferenzen zu tun gehabt haben. Als er nach seiner Heimkehr orientalische Mitbringsel im Familienkreis verteilte, trug er einen Fez auf dem Kopf. Dieses kleine Vorkommnis wurde Jahre später (der Fez war inzwischen eine sehr beliebte Karnevalsverkleidung) als einer der raren Witze im Leben Moltkes gedeutet – ganz falsch: Denn 1840 war der Fez *das* Erkennungszeichen osmanischer Reformer von oben; Mahmud II. hatte Fez getragen, Helmuth zeigte also Treue und politische Sympathie! Er schimpfte auch wie ein osmanischer Reformer auf die zahllosen aufgeregten Redner des republikanischen «Vorparlaments», das 1847/48 in der Frankfurter Paulskirche tagte und selbstverständlich die Symbole, den Ton, die Schlüsselfiguren der nationalen Verschmelzung von circa dreihundertsechzig deutschen Einzelstaaten nicht herbeizaubern konnte. Schimpfe, Flüche und ratlose Feststellungen – wie mit dem Fez auf dem Kopf aus dem butzenscheibenen Erkerfenster hinunter auf die Straße geschaut. Es tröste ihn, schrieb er zum Beispiel, «daß bei dem ersten Kanonenschuß die Rolle aller dieser Schwätzer zu Ende ist».[473] Gleichzeitig wollte er den neuen Bestrebungen als einer Art Kochtopf der Nation wiederum nicht alle Qualitäten absprechen, zumal genau diese in der Türkei so mißlich fehlten. Am 29. März 1848 schreibt er:

> «Ich kann mich über das, was in Deutschland vorgeht, freuen, sofern ich in den jetzigen Verhältnissen die einzige Möglichkeit sehe, ein einiges Deutschland erstehen zu machen – aber es kann doch nur dann etwas aus der Sache werden, wenn Ordnung und Gesetz fortbestehen und wenn sich irgendeine zentrale Gewalt erhält. Wir sind aber auf dem besten Wege, dies alles über Bord zu werfen. Ich hoffe, daß in der Versammlung morgen zu Frankfurt die Republik durchfällt. [...] Die Vorgänge in Berlin haben dort nicht allein, sondern im ganzen Lande die Autorität tief erschüttert. [...] Alle Bande drohen sich zu lösen.»[474]

Friedrich Wilhelm IV., der christliche Romantiker auf dem Preußen-Thron, der die vom Bürgertum geforderte Verfassung ablehnte, um zwischen Gott und sich, König von Gottes Gnaden, kein Papier kommen zu lassen, machte Helmuth nun zum Reisebegleiter eines Prinzen, der es sich in Rom schön machen wollte. Dort bildete sich Helmuth wissenschaftlich weiter und hat, wie er nach dem plötzlichen Tod dieses Prinzen feststellte, «so ein Jährchen wegprivatisieren»[475] können. Das Schneckentempo, mit dem die siebzehn Jahre vor seiner entscheidenden beruflichen Wende dahinschlichen, mag für die biedermeierliche Pause in der allgemeinen deutschen Entwicklung kennzeichnend sein, doch Helmuth war auch glücklich verheiratet.

Er war in gewisser Weise schon am Ziel. Die «dornige Rennbahn» lag hinter ihm, und er ertrug die Bedeutungslosigkeit, in der er versank. Der englische Übersetzer des Türkei-Buchs teilte seinen Lesern schon mit, der Verfasser, ein Major Moltke, sei gestorben.

Zum Oberst befördert wurde er Chef des Generalstabs eines Armeekorps in Koblenz. Kommandeur war der Bruder des Königs und dessen Thronfolger, der spätere Kaiser Wilhelm I. Kaum hatte Helmuth die neue Stelle angetreten, wurde er zum Kommandeur gerufen und zum ständigen Adjutanten von dessen Sohn gemacht: dem späteren, schon todkrank auf den Thron gekommenen 88-Tage-Kaiser Friedrich III., Vater Wilhelms II. Dieser Prinz sollte weltläufig gebildet werden, daher unternahmen er und Oberst von Moltke – der inzwischen neben Deutsch sechs Sprachen fließend sprach: Dänisch, Englisch, Französisch, Russisch, Italienisch und orientalische Dialekte aus Türkisch, Kurdisch und Arabisch – wundervolle Reisen. Ein Leben wie in Sahne? Ein «Terrain, [das] ein sehr schwieriges ist»[476], sagte Moltke, weil es vor allem darum ging, «den jungen Herrn nicht zu langweilen, sondern ihm ein Interesse abzugewinnen.»[477] So verplätscherte die Zeit in immer weiteren Gebieten. 1856 schreibt er an Marie: «Bei allem Herumreisen erkenne ich immer mehr: *où est-on mieux qu'au sein de sa famille?*» Und an seinen Bruder: «Mein größtes Glück ist meine kleine Frau.»[478] Doch Kinder kamen nicht, beide Eheleute verzweifelt, bald aber still darüber. Der Moltke-Biograph Eckart von Naso, am Theater tätig, liebte nationalistische Töne, als er 1937 mit viel biographischer Schummelware das rätselhafte Trödeln Moltkes ansprach. «Der Wanderer Moltke ahnte den Feldherrn nicht», schrieb Naso: «Kein Dämon raunte dem friedlichen Briefleser ins Ohr, daß schon ein anderer in ihm umging, der zum zweiten und zugleich zum größten Vernichtungsstrategen des 19. Jahrhunderts berufen war.»[479] Otto von Bismarck hat Helmuth dagegen weit weg von einem napoleonischen Charakter angesiedelt. Moltke sei ein «tête de glace» oder ein «tête de bois», also ein Eis- beziehungsweise Holzkopf, meinte er, eine Person «nullement politique»[480], jedenfalls einer, der es sich gern «bequem»[481] mache. Helmuth selbst stellte dazu fest: «Höher will ich nicht und werde dann den Abschied nehmen.»[482] Allerdings war da noch ein älteres, unerledigtes Vorhaben: «Mein Lieblingsgedanke ist noch immer, daß wir uns nach und nach auf einem Grundbesitz sammeln, wo jeder an Kapital und Arbeitskräften mitbrächte, was er besitzt», schrieb er den Brüdern. Leider hatten sie nicht genug Geld, um sich ein schönes Gut in Deutschland zu kaufen: Sollte man auswandern? Adelaide kam ins Gespräch, billiges Land in Südaustralien: «Da ich mir ohnehin sagen muß, daß ich zu einer größeren Wirksamkeit als der bisherigen die nötigen Fähigkeiten nicht besitze, so reift der Gedanke, aus diesen Verhältnissen auszuscheiden, immer mehr bei mir heran.»[483]

Es kam ihm zu bedenken, daß er durch einen vorzeitigen Abschied Pensionsansprüche für circa dreißig Jahre verlöre – so verebbte der Auswanderungsplan. Dann kam Bewegung in die preußischen Verhältnisse. Ende 1858 übernahm Prinz Wilhelm, Helmuths Koblenzer Kommandeur, als Prinzregent die Verantwortung anstelle seines geistig verwirrten Bruders; und als Friedrich Wilhelm IV. dann starb, wurde Wilhelm 1861 in Königsberg zum König gekrönt. Er hatte einen neuen Ton ins Spiel gebracht, der viele – gerade Reformer und Liberale – aufhorchen ließ. Aber kaum war er König – gekrönt vor der Königsberger Kulisse der mittelalterlichen Deutschordensritter (denen man eine entfernte Ähnlichkeit mit den Mamelucken und Janitscharen nicht völlig absprechen kann) –, donnerte er in einer «Ansprache an sein Volk» am 2. Januar 1861:

> «Es ist Preußens Bestimmung nicht, dem Genuß der erworbenen Güter zu leben. In der Anspannung seiner geistigen und sittlichen Kräfte, in dem Ernst und der Auf-

richtigkeit seiner religiösen Gesinnung, in der Vereinigung von Gehorsam und Freiheit, in der Stärkung seiner Wehrkraft liegen die Bedingungen seiner Macht.»[484]

Das klang schon nicht mehr so sehr nach dem Ton der «Neuen Ära» (wie die mit der Prinzregentschaft beginnenden, recht liberal ausgerichteten ersten Jahre der Regierung Wilhelms genannt werden). Und tatsächlich kam es bald, vor allem im Zusammenhang der Reorganisation der preußischen Armee, zu heftigen innenpolitischen Verwerfungen. Genau in diese kritische Phase, in der die führende Rolle Preußens in den deutschen Einigungsfragen vorbereitet wurde, fällt der große Karriereschub von Helmuth von Moltke: Der inzwischen eingeübte Vertrauensmann der Monarchenfamilie, dessen Personalakte man ansah, daß er sich weder vordrängeln noch einmischen würde, wurde in seinem siebenundfünfzigsten Lebensjahr zum Chef des Großen Preußischen Generalstabs ernannt, erst geschäftsführend anstelle des gestorbenen Generals Reyher und ab dem 18. September 1858 in voller Kompetenz. Er hatte die Jahre des Wartens genutzt, war ein allgemein gebildeter Mensch, und nun legte der allgemein gebildete Mensch auf seinem Spezialgebiet los.

*

Als Chef oblag ihm die Ausbildung von höheren Truppenkommandeuren und die Ausarbeitung von Operationsplänen in drei geographisch-politischen Abteilungen, den sogenannten Kriegstheatern. Er führte gleich zwei weitere ein: die Eisenbahnabteilung und die kriegswissenschaftliche, zur Erhöhung der Mobilität und zur Sensibilisierung der Kommandeure für militär- und zivilisationsgeschichtliche Zusammenhänge, also für die «Schmelzleistungen» ihres Handwerks und des Kriegs. Von ihm ging der Impuls aus, zur Erstellung von Kriegsplänen die festen Größen (wie Gelände und technische Standards) unter dem Einfluß variabler Faktoren (zum Beispiel technischer Erfindungen oder wechselnder politischer Konstellationen) viel exakter als vorher zu betrachten. Er war offenbar einer der ersten Generalstabschefs, der Ernst damit machte, eine Dynamik aus fixen und variablen Größen in Szenarien zu imaginieren und sie durchzurechnen – sie also auch zu messen. Er verlangte von seinen Leuten, in den theoretischen Kriegsspielen, den praktischen Generalstabsreisen und den Herbstmanövern, alles, was berechenbar war, so präzis wie möglich von den Unwägbarkeiten zu trennen: Das eine schöpfte er aus bis zur Gänze, das andere markierte er lediglich, strikt blieb es offen; so entstanden die Entscheidungsgrundlagen für Aufmarschpläne, Befestigungsanlagen, Versorgungsposten und Flankenstellungen da und dort, für Zeitpunkte zur Eröffnung von Kampfhandlungen und eindeutige Befehle an die verschiedenen Dienststellen, es entstanden aber zugleich neuartige, bewußt allgemein gehaltene Truppenanweisungen, denn Helmuth wollte, daß Kommandeure auch ihre eigenen Befehle riskieren, statt nur auf Befehle zu warten, und daß sie sie auch verantworten. Weil klar war oder bald klar wurde, daß die strikt getrennte Behandlung der berechenbaren und der unberechenbaren Parameter die besondere geistige Ausstattung der Kommandeure erforderte, gewann der Moltkesche Generalstab im Laufe der Jahre das Image einer Institution, die die Elite der Nation verkörpert.

An den Schreibtischen des aus roten Ziegeln gebauten Generalstabsgebäudes am Berliner Königsplatz – nicht viele Schreibtische: Das Haus, in dem Helmuth auch wohnte, funktionierte mit einem heute lächerlich anmutenden Stellenplan! – ließ der Chef erörtern, berechnen, abstrahieren, konkretisieren. Die so gefertigten Analysen – «nichts als Fahrpläne!» stöhnte ein Offizier der Eisenbahnabteilung – wurden in riesigen Szenarien (äußerlich wahrscheinlich Zahlenkolonnen von romanhaftem Umfang) aufeinander bezogen. Das Ergebnis schließlich, in

Listen, Tabellen, Skizzen erfaßt oder auf Landkarten in verschiedenen Maßstäben mit merkwürdigen Zeichen eingetragen, wurde mit supermodernen Blaupausen vervielfältigt und verschlüsselt und versiegelt von Kurieren in die neuerfundenen Panzerschränke der Divisionskommandeure, Standortkommandanten, Attachés und Diplomaten gebracht. Die gesamte Industrie und Landwirtschaft, die Märkte, Rohstoffe, Termine, Mengen und Preise, die technologische und ökonomische Entwicklung (für welche sich jetzt verstärkt Männer wie Borsig, Krupp, Liebig und Siemens, nicht zuletzt Kulmiz, der Vater des Taufpaten von Helmuth James, einsetzten – und dafür geadelt wurden), das Transport- und das Gesundheitswesen, die militärische Verwendbarkeit von Männern, Krankenschwestern und Pferden, die atemberaubenden Versuchsreihen von Stahlkochern nach der Erfindung des ersten Prototyps der «Thomasbirne», das Volksschul- und Hochschulwesen, die Neuheiten der Weltausstellungen in London und Paris, der Geburtenüberschuß der Deutschen im Vergleich zu den Nachbarn, die kulturellen Gewohnheiten in deutschen Regionen, ja, sogar das Wetter: Alles scheint berücksichtigt worden zu sein. Und zu welchem Zweck? Zum Zweck, den Willen jetzt hypothetischer, später vielleicht realer Kriegsgegner mit dem sparsamsten Kraft- und Zeitaufwand zu brechen, das heißt, deren militärische Instrumente gegebenenfalls zu vernichten und auf jeden Fall die eignen zu verfeinern. Im Großen Preußischen Generalstab war das Leben der deutschen Nation in Informationen zerlegt und als Potenz zusammengefügt, schon bevor es die mit dem Reichsnamen versehene geeinte Nation dann tatsächlich gab. Als Zahlenkolonne der Vernichtungskraft marschierte das Deutsche Reich bereits über Helmuths Schreibtisch!

Doch er sollte die preußische Armee reformieren, «das Schwert schleifen», es nicht führen. Diese Metapher blieb eindeutig, solange die eingespielte Trias Wilhelm, Otto, Helmuth lebte. Er setzte jedoch durch, daß er einen direkten, über Kanzler und Kriegsminister hinweggehenden Zugang zum König erhielt, das war bereits umstritten. Dabei wollte er gar nicht dem König seine Meinung aufzwingen oder vom König gefragt werden – aber *gehört* werden, das ja. Der kleine Unterschied war wichtig, fast ein Paradigmenwechsel: Gehörtwerden setzt Anhörenwollen voraus, eine Bereitschaft auf *beiden* Seiten. Im Lauf der Jahre wurde deutlicher, daß es Helmuth um die Aufmerksamkeit des Monarchen gegenüber dem Spezialisten ging. Er war ein Heeresreformer, der die Voraussetzungen für eine historisch neue Variante der Autorität erarbeitete und durchsetzte. Die alte sollte sich in den mittelalterlich lehnsherrlichen Vorstellungen der Monarchenfamilie durchaus weiter zeigen. An dieser europäisch gewachsenen Struktur von Befehl und Gehorsam kratzte er kein bißchen. Doch ihr wurde eine neue Autorität, eine, die sich auch in anderen Branchen bewährte, «aggregiert» (das heißt angebunden oder aufgeschweißt, aufgebrummt oder zugeordnet): die Autorität des Experten. Dafür, daß dieses Aggregat auch funktionierte, setzte er sich persönlich ein, bis er aus Altersgründen kein Pferd mehr besteigen konnte und um Entlassung bat. Unter verschiedenen Gesichtspunkten veranschaulichen alle um seine Person und sein Werk rankenden Legenden diesen Einsatz für die Sache. Realitätsnah sprossen sie meist an den Nahtstellen des Aggregats hoch, so daß die Mischung aus oberstem Diener des Monarchen und der wortkargen Souveränität eines Spezialisten sichtbar wurde: ein hochwirksames transparentes Vorbild, ein Mann im Spagat, ein wirklicher Mensch und volkstümlicher Held.

Der Rest ist schnell erzählt. In drei Kriegen – 1864 gegen dänische, 1866 gegen österreichisch-habsburgische und 1870/71 gegen französische Verbände – wurden die reformierten preußischen Truppen und ihre neuen Institutionen auf ihre Tauglichkeit im Ernstfall geprüft. Es hat alles geklappt. Zum ersten Mal in der Kriegsgeschichte kamen Armeen oft auf die Minute pünktlich mit der Eisenbahn auf den Schlachtfeldern an, und während Tausende von ergreifenden Einzelheiten bald unwichtig wurden, kam eine bleibende Bedeutung dem Umstand zu, daß aus deutscher Sicht diese Kriege alle *nicht* verliefen wie die Schlacht bei Nisib.

Denn die Siege waren unerläßlich, nur durch sie hat diese Kriegsfolge zur historischen Brennerei für die eigentliche zivilisatorische Qualität des Moltkeschen Apparats werden können. In der Gefechtshitze die Vernunftskälte zu bewahren, verwandelte sich von einer Angelegenheit des hochqualifizierten modernen Fachmanns zur Sache des einzelnen Soldaten, indem von seiner Sterbens- und Opferbereitschaft schließlich das ganze bewunderte Räderwerk der aus verschiedenen deutschen Regionen und Klassen stammenden Armee und ihrer Operationen im einzelnen abhing. Ein nationaler Zusammenhang zeigte sich; ein Kitt, der den einzelnen über seinen Alltag hinweghob, begeisterte; und in Form von Kriegsberichterstattung fand ein mehrjähriger nationaler Diskurs statt, an dem Kinder wie Veteranenverbände teilnehmen konnten, ohne Eintritt zu zahlen, und der half, die Dinge zu verbreiten, zu beurteilen und einzuüben. Fest prägten sich dem kollektiven Gedächtnis beispielsweise Szenen der Schlacht bei Königgrätz ein, die dem volkstümlichen Generalstabschef zum legendären Prädikat des «Schlachtenlenkers und Schlachtendenkers» verhalfen. Sinngemäß sagten die Unter-Kommandeure einer Abteilung von Kanonieren dort folgendes: «Die Österreicher werden gleich in einer Übermacht gegen euch anstürmen; ihr werdet keinen Meter zurückweichen; ihr kommt in die Geschichtsbücher, denn während ihr sterbt, greift eines unserer Armeekorps die Österreicher im Rücken an und schlägt sie alle.» Der König und der Kanzler saßen am Rand des Schlachtfelds an einer übersichtlichen Stelle auf ihren Pferden und guckten zu. Sie sahen, wie die Österreicher diese unglückliche preußische Abteilung angriffen. Wilhelm wurde nervös, als er im Fernrohr nur noch Pulverdampf sah. Er wurde unruhiger, als blutverschmierte

Fähnriche mit entsetzlichen Verlustmeldungen kamen. Schließlich meldete das betreffende Artillerieregiment, daß die Munition verschossen sei, und richtig: Jetzt waren nur noch die Habsburger Kanonen zu hören. Gordon Craig beschreibt die Szene: «[...] es war ein Zustand, als wenn die Welt untergehen sollte. Nichts vermochte die braven Füsiliere zu erschüttern; sie fielen reihenweise [...].»[485] Und die Österreicher stürmten und metzelten die Überlebenden ab. Wilhelm und Otto tänzelten nebeneinander besorgt auf den Pferden. War es schon vorbei mit Preußens Herrlichkeit? Doch mit dem Stilempfinden eines Designers kam nun Helmuth angeritten und rief: «Majestät haben soeben einen Feldzug gewonnen!» Durchaus ein wenig sonderbar, dieser Kauz – was werden die beiden schon anderes gedacht haben in dem Augenblick, da alle Zeichen auf Niederlage deuteten. Doch Helmuth hatte die Nachricht vom Eintreffen des Armeekorps bekommen. Sehen konnte man noch nichts, doch alles war ausgerechnet. Dieses preußische Regiment starb (und ging in die Geschichtsbücher ein), dann aber starben die Österreicher, beziehungsweise sie flohen sämtlichst und derartig schnell, daß man erst wieder irgendwo in Südböhmen auf ihre Nachhuten stieß.

Ähnlich verliefen andere Schlachten: auch die bei Sedan 1870; naturgemäß anders, aber ebenso vernünftig kühl, verliefen Belagerungen: Metz und Paris. Helmuth war *kein* Vernichtungsstratege. Er legte seinem König, der nun in Versailles zum Kaiser gekrönt wurde, eine nationale Armee zu Füßen. Jahr für Jahr wurden die Ereignisse fortan reinszeniert und neu bejubelt. Fast jedermann im Deutschen Reich fühlte, einen Platz im Staat zu haben. «Wo haben Sie gedient?» fragten Firmenchefs bei Einstellungen ihre Leute. Alle antworteten, selten nahm das einer krumm, im Gegenteil: Das Deutsche Reich wurde gerade um diese kleine Verständigungsfloskel von zahllosen Staaten beneidet.

Für Königgrätz bedankte sich Wilhelm mit einem Geldge-

Schloß Kreisau vor dem Umbau, 1870
(Originalzeichnung von R. Püttner)

schenk: Davon kaufte Helmuth das Gut in Kreisau. Für Sedan wurde er in den Grafenstand erhoben, bei der Siegesfeier 1871 in Berlin trug Helmuth eine Uniform, die es nur in seiner Größe gab: die des Generalfeldmarschalls. Was er schrieb, verbreitete sich rasend, die Eisenbahnaktien boomten: Er wurde Millionär. Und so lebte der Mann, der einst fast im Elend eingegangen wäre, noch zwanzig Jahre – und danach in Schloßgeist-Form im Feldmarschall-Zimmer, wo man unter anderem den Gipsabdruck seiner Hände und seinen fleischfarbenen Perückenständer berühren konnte.

Zwei Tage nach der Taufe Helmuth James' schrieb Dorothy ihren Wochenbrief an Daddy. Darin steht auch, was von der Zeremonie sie bestimmen durfte:

«Zeit: 4 Uhr 30. Wetter: klar und sonnig. Der Altar wurde aus dem Eßzimmer hereingebracht und gegenüber dem Stammbaum placiert, der Teppich aus meinem Wohnzimmer wurde davorgelegt, und rechts und links davon saßen die Gäste. Nachdem diese alle versammelt waren, erschienen die *nurse* mit dem Baby, dann Helmuth und ich. Es war eine bewegende Szene – das einfache historische Zimmer, die alten Moltkes sehr berührt von den Erinnerungen, die ihnen kamen, und dieser jüngste aller Moltkes, unbewußt der Vergangenheit und Zukunft, gleichwohl äußerst interessiert an der Gegenwart. Als er den Taufpaten nacheinander in die Arme gelegt wurde, schaute er mit großen verwunderten Augen in ihre Gesichter. Er trug die Mütze und den Anzug, die Helmuth und sein Vater vor ihm getragen hatten, und obwohl er heftig seekrank war, betrug sich das Söhnchen vollkommen während der 35 Minuten dauernden Zeremonie. Zuerst sangen wir ein Lied. Danach folgte der Gottesdienst mit einer kleinen Predigt. Als Bibeltext hatten wir ausgewählt: *Denn ich bin gewiß, daß weder Tod noch Leben, weder Engel noch Fürstentümer, noch Gewalten, weder Gegenwärtiges noch Zukünftiges, weder Hohes noch Tiefes, noch keine andere Kreatur mag uns scheiden von der Liebe Gottes, die in Christo Jesu ist, unserm HERRN*. Das ist einer meiner liebsten Texte, und deshalb wurde er ausgewählt. Nach der Predigt wurde der Kleine noch einmal jedem Paten gereicht, zum Schluß hielt ihn Monika, die jüngste Patin, während das Zeichen des Kreuzes gemacht und ihm der Name Helmuth James Ludwig Wilhelm Eugen Heinrich gegeben wurde. – Nimmt Dir die Länge die Luft weg? Helmuth und ich wollten ihn eigentlich Louis-James nennen, aber die Familie wäre so unglücklich, wenn er kein Helmuth wäre.»[486]

Vorfahren II:
Was Sir James Rose Innes zu vererben hatte

Die Reise führte mit der Bahn von Berlin über Köln nach Hoek van Holland, mit der Fähre nach Southampton, wo die «Watussi» wartete, ein 9552 Bruttoregistertonnen großes modernes Fahrgastschiff der Woermann-Linie, gebaut 1928. Es folgte das übliche Ritual. Die Passagiere strömten an Deck, der Kapellmeister am Kai hob den Taktstock, die Hupe dröhnte, die Möwen kreischten, Taschentücher flogen in die Luft. Das Boot drehte sich langsam im Hafenbecken und nahm Fahrt auf. Helmuth James und Freya fühlten sich mit ihren Tickets zweiter Klasse wie die Könige. Tagsüber «auf dem stillen Deck» einen Platz zu erwischen und zu lesen, das war das Angenehmste, was die «Watussi» im Februar 1934 zu bieten hatte. Als man sich dem Äquator näherte, wurde Freya von einem sogenannten Komitee auf Deck gebeten; Helmuth James steckte dahinter mit einem seiner kauzigen Scherze. Er begrüßte sie im Namen des Komitees mit einem handgeschriebenen Dokument und las:

«Ehrenpreis
für
Freya von Moltke geb. Deichmann.
Für allergrößte und allerweiteste und allerbeste und allerschönste
Liebe
Wird dieser Ehrenpreis verliehen, der nur ein Mal ausgegeben wird.
Das Komitee.
Helmuth James von Moltke
als Führer

Watussi, den 1. März 1934»[487]

Helmuth James von Moltke in Südafrika, 1934

So glücklich und übermütig waren sie an Bord. Und aufgeregt wie ganz junge Leute werden sie in Kapstadt angekommen sein, wo man sie mit einem Chrysler abholte. Vier Jahre lang hatte Helmuth James die vielen Einladungen Daddys, sogar die fix und fertig finanzierten, wegen bevorstehender Chancen für die Berufswahl ausgeschlagen. Nun jedoch hatte der Afrikabesuch, neben dem Wunsch, Daddy und Granny in deren Haus zu erleben, selber eine gewisse berufliche Bedeutung bekommen. Es ging um Daddys geistiges Erbe und um die Frage, ob Daddys Renommee in England von Helmuth James als Chance für eine internationale berufliche Aufgabe zu nutzen wäre.

Kolara, das Anwesen der Innes-Familie, die in Südafrika hochgeachtet war, liegt in Kenilworth, einem Bezirk von Kapstadt. Es ging dort sehr angenehm zu. Das Innengehäuse der alten britischen Reformer muß auf einen gutabgesicherten Wohlstand gegründet gewesen sein. Jedenfalls wird Helmuth James hier noch einmal schlagartig zu Bewußtsein gekommen sein, was seine Mutter 1905 aufgab, als sie sich bei seinem Vater in Schlesien niederließ. Freya erinnert sich:

> «In der Mitte eines Parks mit langer Einfahr lag das große helle Haus. Wir fuhren die Einfahrt mit ihrem damaligen Chrysler-Auto hinein. Es zeigte sich beim Näherkommen, das Haus lag in der Mitte eines riesigen Gartens, ein Paradies für die beiden Blumenliebhaber. Das Haus hatte viele große Zimmer. Es war ein sehr gepflegter Haushalt. Die Großeltern waren für die damaligen Verhältnisse in Südafrika sehr bescheidene Leute, doch selbstverständlich war nur das Beste gut für sie. Für die Bedienung gab es eine deutsche Maid. In der Küche gab es eine schwarze Köchin. Nie gab es ein Gericht zweimal – mit Ausnahme der ganz großen Hammelkeulen. Wir tranken guten Wein und Tee auf den Terrassen. Ich erinnere mich an einen Tisch mit nur silbernen Sachen, darin die Sandwiches und Butterbrötchen. Zum gemeinsamen Frühstück aßen wir Porridge. Ich war von Anfang an in alle Gespräche mit einbezogen. – Leider hatte Helmuth James eine üble Gehirnerschütterung. Er wollte eines Morgens irgend etwas dringend besorgen und rannte offenbar mit dem Kopf voller Gedanken mit aller Wucht gegen eine Teppichstange. – Der Großvater war bekanntlich immer etwas kratzbürstig den Moltke-Kindern gegenüber in Kreisau aufgetreten; hier aber machte er mir den Hof. Ich hatte zu Granny und zu Daddy bald ein vertrautes warmes Verhältnis.»[488]

Die Großeltern haben viel über Südafrika und die dortigen Kämpfe erzählt, an denen sie beteiligt waren. Fortlaufend wurden den jungen Verwandten Bücher über Afrika und England zum Lesen ins Zimmer gelegt.

Die ersten südafrikanischen Vorfahren waren um 1800 aus

Schottland nach Südafrika gezogen. Sie landeten in einem ihnen völlig fremden Land, das sich von denVictoriafällen des Sambesi und den kleineren Flüssen des Nordens, dem Kuando, Kubango und Kunene, circa zweieinhalbtausend Kilometer bis zum Tafelberg bei Kapstadt hinstreckt. Die damalige Landesgeschichte wurde hauptsächlich von den Xhosa und Zulu, zwei Bantuvölkern, gestaltet, die im nördlichen Landesteil Kriege gegen die Herero führten. An der Südküste lebten Buren, vor einigen hundert Jahren aus Holland eingewanderte Siedler, die die Bantu ins wüstenähnliche Landesinnere zurückdrängten, wenn sie sie nicht als Sklaven auf ihren Farmen einsetzten oder Sklavenhändlern verkauften. Dazu gab es Inder und Malaien, denn die Geschäftspartner der Buren, die *Companies* der britisch-niederländischen Europa-Asien-Kolonialschiffahrt, errichteten am Kap der Guten Hoffnung Flottenstützpunkte und Handelsplätze und brachten zum Arbeiten Asiaten herüber. Bald kamen weitere englische, schottische und irische Einwanderer in großer Zahl ins Land. Sie hielten die wirtschaftliche Not zu Hause nicht mehr aus und gründeten unter britischer Fahne die *Cape Colony*. Das neue Staatsgebilde, größtenteils auf altem Grund und Boden der Buren errichtet, sollte sich mit Verfassung, Parlament und Gerichtswesen demnächst selbst verwalten und bot den Buren gleiche Rechte an. Es blieb aber bis zur vorgesehenen nationalen Unabhängigkeit über einen *High Commissioner* mit dem Londoner Kolonialministerium verbunden. Ideen des britischen Premierministers Gladstone folgend, verstand sich dieses Ministerium als eine Art Treuhandgesellschaft – oder gab vor, sich so zu verstehen. Die vielen *dominions* und *condominions* des *British Empire* sollten auf verschiedene Formen nationaler Souveränität vorbereitet werden.

Die Bantustämme wurden nicht gefragt. Ihr besonderes Menschendasein war mit europäischen Auffassungen nicht kompatibel. Ihre Rasse galt als minderwertig. Doch dem westeuropäischen Freiheitsbegriff folgend, wurde 1834 Sklavenhandel und

Sklavenhaltung verboten, was aber den ökonomischen Haken hatte, daß das die ökonomischen Grundlagen der burischen Farmer begrenzte. Aber indem das eingeführte Wahlrecht an die Pflicht zur Steuerzahlung gebunden war, wurden nach und nach auch die alten ökonomischen Systeme der Bantustämme zerstört. Die Bantu sahen sich nun gezwungen, sich auf einem sogenannten freien Arbeitsmarkt als «Arbeitssuchende» unterzuordnen. Was soll das? fragten sie sich. Von Apartheid freilich, umfassender Trennung aller Südafrikaner, die später das Land in Verruf brachte, war damals noch keine Rede.

Es kam zwischen Buren und Briten nach dem Sklavereiverbot zu Auseinandersetzungen, die jenen ähnelten, welche in den USA zum Bürgerkrieg führten. In allen Fragen moderner Verwaltung und Ökonomie gingen die Interessen, das Verständnis und die Gewohnheiten der Buren und der Briten auseinander. Ein großer Teil der burischen Bevölkerung wich den Konflikten daher auf eine uralte, aber praktische Weise aus; Tausende machten sich 1836 bis 1844 in großen Trecks aus dem Süden davon. Mit ihren Ziegen-, Rinder- und Schafherden zogen sie nach Norden in Richtung des Oranjeflusses und des Flusses Vaal, annektierten 1839 die Zuluprovinz Natal, die ihnen die Briten bald wegnahmen, gründeten 1842 den Freistaat Oranje mit der Hauptstadt Bloemfontain, und 1853 proklamierte der Burenpräsident Krüger die «Südafrikanische Republik». Die Kapkolonisten und ihre britisch orientierten Verwaltungsinstitutionen erkannten Krügers Burenrepublik nicht an, duldeten sie aber.

Ohm Krügers Regierung in Pretoria realisierte in spannungsreichen Beziehungen mit Kapstadt und London den Anspruch des Burenvolkes auf Autonomie, und das Kapitel Staatsgründungen in Südafrika wäre möglicherweise ohne «Einigungskriege» zu Ende gekommen, hätte man nicht 1867 im Dorf Kimberley bei Johannesburg auf einmal Diamanten entdeckt. Sie müssen buchstäblich so rumgelegen haben. Die ersten Personen mit Schürfrechten brachten die Steine mit Händen, Schaufel und Hacke aus der Erde heraus. Heute bezeichnet ein wenige hundert Meter breites, aber 1100 Meter tiefes, mit Grundwasser gefülltes Loch (*The big hole*) die sehenswürdige Stelle. Danach fand man beim Örtchen Johannesburg auch noch Gold. Und da offenbarte sich, daß die kühl rechtlich denkenden Briten mit dem Plan einer verfassungsrechtlich konstituierten südafrikanischen Nation ebenfalls mehr als nur eine funktionstüchtige Verwaltungseinheit im Auge hatten. Johannesburg wurde von unzähligen «Uitlanders» bevölkert, die sich nie als Stadtbürger fühlten. Sie trugen den Imperialismus wie ihr persönliches Recht auf der Fahne, verkehrten in der Konkurrenz künftiger Diamantenhändler und entwickelten im übrigen Sitten, wie sie in amerikanischen Goldgräberfilmen beschrieben werden. Als sich die Klagen der Buren über diese Auswüchse häuften, schickten die Briten sogenannte *chartered companies* mit Büros, Advokaten, Telegraphiekabeln, Maschinen, Facharbeitern und Werkschutz hinüber, um das gewinnversprechende Projekt effizient zu machen. Sie wurden also von der britischen Königin unterstützt. Dieser Anspruch ist im Begriff der *chartered company* enthalten. Dabei machten sich diese Gesellschaften mit ihrem modernen *know-how* auch für die burischen Industriellen in der Ausbeutung der Bodenschätze unentbehrlich; «schwer zu sagen, wo das Geschäft aufhörte und die Politik begann», schrieb James über die Vorgänge.[489] Klar, daß ein abermaliger Volksumzug für die Buren nicht mehr in Frage kam. Das also war Daddys Ausgangslage: die Bantu hinter den Herero, die Buren hinter den Bantu und die Briten hinter den Buren her. So begann die südafrikanische Variante von Einigungskriegen. Erstes Element, das der Enkel als geistiges Erbe seines Großvaters übernehmen konnte: James' Leben begann in einem Hexenkessel. Wer hier überleben, sogar vorwärtskommen wollte, mußte einen Teil seiner Kraft abzweigen, um Ordnung zu schaffen.

James Rose Innes, 1855 geboren, Sohn eines *Civil Commissioner*, also eines Verwaltungsbeamten. Viele Geschwister, Kindheit an Flüssen «mit weinfarbenem Wasser»[490] in ärmlichen Familienhäusern, doch zwischen Rosen- und Myrtenhecken auf Wegen mit blühenden Akazien oder unter Quitten. Die Ehe der Eltern war stabil. James genoß eine strenge presbyterianische Schulausbildung, darunter einen Lehrer, «der sich mit ganzer Seele in seine Arbeit warf», einen Prediger «mit klarem und logischem Verstand», der die Gabe hatte, zum Denken anzustiften.[491] Das faszinierendste Ereignis der Kindheit war die jährliche Ferienreise der Familie in einem Ochsenkarren größeren Kalibers, dem sogenannten *ship of the South African veld*.[492] Zuvor wurde im Hausofen Zwieback gebacken und Gingerbier gebraut. Beides gut im Fahren zu konsumieren, und so bestand James' orientierendes Bild seiner frühen Jahre aus einer Gruppe fast wie Natur, Mensch und Tier, die sich sehr langsam fortbewegt. James und seine Geschwister kannten Namen, Platz und Eigenschaften jedes Ochsen im Gespann, und nach dem Abendessen am Lagerfeuer «kletterten wir wieder auf den Katel hinauf, und während wir dem weichen Atmen und den fließenden Bewegungen, der an das *trektouw* gespannten Ochsen zuhörten, schliefen wir ein – um vor Sonnenaufgang gewahr zu werden, daß wir immer noch fuhren: das erste, was wir hörten, waren die hohen Stimmen der Ochsenführer, die das mühsam vorankommende Gespann antrieben.»[493]

An der Neuen Universität am Kap der Guten Hoffnung studierte der Jüngling Rechtswissenschaften, eine Karriere vor sich, wie sie fast alle seine männlichen Vorfahren hatten. Als er sich auf sein Examen vorbereitete, «schwappte eine Welle der Aufregung über das Land: im Vaal hatte man Diamanten entdeckt. Junge Burschen waren versucht, ihre Lehrbücher wegzustecken und sich dem Sturm aufs Eldorado anzuschließen. [...] Der Zauber der Trecks und die Aussicht auf ein lukratives Abenteuer reizten mich sehr, aber glücklicherweise intervenierte väterliche Autorität zugunsten eines nüchterneren Werdegangs.»[494]

Er mußte sich seine Studiengebühren selbst verdienen, arbeitete im Büro einer Kapstädter Kleinstbank, als Bürogehilfe beim Kapstädter *Minister for Native Affairs*, Charles Brownlee, als Berichterstatter neugegründeter Kapstädter Zeitungen schrieb er über das Parlamentsgeschehen. Schluß mit den Ochsen! Das Parlamentsgebäude wurde jetzt für James zur Drehscheibe des wahrnehmbaren Teils der Wirklichkeit des *British Empire*. Er saß auf der Zuschauertribüne, um Saul Solomon zu beobachten, den kleinwüchsigen Abgeordneten, der auf einem hochsitzigen Stuhl saß und Parlamentarier burischer wie britischer und asiatischer Abstammung mit Ansprachen über die künftige Einheit in Bann schlug. In Brownlees Ministerbüro erlebte James Häuptlinge und Delegierte von Bantustämmen, die vorsprachen. Hier seien die Bantu, schreibt er, zu erörtern bereit gewesen, was auf sie zukam, sofern das überhaupt hat vorausgesehen werden können. Brownlee sprach den einzelnen Bantu «als Sohn seines Vaters» und den Stamm «als Kinder des berühmtesten Häuptlings an»; Brownlees politische Leistung schien völlig in seiner Sprache verkörpert. Er sagte förmlich und voll Würde genau die Metaphern und historischen Anspielungen, «die ganz dem *mind* der Bantus entsprachen»[495], aber das Geheimnis seines Einflusses bestand nicht in der Kenntnis der eingeborenen Geschichte oder ihrer Sprachen, es war «ihr Glaube an seinen Charakter als rechtschaffener Mensch, der ihnen die Wahrheit sagte, auch wenn sie nicht schmeckte, der aber aufrichtig mit ihrer Rasse sympathisierte».[496]

Bald entwickelte James die politische Leidenschaft, die ihn in den 1890er Jahren zum Kapstädter Justizminister machte. Die liberalen Gruppen, denen er angehörte, müssen Vorläufer der *Progressive Party* gewesen sein, jener Partei, die viel später mit Bantu zusammen den *African National Congress* (ANC) gegründet hat. James befürwortete die Einheit der Nation un-

Lady Innes, 1902

ter britischer Fahne, das heißt unterm Schutz, in der *safety* des *British Empire*, das damals einige hervorragende Liberale hervorbrachte; er war aber gegen alle Versuche, «die Einheit von außen anzutreiben, anstatt sie von innen hervorzurufen».[497] Vor dem ersten Unabhängigkeitskrieg der Buren heiratete James am 18. Oktober 1881 Jessie Dods Pringle, die aus einer Farmerfamilie stammte. Sie gehörte zu den Vorkämpferinnen des Frauenwahlrechts. Von ihr ist weniger bekannt. Sie hatte keinen Beruf, aber, dem damaligen Frauenbild der *upper class* folgend, sehr viel getan. Das Kapstädter *Victoria Nurse Institute* hat sie in Zusammenarbeit mit anderen Frauen gegründet und betreut. In den Burenkriegen und im folgenden Weltkrieg war sie aktives Mitglied des südafrikanischen *Good Hope Red Cross Committee*. Sie arbeitete auch in Verbänden von Heimarbeiterinnen, in einem Leseclub, im südafrikanischen Zweig des «Christlichen Vereins Junger Frauen» und vertrat 1902 die *Women Enfranchisement League* und den *National Council of Women* ihres Landes in internationalen Frauenverbänden. Auch mit ihrer Tochter Dorothy besuchte sie später Jahrestagungen dieser Verbände als Delegierte, sprach englisch, holländisch, deutsch und italienisch, und darüber hinaus hatte sie ein leidenschaftliches Interesse an Botanik. In London soll es in einem botanischen Museum Exponate geben, die von ihr stammen.

Als Jessie am 26. Februar 1884 ihre Tochter Dorothy gebar – sie blieb das einzige Kind –, hatte James, unterstützt von Tengo Jabavu, dem Herausgeber der ersten Bantuzeitung Südafrikas, gerade seine erste politische Wahl gewonnen. Er war als Abgeordneter des bei der Stadt Alice gelegenen Bezirks Victoria East ins Kapstädter Parlament eingezogen, und enge Freunde schlugen vor, die Neugeborene Victoria Alice zu nennen, in Würdigung der Bedeutung des Tages. Es habe sich aber gezeigt, schrieb James, daß es auch in bezug auf die Tochter zweckmäßig war, sich an seine Prinzipien zu halten. Es war nicht nötig, Dorothy künstlich mit Politik in Verbindung zu bringen;

Dorothy von Moltke mit ihren Eltern, 1914

sie habe aus sich heraus »ein Gespür für die öffentlichen Dinge entwickelt, was ihren Eltern immer eine Freude war; mit der Zeit gab sie ihnen damit auch Hilfe und Ermunterung, solange sie lebte«.[498]

Angesichts der französischen Konkurrenz bei der Aufteilung afrikanischer «Interessengebiete» startete Großbritannien den Kap-Kairo-Plan. Eingebettet in die Illusionen und die Propaganda von der Auserwähltheit der britischen Nation zur umfassenden «Weltmission», drangen nach der Eroberung Ägyptens, die 1875 mit dem Aufkauf der Aktien der ägyptischen Suezkanalgesellschaft begonnen hatte, britische Expeditionscorps in den gerade aufständigen Sudan ein. Begleitet von Ethnologen, Priestern, Damen, Journalisten und Schlachtenmalern kämpften sie südlich des Sudans die Zulu nieder. Sie annektierten für die Nation und für ihre *companies* auch Gebiete, die die neuen Burenrepubliken umgaben, das Betschuanaland und das heutige Zimbabwe, damals nach Cecil Rhodes Rhodesien genannt.

Cecil John Rhodes war die vielgesichtige Seele und einer der Finanziers des Kap-Kairo-Unternehmens. Ein Mann mit zeitgenössischen Visionen, weswegen James Gelegenheit hatte, oft mit ihm zu streiten, und im übrigen ein freundschaftliches Verhältnis zu ihm pflegte, das bis zu Rhodes' Tod andauerte. Als Hauptaktionär der Diamantenminen der *South African Company* in Pretoria war Rhodes auch zum Spitzenpolitiker der *Cape Colony* avanciert.

Die Buren beunruhigte ihre militärische Einkreisung. Sie kauften bei Krupp in Deutschland zwei 7,5-cm-Feldgeschütze und inszenierten allerhand Überfälle, Morde und Brandstiftungen gegen Briten und «Uitlanders» ihrer Republik, um sie hinauszuekeln. Aber da hatten sie nicht mit den «ehernen» Rechtsinstituten des *British Empire* gerechnet. «Landsleuten helfen»: Das war die politische und moralische Plattform für eine große britische Strafexpedition in die burische Republik hinein. Ohm Krüger versuchte noch, in diesem weltimperialistischen Spiel das Deutsche Reich als Bündnispartner zu gewinnen. Er gratulierte zum Beispiel Kaiser Wilhelm II. zum Geburtstag. Wilhelm grüßte zurück und gratulierte Krüger zum antibritischen Unabhängigkeitskampf: Die Empörung in England über Wilhelms «Krüger-Depesche» war so heftig, daß sich England kriegsbereit zeigte gegen das Deutsche Reich. Knapp wurde der Weltkrieg abgebogen, dieser Krieg blieb noch lokalisiert. Das heißt, nur Südafrika wurde verwüstet.

James' stärkstes Druckmittel war es, das Amt des Justizministers gegen die imperialistischen Ziele Cecil Rhodes' niederzulegen, doch damit bewirkte er nichts. Die Burenrepubliken wurden nacheinander annektiert, neu proklamiert und reannektiert. Burischer Widerstand wurde zum ersten Mal in der Weltgeschichte mit einem neuartigen Instrument niedergeschlagen, das die Buren «wie mit dem Salzstreuer»[499] auseinandertrieb, dann reichten die Maschinengewehre gegen die verstärkte burische Artillerie nicht mehr aus, aber diese bestand nicht gegen die massive militärische Macht Kitcheners, des britischen Oberbefehlshabers. Zuletzt wurden aufsässige Buren mit Frauen und Kindern in sogenannten *Concentration Camps* unter Polizeiaufsicht gestellt, das heißt, dem Hunger ausgesetzt, bis schließlich 1902 bei einem Ort, der dann Vereeniging genannt wurde, der «Frieden» unterzeichnet wurde. Siebenundvierzig Jahre alt, zog sich James jetzt aus der Politik zurück, obwohl der Frieden ausdrücklich auch die Verlierer in die Verhandlungen einbezog; sie stellten die künftigen Präsidenten der Union.

James versuchte, die Rechtsordnung in einem noch Jahre von den Kriegswirren zerstörten Land wieder aufzurichten. Er wurde zum Sir ernannt und zum Mitglied des *Privy Council* bestellt, dem Kronrat für den britischen König. Und er wurde einer der obersten Richter des neuen Landes, *Chief Attorney* von Transvaal mit Sitz in Bloemfontain, dann *Chief Justice* von ganz Südafrika. Jessie und Dorothy nahmen auch an seinem zweiten beruflichen Leben regen Anteil. Die britische Geschichtsschreibung rühmte ihn später wegen seiner Prinzipientreue. «Seht», soll es in einer Karikatur geheißen haben, «da kommt der James Rose Innes. Er geht so aufrecht, daß er sich hinten rüberneigt!» Infolgedessen brauchte er Leute, die

Sir James Rose Innes, um 1902

ihn von rückwärts stützten. Er wurde von entsetzlichen Sorgen und pessimistischen Stimmungen gequält. Er fürchtete insbesondere die symbolische Kraft niedergetrampelter Maisfelder in bezug auf das schwache, moralische Empfinden der Menschenmischungen, die hier zur Nation werden sollten.

Die drei Innes machten es sich zur Gewohnheit, einander mit Blumensamen und Staudenknollen zu erfreuen. Aus allen Weltgegenden brachten sie welche mit oder schickten welche einander in Säckchen und Briefumschlägen zu. Sie besprachen, was aus den oft unbekannten Körnern und Nüßchen, aus Fädchen, Wurzeln und Gespinsten unterm wechselnden Einfluß von Witterung und Umgebung hervorkam. *«If I cannot see it, I can visualize it»*, sagte Granny im Garten, vielleicht auch, um James zu trösten. Die Tochter empfand große Anerkennung für den Vater: Obwohl viele Akte des Scheiterns zu beklagen waren, waren die Weichen gestellt für die südafrikanische Union, eine Gemeinschaft vieler Völker. Während sich Dorothy in Deutschland verliebte, versah James sein Richteramt mit großer Sorgfalt. Seine tapfere Persönlichkeit spiegelt sich auch in der auf die eigene Tochter bezogenen Hoffnung wider. Dafür hat er uns – wie Helmuth James und Freya, die ihm 1934 zuhörten, bis der Kamin erlosch und das letzte *cookje* verzehrt war – ein schönes Motto geschrieben:

> «Die aufeinanderfolgenden Menschenwellen helfen der Menschheit beim Vorwärtskommen. Wenn die jungen Generationen die alten einholen, geben sie etwas von ihrer jugendlichen Kraft ab, füllen die Lücken der Mannschaft auf und nehmen, bei ihrem Zug durch die ausgedünnten Rotten hindurch, ihre Plätze in der Vorhut des großen Vormarschs ein.» – *«passing through the thinning files, take their places in the vangard of the great advance.»*[500]

Dorothy als kleines Mädchen erlebte ihren Vater als einen der *«men of vision throughout the country»*[501], von denen er in seiner Autobiographie berichtet; ihre Vision war die eines einigen Südafrika. Beispielsweise zu Hause beim todkranken Cecil Rhodes. Auf einer Gartenbank sitzend, Dorothys Daddy daneben, politisch immer noch um ihn kämpfend. Das war der Mensch! In diesen beiden Menschen, zwischen mannshohen Hortensien, «inmitten all dieser Schönheit», in einer «Herrlichkeit mit Büscheln aus reinstem Blau».[502] Oder sie sah Daddy zwischen den Parlaments- und Richterkollegen, Hofmeyr, Merriman, Sauer, Garrett, Schreiner, oder gemeinsam mit diesen Familien bei *weekends* am Meer. Nie habe er dort, schreibt

James, mit Jessie, Dorothy und den Freunden Fische geangelt. Aber was taten sie denn? Am weiten, sauberen Strand von Muizenberg, «glitzernd in der Morgensonne oder opalschimmernd unter dem Abendhimmel», umweht von der «kühlen und unvergifteten Luft vom Südpol»[503], seien sie ausschließlich «Menschenfischer» gewesen, und «unser Gespräch drehte sich immer um Politik».[504]

Bald nachdem Freya und Helmuth James sich verabschiedet hatten von den Großeltern und zu ihrer großen mehrwöchigen Afrikareise aufgebrochen waren, schrieb Helmuth James seinem Großvater folgenden Dank:

> «Ich muß Dir sagen, lieber Daddy, wie es mich gefreut hat, dieses Mal in Kolara gewesen zu sein, und daß ich so glücklich bin, so viel von Dir zu kennen. Das klingt ein bißchen impertinent, aber es ist viel im Vergleich zu dem, was ich von Dir vorher wußte. So habe ich also auch wieder die Freude gehabt, wirklich einen Großvater zu haben, denn Du bist der einzige von den vier Großvätern, die Freya und ich haben, den ich nun kenne, und das scheint mir, als habe sich mein Leben in die Vergangenheit hinein verlängert.»[505]

Nachwort

Von Gabriella Sarges-Köhler

Jochen Köhler war ein Mensch, der auf hoher Flamme kochte und lebte. Die Kinder nannten ihren Vater Dreiermensch, weil er beim Kochen immer die Stufe drei verwendete. Also immer gleich volle Kanne Energie ... Er sog Menschen an mit Geschichten und fragte: Was bist du für einer? Was machst du? Was denkst du? Hast du ...? Falsch! Du musst ...! Zack! Da war er, der Imperativ. Oft endete das in heißen Debatten. Er wollte klarstellen, behaupten, etwas verdeutlichen. Er war wie ein ungerufener Liebhaber.

Man musste das schon wollen. Wenn man es nicht wollte, er dagegen unbedingt, tat er alles, um einen zu gewinnen. Er redete, überredete, sprach auf einen ein. Er kam – ohne Vorwarnung. Er nahm das Taxi, das Flugzeug, den Zug, brachte Sauerbraten mit Klößen, Schlüsselblumen, das neue Buch eines frischgebackenen Nobelpreisträgers, ein Notizblöckchen. Ein Lebensenergieschenker, un fantôme, ein Rasender! «Mon cœur qui s'arrête sur ton cœur, qui sourit!» Er holte aus, die Ordnung der anderen in Unordnung bringend mit umstürzlerischer Lust.

Später einmal, als er im Krankenhaus lag und der Mann im Bett neben ihm vor Schmerzen stöhnte, sagte er zu den Ärzten: «Binden Sie ihn nicht fest, hören Sie ihm zu. Dann kann der Kranke den Körper vergessen.»

Nur ein Erzähler kann so denken. Ein Erzähler geht die Welt ab mit den Füßen, und wenn er krank ist, geht er mit dem Kopf.

Die Olympia

1981, als wir uns kennenlernten, war ich blutjung, ein unbeschriebenes Blatt, und er bereits ein todkranker Mann. Die Aschenbecher in seiner Wohnung quollen über. Er hatte das Atemvolumen eines Achtzigjährigen. Er briet mir eine Forelle, dann sprachen wir über Bücher: Botho Strauß' «Paare, Passanten», Ingeborg Drewitz' «Gestern war heute», Peter Brückners «Das Abseits als sicherer Ort» und «Der Schattenmann» von Ruth Andrea Friedrich, wir blätterten in der «Roten Fahne», in Walther Braunes «Der islamische Orient». «Das erkennende Subjekt ist überall und jederzeit zerstreut.» Er hatte eine Entzündung der Herzinnenschleimhaut; die Aortenklappe wurde nur noch von ein paar Kunstfädchen festgehalten. Die Wohnung in Kreuzberg, in der Skalitzerstraße 50, war ein Altbau, Deckenhöhe 3,30, alles frisch saniert, kirchenschiffartig, also groß, weiß, leer bis auf sein Arbeitszimmer: Dort sah ich volle Bücherregale und auf dem Schreibtisch die Olympia. Der Teppich war samtrot. Nachts wurde nicht geschlafen, es wurde erzählt, dann geflüstert, sonst nichts.

Als er im Februar 1982 operiert werden konnte, sagte er mir, er werde sich Liebesbriefe ins Haar drehen. Er wurde aufgesägt, eine neue Klappe kam ins Herz, eine sogenannte St.-Jude-Klappe aus reinem Titan. Sie ist sehr leicht und verbraucht sich nicht. Während draußen die Olympia klapperte, tickte jetzt innen die St. Jude.

Die Olympia ... eine wuchtige, schwere Schreibmaschine, die schon auf den Versammlungen des SDS herumgestanden hatte. Jetzt hackte er mit zwei Fingern in die Tasten. Die Maschine klirrte und knallte. Das waren Morsezeichen, die durch die Wohnung hallten; die Skripte waren wie gelöchert. Die Typen klemmten, das rote Korrekturband druckte ab und zu mit, in der Hast fiel die Zigarettenasche in die arenaartige Anordnung der Typen. So schrieb er, und was er damals, Anfang der achtziger Jahre, schrieb, das waren wilde, besessene … Fingerübungen. Briefe, Tagebuchnotizen und Erzählungen, in denen er seine Beobachtungen festhielt. Jochen, einst ein glühender Maoist, steckte damals in einem jahrelang schwebenden Berufsverbotsverfahren fest. 1981, als das Verfahren abgeschlossen wurde, entschied er sich, beruflich zu wechseln. Er wurde freier Autor.

Also sendete er «Funksprüche und Nachrichten … aus dem Mief des SO 36 heraus». Er wollte «keiner Konzeption mehr folgen», «sich aussprechen ohne Koketterie», «Krach machen», «Spuren suchen», aber auch «eigene Spuren ausprägen», immer auf die Gefahr hin, in den selbstgemachten Rillen hängenzubleiben. Das Schreibvorhaben: eine autobiographische Erzählung, dazu ein «Biogramm», d.h. eine Lebensskizze aus dem deutschen Widerstand. Das ganze «Büchlein» sollte 100 bis 120 Seiten haben. Er stellte sich damals vor, er würde das Buch schnell schreiben können, aber in Wirklichkeit kam er nur schwer voran. Er notierte schließlich: «Weg, bloß weg aus Berlin!»

Die Dodenmolen

Noch im Sommer 1982 gingen wir nach Belgien in die flämische Westhoek – Langemark. Ein Bauer mit feuerrotem Haar, Sommersprossen, kantigem Gesicht vermietete uns dort das Müllerhaus samt Getreidemühle. Die Dodenmolen lag an der Route 14–18; im Ersten Weltkrieg war der Ort zwischen englischen und deutschen Soldaten strategisch umkämpft gewesen; die Engländer nahmen ihn. Tote Soldatenleiber sollen sich hier gestapelt haben. Dort blieben wir vom Sommer bis in die Winterzeit hinein. Wir haben mächtig gefroren in dem zugigen Müllerhaus. Nur Jochens Schreibzimmer wurde bereits mit einem modernen Allesbrenner beheizt, es musste immer sehr warm sein bei ihm. Die Wände waren mit Zetteln, Notizen und Ausrissen vollgehängt, aber das Schreiben blieb schwierig, vielleicht weil es so lange gedauert hatte, bis die marxistischen Irrtümer aus dem eigenen Skript, dem Lebensskript, herausgestrichen worden waren. Eins nach dem anderen waren seine Denk- und Lebensfelder verklumpt. Ende der ersten Ehe, Ende des Marxismus, Berufsverbot, Operation … Wir ließen das hölzerne Kreuz unserer Vorgänger über dem Kanonenofen hängen. Nachts krochen Mäuse durch den Türrahmen und wippten im Sandrinnstein auf den ungespülten Löffeln. Wasser musste man vom Brunnen holen. Die Einsamkeit war spürbar.

Abends machten wir Spaziergänge auf den scheinbar endlosen, geraden Teerstraßen entlang der Äcker, die voller Zuckerrüben und Granatreste steckten. Wir gingen an Friedhöfen vorbei, in denen keine Grabsteine, sondern Platten in die Erde eingelassen waren. Eine Platte gedachte gleich Tausender von Studentensoldaten. Es gab Hunderte solcher Platten. Die schlammigen Pfützen schimmerten im Abendlicht. Zwischen den Bombenkratern standen still Kühe und kauten.

Damals gab es um Langemark nur ein paar vergammelte Privatmuseen über den Ersten Weltkrieg. In hölzernen Drehrädern konnte man Dias vom Kriegsgeschehen sehen. Wir sahen Fotos von Pferden, die in Bäumen hingen. Wir erkannten indische Soldaten, natürlich an ihrem Turban, zwischen den Fronten. Gandhi hatte sie den Engländern geschickt, eine Millionen Männer, und erhielt dafür von der britischen Regierung das Versprechen, Indien nach diesem treuen Dienst seine Unabhängigkeit zu geben; daraus wurde bekanntlich nichts.

Zum Ende des Jahres verließen wir das Land. Ein Fragment in der Tasche, einen Kanonenofen im Ford und Flämisch auf der Zunge. Wir sprachen es fließend.

Zu diesem Zeitpunkt war Jochen bereits mit Konrad von Moltke befreundet. 1984 erschien sein Aufsatz «Über Milieu und Liebe» über das Ehepaar Moltke. Seine Forschungen gingen damals noch um das, was er «Kreisau» oder das «Moltke-Milieu» nannte; das änderte sich, als er im September 1988 von Freya von Moltke eine Einladung in ihr Haus nach Norwich/Vermont erhielt. Unter dem Eindruck der Originalbriefe von Helmuth James – «bei einer Buchstabengröße von ungefähr einer Viertel Ameise» las er die unter Glas gelegten Briefe an einem Tisch, den man für ihn auf die weiträumige, leicht abschüssige Rasenfläche vor Freyas Haus gestellt hatte – und zusätzlich erfüllt von den Schilderungen Freya von Moltkes fiel die Entscheidung, eine biographische Erzählung über Moltke und seine Gefährten zu schreiben.

Jetzt begann das intensive Leben mit Moltke, ihm quasi hinterhergehend, ihn betrachtend, die Liebesgeschichte zwischen Freya und Helmuth, die ihn sehr faszinierte, zu verstehen suchend. Er wollte die Nazizeit aus Helmuths Augen noch einmal erkennen, gleichzeitig aber, aus eigener Wahrnehmung heraus, seine politischen Erfahrungen als Maoist kritisch überprüfen und bewerten. Die Frage nach dem Vorbild war da. Er suchte eine Orientierung. Darin war auch etwas Hoffnungsgeladenes; das führte ihn schließlich wieder zu der Frage nach dem Menschen und der Bedeutung der Persönlichkeit, die ihn schon früher beschäftigt hatte, nun aber fernab von jeder Ideologie. Zwischen Freya von Moltke in Norwich/Vermont, ihrem Familien- und Freundeskreis und uns entstand eine tiefe freundschaftliche Verbindung über all die Jahre hinweg.

1989, nach dem Fall der Mauer, suchte Jochen ein Haus in der Mark Brandenburg und fand es in Ganzer bei Kyritz. Es war ein altes Pfarrhaus, das uns eine monatliche Grundmiete von 75 DM kostete. Vor uns hatte es einem Bildhauer als Behausung gedient. Wir übernahmen seine Möbel. Vom Garten kamen Vogelgeräusche, die läutenden Rufe der Wildgänse, Singschwäne, Kraniche, die im Winter die Getreidefelder bewohnten. Wer Phantasie besaß, konnte das Durchziehen der Herden durch das Urstromtal imaginieren, ihr Hufschlag hallte durch die weite Landschaft. Abends leuchtete das Licht manchmal tiefviolett. Um uns herum die sichtbare Hinterlassenschaft des sogenannten real existierenden Sozialismus: Kirchenruinen und Viehställe aus den siebziger Jahren. Die Rinder lebten in Betonhallen, die unterhalb der Decke offen waren; im Winter blieben die Tiere Tag und Nacht der Kälte und dem Wind ausgesetzt wie abgehängtes Fleisch. Die Gefühlslage der Zeitgenossen war gefährlich. Im August 1992 ereignete sich in Rostock-Lichtenhagen ein Pogrom. Roma, die in Deutschland Asyl suchten, wurden im Nachbardorf einquartiert, dann aber von den deutschen Behörden wieder nach Rumänien zurückgeschickt.

Wir lebten in Ganzer 1993 schließlich mit drei Kindern. Wir hatten Obst und Beeren in Massen, während sich zahllose neue Bundesbürger Dosenobst bei Lidl kauften. Wir ernteten Wildkirschen, Johannisbeeren, Stachelbeeren, kochten Sirup, Konfitüren und Gelee und Kürbis süß-sauer. Wir hatten einen Garten, den wir sehr liebten. Zur Kirchenruine hin begrenzte ihn noch immer ein alter Zaun aus der Kaiserzeit; über die Jahrzehnte der Verwahrlosung hinweg, tief in die Stämme der alten Haselnußsträucher eingewachsen, schien er uns eine in die Landschaft gewundene, organische Verbindung mit der Zeit. Im Januar war er von Tausenden Schneeglöckchen umsäumt.

Im Frühjahr kamen die Wildfasane und Rebhühner aus dem Unterholz, dann der Kuckucksruf, der Amsel- und Nachtigallengesang, und schließlich bildete alles zusammen mit den Ringelblumen, den Akeleien, den himmelblauen, großen, haarigen Glockenblumen, den Pfingstrosen, dem rosa-weiß-violetten Phlox, den Bartnelken und Levkojen im Schatten des Frühapfels, den wuchtigen Stockrosen, deren Blüten blutrot waren, den locus amoenus, den lieblichen Ort. Unten wurde gekocht, oben geschrieben. Draußen spielten die Kinder.

1993 endete diese Zeit. Wir wurden aus dem Haus hinausgeworfen. Wir kehrten zurück nach Berlin.

Fremdherz oder eigene Wohnung

Das Leben zehrte an den Kräften. Jahrelang hielt der Körper dem Druck mehr oder weniger stand. 2004 musste Jochen sich eine lebensnotwendige Frage stellen. Die Zeit wurde knapp. Er entschied sich gegen ein Fremdherz. Er nahm sich eine eigene Wohnung.

Dort in der Küche schrieb er. Wenn man ihn besuchte, hörte man die leise gesprochenen Sätze. Der Raum war vom Duft von Kaffee durchzogen, und immer war da eine Zigarette, die knisterte, wenn er an ihr zog, um den Satz dann langsam, nie nachlassend in der Bestimmtheit, zu Ende zu sprechen. «Das muss man schon mal festhalten!» Ein Satz, den er oft sagte. Das Sprechen, das Festhalten, eindringlich, fein, so wie das Knistern der berstenden Tabakfädchen in der Hitze der Glut. Im Ohr blieb davon ein sinnlicher Eindruck haften. Dazu der immergleiche Lockruf eines Vogels, den man dort hörte, das endlose laute Rufen einer Verrückten in der Nachbarwohnung, das Kreischen der S-Bahn. Zusammen bildete alles den Weltklang dieses Abseits, seines letzten Schreiborts.

Wenn er beim Schreiben auf Leerstellen stieß, schrieb er wie besessen um die Leerstelle herum, ortete und umzingelte sie. Dann ging ein wildes Lesen los, Bücher wurden bestellt, Helfer in Archive nach England oder Schottland geschickt, sie mussten noch an Ort und Stelle telefonieren und berichten. Er hackte Texte ins digitale Fenster seines Laptops, bis die Idee schließlich kam. Falls sie aber nicht kam, blieb er zurückgeworfen auf das Suchen. Wie ein Greifvogel zog er dann seine Kreise, am Waldrand, im trüben Licht, über dem Acker. Wenn es ihm nicht gelang, Beute zu machen, folgte zwar kein Absturz, aber der Kräfteverzehr war gewaltig, wochenlang.

Auf dem Tisch lagen offene Tabakpackungen zwischen Medikamenten-Beipackzetteln, aufgeschlagene Bücher, darin massenhaft Lesezeichen aus Tabakblättchen, Teetassen, immer viele davon, Zeitungsausschnitte, sehr, sehr viele, Notizen auf gelben Zetteln, Kinderbriefe, Fotos, Postkarten aus Frankreich, Luftpost aus Amerika, die feine Schrift auf einer Rowohlt-Karte, der Verleger grüßte, zahllose Ausrisse aus der FAZ, dazwischen seine alten Herzklappen neben Bleistiften und Manuskripten voller Korrekturen, wir drehten sie manchmal beim Reden zwischen den Fingern. Beim Sprechen saßen wir uns an zwei großen Schreibtischen, die dort standen, gegenüber. Wenn es Essen gab, wurde der Schreibkram beiseite geschoben; Kräuter und Zitronen mussten dasein, Ziegenkäse, Brot; seine Kindheit war Hungerzeit gewesen. Er liebte, ja, ich glaube fast: er atmete Licht, warme Sonne auf dem nackten Oberkörper. Er fror dann nicht. Manchmal riß er das Fenster auf und rief: «Ach, das Leben ist so schön!»

Waren wir in der Stadt unterwegs, was in den letzten Jahren selten vorkam, konnte es passieren, dass er den Taxifahrer innerhalb weniger Minuten in ein lebhaftes Gespräch verwickelte, ihn mit Wortspielen und Erinnerungskarikaturen geradezu umschlang. Dieser Hochgeschwindigkeitsdialog zwischen den beiden Männern, vor denen, während wir zuhörten, die

Kulisse des nächtlichen Berlins leuchtete ... wir rissen die Augen auf. Dann schallendes Gelächter. Das Leben war plötzlich eine Theaterszene. Wir fühlten uns, wie sich Ganoven fühlen müssen, wenn sie ihren Verfolgern entkommen, frei und jung, mit schier endloser Kraft. Dann war die Taxifahrt zu Ende, und er stieg aus, ein uralter Mann.

Frankreich

Seit dem letzten Vertragsabschluss im Jahre 2005 mit Rowohlt hing aus braunem Packpapier ein großdimensionierter Arbeitsplan «Moltke» an der Wand hinter seinem Schreibtisch, worauf Tag für Tag Arbeitsschritte beschrieben waren. In dieser letzten Zeit wurden von ihm Postkarten von Weinbergen auf diesen Plan gesteckt, Tag für Tag, gesendet von seinem Freund Eric Onnen aus Frankreich. Frühling-, Herbst- und Winterbilder alter Weinstöcke. Ganz klein hatte er damals einen Satz an den Anfang des Planes gesetzt (ich habe ihn erst später entdeckt): «Die schönen Tage von Aranjuez, die schönsten Tage meines Lebens, sie sind gekommen.» Er plante seit Monaten eine Reise nach Frankreich in das okzitanische Languedoc, das Zentrum mittelalterlicher Häretiker, der Katharer. Dort, in den Ausläufern der Grandes Causses, wollte er sich ein Haus kaufen. In den Maronenwäldern, erzählte er mir, leben wilde Widderherden. Manchmal tauchen sie aus dem Nebel mitten auf der Straße auf.

Der Landstrich wird von Winden heimgesucht, die sich zwischen Jura und Alpen durchzwängen, den Rand der Cevennen schneiden, um schließlich hart auf die Pyrenäen zu stoßen. Die Bergkette zwischen Frankreich und Spanien stößt die Winde zurück, und das Ganze geht rückwärts, ein scharfer Zickzackwind. Bäume werden entwurzelt, Autos können sich kaum auf der Straße halten, das Meer schäumt. Weintäler erstrecken sich auf Kalkböden, und hochmoderne, wasserblau gestrichene Stahlbrücken führen über klare Flüsse.

Im April schrieb er an seinen französischen Freund: «Vielleicht kann ich nicht kommen, vielleicht muss ich noch ein bißchen operiert werden.» Diesmal lag es an der sogenannten Mitralklappe zwischen Vorhof und Herzkammer, einer kapriziösen Erscheinung. «Die ist», sagte er, «der Weberknecht unter den Herzklappen» und spreizte dabei seine feinen, schmalen Hände.

Im Mai ging er dann doch nach Frankreich, gegen den Rat der Ärzte. Und so war die von ihm gedachte Reihenfolge: erst Frankreich – dann OP – dann das Buch – dann das schöne Leben da unten in Frankreich, im Wein – dann ein Stück Land für die Kinder, damit sie etwas anbauen können, wenn es mal knapp wird. Aber die Ideen-Ereignis-Kette riss. Frankreich ging noch, die OP nicht mehr.

Jochen liebte das Leben. Immer rang er mit sich und den Verhältnissen. Er war ein Mensch, der von der Idee geleitet war, von der Phantasie, vom Spiel. Als er in diesen letzten Tagen seine aussichtslose Lage erkannte, wurde er ruhig und ging durch. «Sieh da, das Brückenbögelchen.» 1982 hatte er mir den Moment, der jetzt kommen sollte, mit diesem Bild bereits angedeutet: der Tod, ein Durchgehen durch den Bogen. Jetzt ging er durch.

Anmerkungen

Die wichtigste Quelle Jochen Köhlers im ersten Teil seines Buchs sind die Briefe Dorothy von Moltkes an ihre Eltern in Südafrika, die Köhler im Privatarchiv Freya von Moltkes in Vermont gelesen und selbst aus dem Englischen übersetzt hat. Sie werden im folgenden mit der Sigle DvM abgekürzt. Heute liegen diese Briefe, die 1999 in Auszügen in einer Übersetzung von Beate Ruhm von Oppen erschienen sind, in einem Berliner Privatarchiv. Auch die übrigen Übersetzungen stammen, wenn nicht anders vermerkt, von Jochen Köhler. Wenn der Autor mit den Originaldokumenten aus dem Privatarchiv Freya von Moltkes (im folgenden abgekürzt PA FvM) gearbeitet hat, wird nach diesen Dokumenten zitiert, nicht nach meist orthographisch angepaßten und häufig mit Auslassungen abgedruckten Veröffentlichungen.

Wenn im Text die Quellenangaben, also etwa Verfasser, Adressat und Datum des Briefs, genannt sind, wurde auf Anmerkungen verzichtet.

Ebenso fehlt ein Nachweis bei den wenigen Stellen, die ohne Mithilfe des Autors nicht mehr ermittelt werden konnten.

1 Roland Barthes: Was singt mir, der ich höre in meinem Körper das Lied, Berlin 1979, S. 11
2 Mary Baker Eddy: Wissenschaft und Gesundheit mit Schlüssel zur Heiligen Schrift, Boston 1965
3 Helmuth James von Moltke: Brief an Caspar und Konrad, 5.2.1944, PA FvM (im folgenden: HJvM an Caspar und Konrad)
4 Ebd.
5 Ebd.
6 DvM, 10.6.1907
7 HJvM an Caspar und Konrad (wie Anm. 3)
8 Ebd.
9 DvM, 7.1.1906

10 HJvM an Caspar und Konrad (wie Anm. 3)
11 DvM, 7.1.1906
12 Ebd.
13 DvM, 17.6.1907
14 DvM, 7.1.1906
15 DvM, 4.6.1907
16 DvM, 7.4.1909
17 Etwa Hans Deichmann im Gespräch mit dem Verfasser im März 1988 in Bocca di Magra/Italien.
18 DvM, 23.11.1906
19 DvM, 4.5.1907
20 DvM, 9.2.1908
21 HJvM an Caspar und Konrad (wie Anm. 3)
22 DvM, 9.2.1908
23 DvM, 17.6.1907
24 DvM, 23.12.1907
25 DvM, 15.5.1908
26 DvM, 23.6.1908
27 DvM, 6.7.1908
28 DvM, 7.10.1907
29 DvM, 6.12.1909
30 DvM, 9.1.1910
31 DvM, 21.7.1908
32 DvM, 12.12.1909
33 DvM, 6.12.1909
34 HJvM an Caspar und Konrad (wie Anm. 3)
35 Ebd.
36 DvM, 15.6.1909
37 DvM, 27.9.1909
38 DvM, 1.1.1910
39 DvM, 16.1.1910
40 DvM, 8.11.1909
41 DvM, 27.2.1910
42 DvM, 27.6.1910
43 DvM, 3.5.1910
44 DvM, 21.3.1911
45 DvM, 20.4.1909
46 DvM, 4.2.1909
47 DvM, 3.2.1909
48 DvM, 4.2.1909
49 DvM, 20.4.1909

50 DvM, 29.6.1909
51 DvM, 13.7.1909
52 DvM, 6.12.1909
53 DvM, 25.10.1909
54 DvM, 22.8.1909
55 DvM, 12.9.1909
56 DvM, 22.8.1909
57 DvM, 16.4.1911
58 DvM, 15.2.1910
59 DvM, 27.2.1910
60 DvM, 19.9.1911
61 Baker Eddy (wie Anm. 2), S. ii
62 DvM, 4.9.1911
63 DvM, 21.3.1911
64 DvM, 30.9.1911
65 DvM, 5.11.1911
66 DvM, 11.11.1911
67 DvM, 3.2.1912
68 DvM, 4.1.1912
69 DvM, 17.2.1912
70 James Rose Innes: Autobiography, Kapstadt 1949, S. 224
71 DvM, 22.10.1912
72 Innes (wie Anm. 70), S. 224f.
73 HJvM an Caspar und Konrad (wie Anm. 3)
74 Innes (wie Anm. 70), S. 225
75 Ebd., S. 226
76 Barbara Tuchman: August 1914, Frankfurt/M. 1990, S. 359
77 Ebd., S. 416
78 DvM, 22.10.1912
79 Hans Dollinger (Hg.): Das Kaiserreich. Seine Geschichte in Texten, Bildern und Dokumenten, Wiesbaden 1966, S. 373
80 P. J. Bouman: Verschwörung der Einsamen. Weltgeschichte unseres Jahrhunderts, München 1954, S. 172f.
81 Hans Dollinger (Hg.): Der Erste Weltkrieg in Bildern und Dokumenten, München 1965, S. 85
82 HJvM an Caspar und Konrad (wie Anm. 3)
83 Ebd.
84 Ebd.
85 Friedrich Schiller: Das Ideal und das Leben, 1. Strophe
86 Ebd.
87 HJvM an Caspar und Konrad (wie Anm. 3)

88 Joachim Wolfgang von Moltke an den Verfasser, 1.2.1990
89 Friedrich Schiller: Das Ideal und das Leben, 3. Strophe
90 DvM, 11.9.1914 (im Original deutsch)
91 Carl Zuckmayer: Als wär's ein Stück von mir. Horen der Freundschaft, Wien 1966, S. 203
92 DvM, 27.8.1914 (im Original deutsch)
93 DvM, 25.8.1914 (im Original deutsch)
94 DvM, 3.3.1915
95 Asta Henssel im Gespräch mit dem Verfasser, 1988
96 DvM, 3.3.1915
97 DvM, 15.9.1915
98 HJvM an Caspar und Konrad (wie Anm. 3)
99 DvM, 8.9.1915
100 DvM, 15.9.1915
101 Hermann Wild (Hg.): Geschichte der evangelischen Kirche zu Gräditz. Zum 200jährigen Jubiläum des Bestehens der evangelischen Kirchengemeinde am 31. Oktober 1943, Gräditz 1943, S. 9
102 DvM, 14.12.1915
103 HJvM an Caspar und Konrad (wie Anm. 3)
104 Liederbuch der Christlichen Wissenschaft (*Christian Science*). Mit fünf Gedichten von Mary Baker Eddy, Boston 1924, S. 97
105 DvM, 9.4.1916
106 HJvM an Caspar und Konrad (wie Anm. 3)
107 Joachim Wolfgang von Moltke behauptete in einem Gespräch mit dem Verfasser 1990, nicht dem Soldaten, dem Menschen im Feldmarschall habe die Aufmerksamkeit der Familie gegolten. Niemand habe mit dem Krieger paradieren wollen. Die Scharade von 1916 hatte er vergessen.
108 PA FvM (ohne Datum)
109 HJvM an Caspar und Konrad (wie Anm. 3)
110 Ebd.
111 Ebd.
112 Ebd.
113 DvM, 3.4.1917
114 DvM, 14.6.1917
115 HJvM an Caspar und Konrad (wie Anm. 3)
116 Ebd.
117 DvM, 19.11.1918
118 Woodrow Wilson: Memoiren und Dokumente über den Vertrag zu Versailles anno MCMXIX, herausgegeben von Ray Stannard Baker, II. Band, Leipzig 1923, S. 4

119 Ebd., S. 5
120 Winston S. Churchill: Der Zweite Weltkrieg, Bern 1995, S. 15
121 Ebd., S. 19
122 Heinrich August Winkler: Weimar 1918–1933. Die Geschichte der ersten deutschen Demokratie, München 1993, S. 90f.
123 Paul Löbe: Der Weg war lang. Lebenserinnerungen von Paul Löbe, Berlin 1954, S. 91
124 August Winnig: Heimkehr, Hamburg 1935, S. 200
125 Winkler (wie Anm. 122), S. 91
126 Löbe (wie Anm. 123), S. 93
127 DvM, 16.11.1919
128 August Thalheimer: Das Agrarprogramm der Kommunistischen Partei Deutschlands (Spartakusbund), in: Die Internationale, Jahrgang 1, Heft 7/8, 19.7.1919, S. 6–15, S. 11
129 DvM, 4.11.1919
130 DvM, 1.1.1920
131 DvM, 5.3.1920
132 DvM, 1.1.1920
133 DvM, 31.1.1920
134 DvM, 20.7.1920
135 DvM, 28.11.1919
136 Lebenslauf des Helmuth James Graf von Moltke [1926], PA FvM
137 DvM, 7.7.1921
138 Carl Viggo von Moltke im Gespräch mit dem Verfasser, 2.8.1988
139 DvM, 14.9.1920
140 Axel von Freytagh-Loringhoven: Politik. Eine Einführung in Gegenwartsfragen, München 1919, S. 9
141 Johannes Erger: Der Kapp-Lüttwitz-Putsch. Ein Beitrag zur deutschen Innenpolitik 1919/1920, Düsseldorf 1967, S. 16
142 Carl Viggo von Moltke im Gespräch mit dem Verfasser, 2.8.1988
143 HJvM an Caspar und Konrad (wie Anm. 3)
144 Carl Viggo von Moltke im Gespräch mit dem Verfasser, 2.8.1988
145 Asta Henssel im Gespräch mit dem Verfasser, 1988
146 HJvM an Caspar und Konrad (wie Anm. 3)
147 Lebenslauf (wie Anm. 136)
148 DvM, 13.6.1921
149 DvM, 10.3.1922
150 DvM, 12.1.1922
151 Ebd.
152 Lebenslauf (wie Anm. 136)
153 HJvM an Caspar und Konrad (wie Anm. 3)

154 Carl Deichmann: Manuskript [ohne Titel, ohne Jahr], Original im Besitz von Niklas Deichmann, S. 26
155 HJvM an Caspar und Konrad (wie Anm. 3)
156 Alle Zeugnisse im Archiv der Stiftung Landerziehungsheim Schondorf am Ammersee
157 HJvM an Caspar und Konrad (wie Anm. 3)
158 DvM, 6.11.1922
159 Ebd.
160 DvM, 5.10.1923
161 DvM, 10.10.1923
162 DvM, 25.10.1923
163 DvM, 2.11.1923
164 DvM, 9.11.1923
165 DvM, 15.11.1923
166 DvM, 23.11.1923
167 Lebenslauf (wie Anm. 136)
168 DvM, 13.8.1924
169 Robert Musil: Der ‹Untergang› des Theaters, in: Robert Musil: Theater. Kritisches und Theoretisches, Reinbek 1965, S. 181–194, S. 188
170 DvM, 26.6.1924
171 Louis Ferdinand von Preußen: Im Strom der Geschichte, München 1983, S. 351
172 DvM, 19.6.1924
173 DvM, 5.4.1907
174 Louis Ferdinand von Preußen: Als Kaiserenkel durch die Welt, Berlin 1952, S. 67
175 DvM, 10.7.1924
176 DvM, 29.11.1923 u. 21.12.1923
177 Lebenslauf (wie Anm. 136)
178 DvM, 5.3.1924
179 DvM, 21.12.1923
180 Innes (wie Anm. 70), S. 54
181 Theodor Wolff: Die Wilhelminische Epoche. Fürst Bülow am Fenster und andere Begegnungen, hg. v. Bernd Sösemann, Frankfurt/M. 1989, S. 300
182 HJvM an Granny und Daddy, 27.3.1924, PA FvM
183 Lebenslauf (wie Anm. 136)
184 DvM, 29.11.1923
185 HJvM an Granny und Daddy, 27.3.1924, PA FvM
186 Ebd.
187 Louis Ferdinand von Preußen: Kaiserenkel (wie Anm. 174), S. 66f.
188 Ebd., S. 67

189 Johann Wolfgang von Goethe: Wilhelm Meisters Lehrjahre. Zweiter Teil, zitiert nach der Ausgabe Frankfurt/M. 1981, S. 93
190 DvM, 29.11.1923
191 Ulla Oldenbourg an Lady Innes, 12.10.1923, PA FvM
192 Zuckmayer (wie Anm. 91), S. 313
193 Charles G. Dawes: Eröffnungsrede zum Sachverständigenausschuß im Januar 1924 in Paris, zitiert nach: F. A. Krummacher/Albert Wucher (Hg.): Die Weimarer Republik. Ihre Geschichte in Texten, Bildern und Dokumenten, Wiesbaden 1965, S. 176
194 DvM, 17.1.1924
195 Carl Viggo von Moltke im Gespräch mit dem Verfasser, 2.8.1988
196 DvM, 18.7.1921
197 DvM, 2.4.1924
198 DvM, 5.6.1924
199 Klaus Mann: Die Odenwaldschule, in: Vossische Zeitung, 19.8.1924
200 DvM, 7.5.1924
201 DvM, 12.6.1924
202 DvM, 12.6.1924
203 Joachim Engelmann an den Verfasser, 26.6.1989
204 DvM, 20.3.1924
205 DvM, 2.5.1924
206 DvM, 5.6.1924
207 DvM, 19.6.1924
208 DvM, 12.6.1924
209 DvM, 10.7.1924
210 DvM, 17.7.1924
211 DvM, 30.7.1924
212 Peter Suhrkamp: Söhne ohne Väter und Lehrer. Die Situation der bürgerlichen Jugend, in: Neue Rundschau 43 (1932), S. 681–696, S. 687f.
213 Gustav Stresemann: Reden und Schriften. Politik – Geschichte – Literatur 1897–1926, Bd. 2, Dresden 1926, S. 162
214 Ebd., S. 149
215 I. L.: Der Dawesbericht, in: Die Internationale, Jahrgang 7, Heft 7–8, 10.5.1924, S. 255–269
216 Wolfgang Stresemann: Mein Vater Gustav Stresemann, München 1979, S. 310
217 Vor der Verständigung über die Räumung. Korrespondentenbericht, in: Berliner Tageblatt, 12.8.1924
218 Wolfgang Stresemann (wie Anm. 216), S. 311
219 Ebd., S. 477
220 Freya von Moltke im Gespräch mit dem Verfasser

221 Louis Ferdinand von Preußen: Die Geschichte meines Lebens, Göttingen 1968, S. 65
222 «Starker Eindruck im Reichstag», in: Vossische Zeitung, 23.8.1924 (Hervorhebung JK)
223 «Der Pakt von London angenommen», in: Vossische Zeitung, 30.8.1924
224 Zuckmayer (wie Anm. 91), S. 478f.
225 Peter Kurth: American Cassandra. The Life of Dorothy Thompson, Boston 1990, S. 42f.
226 Ebd., S. 47
227 Ebd.
228 Ebd.
229 Ebd., S. 48
230 Maxine Block (Hg.): Current Biography 1941, New York 1941, S. 597
231 Edgar Ansel Mowrer: Triumph and Turmoil. A Personal History of Our Time, London 1968, S. 75
232 Ebd., S. 81
233 Ebd., S. 119
234 Diana M. Beliard an den Verfasser, 30.9.1998
235 Lilian Mowrer: A Journalist's Wife, New York 1937, S. 204
236 Institut für Zeitgeschichte München, Sammlung Ger van Roon (im folgenden: IfZ, van Roon), ZS/A 18, Band 5: Lilian Mowrer, Brief an Ger van Roon, 1.3.1964
237 DvM, 19.12.1925
238 Lilian Mowrer (wie Anm. 235), S. 219
239 Edgar Ansel Mowrer (wie Anm. 231), S. 169
240 IfZ, van Roon (wie Anm. 236): Lilian Mowrer an Ger van Roon, 1.3.1964
241 IfZ, van Roon (wie Anm. 236): ZS/A 18, Bd. 8: Dorothy Thompson, Brief an Mary Alice Gallin, 23.12.1953
242 Vincent Sheean: Dorothy and Red, Boston 1963, S. 4f.
243 DvM, 16.10.1925
244 Käthe Kollwitz: Tagebücher, herausgegeben von Jutta Bohnke-Kollwitz, Berlin 1989, S. 562
245 Hans Deichmann (Hg.): Leben mit provisorischer Genehmigung. Leben, Werk und Exil von Dr. Eugenie Schwarzwald (1872–1940), Berlin 1988, S. 196
246 Marcel Ray an Karl Kraus, in: Marcel Ray: George Grosz, Berlin 1991, S. 126
247 Eugenie Schwarzwald: Unsere Freunde, die Deutschen, in: Berliner Tageblatt, 10.3.1915
248 Hans Deichmann (wie Anm. 245), S. 102

249 Erinnerung von Freya v. Moltke 1988 am Eßtisch in Vermont, wo auch ihr Enkel Johannes saß, der ähnliche Hände und eine ähnliche Stimme hat.
250 DvM, 18.2.1926
251 DvM, 22.5.1926
252 Zuckmayer: Stück (wie Anm. 91), S. 62
253 Syracuse University Library: Collection Dorothy Thompson, Series I, Box 30 (im folgenden: SUL, Coll. D. Thompson), Folder Heading Eugenie Schwarzwald
254 DvM, 10.6.1926
255 DvM, 21.4.1926
256 DvM, 30.7.1926
257 V. O. Ludwig: Das schöne Österreich, Wien 1930, S. 10ff.
258 Hans Deichmann (wie Anm. 245), S. 175
259 Merete Bonnesen in «Politiken», 29.10.1928, zitiert nach: Hans Deichmann (wie Anm. 245), S. 183
260 Elias Canetti: Das Augenspiel. Lebensgeschichte 1931–1937, München 1985, S. 203
261 Kollwitz (wie Anm. 244), S. 483
262 Ebd., S. 579
263 Comerts Anwesenheit in Grundlsee im August 1926 belegt DvM, 24.9.1926
264 DvM, 8.8.1926
265 Eugen Antoine: Eine österreichische Sommerfrische, in: Hans Deichmann (wie Anm. 245), S. 175
266 Ebd.
267 Ebd., S. 181
268 Ebd.
269 Edwin Redslob: Von Weimar nach Europa. Erlebtes und Durchdachtes, Neuausgabe Jena 1998, S. 226
270 Edwin Redslob: Gestalt und Zeit. Sonette, München 1966
271 Manès Sperber: Die vergebliche Warnung. Bd. 2, Frankfurt/M. 1993, S. 121
272 Zuckmayer (wie Anm. 91), S. 68f.
273 Freya von Moltke im Gespräch mit dem Verfasser
274 Alfred Döblin: Friedells «Kulturgeschichte», in: Die Weltbühne, 23. Jg. 1927/II, S. 966–970, S. 969
275 Mitteilung des Schweidnitzer Heimatforschers Horst Adler, Regensburg, dem der Verfasser viele wertvolle Hinweise verdankt.
276 Georg Lichey/F. E. Bettauer: Waldenburg. Ein Stück Zeit-Theater in sechs Bildern, in: Georg Lichey: Die Chronik der Menschheit, 1. Jahrgang, Schweidnitz 1930/31, S. 163f.
277 Telefonische Mitteilung Freya von Moltkes an den Verfasser, 19.1.1998

278 Kurt Zielenziger: Waldenburg will Berlin erleuchten, in: Vossische Zeitung, 9.11.1926
279 Emil Baumann-Dittersbach: Waldenburg II, in: Die Weltbühne, 25. Jg. 1929/II, S. 277–281, S. 281
280 Heinrich Brüning: Briefe und Gespräche 1934–1945, Stuttgart 1974, S. 448
281 Zeitungsartikel von Karin Michaelis über Creisau, zitiert nach der Übersetzung von Hermann Müller in: Ger van Roon (Hg.): Helmuth James Graf von Moltke. Völkerrecht im Dienste des Menschen. Dokumente, Berlin 1986, S. 61–62, S. 61
282 HJvM an Karin Michaelis, 5.6.1927, PA FvM
283 HJvM an Karin Michaelis, 24.6.1927, PA FvM
284 Eugen Rosenstock-Huessy/Carl Dietrich von Trotha (Hg.): Das Arbeitslager. Berichte aus Schlesien von Arbeitern, Bauern, Studenten, Jena o. J. [1931], S. 28f. – Der Adressat ist vermutlich Gerhard Fischer, der als «Adjutant des Stabes» für die chorischen Übungen des Lagers fungierte.
285 Ebd., S. 29
286 HJvM an Karen Michaelis, 5.6.1927, PA FvM
287 Ebd.
288 Eugen Rosenstock-Huessy: Angewandte Seelenkunde. Eine programmatische Übersetzung, Darmstadt 1924
289 Eugen Rosenstock-Huessy: Das Kreuz der Wirklichkeit, Stuttgart 1950, S. 152
290 Eugen Rosenstock-Huessy: Ja und Nein. Autobiographische Fragmente, Heidelberg 1968, S. 30
291 Rosenstock-Huessy: Angewandte Seelenkunde (wie Anm. 288), S. 28
292 Erika Bausch im Gespräch mit dem Verfasser, 3.1.1990
293 Rosenstock-Huessy: Ja und Nein (wie Anm. 290), S. 164
294 Rosenstock-Huessy/Trotha (wie Anm. 284), S. 29
295 HJvM an Bernhard von Brentano, 25.8.1927, PA FvM
296 Emil Baumann-Dittersbach: Waldenburg I, in: Die Weltbühne, 25. Jg. 1929/II, S. 239–244, S. 239
297 Zuckmayer (wie Anm. 91), S. 62
298 DvM, 5.9.1927
299 HJvM an Karen Michaelis, 6.8.1927, PA FvM
300 Rosenstock-Huessy/Trotha (wie Anm. 284), S. 29
301 Hans Peters: Grenzen der kommunalen Selbstverwaltung in Preußen. Ein Beitrag zur Lehre vom Verhältnis der Gemeinden zu Staat und Reich, Berlin 1926, S. 1
302 Ebd., S. 2

303 Ebd., S. 43
304 Ebd.
305 Ebd., S. 44
306 DvM, 17.9.1927 u. 21.9.1927
307 Zeitungsartikel von Karin Michaelis (wie Anm. 281), S. 62
308 HJvM an Granny und Daddy, 17.3.1928, PA FvM
309 DvM, 30.3.1928
310 Hans Raupach: Helmuth James Graf von Moltke, in: Rundschreiben des Freideutschen Kreises, Nr. 128, Dezember 1969, S. 238
311 Eugen Rosenstock-Huessy an Margit Rosenstock-Huessy, 20.2.1928, PA FvM
312 Ebd.
313 Joseph Wittig: Es werde Volk! Versuch einer ersten Geschichte des Löwenberger Arbeitslagers im Frühjahr 1928 [Waldenburg 1928], S. 14
314 DvM, 7.9.1927
315 Innes (wie Anm. 70), S. 302
316 DvM, 15.8.1928
317 Ebd.
318 HJvM: Bericht über meine Fahrt nach Hause an meinem Geburtstage am 11. März 1928, dem Brief an Granny und Daddy vom 17.3.1928 beigelegtes Typoskript, PA FvM
319 Ebd.
320 Ebd.
321 Ebd.
322 DvM, 16.12.1927
323 DvM, 13.12.1927 u. 16.12.1927
324 DvM, 13.9.1927 u. 13.12.1927
325 DvM, 25.12.1927
326 Carl Viggo von Moltke: Tagebuch, in Privatbesitz
327 DvM, 8.3.1928
328 DvM, 10.5.1928
329 DvM, 13.7.1928
330 Ger van Roon (Hg.): Helmuth James Graf von Moltke. Völkerrecht im Dienste des Menschen. Dokumente, Berlin 1986, S. 14
331 HJvM an Caspar und Konrad (wie Anm. 3)
332 DvM, 8.3.1928
333 HJvM an Granny und Daddy, undatiert [Frühjahr 1928], PA FvM
334 DvM, 18.2.1928
335 Joachim Wolfgang von Moltke an den Verfasser, 9.7.1998
336 Kurth (wie Anm. 225), S. 109
337 Sheean (wie Anm. 242), S. 263

338 Eugen Rosenstock-Huessy an Margrit Rosenstock-Huessy, 20.2.1928, PA FvM

339 SUL, Coll. D. Thompson (wie Anm. 253): Folder Heading Diaries: Diary 1929

340 Kurth (wie Anm. 225), S. 105

341 SUL, Coll. D. Thompson (wie Anm. 253): Folder Heading von Moltke: Brief HJvM an Dorothy Thompson, 27.11.1927

342 DvM, 6.4.1928

343 Kurth (wie Anm. 225), S. 129

344 DvM, 16.12.1927

345 Joseph Wittig: Kraft in der Schwachheit, Briefe an Freunde, Moers 1993, S. 137

346 HJvM an Granny und Daddy, 17.3.1928, PA FvM

347 DvM, 28.4.1928

348 DvM, 22.7.1928

349 DvM, 18.2.1928 u. 28.4.1928; Politisches Archiv des Auswärtiges Amtes Berlin: Direktoren Handakten, H. A. von Moltke, Allgemeines: Landeshauptmann von Thaer an Hans Adolf von Moltke, 11.6.1928

350 DvM, 15.8.1928

351 DvM, 6.4.1928

352 Ausführlich berichtet die «Weltbühne» über den Ozeanflug am 10.4.1928: Schon beim Flug der «Bremen» nach Irland war ein Blumenstrauß über Doorn abgeworfen worden; der Kronprinz war in die Flugzeuggeschäfte des Norddeutschen Lloyd involviert und sollte laut «Chicago Tribune» über den Ozean mitfliegen; da das ihm dann aber doch zu gefährlich schien, wurde Helmuth James gefragt, der offiziell aus Zeitgründen absagte; schließlich flogen Hünefeld und Köhl. Eine Woche später folgt der Bericht über den Jubelempfang in New York; die einmotorige Maschine ist allerdings mit dem letzten Tropfen Sprit im Nebel auf einer Insel notgelandet. – A. E. Ronaut: Wer bezahlt den Ozeanflug?, in: Die Weltbühne, 24. Jg. 1928/I, S. 572–573; A. E. Ronaut: Das Ozean-Glück, in: ebd., S. 632–634

353 DvM, 10.5.1928

354 Krummacher/Wucher (wie Anm. 193), S. 253f.

355 Winkler (wie Anm. 122), S. 334

356 DvM, 19.5.1928 u. 24.5.1928

357 Carl von Ossietzky: Lendemain, in: Die Weltbühne, 24. Jg. 1928/I, S. 775–777, S. 776

358 Nach dem Dafürhalten seines späteren Schwagers Hans Deichmann im März 1988 im Gespräch mit dem Verfasser in Bocco di Magra/Italien

359 Geheimes Staatsarchiv Berlin, Nachlaß C. H. Becker HA I, Rep 92 (im fol-

genden GStA, NL Becker), Becker 376: Confidential Memorandum. ‹New Germany› Issue of Survey Graphic, 14.5.1928

360 Ernst Jäckh: Weltsaat. Erlebtes und Erstrebtes, Stuttgart 1960, S. 116

361 HJvM an Daddy, 6.9.1928, PA FvM

362 DvM, 29.6.1928

363 HJvM an Daddy, 6.9.1928, PA FvM

364 Carl von Ossietzky: Raditsch und Förster, in: Die Weltbühne, 24. Jg. 1928/II, S. 187–190, S. 188ff.

365 Alfred Weber: Die Krise des modernen Staatsgedankens, Berlin 1927, S. 172

366 HJvM an Daddy, 6.9.1928, PA FvM

367 HJvM an Eugen Rosenstock-Huessy, 18.7.1928, PA FvM

368 GStA, NL Becker (wie Anm. 359), Becker 376: Briefe Gavits an Becker, 12.7.1928 u. 1.9.1928; Brief HJvM an Becker, Heidelberg, 13.7.1928

369 Ebd., Becker 5224: Einladung Artur von Machuis an Becker zum Löwenberger Arbeitslager, 7.2.1927

370 Rolf Gardiner, ein jugendbewegter englischer Pädagoge und Lebensreformer, der sich ab 1929 an den Arbeitslagern beteiligte, in: New English Weekly, 7.2.1946

371 Erich Wende: C. H. Becker. Mensch und Politiker. Ein biographischer Beitrag zur Kulturgeschichte der Weimarer Republik, Stuttgart 1959, S. 46

372 Ebd., S. 137

373 Ebd., S. 140

374 GStA, NL Becker (wie Anm. 359), Becker 2663: C. H. Becker: Glossen zum Führerproblem, Typoskript

375 HJvM an Daddy, 6.9.1928, PA FvM

376 Wende (wie Anm. 371), S. 224

377 Ebd., S. 101

378 Ignaz Wrobel: Verhetzte Kinder – ohnmächtige Republik, in: Die Weltbühne, 24. Jg. 1928/II, S. 553–557

379 GStA, NL Becker (wie Anm. 359), Becker 376: HJvM an Becker, ohne Datum

380 Zum Projekt «Europäisches Geschichtsbuch»: Ebd., Becker 3161: Ulrich Noack an Becker, 20.11.1928, 22.12.1928, 3.3.1929 (Vorschlag Treffen in Kreisau)

381 HJvM: Youth looks in, and out, in: The Survey Graphic: The New Germany: 1919–1929. A Special Number, Vol. LXI, No. 9, 1.2.1929

382 DvM, 21.4.1929

383 DvM, 10.8.1928

384 HJvM an Daddy, 6.9.1928, PA FvM

385 DvM, 2.9.1928

386 DvM, 8.9.1928
387 Eugen Rosenstock-Huessy an HJvM, 30.8.1928, PA FvM
388 Eugen Rosenstock-Huessy: Die Sprache des Menschengeschlechts. Eine leibhaftige Grammatik in vier Teilen, Erster Band, Heidelberg 1963, S. 396
389 Soweit sie sich widerspiegelt in der wiederum darauffolgenden Antwort von HJvM; alle Briefe der Großeltern wurden in Kreisau aufbewahrt, bis sie 1945 verlorengingen.
390 Z.B. Anton Kuh: Die vier Worte des Demokraten, in: Die Weltbühne, 24. Jg. 1928/I, S. 893–897
391 HJvM an Daddy, 12.11./25.11.1928, PA FvM
392 Ebd.
393 Ebd.
394 DvM, 29.12.1928
395 DvM, 24.1.1929
396 DvM, 24.2.1929
397 DvM, 12.5.1929
398 DvM, 23.6.1929
399 HJvM an Freya, 1.9.1929, PA FvM
400 HJvM an Freya, 28.9.1929, PA FvM
401 HJvM an Freya, 4.10.1929, PA FvM
402 HJvM an Freya, 10.10.1929, PA FvM
403 HJvM an Freya, 20.10.1929, PA FvM
404 HJvM an Freya, 8.3.1930, PA FvM
405 HJvM an Freya, 22.6.1930, PA FvM
406 HJvM an Freya, 25.9.1931, PA FvM
407 HJvM an Freya, 6.11.1929, PA FvM
408 DvM, 20.12.1931
409 HJvM an Freya, 18.6.1930, PA FvM
410 HJvM an Freya, 24.3.1930, PA FvM
411 HJvM an Freya, 30.11.1930, PA FvM
412 HJvM an Freya, 12.10.1930, PA FvM
413 HJvM an Freya, 21.11.1930, PA FvM
414 HJvM an Freya, 14.10.1929, PA FvM
415 HJvM an Freya, 17.9.1931, PA FvM
416 HJvM an Freya, 12.7.1931, PA FvM
417 HJvM an Freya, 27.7.1931, PA FvM
418 HJvM an Freya, Sept. 1931, PA FvM
419 HJvM an Granny und Daddy, 1.11.1931, PA FvM
420 DvM, 20.5.1934
421 Freya an Granny, 17.8.1931, PA FvM

422 Freya an Granny, 23.5.1932, PA FvM
423 HJvM an Granny und Daddy, 23.5.1932, PA FvM
424 HJvM an Freya, 16.7.1931, PA FvM
425 HJvM an Granny und Daddy, 10.10.1933, PA FvM
426 DvM, 7.2.1931
427 DvM, 8.6.1931
428 HJvM an Granny und Daddy, 2.4.1932, PA FvM
429 DvM, 29.6.1932
430 DvM, 31.7.1932
431 DvM, 3.9.1932
432 HJvM an Granny und Daddy, 18.10.1932, PA FvM
433 HJvM an Granny und Daddy, 17.4.1933, PA FvM
434 DvM, 30.4.1933
435 DvM, 15.5.1933
436 HJvM an Granny und Daddy, 17.4.1933, PA FvM
437 DvM, 28.2.1933
438 HJvM an Freya, undatiert [Herbst 1933], PA FvM
439 HJvM an Helene Weigel, 7.3.1934, PA FvM
440 Im Archiv des Pfarrhauses von Grodziszce, Sammlung des polnischen Priesters Boleslaw Kaluza
441 DvM, 5.4.1907
442 Friedrich Herre: Moltke. Der Mann und sein Jahrhundert, Frankfurt/M. 1988, S. 24
443 Friedrich Schiller: Antritt des neuen Jahrhunderts, 8. Strophe
444 Max Horst (Hg.): Moltke. Leben und Werk in Selbstzeugnissen. Briefe, Schriften, Reden, Bremen 1956, S. 14
445 Ebd., S. 15
446 Herre (wie Anm. 442), S. 30
447 Horst (wie Anm. 444), S. 23
448 Ebd., S. 18
449 Ebd., S. 16
450 Ebd.
451 Ebd., S. 8f.
452 Ebd., S. 22
453 Eberhard Kessel: Moltke, Stuttgart 1957, S. 63
454 Herre (wie Anm. 442), S. 52
455 Ebd., S. 55
456 Ebd., S. 50
457 Horst (wie Anm. 444), S. 25
458 Herre (wie Anm. 442), S. 53
459 Ebd., S. 53

460 Faksimile eines Autographen Helmuth Graf von Moltkes mit diesem Wahlspruch, in: Horst (wie Anm. 444), S. 355
461 Ebd., S. 78
462 Ebd., S. 68
463 Ebd., S. 40
464 Ebd., S. 46
465 Ebd., S. 75f.
466 Ebd., S. 77f.
467 Ebd., S. 79
468 Herre (wie Anm. 442), S. 89
469 Ebd., S. 88
470 Dieter Hoffmann-Axthelm: Sinnesarbeit. Nachdenken über Wahrnehmung, Frankfurt/M. 1987, S. 310
471 Herre (wie Anm. 442), S. 76
472 Eckart von Naso: Moltke. Mensch und Feldherr, Berlin 1937, S. 193
473 Horst (wie Anm. 444), S. 184
474 Ebd., S. 175
475 Naso (wie Anm. 472), S. 255
476 Kessel (wie Anm. 453), S. 214
477 Ebd., S. 215
478 Horst (wie Anm. 444), S. 173
479 Naso (wie Anm. 472), S. 256
480 Kessel (wie Anm. 453), S. 638
481 Ebd., S. 733
482 Horst (wie Anm. 444), S. 173
483 Ebd., S. 180f.
484 Dr. Friedrich Neubauer: Lehrbuch der Geschichte für höhere Lehranstalten. V. Teil: Vom Westfälischen Frieden bis auf unsere Zeit, Halle, 15. Aufl. 1913, S. 150
485 Gordon A. Craig: Königgrätz, Wien 1966, S. 243
486 DvM, 5.4.1907
487 PA FvM
488 Gespräch des Verfassers mit Freya von Moltke
489 Innes (wie Anm. 70), S. 111
490 Ebd., S. 4
491 Ebd., S. 7
492 Ebd., S. 1
493 Ebd., S. 9
494 Ebd., S. 12
495 Ebd., S. 22
496 Ebd., S. 23

497 Ebd., S. 29
498 Ebd., S. 54
499 Ebd., S. 102
500 Ebd., S. 54
501 Ebd., S. 234
502 Ebd., S. 86
503 Ebd., S. 57
504 Ebd., S. 58
505 HJvM an Daddy, 17.7.1934, PA FvM

Register

Vornamen sowie Spitz- und Kosenamen sind als kursiv gesetzte Verweise aufgeführt.

Bildnachweis

Freya von Moltke: S. 23, 27, 30, 31, 36, 40, 46, 61, 69, 71, 75, 78, 83, 90, 121, 125, 132, 153, 161, 191, 211, 231, 238, 241, 281, 283, 286, 288, 289, 296, 298, 301, 313, 322, 342, 346, 353, 355, 358
Hans Rosenstock-Huessy: S. 214
ullstein bildarchiv: S. 182

Klaus Harpprecht über **Marion Gräfin Dönhoff**

Sie war eine ungewöhnliche Frau, und sie wurde zur bedeutendsten Publizistin der Bundesrepublik Deutschland: Marion Gräfin Dönhoff (1909–2002), Aristokratin und Bürgerin zugleich, langjährige Herausgeberin des Wochenblatts «Die Zeit», Chronistin der Vertreibung aus ihrer ostpreußischen Heimat, Streiterin für die Versöhnung von Ost und West.

Als erster Biograph konnte Klaus Harpprecht für diese ausführliche Lebensgeschichte alle privaten und offiziellen Briefwechsel und Aufzeichnungen Marion Dönhoffs einsehen. Er wertete vor allem auch das «Zeit»-Archiv und das Familienarchiv der Dönhoffs aus. Viele wichtige Entwicklungslinien, viele bisher ungekannte Elemente und Facetten im Leben der Gräfin und Bürgerin rücken damit ins Blickfeld.

Klaus Harpprecht
Die Gräfin
Marion Dönhoff
Eine Biographie
416 Seiten und 16 Seiten Tafelteil,
gebunden
ISBN 978 3 498 02984 5

rowohlt